ज्ञान गरिमा के

67 वर्ष

भारतीय ज्ञानपीठ

णाणं

पयासयं

वीर नि.सं. 2470

ई.सन् 1944

भारतीय ज्ञानपीठ

इलेक्ट्रॉनिक मीडिया की चुनौतियाँ

इलेक्ट्रॉनिक मीडिया की चुनौतियाँ

सम्पादक

रवीन्द्र कालिया

सम्पादन सहयोग

शिवेन्द्र कुमार सिंह

कुणाल सिंह

भारतीय ज्ञानपीठ

लोकोदय ग्रन्थमाला : ग्रन्थांक 1033

ग्रन्थमाला सम्पादक

रवीन्द्र कालिया

सह-सम्पादक

गुलाबचन्द्र जैन

ISBN 978-81-263-1948-0

प्रकाशक :
भारतीय ज्ञानपीठ
18, इन्स्टीट्यूशनल एरिया, लोदी रोड
नयी दिल्ली-110 003

मुद्रक : रुचिका प्रिंटर्स, दिल्ली-110032

आवरण-सज्जा : ज्ञानपीठ कला प्रभाग

पहला संस्करण : 2010
मूल्य : 250 रुपये

ELECTRONIC MEDIA KI CHUNAUTIYAN
(Media)
Edited by Ravindra Kalia
Asst. Editors : Shivendra Kumar Singh / Kunal Singh

Published by
Bharatiya Jnanpith
18, Institutional Area, Lodi Road
New Delhi-110 003
e-mail : jnanpith@satyam.net.in, sales@jnanpith.net
website : www.jnanpith.net

First Edition : 2010
Price : Rs. 250

भूमिका

स्वाधीनता से पहले ही भारत के द्वार पर विज्ञान ने दस्तक देना शुरू कर दिया था। सबसे बड़ी क्रान्ति तो बिजली से हुई थी, जिसे जन-साधारण तक पहुँचते-पहुँचते कई दशक लग गये। इक्कीसवीं शताब्दी में भी कुछ दूर दराज़ इलाक़े इससे वंचित हैं। भारत में सबसे पहले हवेलियों में ही बिजली के हंडे जगमगाये थे। विदेश में निर्मित कारों ने भी सबसे पहले सामन्तों की हवेली में ही प्रवेश किया था। बग्घियों और ताँगों की जगह कारों ने घेर ली थी। अस्तबल, गैरेज में तब्दील हो गये। कोलकाता के कई पुराने बँगलों में आज भी अस्तबलों में कारें खड़ी नज़र आती हैं। कोलकाता को अपनी हैरिटेज छवि से बहुत प्यार है। छोटे-बड़े तमाम शहरों में स्थानीय यातायात के लिए ताँगों का ही इस्तेमाल होता था। जनसंख्या का विस्फोट हुआ तो ताँगों का स्थान रिक्शा और ऑटोरिक्शा ने ले लिया। भारत में रेडियो का प्रवेश भी एक चमत्कार की तरह हुआ था। एक ज़माना था जब लोग मीलों चलकर रेडियो सुनने जाते थे। हिन्दी फ़िल्म संगीत के प्रचार-प्रसार में रेडियो की महत्त्वपूर्ण भूमिका है। देखते-देखते रेडियो ने जन-साधारण तक अपनी पैठ मजबूत कर ली। रेडियो में प्रसारित समाचार पर जैसे प्रामाणिकता की मुहर लग जाती थी। फिर आया जादू का पिटारा, टेलीविज़न। पश्चिम में इसे 'इडियट बॉक्स' के रूप में पुकारा जाता है। 'हिन्द स्वराज' पढ़कर महसूस होता है कि यदि 'बुद्धू बक्सा' गाँधीजी के समय में आ गया होता तो वह इसका कोई अनोखा नामकरण ज़रूर करते। इसके बाद आया मोबाइल। रेडियो ने मोबाइल में भी परकाया प्रवेश कर लिया। कल आप मोबाइल पर टेलीविज़न भी देख पाएँगे। टेलीविज़न की लीला न्यारी है। भारत में इस सुविधा का विकास अत्यन्त चरणबद्ध रूप से हुआ। माँग को देखते हुए विकास की गति अति तीव्र रही। मगर इलेक्ट्रॉनिक उपकरणों में मोबाइल फोन ने भारत में देखते-ही-देखते, विकास के जो विश्वकीर्तिमान स्थापित किये, वह एक विकासशील

देश के लिए सातवाँ आश्चर्य ही कहा जाएगा। अब तो सम्पन्नता का यह उदाहरण है कि भिखारियों के पास भी फोन की सुविधा उपलब्ध है। वे फोन पर ख़बर रखते हैं कि किस उपासना-स्थल पर दानार्थियों की भीड़ अधिक है। बहरहाल, जब भारत में टेलीविज़न आया तो लोगों की उत्सुकता इस हद तक पहुँच चुकी थी कि वे प्रसारण के चार घंटे टेलीविज़न सेट के सामने बैठ कर बिताया करते थे, चाहे 'कृषि-दर्शन' जैसा कार्यक्रम ही क्यों न आ रहा हो। 'हम लोग', 'बुनियाद' आदि धारावाहिकों ने दर्शकों के भीतर जो क्रेज़ पैदा किया, उसका चरम 'रामायण' और 'महाभारत' जैसे धारावाहिकों में देखा जा सकता था। इन धारावाहिकों के प्रसारण के समय बाज़ार बन्द हो जाते थे। फिर आया ख़बरिया चैनलों का दौर। चौबीस घंटे आप समाचार देख सकते थे। लोग पहले टेलीविज़न पर समाचार देखते, सुबह अख़बारों में समाचार पढ़ते। यह समझना कठिन लग रहा था कि लोग दिन-रात समाचार के पीछे क्यों पागल रहते हैं। वास्तव में समाचार कोई जड़ वस्तु नहीं होते, वे लगातार विकसित होते हैं। उनमें भी यह जानने की उत्सुकता बनी रहती है कि आगे क्या हुआ। हत्या हो गयी तो प्रश्न उठता है, हत्या किसने की, क्यों की, हत्यारा कौन था, हत्या के प्रति शासन का क्या रवैया है, उसकी परिणति क्या हुई? आरुषि हत्याकांड को ही ले लीजिए। जाने उस पर कितने चैनलों में कितनी बार कितने घंटे प्रसारण हुआ, खोजी रपटें आयीं। आज भी उससे सम्बन्धित कोई समाचार प्रसारित होता है तो लोग दम साध कर सुनते हैं, जबकि सी.बी.आई. के प्रवेश के बाद भी नतीजा वही है यानी ढाक के तीन पात।

टेलीविज़न के विकास में 'स्टिंग ऑपरेशन' ने भी नये प्राण फूँक दिये। आप स्क्रीन पर देख रहे हैं कि नेताजी रँगे हाथों रिश्वत ले रहे हैं। हर चैनल पर देख रहे हैं, हर चैनल के पास अपनी स्टोरी है। इन सब कार्यक्रमों ने टेलीविज़न की प्रासंगिकता अब तक क़ायम रखी है।

इस पुस्तक में सीधे इलेक्ट्रॉनिक मीडिया से जुड़े लोगों का 'आँखों देखा सच' प्रस्तुत है। मीडिया की 'इनसाइड स्टोरी' सतह पर बहुत कम आ पाती है, इस पुस्तक में यह स्टोरी अपने 'नौ रसों' के साथ मौजूद है। इसके अलावा देश के नामचीन मीडिया विशेषज्ञों के आलेख इस पुस्तक को सम्पूर्ण बनाते हैं।

—रवीन्द्र कालिया

अनुक्रम

आईबीएन

ज़ी न्यूज़

आलेख

एनडीटीवी

जी हुज़ूरी के विरुद्ध

विनोद दुआ

रिपोर्टिंग एसाइनमेंट में जब बात चुनौती की होती है, तो ज़्यादातर मौक़ों पर इसे परेशानियों या दिक़्क़तों से जोड़कर देखा जाता है। ऐसी तमाम रिपोर्टों के क़िस्से और संस्मरण मुझे याद हैं... पर मेरे लिए इस चुनौती का मतलब अलग है, बिल्कुल ही अलग। मेरे लिए चुनौती का मतलब है वह वैचारिक उधेड़बुन, जो हमेशा दिमाग़ में चलती रहती है। किसी भी स्टोरी से पहले, किसी भी स्टोरी के बाद।

ऐसी ही एक चुनौती है बीजेपी यानी भारतीय जनता पार्टी से जुड़ी ख़बरों की रिपोर्टिंग या उस दौरान की जाने वाली एंकरिंग। यह बात आज तक मेरी समझ से परे है कि आख़िर भारतीय जनता पार्टी की रिपोर्टिंग करने वाले संवाददाता अटल बिहारी वाजपेयी को वाजपेयीजी और लाल कृष्ण आडवाणी को आडवाणीजी क्यों कहते हैं? 99.99 फीसदी मौकों पर मैंने संवाददाताओं को इन दोनों नेताओं के नाम के आगे 'जी' लगाते सुना है। इसकी दो वजहें हो सकती हैं। पहली तो सभ्यतापरक, यानी वह सभ्यता जो हमें कहती है कि बुजुर्गों के नाम इज्जत से लिए जाते हैं, लेकिन मैंने कभी भी मौजूदा प्रधानमन्त्री मनमोहन सिंह के नाम के आगे 'जी' लगाते किसी को नहीं सुना। कभी नहीं सुना कि किसी संवाददाता ने कहा हो मनमोहन सिंह 'जी'... सोमनाथ चटर्जी 'जी' या फिर ज्योति बसु 'जी'। यहाँ तक कि भारतीय जनता पार्टी के ही दूसरे नेताओं के नाम के आगे 'जी' लगाने का प्रचलन नहीं। मसलन मैंने नहीं सुना कि कभी किसी ने भी कहा हो जसवन्त सिंह जी या फिर मुरली मनोहर जोशी जी। यह प्रचलन है सिर्फ़ वाजपेयी 'जी' और आडवाणी 'जी' के लिए। तो जी लगाने के पीछे की पहली वजह ठीक नहीं लगती।

दूसरी वजह शायद यह हो सकती है कि संवाददाता नेताओं को उन नामों से बुलाना चाहते हैं, जो उनकी पार्टी में प्रचलित हैं। मसलन— मुलायम सिंह यादव को नेता जी, मायावती को बहन जी या फिर सोनिया गाँधी को मैडम जी। लेकिन, यह वजह इसलिए ठीक नहीं लगती क्योंकि अगर पार्टी में प्रचलित नाम संवाददाता

लेने लगेंगे, तब तो वे भी नेता जी, बहन जी या मैडम जैसे सम्बोधन का इस्तेमाल करेंगे। ऐसे सम्बोधनों का इस्तेमाल करते मैंने किसी को नहीं सुना। इसलिए यह वजह यानी दूसरी वजह भी ठीक नहीं।

मेरे लिए चुनौती यही है। क्या राजनीतिक पार्टियाँ हमारा ब्रेनवाश कर रही हैं? क्या संवाददाताओं के दिमाग़ों पर काम किया जा रहा है? क्या कोशिश इस बात की है कि जिस तरह जवाहर लाल नेहरू को चाचा, महात्मा गाँधी को बापू या सुभाष चन्द्र बोस को नेता जी के नाम से बुलाया या जाना जाता था, उसी तरह वाजपेयी 'जी' और आडवाणी 'जी' को भी मशहूर किया जाए। मेरे लिए यह चुनौती है कि मैंने ख़ुद को इससे दूर रखा, मैं किसी पार्टी के लिए जवाबदेह नहीं। मैं किसी भी नेता से आँख-में-आँख डालकर बात करना चाहता हूँ। मेरी जवाबदेही सिर्फ़ मेरे चैनल को लेकर है। यही वजह है कि मैंने कभी नौकरी नहीं की और हमेशा एक स्वतंत्र ब्रॉडकास्टर रहा। इस चुनौती से पार पाना इतना आसान नहीं था, लेकिन अब मैं इससे पार पा चुका हूँ।

कैसा होता है हज

कमाल खान

बात 2005 की है। मुझे हज की कवरेज के लिए जाना था। इस असाइनमेंट के पीछे की छोटी-सी कहानी ये है कि राजदीप सरदेसाई को मौलाना आज़ाद मेमोरियल लेक्चर के लिए सऊदी अरब बुलाया गया था। कॉन्सुलेट और इंडियन एसोसिएशन का बड़ा रोल था इस एसाइनमेंट के पीछे। राजदीप के साथ वहाँ बातचीत में लोगों ने ये ऑफर रखा कि हमारा चैनल हज की कवरेज करे। बाक़ी खाड़ी देशों को छोड़ दिया जाए तो भी क़रीब 10 लाख मुसलमान सऊदी अरब में रहते हैं। हिन्दुस्तान की आबादी का 16-17 फीसदी हिस्सा भी मुसलमानों का है, लिहाजा ये वो बड़ा तबका है, जो हज की कवरेज देखने में ज़रूर दिलचस्प लेगा। बात राजदीप को जम गयी होगी। लिहाजा इस दिलचस्पी और बाद में पेचीदे मालूम होने वाले एसाइनमेंट की पटकथा शुरू हो गयी।

एनडीटीवी और मिनिस्ट्री ऑफ फॉरेन अफेयर्स के बीच बातचीत के बाद किंगडम ऑफ सऊदी अरबिया से भी बात की गयी। ज़्यादातर बातें पहले से ही तय थीं कि हमें स्टेट गेस्ट के ओहदे के साथ बुलाया जाएगा। हज की कवरेज के लिए वीजा दिया जाएगा। हमारा नाम और मोबाइल नम्बर सऊदी अरब एम्बेसी को दिया गया, और जल्द ही एम्बेसी से फोन आ गया कि आप लोग आ जाइए एम्बेसडर साहब आप लोगों से मिलना चाहते हैं।

मैं लखनऊ में था, लिहाजा इतनी शॉर्ट नोटिस पर जाना सम्भव था नहीं। मैंने अपनी परेशानी बतायी, फिर एक दूसरा समय तय हुआ और हम लोगों की मुलाकात हुई। मेरे साथ मेरे कैमरामैन थे— अजमल जामी। एम्बेसडर साहब ने हमसे बैठने को कहा, हल्की-फुल्की बातचीत के बाद इंग्लिश में पहला सवाल किया।

आर यू मुस्लिम? (क्या आप मुसलमान हैं)

ये सवाल सुनते ही हम थोड़ा बेचैन हो गये। ये हमारे लिए बड़ा शॉकिंग था। हम कभी किसी से उसकी जात या मजहब नहीं पूछते। अमूमन किसी के नाम से ही उसकी जात का पता चल जाता है, फिर अगर ना भी पता चल रहा हो, तो हमें

कभी किसी का सरनेम जानने की ज़रूरत ही नहीं पड़ी। हमारे घर पर जो महिला काम करती हैं, उनको हम चाची बुलाते हैं, क़रीब चौदह-पन्द्रह बरस से वो हमारे यहाँ काम कर रही होंगी, अभी दो साल पहले कुछ काम था उनका, तब पहली बार हमें पता चला कि उनकी जात क्या है... तो इतने बड़े मुल्क के इतने बड़े नुमाइन्दे के मुँह से ये सवाल सुनकर हम चौंक गये थे। अजमल भाई थोड़ा प्रैक्टिकल थे, उन्हें इस बात की जानकारी थी, जो हमें नहीं पता थी और वो ये कि हज करने के लिए सिर्फ़ मुसलमान ही जा सकते हैं। मक्का में ग़ैर मुस्लिम नहीं जा सकते। मक्का से एक बायपास जाता है, और वहाँ साफ़-साफ़ लिखा है— मुस्लिम ओनली, ग़ैर मुस्लिम लोग बायपास से निकल जाते हैं। मक्का में ही काबा है। 4000 साल पहले हजरत इब्राहिम ने ये जगह बनवायी थी। हजरत इब्राहिम को भी पैगम्बर माना जाता है। हम ये सारी बातें नहीं जानते थे, बाद में समझ आया कि एम्बेसडर साहब का सवाल बिल्कुल जायज था। हमने उन्हें ये नहीं बताया कि हमारा जन्म एक मुस्लिम परिवार में हुआ ज़रूर है, लेकिन हमारी धर्म में कोई आस्था नहीं है। ख़ैर, जब तक हमारे दिमाग़ में ये सारी बातें घूम रही थीं, अजमल भाई जवाब दे चुके थे— बोथ ऑफ अस आर मुस्लिम एंड बोथ ऑफ अस आर बिलीवर्स (हम दोनों मुसलमान हैं, और दोनों की धर्म में आस्था है।) एम्बेसडर साहब ने जवाब दिया— दैट्स फाइन, देयर इज नो प्रॉब्लम (ये ठीक है, तब कोई दिक़्क़त नहीं)। इसके बाद थोड़ी देर तक हम लोगों में आम बातचीत चलती रही। उन्होंने हमें चाय पिलायी, कामकाज के बारे में पूछा। हमें वीजा मिल गया।

हम लोग सऊदी अरब पहुँच गये। जेद्दा इंटरनेशनल एयरपोर्ट पर। चारों तरफ़ रेगिस्तान, सबसे पहले दिमाग़ में यही सवाल आया कि हम लोग यहाँ कैसे रहेंगे। नीचे उतरने पर देखा कि दरअसल पूरा एयरपोर्ट रेगिस्तान का ही एक हिस्सा जैसा है। टेंट की शक्ल में बना हुआ एयरपोर्ट। खुला हुआ, लेकिन पूरा-का-पूरा एयरकंडीशंड, फायरप्रूफ, बहुत बड़ा और अपनी तरह का दुनिया का इकलौता एयरपोर्ट। एयरपोर्ट पर तमाम टर्मिनल थे। हुआ यूँ कि हमारे कैमरामैन अजमल जामी और टेक्नीशियन शाहिद ने एहराम (सफ़ेद रंग के कपड़े से बना वस्त्र, लूँगी और चादर जैसा) पहना हुआ था। दरअसल, हज के लिए जाने वालों को यही एहराम पहनना होता है। बिना सिले हुए कपड़े और किसी भी तरह का चमड़ा साथ नहीं होना चाहिए। यानी कि आप बेल्ट तक नहीं पहन सकते। इसके पीछे सोच ये है कि मोहम्मद साहब के जमाने में मक्का में जानवर काटने की मनाही थी। ख़ैर, इस एहराम के पीछे की कहानी ये थी कि अजमल भाई और शाहिद भाई ने इस कवरेज पर रवाना होते वक़्त ये तय कर लिया था कि वो हज भी करेंगे, इसीलिए फ्लाइट में बैठते ही उन्होंने अपने रूटीन कपड़े उतारकर एहराम पहन लिया था।

ख़ैर, एयरपोर्ट पर भाषा की बड़ी समस्या आ रही थी, हमें अरेबिक ना समझ आए और लोकल लोगों को अँग्रेज़ी। हमारे साथियों को एहराम पहना देखकर हमें एक बस में बिठा दिया गया, और हज टर्मिनल पर हमें उतार दिया गया। वहाँ से जब बाहर निकलने की बारी आयी, तो हमें रोक दिया गया। हमारा वीजा हज का वीजा नहीं था, इसलिए ऐसा हुआ। एक-दूसरे की भाषा समझ नहीं आ रही थी पर हम लोग वहाँ ऑफिसर्स को समझाने की कोशिश पूरी कर रहे थे। इस दौरान दो शब्द और उनका मतलब समझ आया। 'ला' यानी नहीं और 'खलास' यानी गेट लॉस्ट, यहाँ से दफा हो जाओ जैसा कुछ। बाद में ये भी पता चला कि अगर वहाँ ड्यूटी पर तैनात ऑफिसर ने ला कह दिया, तो कह दिया। उनकी ना को हाँ में कोई नहीं बदलवा सकता। हम वहाँ घंटों टहलते रहे। बाहर जा नहीं सकते थे। ख़ैर, क़िस्मत का थोड़ा साथ मिला, वो शख़्स जिसे मिनिस्ट्री ऑफ फॉरेन इन्फॉरमेशन ने हमारे साथ मदद के लिए तैनात किया था— उसे हमने फोन किया। वो हाजिर हुआ। उसकी ज़िम्मेदारी थी कि वो और एक लोकल ड्राइवर हज की कवरेज में हमारी मदद करेंगे, गाइड की तरह। इस शख़्स का नाम था अब्दुल्ला। हमारे साथ का पहला शख़्स, जिसे अरेबिक आती थी। अब्दुल्ला ने एयरपोर्ट ऑफिसर्स को काफ़ी समझाया बुझाया कि हम स्टेट गेस्ट हैं। हमें हज की कवरेज के लिए वीजा दिया गया है, अरेबिक नहीं आती, एहराम पहनने की वजह से हमें यहाँ उतार दिया गया, तब कहीं जाकर हमें बाहर जाने दिया गया। उस पर भी हमारा पूरा सामान बाहर नहीं आ पाया। ख़ैर, अन्त में हम अपने होटल पहुँचे। समुन्दर किनारे, क्राउन प्लाजा। चेक इन किया। थोड़ी ही देर में हमारे दोस्त फैसल अली वहाँ मौजूद थे। फैसल अली अरब न्यूज़ में लम्बे समय से नौकरी कर रहे थे। फैसल भाई यूँ तो पटना के रहने वाले हैं पर अब वहाँ उनकी काफ़ी जान-पहचान है। हमने साथ में खाना खाया, फिर उन्होंने कहा, "चलिए आपको यहाँ का बीच घुमा कर लाते हैं।" रात के दो बज रहे होंगे, हम बीच पर थे। हमने देखा कि लोग चोंगे जैसे कपड़े पहने अलग-अलग टुकड़ों में बैठे हुए हैं। उनकी बीवियाँ कुछ दूरी पर एक अलग ही ग्रुप में बैठी हैं। दिमाग़ में तो ये था कि बीच है तो लोग स्वीम शूट या हाफ पैंट्स पहन कर मौज़मस्ती कर रहे होंगे, पर यहाँ का नजारा बिल्कुल अलग था। दुनिया के आम बीचों से बिल्कुल ही अलग। बीच पर बैठी औरतों ने भी बुर्का पहन रखा था। ज़िन्दगी में पहली बार मैंने बीच पर औरतों को बुर्का डाले देखा था। मैंने फैसल भाई से पूछा, "ये क्या है?" उन्होंने बताया कि इस मुल्क में किसी भी मर्द औरत का पब्लिक प्लेस पर साथ बैठना मना है। वहाँ कुछ जूस के स्टॉल थे। लोग खा-पी रहे थे, पर बीच पर बुर्के वाली औरतें। ख़ैर, हम वहाँ से वापस लौट आए। अगले दिन काम शुरू किया, जेद्दा से मक्का की दूरी तकरीबन 70 किलोमीटर

थी। हम जिस होटल में रुके थे, वहीं मीडिया सेंटर था। हम लोग काउंटर पर गये, वीजा दिखाया तो एक कार्ड इश्यू कर दिया गया। एटीएम जैसा कार्ड। वहाँ हमें एक आई कार्ड भी बना कर दिया गया। बताया गया कि इन कार्ड्स को पासपोर्ट के साथ-साथ हमेशा अपने पास रखना होगा। हम रोजाना 70 किलोमीटर जाते थे हज की कवरेज के लिए। मकसद था कि हज का सफरनामा तैयार करें। एयरपोर्ट पर उतरने से लेकर हज से वापस लौटने तक की यात्रा की कहानी, धर्म में यक़ीन रखने वाले की नज़र से यक़ीन रखने वालों के लिए। पर इस सफ़रनामे को कैमरे में क़ैद करने में चुनौतियाँ-ही-चुनौतियाँ थीं।

जेद्दा से मक्का के रास्ते में एक बड़ा-सा फाटक दिखा। कुरान की शक़्ल का फाटक। फाटक कुछ यूँ बना हुआ जैसे कॉन्क्रीट की बनाई गयी 'रहल' (लकड़ी का वो खाँचा, जिस पर आम तौर पर धार्मिक ग्रन्थ रखे जाते हैं) पर कॉन्क्रीट की कुरान। दिमाग़ में आया कि यहाँ एक मिड पीटीसी कर दिया जाए। हम कार से नीचे उतरे। इस रास्ते से गुज़रने वाली कारों की रफ़्तार तकरीबन सवा सौ-डेढ़ सौ किलोमीटर रही होगी। भयानक शोर। ऐसा शोर कि अगर इस हाईवे पर कार का शीशा खोलकर गाड़ी चलाने का जी करे, तो भी आप ऐसा नहीं कर सकते। हम कुछ ऐसी लाइनें बोलना चाहते थे कि "आठ लेन के इस जेद्दा मक्का हाईवे पर बना है ये फाटक। ये कुरान का दर है, इसे बाब-उल-कुरान कहा जाता है। यानी यह रास्ता ख़ुदा के घर को जाता है, कुरान के रास्ते से सर्विस लेन में हम सभी लोग खड़े थे। तभी 7 टोयोटा कारें वहाँ आकर रुकी। हर कार फ्लैश करती हुई, जिसमें लाइट्स जल रही थी, और समझ आ रहा था कि ये पुलिस की कारें हैं। ये कारें मक्का की तरफ़ जा रही थीं और अब हमसे पूछताछ शुरू होने वाली थी। एक पुलिस वाले ने अब्दुल्ला से उसका आई कार्ड माँगा। हमारे बारे में पूछा। हमारे पासपोर्ट, वीजा और दूसरे ज़रूरी दस्तावेजों की जाँच की गयी। हमारे पास इंडियन कॉन्सुलेट का एक खत भी था, जिस पर अरैबिक में लिखा हुआ था कि 'टू हूम सो एवर इट में कन्सर्न' हम भारतीय मीडिया से जुड़े लोग हैं। हमें यहाँ हज की कवरेज के लिए बुलाया गया है। हम स्टेट गेस्ट की हैसियत से यहाँ आये हैं, और कॉन्सुलेट हमारी ज़िम्मेदारी लेने को तैयार है, वग़ैरह, वग़ैरह। ख़ैर, पुलिस वाले चले गये। हमने अब्दुल्ला से पूछा कि उन्होंने क्या कहा, अब्दुल्ला ने बताया कि वो पूछे रहे थे क़ि हमने सड़के क्यों शूट कीं? अब्दुल्ला ने उन्हें बताया कि हम लोग दरअसल रास्ते की जानकारी देने के लिए यहाँ शूट कर रहे हैं। पुलिस वालों ने कहा कि हमारे पास हज की कवरेज की इजाजत है, शहर की सड़कों को शूट करने की नहीं। अगर, हमें सड़कें शूट करनी हैं तो इसके लिए हमें इंटीरियर मिनिस्ट्री यानी होम मिनिस्ट्री से बातचीत करनी होगी। अब्दुल्ला ने बताया कि अब

सीधा-सा इलाज ये है कि हम लोगों को सात किलोमीटर पीछे जाना होगा, वहाँ होम मिनिस्ट्री का एक दफ़्तर है। उनसे लिखित तौर पर माफी माँगनी होगी, और उन्हें ये भरोसा देना होगा कि हम आगे से सड़कों पर कुछ भी शूट नहीं करेंगे। हमने अब्दुल्ला से कहा, "अगर हम इस काम के लिए सात किलोमीटर पीछे गये, तो वक़्त बर्बाद होगा। रोशनी चली जाएगी और हमारा काम नहीं हो पाएगा।" अब्दुल्ला ने साफ़ शब्दों में बता दिया कि अगर हम ऐसा नहीं करेंगे तो हमें अरेस्ट कर लिया जाएगा। ख़ैर, अब कोई चारा नहीं था। हम लोग वापस लौटे। रेगिस्तान में पुलिस का दफ़्तर बना हुआ था। अब्दुल्ला ने जाकर आधे घंटे तक वहाँ बैठे ऑफिसर्स को समझाया कि हम लोग ग़ैर मुस्लिम देश से यहाँ आए हैं और जो कर रहे हैं, उसमें कोई बुराई नहीं है। कुरान की शक्ल का दरवाज़ा देखा इसलिए यहाँ रुक कर शूट करने लगे। इन बातों का ज़्यादा कोई फ़र्क़ नहीं पड़ा, हमें लिखित तौर पर ख़ेद व्यक्त करना पड़ा।"

फिर किसी तरह जाकर हम लोग मक्का पहुँचे। हज चार-पाँच दिन होता है और इस दौरान हर किसी को उनके ही कम्पाउंड में रहना होता है। मिना और अराफात में भी ऐसा ही होता है। ख़ैर, इसी बीच किसी ने बताया कि क्राउन प्रिंस की प्रेस कॉन्फ्रेंस है मक्का में। हम चाहें तो उसे कवर कर सकते हैं। वहाँ जाते वक़्त रास्ते में आर्मी की एक टुकड़ी का डिमॉन्स्ट्रेशन चल रहा था। एयरक्रॉफ्ट, तोप, गाड़ियाँ... ये सब हमें शूट कराया गया। फिर हम प्रेस कॉन्फ्रेंस में पहुँचे। हमारे कार्ड बनाये गये। पाँच-सात जगह सुरक्षा जाँच के बाद हमें एक जगह बिठाया गया। तकरीबन तीन घंटे की देरी से क्राउन प्रिंस आये। मैं मन-ही-मन सोच रहा था कि हिन्दुस्तान में अगर प्रधानमन्त्री तीन घंटे की देरी से आएँ, तो मीडिया उनकी प्रेस कॉन्फ्रेंस का बायकॉट कर देगी। सवाल जवाब के लिए काग़ज़ में देखकर लोगों को एक स्टेज पर बुलाया जा रहा था। बीबीसी, सीएनएन, अल-जजीरा के पत्रकार थे वहाँ पर, उन्हें बुलाया गया। मैंने भी हाथ उठाया, तो मुझसे पूछा गया कि क्या मैंने सवाल पूछने के लिए अपने नाम की एंट्री करवायी है? सवाल लिख कर दिया है? अगर नहीं तो क्राउन प्रिंस से ऐसे हर कोई सवाल नहीं पूछ सकता। ख़ैर, जो कोई भी सवाल पूछता था वो पहले बिसमिल्ला... यानी शुरू करता हूँ उस ख़ुदा के नाम से जो महान और दयालु है कहते हुए अपनी बात आगे बढ़ाता था। पहले अपना परिचय और फिर सवाल। सवाल भी ऐसे की हज के लिए तकरीबन 30 लाख लोग आये हैं, उनके लिए बड़े अच्छे इन्तजाम किये गये हैं, ये सब कैसे मुमकिन हुआ। मतलब सवाल कम और तारीफ़ ज़्यादा। कोई भी ऐसा पैना सवाल नहीं, जो थोड़ा भी अनकॉम्फरटेबल हो। हम वहाँ से लौट कर आये, थोड़ी मायूसी इस बात को लेकर थी कि हमें क्राउन प्रिंस की बाइट नहीं मिली।

फिर हम पहुँचे मस्जिद-उल-हरम में नमाज शूट करने। ये वो जगह है जहाँ मोहम्मद साहब अपनी पत्नी के साथ नमाज पढ़ा करते थे। इसे शूट करने की इज़ाजत हमने ले रखी थी, फिर भी जैसे ही जामी भाई ने कैमरा बाहर निकाला, लोगों ने हो-हल्ला शुरू कर दिया। लोग हमें बुरा-भला कहने लगे। दरअसल मुस्लिम मान्यता के हिसाब से बुतपरस्ती पर रोक रही है, और लोगों को ये लग रहा था कि हम जो भी कर रहे हैं वो नियम-क़ानून के दायरे से बाहर है। थोड़ी ही देर में वहाँ मुतौवा (धार्मिक सुरक्षा गाड्र्स) आ गये। उन्होंने हमें घेर लिया। उनके हाथ में स्टिक थी, उन्होंने हमें नमाज शूट करने से रोक दिया। उनसे बातचीत में वही पुरानी भाषाई दिक़्क़त सामने आयी। उन्होंने 'ला' यानी नहीं कह दिया, तो फिर कहाँ शूट कर सकते थे हम कुछ। इस वक़्त तक अब्दुल्ला भी हमारे लिए जिरह करते-करते थक चुका था शायद...

अब हम उस कम्पाउंड में थे, जहाँ लोगों के रुकने का इन्तजाम था। हमारे लिए एक नया कार्ड बनाया गया, जिसे स्वाइप करके हम कम्पाउंड के अन्दर बाहर आ जा सकते थे। यहाँ सबसे बड़ी चुनौती थी खाना। उनका दिया खाना-ही-खाना होता था। ब्रेकफास्ट तो ख़ैर कमरे में आता था, लेकिन लंच और डिनर के लिए सबको एक बड़े से हॉल में जमा होना होता था। लंच और डिनर के लिए एनाउंसमेंट होता था, एक बार अरेबिक में एक बार इंग्लिश में। हॉल के भीतर बड़ी-बड़ी ट्रे...हर ट्रे में चार-चार लोग। चावल, बिरयानी या मुर्ग मुसल्लम, जो कुछ ट्रे में है, उसे एक साथ चार लोग खा रहे हैं। गोश्त हम खाते थे, पर लखनऊ में बड़ी नफासत के साथ। अव्वल तो हम हर क़िस्म का गोश्त खा नहीं सकते और इस तरह के इन्तज़ाम में खाना तो बिल्कुल ही नहीं... कतई नहीं। तो अगले कुछ दिनों तक हमने केला-अंगूर और सन्तरा खाकर काम चलाया। एक रोज़ किसी ने पूछा भी कि 'आर यू वेजीटेरियन' (क्या आप शाकाहारी हैं) मैंने हाँ में जवाब दे दिया। ये कह नहीं सकता था कि खाने से नहीं खाने के तरीके से परेशानी है। दरअसल इस्लाम एक मिल्लत है, यानी यूनिटी है। इसी बीच बीवी का फोन आया। पूछने लगीं कि कोई दिक़्क़त तो नहीं, मैंने कहा, नहीं। ये अलग बात है कि उस दौरान मेरा वजन ज़रूर कम हुआ होगा।

हम अराफात (जहाँ पैगम्बर साहब ने आख़िरी प्रवचन दिया था) में भी थे। वो एक काफ़ी ऊँचे टॉवर में था, लिफ़्ट से आना-जाना पड़ता था। वहाँ मेरी मुलाकात रिज़ खान से हुई। रिज़ खान लम्बे समय तक सीएनएन के जाने माने एंकर थे, फिर वो अल जजीरा के साथ भी जुड़े, पर उस वक़्त वो पीटीवी के लिए प्राइवेट प्रोडक्शन कर रहे थे। हमने अपनी दिक़्क़तों से उन्हें वाकिफ़ कराया। वो कहने लगे कि अब तो फिर ये लोग थोड़े सिविलाइज्ड हो गये हैं, वरना पहली बार तो जब

वो कवरेज के लिए गये थे, तो उन्हें नज़रबन्द कर लिया गया था। उन्होंने ये भी कहा कि कमाल, तुम ख़ुशकिस्मत हो कि तुम्हें ये सुविधाएँ मिल रही हैं। एक अँग्रेज फोटोग्राफर से भी मुलाक़ात हुई, उन्होंने बताया कि वो 1975 से वहाँ जा रहे थे, शुरू-शुरू में शहर में 'वेस्टर्न कमोड' नहीं होते थे। इस बीच रिज़ खान से पूछा, ''चाय पियोगे।'' वो हमारे लिए चाय लेकर आए, हमें अच्छा लगा कि दुनिया के एक इतने बड़े पत्रकार से मुलाकात हुई। उन्होंने अपने कई तजुर्बे हमें सुनाये और वहाँ क्या करना चाहिए क्या नहीं, इसकी जानकारी भी दी।

मक्का से अराफात जाने के कुल बाईस रास्ते थे। हज करने के लिए गये लोग रंगीन कपड़ा नहीं पहन सकते, हम इकलौते थे। जिसने हरे रंग की शर्ट पहन रखी थी। ख़ैर उन बाईस रास्तों से जब सफ़ेद एहराम पहनकर लोग निकलते थे, तो ऊँचाई से ऐसा लगता था जैसे पहाड़ में दूध की नदियाँ बह रही हों। अचानक ऊँचे टॉवर से नीचे नज़र गयी तो देखा कि कई हाजी एक अकेले हाजी को मार रहे थे। दिमाग़ में आया कि ये क्या हो रहा है। हज पर तो लोग एक-दूसरे को गाली तक नहीं दे सकते। हर कोई एक बराबर होता है। ब्रूनेई का सुल्तान हो या फिर फकीर। यही वजह है कि हज पर हर किसी को एक जैसे कपड़े पहनकर जाना होता है। कोई महँगी चीज़ साथ में नहीं होती है। कोई अँगूठी-चेन-घड़ी-बेल्ट या गहना पहनने की इजाजत तक नहीं होती। ऐसी सोच वाली जगह पर आपस में मारपीट क्यों हो रही है? बाद में पता चला कि शायद भीड़ से पिट रहे हाजी ने किसी का पैसा निकालने की कोशिश की थी, और उसे पकड़ लिया गया था। हमारे दिमाग़ में यही आया कि हज पर जाकर भी लोग अपनी छोटी-छोटी आदतों से बाज नहीं आते। आम दिन में उनकी फितरत में जो है, वही काम वो वहाँ जाकर भी करते हैं। बाद में मुझे मालूम हुआ कि काबे में ढेरों बांग्लादेशी ऐसे हैं, जिनका काम जेब काटना है। वो भी तब जबकि सऊदी अरब में चोरी करते पकड़े जाने पर हाथ काट दिये जाने का फरमान है। इन्हीं बातों को सोचते समझते हम जमारात मिना पहुँचे। एक वक़्त था। जब यहाँ तीन मीनारें थीं। अब तो उसे बहुत बड़ी दीवार की शक्ल में तब्दील कर दिया गया है। बेहद लम्बी-चौड़ी दीवार। और उस दीवार के सामने कई लेयर्स में फ्लाईओवर बना दिये गये हैं। इसके पीछे की कहानी ये है कि कहा जाता है कि हजरत इब्राहिम अपने बेटे हजरत इस्माइल को बहुत प्यार करते थे। ख़ुदा ने एक बार उनका इम्तिहान लिया, उनसे उनकी सबसे प्यारी चीज़ की कुर्बानी माँग ली। हजरत इब्राहिम अपने बेटे हजरत इस्माइल को लेकर पहाड़ी रास्ते से गुजर रहे थे, रास्ते में तीन जगहों पर उनके मन में ख़याल आया कि इतने प्यारे बेटे की बलि आख़िर वो कैसे दे दें? उन तीनों जगहों पर, जहाँ हजरत इब्राहिम के मन में ये ख़याल आया था, लोग अब पत्थर मारते हैं। इसके पीछे सोच ये है कि यही

वो तीन जगहों के शैतान हैं, जिन्होंने हजरत इब्राहिम को ख़ुदा की राह में अपने बेटे की बलि चढ़ाने से रोकने के लिए बहकाने की कोशिश की। कई लोग तो दीवार पर गोली चला देते हैं, कुछ चप्पल से मारते हैं, कुछ गन्दी गालियाँ देते हैं। वैसे यहाँ कंकड़ी मारने की रवायत पुरानी है, पहले जब यहाँ पिलर्स थे तो इसी कंकड़ी मारने में भगदड़ हो जाती है। अब इन्हीं पिलर्स को दीवार जैसा बना दिया गया है, जिससे ज़्यादा-से-ज़्यादा लोग उस पर पत्थर मार सकें। लोग वहीं से कंकड़ी मारा करते हैं, हम इन दृश्यों को कैमरे में क़ैद करना चाहते थे, लेकिन मुतौवा ने हमें ऐसा करने की इजाजत नहीं दी। अब्दुल्ला ने भी हाथ खड़े कर दिये। एक छत के ऊपर से हम इन शॉट्स को कैमरे में क़ैद कर सकते थे, पर वहाँ पहुँचे तो वहाँ पहले से ही सऊदी टीवी के कैमरामैन का कैमरा मौजूद था, उसने भी हमें जगह देने से मना कर दिया। एक बार फिर बड़े मायूस होकर हम लौट रहे थे कि हमारी मुलाकात डॉ. नमला से हो गयी। डॉ. नमला मिनिस्ट्री ऑफ फॉरेन इनफॉरमेशन के डिप्टी मिनिस्टर, हमारी उनसे बातचीत हुई। टीवी तो उनके विभाग के अन्दर की बात थी। लिहाजा ये स्टोरी हो गयी।

सऊदी अरब में औरतों के हालात बेहद गम्भीर हैं। दौलत बेशुमार है, लेकिन औरतें आज़ाद नहीं। वो कार नहीं चला सकतीं, वो कोई बिजनेस नहीं कर सकतीं, यहाँ तक कि वो अपनी शक्ल नहीं दिखा सकतीं। इस लम्बी कवरेज में हमने एक भी रोज़ किसी सऊदी औरत का चेहरा नहीं देखा। ख़ैर, जब हम वहाँ थे तभी हमें पता चला कि वहाँ के एक शॉपिंग कॉम्पलेक्स और बाज़ारों के इलाक़े 'बलाद' से एयर इंडिया का एक पायलट और एयर होस्टेस गुज़र रहे थे। रास्ते में सड़क पार करते समय दोनों ने एक-दूसरे का हाथ थाम लिया, इस तरह हाथ पकड़ने की सजा उन्हें कई कोड़े खाकर चुकानी पड़ी। मुझे ये भी याद है कि एक रोज़ कवरेज के दौरान हम एक थोड़ी तंग गली से गुज़र रहे थे, एक अरब अपनी बुर्कापोश बेगम के साथ गुज़र रहा था। उसे ऐसा लगा कि कोई उसकी बीवी के क़रीब से गुज़र गया, इसी बात पर अरबी में काफ़ी देर तक झगड़ा चलता रहा। एक रोज़ फैसल बताने लगे कि जब वो नये-नये वहाँ पहुँचे थे, तो उनके पड़ोस में एक पाकिस्तानी कपल रहा करता था। एक रोज़ फैसल अपने दोस्त और उनकी बीवी के साथ बाहर घूमने गये। एक शॉपिंग कॉम्प्लेक्स में फैसल और उनके दोस्त की बीवी साथ-साथ चल रहे थे, जबकि दोस्त पाँच-छह क़दम पीछे रह गये। फैसल और उनके दोस्त की बीवी साथ-साथ आगे बढ़ ही रहे थे कि अचानक वहाँ मुतौवे आ गये। आते ही उन्होंने फैसल को बुलाया और उन्हें एक टिश्यू पेपर दिया कहा कि बेगम से कहिए कि होंठों पर लगी लिपस्टिक पोछ लें। फैसल ने दोस्त की बीवी को टिश्यू देकर कहा कि, लिपस्टिक साफ़ कर दो। मुतौवे ने कड़े शब्दों में कहा कि इनसे

कहिए अगली बार से इतना मेकअप करके बाहर निकलने की ज़रूरत नहीं है। मुतौवों के जाने के बाद दोस्त की बीवी भड़क गयी, कहने लगी कि अगर ये रिलीजियस पुलिस है तो मेरे चेहरे को इतने ग़ौर से इन्हें देखने की ज़रूरत ही क्यों पड़ी कि मेरी लिपस्टिक इन्हें नज़र आ गयी। ख़ैर कुछ ही पलों में फैसल के दोस्त जब वहाँ हाजिर हुए तो फैसल बरस पड़े। बोले, "ये सही है आप देख रहे थे कि मैं मुतौवों से घिरा हुआ हूँ और आप ग़ायब हो गये।" दोस्त ने बड़ा सीधा जवाब दिया। बोला, "मान लो मैं आ जाता, बीच-बचाव करता तो मुतौवे पहला सवाल पूछते कि मैं कौन हूँ? अगर मैं ग़लती से भी कह देता कि मैं इन मोहतरमा का शौहर हूँ तो सबसे पहले तुम्हें और मेरी बेगम को कई कोड़े खाने पड़ते।"

वैसे सबसे बड़ी परेशानी हुई थी मक्का में। मक्का में अजान के वक़्त नमाज पढ़ना ज़रूरी है, ऐसा ना करने वालों को गिरफ़्तार कर लिया जाता है। हमें नमाज पढ़नी आती नहीं थी। इस दौरे पर रवाना होने से पहले हमने एक किताब ज़रूर ली थी, जिससे नमाज पढ़ना सीखा जा सके। उस किताब को उलटने पलटने के बाद समझ आया कि नमाज पढ़ना तो दरअसल आसान काम है, ज़ोर-ज़ोर से चिल्लाने की ज़रूरत तो है नहीं और बाक़ी सामने बैठा शख़्स जिस तरह से करे, उसे देखकर उसे दोहरा देना है बस... मुश्किल हुई नमाज से पहले होने वाली वजू में, वजू करने के लिए हाथ-मुँह धोने का एक ख़ास तरीका होता है। वो तरीका अगर आपने ग़लत किया, और किसी की भी आप पर नज़र चली गयी, तो गिरफ़्तारी पक्की समझिए। ख़ैर, इसी डर के मारे जब मक्का में नमाज होती थी, तो हम अपनी लैंड क्रूजर की पिछली सीट पर छिप जाते थे। कार पार्किंग में होती थी। इस बात का डर हमेशा बना रहता था कि ना जाने कब मुतौवा आकर हमें गिरफ़्तार कर लेगा।

अजान की नमाज के वक़्त पूरा मक्का बन्द होता है। दुकानों के शटर बन्द, सड़कों पर आवाज़ाही बन्द। सबकुछ बन्द। अरबी में नमाज को 'सलात' कहते हैं। अजान की नमाज तो ख़ैर बड़ी तड़के होती है, लेकिन बाक़ी की चार नमाजों के वक़्त पूरा-का-पूरा शहर बन्द दिखाई देता था। अगर इस दौरान आप किसी दुकानदार से कुछ माँगिए, तो जवाब मिलता है, 'बादे सलात' यानी नमाज बीत जाने के बाद।

नमाज पढ़ना जेद्दा में भी ज़रूरी है, लेकिन वहाँ ना पढ़ने पर गिरफ़्तार नहीं किया जाता। ये ज़रूर है कि जेद्दा में हर शॉपिंग कॉम्प्लेक्स में एक मस्जिद का बनाया जाना ज़रूरी है। जैसे हिन्दुस्तान में शॉपिंग कॉप्लेक्स बनाये जाते वक़्त फायर ब्रिगेड के रास्ते, पार्किंग और दूसरी बुनियादी बातों का ध्यान रखा जाता है वैसे ही जेद्दा में हर शॉपिंग कॉम्प्लेक्स में मस्जिद का होना ज़रूरी है। इस माहौल में सख़्ती

इतनी ज़्यादा है कि किसी बाहरी को भी अगर पहली फुर्सत मिले, तो वो अपने वतन वापस भागना चाहेगा। पाकिस्तान के मशहूर बैंड जुनून के एक पब्लिक प्लेस पर कार्यक्रम के दौरान लोगों को गिरफ़्तार किया जा चुका है। बाद में पाकिस्तान एम्बेसी के आला अधिकारियों के हस्तक्षेप के बाद उन्हें छोड़ा गया।

ख़ैर, इन सारी कवायदों के बाद जब हम मक्का से वापस जेद्दा लौटे, तो हमें क़रीब एक हफ़्ता वहाँ और रुकना था। मदीना भी जाना था। पर किसी कन्फयूजन की वजह से होटल में हमारी बुकिंग ख़त्म हो चुकी थी। दरअसल, हमारे दफ़्तर में ई-कंट्रोल डिपार्टमेंट की चूक से ऐसा हुआ था। हमने होटल वालों से बड़ी मिन्नतें कीं कि अब हम कहाँ जाएँगे, पर वो नहीं माने। उनका सीधा जवाब था कि हज की वजह से यहाँ काफ़ी भीड़ है, एक भी कमरा ख़ाली नहीं। ना चाहते हुए भी हमें होटल से बेदख़ल होना पड़ा। हम सड़क पर आ गये थे। आसपास के कुछ अपार्टमेंट में जगह पाने की कोशिश की, लेकिन सारी कोशिशें नाकाम। पता चला कि बैचलर्स को कमरा यहाँ नहीं मिलता। एक बार फिर हमारे मित्र फैसल काम आये। वो अपने साथ ले गये। हम उनके घर रात के अँधेरे में जाते थे, जिससे कोई हमें देख नहीं पाये। कॉलोनी का नियम ये था कि बिना इजाजत कोई मेहमान किसी के घर नहीं आ सकता। फैसल जब कहीं जाते थे तो हम अन्दर से दरवाज़ा बन्द कर लेते थे, ताकीद ये थी कि कोई बाहर से घंटी बजाए या दरवाज़ा खटखटाये तो खोलना नहीं, ताकि बाहर से लोग यही समझें कि लॉक लगा हुआ है। अच्छा, इस दौरे की यादों पर लिखना ख़त्म करूँ, उससे पहले एक छोटा-सा क़िस्सा और याद आ गया, एक रोज़ फैसल ने कहा, चलिए बाहर खाना खाकर आते हैं। हम ऐसे इलाक़े में गये जहाँ कई पाकिस्तानी रेस्टोरेंट हैं। हमने खाना खाया, खाने के बाद फैसल ने पूछा कि पान खाएँगे। मैंने कहा, ज़रूर हम पान वाले के पास गये, उससे कहा कि वो चार सादे पान लगा दे। उसकी पान की दुकान एक खोमचे जैसी थी, अस्थायी। उससे चार पान बनाने को कहकर हम थोड़ी दूर खड़े होकर बातें करने लगे। अचानक मेरी नज़र गयी कि वो पान वाला पान छोड़कर एक गली की तरफ़ भाग रहा है। मैंने फैसल से पूछा कि अचानक उसे क्या हो गया, फैसल ने कहा कि पुलिस वाले आ गये होंगे। सउदी अरब में पान खाना भी गुनाह है, दरअसल, उस मुल्क में पान स्मगल होकर आता है। दिमाग़ में बस यही घूम रहा था कि अपना हिन्दुस्तान सही है, लखनऊ-बनारस-कानपुर-इलाहाबाद, कहीं भी पान खाइए और उसके स्वाद का मजा लेते हुए आगे बढ़ जाइए।

एनडीटीवी

गुर्जर आन्दोलन

पाँच लाशों में एक लाश उसके पति की भी थी

कादम्बिनी शर्मा

उसकी नीली आँखें स्तब्ध थीं... गहरी नीली, फटी फटी-सी, खामोश... चेहरे पर आँसू की लकीरें थीं लेकिन सूख चुकी थीं... शायद उसे ये भी एहसास नहीं था कि आसपास क्या हो रहा है...

चलिए उसकी कहानी शुरू-से-शुरू करते हैं... रविवार की रात करीब 9 बजे मैं दिन भर काम करने के बाद वापस घर लौटी ही थी कि अचानक बॉस का फोन आया... आपको राजस्थान के दौसा जाना है। मैंने पूछा कब...? जवाब मिला अभी... इसी वक़्त। वहाँ हालात ख़राब हो रहे हैं...

मैंने हफ्ते भर के हिसाब से सामान पैक किया... घंटे भर के अन्दर दफ़्तर पहुँच गई। कैमरे से जुड़े बाकी इक्विपमेंट को चेक कराने में मेरे कैमरामैन को कुछ वक़्त और लगा... तब तक मैंने पता करने की कोशिश की कि अब हालात कैसे हैं... पता चला आरक्षण माँग रहे गुर्जरों पर पुलिस ने फायरिंग की है और गुर्जर उग्र हो चुके हैं...

रात के करीब साढ़े ग्यारह बजे हम रवाना हो गए... कुछ देर में याद आया कि हमने खाना तो खाया ही नहीं। हाईवे पर ही एक ढाबे पर रुके... खाना खाया... जो ख़बरें मिल रहीं थी उससे लगा पता नहीं दोबारा खाना कब नसीब हो।

कुछ देर तक मैं और मेरा कैमरामैन दौसा की स्थिति, राजनीति और किस तरह से वहाँ की ख़बर को हैंडल करना चाहिए ये ही चर्चा करते रहे। मैं उन ख़ुशकिस्मत लोगों में हूँ नहीं, जिन्हें चलती गाड़ी या ट्रेन में नींद आ जाए... सो जागती रही... कुछ घंटों बाद एहसास हुआ कि शायद मन्ज़िल पास है... अँधेरा अभी छँटने की शायद सोच ही रहा था... ड्राइवर साहब ने शार्ट कट मारा था... जिस गाँव से गुज़र रहे थे उसके चौराहे पर जलती हुई एक सूमो दिखी... उसकी लपटें आसपास की सफ़ेद दीवारों को एक ख़ूनी रंगत दे रही थीं... नज़रें जैसे उन लपटों से बंध सी

गई थीं... टीवी या सिनेमा के पर्दे पर अक्सर देखा हुआ ये नज़ारा मेरी नज़रों के ठीक सामने था... और यक़ीन मानिए एक बार डर ज़रूर लगता है... बड़ी मुश्किल से इन लपटों से नज़रें हटाई तो पता चला कि वहाँ कुछ ही देर पहले जो कुछ भी हुआ है उसकी अकेली गवाह वो गाड़ी नहीं। उससे कुछ ही क़दमों की दूरी पर थी एक पूरी तरह से जली हुई बस... जिसके खाक में जान के नाम पर बस धुएँ की कुछ लकीरें थीं। आसपास सन्नाटा पसर चुका था जैसे किसी बहुत बड़े शोर का इन्तज़ार कर रहा हो।

मेरे कैमरा सहयोगी इस सबको रिकॉर्ड कर रहे थे... तभी न जाने कैसे किसी भूतिया हवेली की कहानियों की तर्ज़ पर एक शख़्स हमारे सामने आ खड़ा हुआ... कहने लगा हमारे हित में बेहतर होगा कि इस इलाके से हम जल्द-से-जल्द निकल जाएँ... क्योंकि जिन लोगों ने आग लगाई है उनका गुस्सा अभी ठंडा नहीं हुआ है और वो आसपास ही हैं... हमें देख रहे हैं...। हमने बहस करने से बेहतर वहाँ से निकलना ही समझा... शूट तो कर ही चुके थे... लेकिन इस एक नज़ारे ने हमें बता दिया कि आगे क्या कुछ आने वाला है... अभी तक हँसते चहकते हमारे कैमरा सहयोगी थोड़े संजीदा हो गए...।

अब एहसास हो चुका था कि ये एक रूटीन शूट नहीं था...

हम आगे बढ़ गए... अब रोशनी होने लगी थी...

...छोटे-छोटे से घरों के आगे लोग बैठे दिखने लगे थे... बड़े बुजुर्ग... लड़के... माहौल फिर वही इन्तज़ार वाला... हमें ऐसे भाव से देखते हुए जैसे किसी भूतिया पिक्चर के उन किरदारों को वो किरदार देख रहा हो जिसे पता हो बस अब भूत की चपेट में आने ही वाला है... कुछ और आगे जाने पर रास्ता ही बन्द हो गया... हाईवे पर बिजली के खम्भे, ईंट, पत्थर डालकर उसे आरक्षण की माँग कर रहे गुर्जरों ने बन्द कर रखा था... हम गाड़ी से उतरे, इस बात का जोड़तोड़ करने के लिए कि क्या आसपास से निकाला जा सकता है... लेकिन लगा कि एक खम्भे को थोड़ा खिसका लें तो निकल जाएँगे और हमने वही किया... आधे घंटे के अन्दर हम दौसा में थे... दो होटलों में पता किया, दोनों में ही सेना और पुलिस वाले भरे हुए थे। वहाँ से पहले पहुँचे कुछ और रिपोर्टरों से बातचीत में पता चला कि एक होटल में हमें रहने की जगह मिल जाएगी... होटल साफ सुथरा था। नींद की खुमारी के बीच कुछ देर में तैयार होकर हम उस गाँव की तरफ़ निकल पड़े जहाँ हमें बताया गया कि पुलिस फायरिंग में मारे गए गुर्जरों के शवों के साथ हज़ारों की संख्या में आन्दोलनकारी बैठे थे। उनका नेतृत्व कर रहे कर्नल किरोड़ी सिंह बैंसला भी वहीं थे। लेकिन मुश्किल से पाँच-छः किलोमीटर का ये सफर मेरी ज़िन्दगी का सबसे डरावना सफर बन गया। होटल से निकलने के चंद ही मिनटों बाद

अचानक हाईवे हमें एक बार फिर से बन्द मिला। वहाँ से निकलने की जुगत ही सोच रहे थे कि अचानक कम-से-कम सौ लोगों की भीड़ ने हमारी गाड़ी को घेर लिया। हाथों में डंडे, फरसे, लोहे की रॉड और चेहरे पर वो भाव जो चिड़ियाघर में जानवरों को देखने के वक़्त इन्सानी चेहरे पर होती है। गाड़ी के शीशे बन्द थे और मार डालो, काट डालों का शोर हमारे कानों में गूँज रहा था। एक पल के लिए लगा कि गाड़ी भगा लेते हैं लेकिन सोचते ही ये भी समझ में आया कि ये बहुत बड़ी गलती होगी और हम ज़िन्दा नहीं निकल पाएँगे। इस भीड़ से बात करने के अलावा कोई और रास्ता नहीं था, जो नज़रें मेरी तरफ़ थीं उन्हें मैं शब्दों में बयान तक नहीं कर सकती। इसलिए मैंने अपने कैमरा सहयोगी को कहा कि वो गाड़ी का शीशा उतारे और उनसे बात करे। उसने कोशिश शुरू की तब तक एक पढ़ा-लिखा सा दिखने वाला शख़्स सामने आया और कहा इन्हें मारने की ज़रूरत नहीं है, ये टीवी वाले हैं। इस बात पर लोगों ने इससे क्या, हमें इनसे क्या लेना देना... हमने उस शख़्स से कहा कि वो लोगों को बताए कि हम उनकी माँग को दिल्ली तक पहुँचाने आए हैं, उनका दुख लोगों को बताएँगे। लोग कुछ शान्त हुए पर शर्त रखी कि उनके एक प्रतिनिधि को साथ लेकर जाना होगा। हमारे पास तैयार होने के अलावा कोई और विकल्प नहीं था।

इस शख़्स ने हमें बताया कि आगे बढ़ने के लिए हमें कच्चे रास्तों से बढ़ना होगा क्योंकि बीच में मीणा गाँव भी तैयार बैठे हैं और उसे हमारी गाड़ी में देखकर हमसे सवाल-जवाब की जहमत नहीं उठाएँगे... यानी अब हम ऐसे रास्ते थे जिसमें न तो वापसी सम्भव थी और आगे का ख़ौफ मेरे ड्राइवर और कैमरामैन की आँखों में था। कुछ दूर तक कच्चे रास्ते पर चलने के बाद हमें वापस हाईवे पर आना पड़ा। हाईवे पर आते के साथ दूर एक भीड़ दिखाई दी। एक पल के लिए लगा मौत सामने खड़ी है, डर हुआ कि कहीं ये मीणा हुए तो क्या होगा। ड्राइवर ने सुझाया कि गाड़ी भगा लेते है लेकिन उसके हाथ और आवाज़ दोनों काँप रहे थे। मैंने ड्राइवर को कहा तुम पीछे बैठो, मैं ड्राइव करती हूँ। तब तक साथ बैठे शख़्स ने कहा कि ये भी गुर्जर हैं। समझ में नहीं आया कि ये अपने हैं या पराए... उन लोगों ने बताया कि आगे कहाँ-कहाँ पर मीणाओं ने रास्ता रोक रखा है। विकास के प्रतीक रहे राजस्थान में एक बार फिर हम कच्चे रास्तों में उतर गए। इस बार कुछ ही देर में हमें कई टीवी चैनलों के ओबी वैन और सेना का एक ट्रक नज़र आया। हमने राहत की साँस ली।

वहाँ और भी कई रिपोर्टर जमा थे जो पास के ही एक सरकारी बंगले में रुके हुए थे लेकिन मुझे एक भी महिला रिपोर्टर नज़र नहीं आई। आगे हज़ारों गुर्जरों की भीड़ थी, दो ट्रैक्टरों को घेरे हुए, एक में धरना दिए हुए नेता और दूसरे में पाँच लाशें... मैंने एक रिपोर्टर से पूछा कि मुझे गुर्जरों के गाँव के अन्दर जाना है, मारे

गए लोगों के परिवारों से मिलना है। उसका जवाब था, कई लोग कोशिश कर रहे हैं पर गुर्जर उन्हें गाँव में जाने नहीं दे रहे हैं। मुझे लगा कि बैंसला से गुजारिश करूँ तो शायद ये हो जाए। पता नहीं कभी आपने ये महसूस किया है या नहीं लेकिन जब मुश्किल से दो इंच की दूरी से लोग आपको देखें तो लगता है जैसे पूरे शरीर पर लाल चीटियाँ चल रही हैं। हज़ारों की इस भीड़ से होती हुई मैं बैंसला के ट्रैक्टर तक पहुँची और गुज़ारिश की... पहले तो वो तैयार नहीं हुए लेकिन फिर मेरा महिला होना शायद काम कर गया। बैंसला को लगा-कि उनकी बहू बेटियों से मेरे मिलने में कोई बुराई नहीं है। गाँव के दो बुजुर्ग नेताओं को उन्होंने मेरे साथ कर दिया, ये जताते हुए कि मैं पहली पत्रकार थी जो गाँव के अन्दर जा रही थी। पहला पड़ाव था वो घर जो उनके मुताबिक पुलिस की ज्यादती का शिकार हुआ। घर में सिर्फ़ महिलाएँ और बच्चे थे। हमसे पर्दा नहीं था। एक-एक कर उन्होंने बताया कि कैसे पुलिस दरवाज़ा तोड़कर अन्दर आई और महिलाओं के साथ मारपीट की। चोट के निशान भी दिखाए। एक बुजुर्ग महिला भी अपनी पैरों पर लगी चोटें दिखा रही थी। सामने वाले घर में टूटे बर्तन दिखाकर उन्होंने कहा कि ये भी उस पुलिस की कारस्तानी है जो आन्दोलन में भाग ले रहे गुर्जरों को खोज रही थी। फिर, साथ में चल रहे बुजुर्ग बड़ी गुजारिश के बाद हमें उस परिवार के पास ले जाने को तैयार हो गए जिनका इकलौता जवान बेटा आन्दोलन के दौरान हुए पुलिस फायरिंग में मारा गया था जिसकी लाश हाईवे पर खड़े ट्रैक्टर के ऊपर पड़ी पाँच लाशों में से एक थी। जब वहाँ हम पहुँचे तो घर के पुरुष शान्ति से एक जगह बैठे थे। मारे गए नौजवान के पिता से जब बात हुई तो लगा कि वो दुखी तो हैं लेकिन हमारे साथ आए नेताओं के सामने कुछ कहना नहीं चाहते। सिर्फ़ इतना कहा कि आन्दोलन के लिए ये ज़रूरी था। हमने पूछा घर में कौन है पता चला माँ, एक छोटी बहन और सात महीने पहले शादी कर घर में लाई गई बहू। उन्होंने हमें उनसे मिलने की इजाजत दे दी। सबसे पहले नज़र पड़ी 15 साल की उसकी बहन पर, जो रोए जा रही थी पर शायद इतना थक चुकी थी कि मुँह से आवाज़ नहीं निकल रही थी, आँसू भी सूख चुके थे। मुझे बताया गया कि बहू अन्दर है। दरवाज़े के अन्दर पाँव रखते ही कई महिलाओं से घिरी हुई सरिता बैठी थी, पर्दे में... सिर्फ़ उसकी दो आँखें दिख रही थीं... गहरी नीली, फटी-फटी सी, खामोश... लगा ये आँखें कह रहीं हैं अब किसी चीज़ की ज़रूरत नहीं है, न आरक्षण की, न आन्दोलन की, न अच्छे सपने की... उसके साथ बैठी एक महिला ने सरिता से कहा, इनसे पर्दे की ज़रूरत नहीं, पर शायद वो इतनी अवाक थी उसे कुछ सुनाई नहीं दे रहा था। कोई जवाब न आता देख उस महिला ने ही सरिता के चेहरे से घूँघट हटा दिया। मुझसे कहा जो पूछना है, आप पूछ लो...।

मुझे लगा नहीं कि मैं उससे कुछ पूछ सकती हूँ। उसकी आँखों ने सब कुछ कह दिया था। न पूछने को कुछ बचा था और न ही कुछ कहने को... क्या पूछती मैं... कि जिन्दा लाश होने पर आपको कैसा महसूस हो रहा है या ये कि आपके पति का शव अन्तिम संस्कार के लिए घर इसलिए नहीं पहुँचा है क्योंकि फिलहाल उस पर राजनीति ज़रूरी है, इस पर आप क्या कहेंगी या ये पूछती कि क्या आपको अनुकम्पा के आधार पर सरकारी नौकरी चाहिए या आपको कितना मुआवज़ा चाहिए या ये फिर ये पूछती कि बाकी की ज़िन्दगी किसके सहारे गुज़ारेंगी... सारे सवाल मुझे बेमानी लगे। मुझे लगा उसकी नज़रों की भाषा मेरे दर्शक भी समझेंगे...।

भाषा मेरे दर्शक भी समझेंगे...।

इन गहरी नीली, फटी-फटी सी, खामोश आँखों को शब्दों की ज़रूरत नहीं...।

शूट पूरा हो चुका था, मैं वापस बैंसला के पास पहुँची। कुछ सवाल-जवाब कर होटल के लिए निकल पड़ी। इस बार भी रास्ते में वैसी ही भीड़ मिली, ज़बरदस्ती हमसे एक जलते हुए ट्रक की तस्वीरें लेने को कहा गया। लेकिन पता नहीं क्या इस बार मन में कोई खौफ़ नहीं था, बस एक खामोशी थी, सरिता की नज़रों की खामोशी...।

इस एक दिन के बाद हालात इतने बिगड़ गए कि हम वापस धरने की जगह पर पहुँच ही नहीं पाए। हफ्ते भर तक और कई ख़बरें कवर कीं। हफ्ते भर बाद तूफान जब थमने लगा तो हमने दिल्ली का रुख किया।

ज़ेहन में सरिता आज भी घूम जाती है। राह चलते, लोगों से मिलते-जुलते हर नीली आँख मुझे चौंका जाती है। सोचती हूँ मेरे लिए तो वो सिर्फ़ एक ख़बर थी फिर ऐसा क्यों लगता है कि न जाने कैसी है, कहाँ है?... है भी या नहीं...।

मुम्बई हमले की वह काली रात

मनोरंजन भारती

पन्द्रह साल के टेलीविज़न रिपोर्टिंग में कई ऐसे मौक़े आये जो दिल के क़रीब हैं... जहाँ मैंने इतिहास बनते देखा है। चाहे वो रात के बारह बजे सीताराम केसरी का कांग्रेस अध्यक्ष बनना हो... देवगोड़ा का प्रधानमन्त्री बनना... फिर केसरी का देवगौड़ा सरकार से समर्थन वापस लेना... संसद में एक वोट से वाजपेयी सरकार का गिरना संसद पर आतंकवादी हमला... सोनिया गाँधी का प्रधानमन्त्री बनने से इनकार करना ये सारी घटनाएँ अब इतिहास का हिस्सा बन चुकी हैं जिनका गवाह मैं भी रहा हूँ। एक पत्रकार होने का यही सबसे बड़ा फायदा है कि आप उस वक़्त वहाँ होते है, जहाँ ये सब घट रहा होता है और फिर उसे आप दुनिया को बताते हैं। टेलीविज़न के लिए यह भी ज़रूरी है कि घटना के समय आप वहाँ पर मौजूद रहें। रोमांचक कवरेज में कश्मीर से रिपोर्टिंग और हाल में 26/11 को मुम्बई हमले का कवरेज सबसे यादगार रहा। मुम्बई की घटना शुरू हुई, तो ऐसा लगा कि गैंगवार है। मैं दफ़्तर से घर आ चुका था, लेकिन थोड़ी देर में ही यह आभास हो गया था कि यह आम ब्रेकिंग न्यूज़ नहीं है इसलिए वापस दफ़्तर आ गया। रात में ही यह तय हुआ कि किसी सीनियर को दिल्ली से मुम्बई जाना चाहिए। मैंने अपने चार और सहयोगियों के साथ सुबह की पहली फ्लाइट ले ली। मुम्बई उतरते ही सीधा ताज की तरफ़ भागा। गेटवे पहुँचने से पहले ही अनुमान हो गया था कि शायद अभी तक के सबसे कठिन एसाइन्मेंट पर आया हूँ। ताज के सामने का नजारा जितना कुछ आप लोगों ने टीवी पर देखा, उससे अधिक भयावह था। मैंने ताज के दो गेटों से स्ट्रेचरों पर लोगों को ले जाते देखा— कुछ घायल और अधिकतर मृत। एनएसजी की जवाबी कार्रवाई देखी। गोलियों की बौछारों की आवाज़ें और उससे परेशान होकर ताज और गेटवे पर उड़ते कबूतर। मैंने भी ठान लिया था कि जब तक ये ऑपरेशन ख़त्म नहीं होता, मैं यहीं डटा रहूँगा। पूरे 40 घंटे मैंने ताज के पास बिताये। गोलियाँ हमारी तरफ़ भी चलाई गयी थीं इसलिए कभी-कभी लेटना भी पड़ता था, मगर बाद में इसका ख़ूब मज़ाक भी बनया गया। टीवी पर देखकर कभी

माँ, तो कभी पत्नी, तो कभी भाई का फोन आता था कि अधिक नजदीक मत जाओ। मैं सबको कहता था मुझे अभी अपना काम करने दो। मगर यह भी सच्चाई है कि कवरेज के दौरान दो पत्रकार घायल भी हुए थे। दो रातें मैंने ताज और गेटवे के बाहर ज़मीन पर बितायीं पानी पीने वाले ख़ाली बोतल को टाइट से बन्द कर उसका तकिया बनाया और अख़बार को बिस्तर। वहीं लेटे-लेटे घुप्प अँधेरे में रोशनी से नहाये ताज होटल को निहारता था कि यह हमला महज एक होटल पर नहीं हमारी विरासत पर है। उस ताज होटल में मैं कभी ठहरा नहीं, मगर तमाम मध्यवर्ती संस्कारों के बावजूद ताज होटल पर हमला अपने ऊपर हुआ हमला लगा था। हमने एक रिपोर्टर की हैसियत से ताज के कुछ हिस्सों को धू-धू करके जलते देखा। कभी लगता था कि कहीं 105 साल पुराना यह ताज होटल खाक न हो जाए। दुनिया भर के पत्रकार वहाँ आये हुए थे। पुलिस रात में कैमरे की बत्ती जलाने नहीं देती थी। कभी ऑफिस से निर्देश आता था कि लाइव में कुछ नहीं बोलो। एनएसजी की पोजीशन के बारे में मत बताओ। दो रात गुजरने के बाद मैं थकने लगा था। मगर 29/11 की तड़के गोलियों की आवाज़ तेज होने लगी। लगा कि एनएसजी अब ये ऑपरेशन ख़त्म करने वाली है या शायद उन्हें अपने साथी उन्नीकृष्णन की शहादत की जानकारी हो गयी है। ठीक हमारे सामने ताज होटल का बॉलरूम था। जहाँ पिछले 24 घंटों से आतंकवादी छिपे थे। उस कोने वाले कमरे पर बाहर से भी ग्रेनेड डाले गये थे। हमारी आँखों के सामने ही बॉलरूम से काले धुएँ का गुबार निकलने लगा। और चन्द पल में एक लाश गिरते हमने देखी, फिर देखा, एक कमांडो अपनी मोबाइल से ताज की तस्वीर खींच रहा था। मैं चीख़ पड़ा कि ऑपरेशन ख़त्म हुआ अब मैं भी ताज के नजदीक जाने की कोशिश करने लगा। फायर बिग्रेड की गाड़ियाँ खड़ी थीं। पानी फैला हुआ था। मेरी नज़र कुछ कबूतरों पर पड़ी। मैं उस बेज़ुबान की तरफ़ बढ़ा। वो कबूतर भी मेरी तरह थक कर निढ़ाल था। मैं उसके काफ़ी नज़दीक पहुँच गया, मगर वो कबूतर उड़ा नहीं, गोलियों की लगातार आवाज़ों के बाद वो भी राहत की साँस ले रहा था। मैंने उस कबूतर को छुआ और अपने हाथों से उठाया। मेरा हाथ काँप रहा था। मैंने उसे पानी के पास छोड़ दिया। 30/11 को मुम्बई से वापस आ रहा था कि ऑफिस से फोन आया शिवराज पाटिल की छुट्टी होने वाली है। चैनल में पोलिटिकल एडिटर होने के नाते इस ख़बर को कन्फर्म करने की मेरी जिम्मेवारी है। जहाज में बैठने तक मैंने यह ख़बर भी कन्फर्म कर ली थी और जब दिल्ली उतरा तो 'चिदम्बरम अगले गृहमन्त्री होंगे' का ऐलान हो चुका था। शाम होते-होते महाराष्ट्र के मुख्यमन्त्री का रामगोपाल वर्मा और अपने एक्टर बेटे को ताज होटल के अन्दर ले जाने का विजुअल आ चुका था। कुछ घंटों में ही हमारे सूत्र हमें बता रहे थे कि इनकी भी छुट्टी तय है। यह

सब मैं इसलिए आपको बता रहा हूँ कि मुम्बई की घटना के ख़त्म होने के 24 घंटे के अन्दर सत्ता पर क़ाबिज कई लोगों की कुर्सी हिल गयी। घर पहुँचा, तो छह साल की बेटी ने पूछा, ''पापा ये आतंकवादी गन्दे लोग होते हैं? और हमारे यहाँ कैसे आ जाते हैं? लोगों को क्यों मारते हैं?'' पहली बार मेरी बेटी ने कहा था कि अब बाहर घूमने नहीं जाऊँगी। उसके कई सवालों का मेरे पास कोई जवाब नहीं था। केवल मन-ही-मन कहा, शायद ऐसी कवरेज पर दुबारा न जाना पड़े।

दलित अपार्टमेंट की कहानी

रवीश कुमार

हम हर व्यथा को कथा में बदल देने वाले देश में रहते हैं। उन कथाओं तक पहुँचने में देर भले लग जाए, लेकिन उन्हें दुनिया तक लाना असम्भव काम नहीं है। इस लिहाज से एक रिपोर्टर के लिए किसी स्टोरी तक पहुँचना और सामने लाना मुश्किल ज़रूर होता है, मगर असम्भव नहीं। हिन्दुस्तान में रिपोर्टिंग करना किसी भी देश की तुलना में सबसे आसान है। यहाँ अफ़सर नहीं बोलेगा, तो चपरासी बक देगा। चपरासी नहीं बोलेगा, तो उस ड्राइवर से बात निकल जाती है, जिसे आप पिछले कई सालों से बीट कवर करने के दौरान मिलते रहे हैं। एक पत्रकार अपने पेशे में कई तरह के सामाजिक सम्बन्धों को बनाता चलता है और उन सम्बन्धों के चलते अपने पेशेवर काम को अन्जाम देता रहता है। यह इस बात पर निर्भर करता है कि वह पेशे और कथाओं को लेकर कितना उत्सुक है। पत्रकारिता में हम हर दिन इस आदत के शिकार होते रहते हैं कि कैसे अपनी स्टोरी को असम्भव और अद्‌भुत बताकर नम्बर बढ़ाते रहें। शायद यह उत्साह बनाये रखने के लिए ज़रूरी भी है। फिर भी कोई भी स्टोरी असम्भव नहीं है। पेशेगत खतरे और तीन–चार धमकी भरे फोन कॉल्स को छोड़ दें, तो प्रतिष्ठान के ख़िलाफ़ स्टोरी करने के बाद आप आराम से घर बैठकर कॉफी पी सकते हैं। हाँ, कुछ मामलों में ख़तरा आसन्न ही नहीं अपना असर भी छोड़ जाता है। उस श्रेणी के बहादुर पत्रकारों को मैं रोज़मर्रा अपनी स्टोरी को जोखिम भरा बताने वाले पत्रकारों के साथ नहीं रखता।

सामाजिक पत्रकारिता का अनुभव बहुत ही सामान्य है। इसके लिए सामाजिक होना ज़रूरी है और विश्वास पैदा करने का फन न हो तो कोई दिल की बात नहीं कहेगा। सामाजिक पत्रकारिता में ज़रूरी है कि सामने वाला अपनी व्यथा को एक ईमानदार कथा में बदले। जो मन में है और जो वो कहने से डर रहा है, अन्ततः वही कह दे। अपना दिल और अपना घर आपके कैमरे के लिए खोल दे और कह दे कि आप जो चाहें कर सकते हैं, हमें आप भर भरोसा है।

इसी बिन्दु पर मुश्किल आती रही है। हिन्दी टीवी पत्रकारिता ने जिस तरह

अपनी सम्भावनाओं के लिए बेहतरीन विरासत को लात मारकर गोबरगीरी करने की होड़ शुरू की है, उसकी क़ीमत भरोसे को ही चुकानी पड़ रही है। किसी को नहीं पता कि आप उसकी बातों को किस तरह से हाहाकार कथा में बदल देंगे; सनसनी बना देंगे। इंटरव्यू देने वाला डरता है। घर की बात दुनिया में जा रही है, पता नहीं आसपास के लोगों का क्या रिएक्शन होगा। दलित मध्यमवर्ग की कहानी पर कोई ये न कह दे कि इन्हें सब मिल गया है।

इन्हीं सब सवालों से कई घंटों तक मैं दिल्ली के एक दलित अपार्टमेंट में जूझता रहा और गुजरात के उन मुसलमानों के साथ, जो चुपचाप दंगों के बाद अपने समुदाय के लिए कुछ कर रहे थे। मुश्किल के नाम पर इतनी-सी बात थी। उनकी चिन्ताएँ स्वाभाविक थीं। कहीं मैं दफ़्तर जाकर इस तरह न लिख दूँ कि देखो दिल्ली में बन गया दलितों का अपार्टमेंट। अब खाने-पीने मौज़ करने लगे हैं दलित। बस्तियों को छोड़ महलों में रहने लगे हैं। दलित अपार्टमेंट के लोगों को इसी बात की चिन्ता थी। मुझे बार-बार कहना पड़ा कि नहीं मैं ऐसा कुछ नहीं करूँगा। मुझसे एक दिन का वक़्त लिया। आपस में उन लोगों ने विचार किया। भरोसे के लिए मेरे मित्र चन्द्रभान प्रसाद को जमानत देनी पड़ी। उन्होंने पहले ही कहा था कि जब तक मैं नहीं चलूँगा कि सब लोग खुल कर नहीं बोलेंगे। मैं बस उत्सुक था कि दिल्ली में मौजूद इस अनकही कहानी को कह देने के लिए। मुझे अच्छी तरह याद है कि ऐसी किसी कहानी तक पहुँचने के लिए मैं किसी रविवार उनसे घंटों बात करता रहा। नहीं, ये नहीं कुछ और ऐसा तो होगा आदि आदि। तभी मेरे मुँह से निकला कि कहाँ गये वे लोग, जो आरक्षण से दिल्ली में अफसर बने। क्या वे लौट गये या नहीं तो कहाँ हैं। मैं आरक्षण का फायदा दिखाना चाहता हूँ। बस दलित अपार्टमेंट की कहानी बन गयी।

कहानी शुरू हुई तो सब खुल कर बोलने लगे। मैं उनके साथ उनके जैसा होने लगा। उनकी व्यथाओं को अपनी व्यथाओं के समानान्तर करने लगा। गाँव के सबसे आख़िरी छोर के सबसे गन्दी जगह में बनी बस्तियों से निकल कर आये ये दलित अफसर अपने लिए साफ़-सुथरे मकान की कल्पना कर रहे थे। उस वक़्त मैं बिहार के एक सवर्ण परिवार में सामन्ती सोच के बीच बड़ा होता कोई छह-सात साल का रहा होऊँगा। दिल्ली आते-आते अपने भीतर के सामन्ती और सवर्ण सोच से निजात पाकर इतिहास के मेरे मास्टरों ने मुझे सामाजिक प्रक्रियाओं और शोषणों को समझने के लायक बना दिया था। अपने भीतर के सामाजिक बदलाव और दलित अफसरों के भीतर के सामाजिक बदलाव के बीच एक रेखा चलने लगी। बात होने लगी।

एक सज्जन ने कहा कि देखिये स्कूटी पर मेरी बहू गयी है। वही चलाती है। जब मैं दसवीं में था, तो मेरे दादाजी ने एक साइकिल ख़रीदी थी। जैसे ही मुझे

चलाते देखा, ठाकुरों के लड़कों ने मुझे साइकिल से उतार कर पटक दिया। उनकी चिन्ता एक ही थी कि कल अगर ये कहानी टीवी के ज़रिये दुनिया में जाएगी, तो एक बार फिर से उनकी अलग पहचान बन जाएगी। दिल्ली के पटपड़गंज के लोग यह न कहने लगें कि वहाँ से मत गुजरो, ये दलितों का अपार्टमेंट है। क्योंकि इसी वजह से उनके फ्लैट के दाम बाज़ार दर से दो तीन लाख कम थे। जब फ्लैट बन रहा था तब लोग कूड़ा-कचरा फेंक आते थे।

हाउसिंग सोसायटी के पूर्व अध्यक्ष नेक्से लाल बताने लगे कि करोलबाग़ की एससी बस्ती में रहते थे। रिटायरमेंट के बाद हम सब देवनगर जाकर नहीं रह सकते थे। दिल्ली के गाँवों में भी हमारे लिए जगह नहीं थी। सत्तर के दशक के शुरुआती सालों में गाँव अधिक थे। वहाँ जात-पात थी। हमारे सामने यह खतरा था कि कहीं वापस अपने गाँव जाकर वहाँ की चमरटोली में न रहना पड़े। फिर हमें लगा कि हम भी तो अपार्टमेंट यानी हाउसिंग सोसायटी बना सकते हैं। कहते-कहते नेक्से लाल इतने सहज हो गये कि मुझे अपना दोस्त समझ सब बताने लगे। बीच में हिचकते, फिर कहते कि आप जो चाहे दिखा सकते हैं। आप ठीक ही दिखाएँगे।

बस इसी एक भरोसे के दम पर मैं उस कहानी को सुन रहा था, जिसे सुनने के लिए कई साल से तरस रहा था। तब से, जब से योगेन्द्र यादव की एक बात कान में अटक गयी थी कि दुनिया में भारत की रिज़र्वेशन ही एक ऐसी सामाजिक नीति है, जो इतने कम समय में इतने क़ामयाब सामाजिक-राजनीतिक परिणाम दे चुकी है। दलित अफसरों की व्यथाएँ एक शानदार कथा का रूप लेने लगीं। बस इतना ही करना पड़ा कि हर दिन उनके पास जाकर भरोसा दिलाते रहना पड़ा कि हम हंगामे के तौर पर नहीं दिखाएँगे। एक सामाजिक प्रक्रिया के तहत ही दिखाएँगे।

सितम्बर 2006 के किसी शुक्रवार को जब स्पेशल रिपोर्ट का एपिसोड एयर हो रहा था तो मेरा दिल धड़क रहा था। चिन्ता इसी बात की थी कि कहीं दलित अफ़सरों को दिया भरोसा न टूट जाए। उन्हें कोई बात चुभ न जाए। इतना ज़रूर हुआ कि कुछ लोगों ने कहा कि पूरी दुनिया को यह कहानी बताने की क्या ज़रूरत थी। बहुत मुश्किल से तो हम अपनी अलग पहचान को सामान्य कर मुख्यधारा से मिला पाये थे, लेकिन बहुत लोग मेरा बचाव कर रहे थे कि इस कहानी को बताना ज़रूरी था। मुझे उस अपार्टमेंट में फिर आने का न्यौता दिया गया।

सामाजिक पत्रकारिता एक दस्तावेज तैयार करती है। उन बातों को सामने लाती है, जिनमें व्यथाएँ और कथाएँ झलकती हैं। अगर हमारे सवाल उनकी व्यथाओं को उभार न सकें, तो कोई प्रमाणिक कथा बन ही नहीं सकती। टीवी के लिए मुश्किल यही है कि कहने वाला दिखता है। उसका घर, उसका चेहरा और फ्रेम में उसका परिवार। सब दिखते हैं। अख़बार के लिए भी मुश्किल होगा, मगर इस तरह की

चुनौतियाँ नहीं होंगी।

पहले ड्राइंग रूम में एंट्री, फिर बेडरूम तक पहुँचने के लिए एक विश्वास का रिश्ता बनाना पड़ता है। तभी आप रहन-सहन में आ रहे बदलावों में भी झाँक सकते हैं। डीडीए के एक इंजीनियर के घर शूटिंग चल रही थी और बात-बात में इतनी दोस्ती हो गयी कि उन्होंने अपनी बेटी का कमरा मेरे लिए खोल दिया। मैं देख सका कि उस कमरे में आम्बेडकर की कोई तस्वीर नहीं थी। बेटी ने जब अपनी अलमारी खोल दी, तो भीतर के हिस्से पर शाहरुख खान की तस्वीर थी। पूछने पर कहा कि पापा से तकलीफ के क़िस्से सुनती हूँ, लेकिन मैंने देखा नहीं है, भोगा नहीं है, मेरे दोस्त अपर कास्ट के भी हैं लेकिन उनके बीच कास्ट को लेकर बात नहीं होती। शायद वे जान भी नहीं पाते होंगे कि क्योंकि हमारे नाम के बाद अब जाटव की जगह सिंह या प्रसाद लगा होता है। क़िस्से-से-क़िस्से पैदा होते रहे और एक महागाथा का निर्माण होने लगा।

इससे ज़्यादा मुश्किल आयी थी गुजरात के मुसलमानों की व्यथाओं में से एक बदलती हुई कथा को पकड़ने में। नरेन्द्र मोदी के आतंक से वो टीवी पर बोलना नहीं चाहते थे। उनका यही कहना था कि बड़ी मुश्किल से हम अपने दुखों से उबरने की कोशिश कर रहे हैं, लोगों को एकजुट कर स्कूल-कॉलेज खोल रहे हैं, आप दिखा देंगे तो सबकी नज़र पड़ जाएगी। दंगों के चार साल बाद पहली बार गुजरात गया था। दंगों के वक़्त मुझे जाने का मौक़ा नहीं मिला था। उनका डर स्वाभाविक था। कहने लगे कि पत्रकार आते हैं, ख़बर करके चले जाते हैं, दिखा देते हैं और अवार्ड लेकर घर बैठ जाते हैं। हम वहीं-के-वहीं रह जाते हैं। इस एपिसोड को मैंने किसी अवार्ड के लिए नहीं भेजा था। ये उनका भरोसा हासिल करने की पहली शर्त थी। कहानी की बुनियाद पड़ चुकी थी।

लेकिन बीच-बीच में इमारत का काम रुक जाता था। हर बार वही सवाल कि कितना दिखाएँगे, कैसे दिखाएँगे। कई लोगों के फोन और फिर भरोसा कि मैं ऐसा कुछ नहीं करूँगा जिससे लगे कि बिना राज्य की मदद के मुसलमान अपना ख़याल रखने लगे हैं। वो संगठित होकर कुछ करने लगे हैं। उनकी चिन्ता इसलिए भी थी कि कहीं इससे मोदी की नज़र उन संगठनों पर न पड़ जाए। यह कहानी दंगों के दौरान और बाद गये किसी पत्रकार ने नहीं कही थी। वो सब उन्हीं व्यथाओं में भटकते रहे, जिससे मुसलमानों के पीड़ित होने की कथा बनती थी। मैं उस कथा को ढूँढ़ रहा था, जो अपनी व्यथा को समझते हुए आगे बढ़ने की कोशिश कर रहा था।

मेहसाणां के एक गाँव में मैं ले जाया गया। मिस्टर नाकाडर शानदार सूट में खड़े थे। अमेरिका में हार्ट सर्जन अपनी बेवकूफी पर इतरा रहे थे। कहा कि करोड़ों

रुपये लगा दिए गाँव में इस स्कूल को बनाने में। दोस्तों ने कहा, ''शहर में स्कूल बनाओ, मुनाफा कमाओगे।'' नाकाडर साहब नहीं माने। गाँव में स्कूल खोला और स्कूल का नाम किसी इस्लामिया या दीन-ए-मदरसा नहीं रखा। नाम है— डॉ. नाकाडर इंस्टीट्यूट ऑफ नॉलेज। स्कूल की दीवारों पर तिलक, गाँधी, नेहरू, रवीन्द्रनाथ टैगोर। पारसी प्रिंसिपल और वाइस प्रिंसिपल बिहार का एक नौजवान। मुस्लिम बच्चों के इस स्कूल में सारे टीचर अलग-अलग समुदायों के। 15 फीसदी बच्चे हिन्दी भी पढ़ते हैं।

नाकाडर बताने लगे कि हमारा मकसद है कि इस स्कूल में मुस्लिम बच्चे पढ़ कर अपने बूते खड़े होना सीखें। इसीलिए हम हर सोमवार अपने बच्चों की एक टोली हिन्दुओं के मोहल्ले में ले जाते हैं। वहाँ पर ये बच्चे सफाई का काम करते हैं। जब कारण पूछा तो बताया कि दंगों के वक़्त हमारा संवाद टूट गया। राजनेता हमसे बात नहीं करते थे। हम किससे अपनी व्यथा कहते। इसलिए अपने मुस्लिम छात्रों को हिन्दुओं की बस्ती में ले जाता हूँ, ताकि उनकी दोस्ती हो सके। वे ऐसे मुश्किल वक़्त में अपने हिन्दू दोस्तों से कह सकें कि यार ये क्या हो रहा है। बन्द करवाओ।

इस कहानी का मैं क़ायल हो गया। इसी तरह कई कहानियों तक पहुँचता रहा। विश्वास के भरोसे। लोग रोते थे, लेकिन कहते कि अपने बच्चों का भविष्य बचाना है। मैं कई स्कूलों के भीतर ले जाया गया, जो दंगों के बाद बनाये गये थे, जहाँ बच्चों से लेकर माँ-बाप तक को अँग्रेज़ी और कम्प्यूटर की तालीम दी जा रही थी। मैं एक बड़े बदलाव की दहलीज पर खड़ा था। दंगों ने गुजरात के मुसलमानों को प्रगतिशील बना दिया है। वो आगे की सोच रहे हैं।

सामाजिक पत्रकारिता अपनी इन्हीं मामूली चुनौतियों से गुजरती हुई निखरती रहती है। बस एक ही सलाह है। शौक-ए-दीदार गर है तो नज़र पैदा कर। अगर नज़र है तो भरोसा पैदा कर।

सॉफ्ट स्टोरी करना कम चुनौतीपूर्ण काम नहीं

निखिल नाज

ये है ख़बरों का दौर। टीवी पर आजकल सिर्फ़ ख़बर बिकती है। ख़बर से मेरा मतलब है हार्ड न्यूज़, और सिर्फ़ मेरे शब्दकोष में ही नहीं— दरअसल टीवी न्यूज़ की दुनिया में ख़बर की परिभाषा ही यही है। सॉफ्ट न्यूज़ या फीचर स्टोरी धीरे-धीरे ही सही, लेकिन टीवी न्यूज़ से ग़ायब होती जा रही है। क्रिकेट न्यूज़ की दुनिया भी इससे अछूती नहीं है।

दुनिया भर में क्रिकेट की कवरेज के दौरान मैंने भी कई मौक़ों पर अपने आपको वहाँ पाया, जहाँ मेरे सामने ब्रेकिंग न्यूज़ ने जन्म लिया। फिर चाहे वो 2005 में जिम्बाब्वे दौरे के दौरान ग्रेग चैपल बनाम गांगुली लड़ाई हो, 2007 विश्व कप में रहस्यमय हालात के बीच पाकिस्तान के कोच बॉब वूल्मर की हत्या या फिर टी-20 विश्व कप में वीरेन्द्र सहवाग का विवादास्पद अन्दाज में चोटग्रस्त होना। एक ख़बर का पैदा होना— फिर बड़ा होना और धीरे-धीरे ग़ायब हो जाना, ये एक ऐसा सफर है, जो हर नई ख़बर के साथ एक नया अनुभव लेकर आता है। ब्रेकिंग न्यूज़ का रोमांच मेरे लिए वो खुराक है, जो मुझे हर रोज़ ऑफ़िस जाने के लिए प्रेरित करता है; काम के प्रति मेरे जोश को ज़िन्दा रखती है। लेकिन मेरे अन्दर की मौलिकता की प्यास आज भी एक छोटी-सी फीचर स्टोरी ही पूरा करती है। वेस्टइंडीज, न्यूज़ीलैंड और साउथ अफ्रीका के दौरे के दौरान मुझे कई बार अपने दर्शकों को ऐसी ही कई कहानियाँ सुनाने का मौक़ा मिला— लेकिन क्रिकेट कवरेज की सबसे यादगार कहानी मुझे भारत में ही मिली। इसमें ना तो एक्शन है, ना ही बड़े-बड़े सेट्स और ना ही क्रिकेट जगत का कोई बड़ा नाम। सिर्फ़ एक लो बजट आम क़िरदारों से बनी एक छोटी-सी कहानी।

साल 2005। भारत बनाम श्रीलंका, चेन्नई टेस्ट। टेस्ट का आयोजन नवम्बर में होने का मतलब था कि चेन्नई का मानसून अपने चरम पर था। टेस्ट का पहला और दूसरा दिन बारिश की भेंट चढ़ चुका था। तीसरे दिन भी यही सिलसिला ज़ारी रहा और आख़िरकार दोपहर को जाकर मेघ देवता शान्त हुए। लेकिन मैदान की

आउटफील्ड में जमा हुआ पानी ये तय कर चुका था कि मैच की पहली गेंद चौथे दिन ही फेंकी जाएगी। अम्पायर तीसरे दिन का खेल रद्द कर चुके थे, और मैं एक और दिन बिना कोई काम किये ऑफ़िस लौटने को तैयार था।

बस एक ही परेशानी थी मेरे कैमरामैन को किसी और स्टोरी पर काम करने के लिए ऑफ़िस ने बुला लिया था। स्टेडियम में मौजूद हमारे ऑफ़िस की इकलौती गाड़ी ले जाते हुए मेरा कैमरामैन ये वायदा करके गया था कि वो आधे घंटे में ज़रूर लौट आएगा। यानी मेरे सामने 30 मिनट अकेले बिताने की चुनौती थी। तीन दिन तक लगातार बरसने के बाद आख़िरकार बादलों ने आराम करने का मूड बनाया था। आसमाँ भूरे से नीले में तब्दील हो गया था। समन्दर की तेज़ हवाएँ मौसम को और भी सुहाना बना रही थीं। दरअसल चेन्नई का चेपॉक मैदान, वहाँ की मशहूर मैरीन बीच से सटकर बना हुआ है। स्टेडियम से बीच तक पैदल पहुँचने में सिर्फ़ पाँच मिनट लगते हैं। ठीक पाँच मिनट बाद मैं भी मैरीन ड्राइव की ठंडी रेत पर बैठा हुआ था। इश्क़ फरमाते जोड़े और रेहड़ी पर नारियल पानी बेचने वाले। वो सब यहाँ था, जो किसी भी तटवर्ती शहर की सबसे लोकप्रिय और सबसे बड़ी बीच की पहचान होता है। लेकिन मेरा ध्यान सबसे ज़्यादा आकर्षित हुआ बीच पर क्रिकेट खेलते एक झुंड पर। क्रिकेट पर लिखते-लिखते आज मेरे वही हाथ क्रिकेट बैट थामने पर मुझे मजबूर कर रहे थे। वैसे, वहाँ खेलने वालों के झुंड का हर सदस्य लगभग बारह-पन्द्रह साल के बीच का था। इन बच्चों को एक-दो ओवर तक बैटिंग करने के लिए मनाना मेरे लिए कभी भी मुश्किल नहीं होने वाला था। जल्दी ही बल्ला मेरे हाथ में था और अपने रन-अप पर गेंद के साथ दौड़ने के लिए तैयार था तेरह साल का सुकुमार। खेल में रुकावट पैदा करने के बावजूद, मैं इन बच्चों के साथ एक छोटा-सा सौदा करने में क़ामयाब रहा था।

मैं अपने टीवी कैमरे के जरिए इन सबकी फोटो उतारने वाला था (जो टीवी के लिए नहीं बल्कि इनके निजी मनोरंजन के लिए थी) और बदले में मुझे मिलने वाला था पूरे दो ओवर तक बैटिंग करने का मौक़ा, बशर्ते कि मैं उससे पहले आउट ना हो जाऊँ। कहाँ मैं कॉलेज लेवल पर क्रिकेट खेलने वाला बल्लेबाज और कहाँ ये मौज-मस्ती करने वाले बारह-पन्द्रह साल के बीच क्रिकेटर्स।

सुकुमार की पहली गेंद, उसके हाथ से निकल कर सीधे विकेटकीपर के हाथों में। 22 यार्ड का सफर तय करने के लिए उसे सेकेंड का आधा हिस्सा लगा होगा। जाहिर है मेरी कमजोर आँखों का उसको पकड़ पाना मुश्किल ही था, और फील्डिंग कर रहे बच्चों का खिलखिलाना जायज भी। 4 फीट 11 इंच लम्बा सुकुमार तेज़ ज़रूर था, लेकिन दाल में कुछ काला भी था।

दूसरी गेंद-हाथ से निकली काली गेंद, माफ कीजिएगा, गेंद तो हरी थी काला

अगर कुछ था, तो वो था मेरे युवा मैल्कम मार्शल का गेंदबाजी करने का अन्दाज। मेरे पीछे वो ही हरी गेंद लकड़ी से बने पतले से स्टम्प को दो टुकड़ों में तोड़ चुकी थी, और पास के फील्डर मेरे आउट होने का जश्न मना रहे थे। लेकिन मेरी नज़र थी हरभजन जैसी गुलाटी खाते सुकुमार पर, जिसके चेहरे पर थी एक हल्की-सी मुस्कान।

"सुकुमार तुम गेंद तो अच्छी डालते हो, तेजी भी है, लेकिन बेटा दम कन्धे से लगाया जाता है, कोहनी से नहीं। मैंने उस प्रतिभाशाली युवा खिलाड़ी से कहा, "बेटा, जो तुम कर रहे हो उसे गेंदबाजी नहीं क्रिकेट की किताबों में गेंद को फेंकना या चकिंग करते हैं।"

इसे सुनकर सुकुमार मुस्कराया नहीं, बल्कि हल्के से हँसा और बिना हिचकिचाये बोला "भैया आईसीसी का नया नियम है, आप 15 डिग्री तक तो अपनी कोहनी को मोड़ सकते हो, जब शोएब अख्तर और मुरलीधरन कर सकते हैं, तो हम क्यों नहीं?"

क्लीन बोल्ड!!! ये शब्द तो टीवी रिपोर्टिंग के दौरान मैंने लाखों बार इस्तेमाल किया है, लेकिन इसे पहली बार अन्दर से महसूस मैंने सुकुमार के उस बयान के बाद किया।

10 मिनट बाद, चेन्नई की ही मरीन बीच, और उन्हीं बच्चों का मुकाबला ज़ारी था। लेकिन इस बार मेरे हाथ में बल्ला नहीं टीवी का माइक था। मेरा कैमरामैन, जो मुझे ऑफिस ले जाने आया था— अब इस मैच को शूट कर रहा था। इस शूट के दौरान मैंने पाया कि सुकुमार ही नहीं, वहाँ खेलने वाले ज़्यादातर बच्चे गेंद को तेज़ फेंकने के चक्कर में गेंदबाजी नहीं, चकिंग करते हैं। सब आईसीसी के नये नियम से अच्छी तरह वाकिफ़ हैं और शोएब अख्तर, मुरलीधरन जैसे गेंदबाज हैं इनके असल रोल मॉडल।

उसी रात एनडीटीवी के दर्शकों ने मरीन बीच पर हुई इस कहानी को मेरे कैमरे की नज़र से देखा। मेरे ऑफ़िस से ही नहीं, बल्कि टीवी और प्रिंट के कई पत्रकारों ने मुझे फोन करके मेरी इस कोशिश की तारीफ़ की। अगले दिन भी मौसम मेहरबान था। 4 दिन बाद ही सही, लेकिन भारत और श्रीलंका के बीच टेस्ट मैच आख़िरकार शुरू तो हुआ। प्रेस बॉक्स में बैठे-बैठे मैं देख रहा था कम्पास से नापी गयी 15 डिग्री के झुकाव वाली लसिथ मलिंगा की कोहनी, अरे... सौरव गांगुली अपनी आँखें मिचकाएँगे नहीं, तो और क्या करेंगे? अब भी जब वो टेस्ट मैच याद आता है, तो लगता है कि दिलचस्प अन्दाज में सॉफ्ट स्टोरी करना कितनी बड़ी चुनौती बनता जा रहा है। दम तोड़ती सॉफ़्ट स्टोरीज।

ऐश-अभिषेक का विवाह टीवी युग की सबसे बड़ी शादी

शिखा

20 अप्रैल, 2007 वो दिन जब बॉलीवुड की सबसे ख़ूबसूरत अभिनेत्री ऐश्वर्या राय की शादी बॉलीवुड के महानायक के बेटे और ख़ुद एक अभिनेता अभिषेक बच्चन के साथ होनी थी। ये दोनों ही नाम न सिर्फ़ बॉलीवुड के बड़े नाम थे बल्कि वो नाम थे जिन्हें इस तारीख के बाद शायद अलग-अलग लेने की ज़रूरत नहीं पड़ने वाली थी। मुझ जैसे पत्रकार के ज़हन में यही सवाल चल रहा था कि क्या ऐश्वर्या राय अब ऐश्वर्या बच्चन कहलाएँगी। ख़ैर, यह तो बाद की बात थी उस वक़्त तो सिर्फ़ एक ही दिशा और दशा नजर आ रही थी कि आख़िर शादी के जोड़े में सजे अभिषेक और ऐश्वर्या की क्या एक भी झलक हमें नसीब हो पाएगी... क्योंकि जिस तरह चोरी छुपे दोनों की 17 जनवरी 2007 को मँगनी हुई थी कहीं वैसे ही अगर शादी हो गयी तो क्या होगा? कैसे इनके हज़ारों चाहने वालों तक हम इनकी झलक पहुँचा पाएँगे? एक टीवी पत्रकार होने के नाते उस वक़्त सबसे बड़ी चुनौती यही थी।

हालाँकि जबसे मँगनी की ख़बर आई थी उसके बाद से शादी की तारीख की अटकलें लगनी भी शुरू हो चुकी थी। लेकिन धड़कनें तब तेज़ हुई जब शादी की असली तारीख मतलब 20 अप्रैल का पता चला। हमें पता था कि अब वही रोज़मर्रा की कहानियों को छोड़ हमें वो ख़बरें ढूँढ़नी होंगी जिन्हें छुपाने की पूरी-पूरी कोशिश दोनों परिवार करेंगे। और हुआ भी वही... बजाय किसी होटल या किसी पुराने महल को चुनने के इस शादी को बच्चन के पुराने घर 'प्रतीक्षा' में ही करने का फैसला लिया गया। जिसके चलते हमारा काम और भी मुश्किल होने वाला था। क्योंकि ऐसा कोई नहीं था जो घर के अन्दर की जानकारी दे सके। मीडिया को इस शादी से दूर रखने की हर मुमकिन कोशिश बच्चन राय परिवार की तरफ़ से भी ज़ारी थी।

बस इसी के साथ शुरू हो गया न्यूज़ रूम में रोजाना मीटिंगों का दौर। शादी में कुछ दिन बाकी थे लेकिन ऐसा लग रहा था कि मानो कल ही शादी हो। चारों तरफ़ एक अजीब-सी बेचैनी, हर वक़्त इस बात की फ़िक्र कि हमसे कुछ मिस हो गया तो! बतौर टीवी पत्रकार इस तरह के कवरेज़ का सबसे अहम हिस्सा होता है विजुअल, यानी विजुअल अगर 'मिस' हो गए तो आप उस दिन की कवरेज़ में पिछड़ गए। हर पत्रकार को मालूम था कि उसकी ज़िन्दगी में शायद ही ऐसी कोई शादी कवर करने का कोई दूसरा मौका आए और इसलिए मैं भी जुट गयी।

दिमाग में हज़ारों सवाल... साज-सजावट कौन कर रहा है, कपड़े कौन डिजाइन कर रहा है, खाना कहाँ से आएगा, मेहमानों की लिस्ट में कौन-कौन शामिल होगा, किस-किस को न्योता जाएगा, क्या घर में काम शुरू हो गया, क्या मेहमानों का आना शुरू हो गया। बस इसी सवाल के साथ मैंने अपने कैमरामैन को साथ लिया और पहुँच गयी बच्चन के बंगले 'प्रतीक्षा' पर। वहाँ पहुँचने पर लगा कि यहाँ तो कुछ भी नहीं हो रहा। बँगले की ऊँची-ऊँची दीवारों के पीछे कुछ भी नज़र नहीं आ रहा था तो आख़िर कैसे पता चले कि अन्दर क्या चल रहा है। मेरी ही तरह कई सवाल लिए कम-से-कम दस-पन्द्रह पत्रकार और भी पहुँचे हुए थे।

बस इसी कशमकश में मेरी नज़र बच्चन बँगले से सटी एक इमारत पर गयी तो ख़्याल आया कि इस इमारत से अन्दर का नज़ारा देखा जा सकता है। लेकिन चौकीदार को कौन समझाए। जैसे-तैसे अन्दर जाकर उस परिवार से गुज़ारिश की कि वो अपने घर से अगर हमें बँगले के अन्दर देखने दें तो हमारा काम आसान हो जाए। लेकिन कोई फायदा नहीं। मेरे कई बार बोलने पर भी उन्होंने हमें वहाँ कैमरा इस्तेमाल करने नहीं दिया और बताया कि ख़ुद अमिताभ बच्चन ने आकर उन सबसे आग्रह किया है कि वो किसी को भी घर में न आने दें और इसी विनती के साथ वो शादी का कार्ड भी दे गए। पहले तो मायूसी हुई कि ये कोशिश भी बेकार गई। पर अचानक लगा कि चलो एक रिपोर्ट तो हाथ में आ गई है— मेरी रिपोर्टिंग शुरू हो गई, क्योंकि हमें कम-से-कम शादी के न्यौते की झलक तो मिल ही गयी थी और साथ ही सीढ़ियों से वापस जाते हुए बच्चन के बँगले की एक झलक भी जिससे ये पता चल गया कि बँगले के गार्डन में पंडाल लगाया जा रहा है और वहीं शादी होगी।

बस इसी इत्मीनान के साथ वापस ऑफिस पहुँची और स्टोरी फाइल कर दी। अब अगले पूरे हफ़्ते की तैयारी करनी थी। बारी-बारी एक पत्रकार जुहू में बच्चन साहब के बँगले के बाहर पूरा दिन और पूरी रात मौजूद रहता था। कोई डिज़ाइनर को ढूँढ़ता तो कोई खाने वाले को। बस एक-एक कर शादी से जुड़े कई लोग मिल गए और लगा कि काम आसान हो रहा है। घर की साज-सजावट का काम भी

अब नज़र आने लगा था। लेकिन, क्या पता था कि सबसे मुश्किल काम तो अब जाकर शुरू होने वाला है। तारीख़ थी 19 अप्रैल 2007, मतलब शादी से ठीक पहले वाला दिन।

सुबह-सुबह जब मैं जुहू पहुँची तो देखा कि कम-से-कम एक किलोमीटर दूर तक सभी न्यूज़ चैनल्स की ओबी वैन पार्क हैं। जहाँ तक नज़र जा रही थी बस प्रिंट और इलेक्ट्रॉनिक मीडिया के लोग ही नज़र आ रहे थे। अगर बात सिर्फ़ यहाँ तक होती तो भी ठीक था लेकिन हमारी ही तरह आम लोग भी शायद अपने चहेते सितारों की झलक देखने को उतावले थे और इसी वज़ह से घर के बाहर पूरी सड़क पर जबरदस्त भीड़ थी। चलना-फिरना तो छोड़िए एक जगह खड़े होकर लाइव चैट कर पाना भी मुश्किल हो रहा था। ऑफिस से लगातार नए विजुअल्स की माँग आ रही थी। कभी-कभी तो ये इच्छा भी जताई गई कि क्या लोकेशन बदलकर लाइव दे पाना सम्भव हो पाएगा। ख़ैर, मैंने उन्हें समझाया कि यहाँ ओबी वैन मूव करना नामुमकिन है। चारों तरफ़ काफी हलचल थी। हर कोई इसी कोशिश में था कि बस जैसे भी हो ज़्यादा-से-ज़्यादा तस्वीरें लोगों तक पहुँचाई जा सकें और इसी चक्कर में हर कोई तमाम दिक्कतों से जूझता-बस भूखा-प्यासा, दिनभर सड़क किनारे खड़े होकर किसी की बिन बुलाई शादी में मेहमान बना हुआ था।

हर तरफ़ बड़ी-बड़ी गाड़ियों का तांता लगा हुआ था। आते-जाते कभी जया जी दिख जातीं तो कभी बच्चन साहब, कैमरामैन भागते— आगे-पीछे। इस बात की परवाह किए बग़ैर कि कहीं गिर ना जाएँ। जब विजुअल कैमरे में कैद हो जाते तो लगता कि चलिए कुछ तो मिला।

अभी असली चुनौती का दिन बाकी था, क्योंकि शादी का दिन तो अभी कुछ घंटों बाद आना था। पर उसके बारे में सोचने की फुरसत किसे थी। फिलहाल, तो आज की ख़बरों की दौड़ में न पिछड़ने की चुनौती थी। हर विजुअल को कैमरे में कैद करना और उसे जल्दी-से-जल्दी ओबी वैन पर जाकर अपलिंक कराना। मतलब, इस बात से बेख़बर की अगले दिन क्या होने वाला है हम तो बस अपना काम कर रहे थे। इसी बीच ऑफिस से फोन आया कि आ जाओ, कल का प्लान बना लेते हैं। प्लान मतलब रिपोर्टर्स की फ़ौज कहाँ-कहाँ तैनात की जाएगी। कोई भी विजुअल छूटे ना इसके लिए कितने कैमरामैन लगेंगे— ओबी वैन की लोकेशन क्या होगी। कितनी जल्दी-से-जल्दी ओबी वैन लगाई जाएगी, असाइनमेंट डेस्क और पीसीआर में किसके साथ कोऑर्डिनेट करना है, वग़ैरह वग़ैरह।

रात के करीब 10 बजे थे। ऑफिस में हर कोई यही सोच रहा था कि कैसे सबसे बेहतर कवरेज की जाए। लेकिन मैं लगातार यही सोच रही थी कि जिस तरह की भीड़ कल होने वाली है उसमें खड़े होने की जगह भी मिलेगी या नहीं? हुआ

भी कुछ ऐसा ही, चाहे बान्द्रा में ऐश्वर्या राय का घर हो या जुहू में अभिषेक का घर 'जलसा'। मैं सुबह-सुबह छः बजे वहाँ पहुँची तो देखा कि देश भर से तो छोड़िए अन्तरराष्ट्रीय मीडिया भी वहाँ पहुँचा हुआ है। सुबह से ही घर से गाने बजाने और हलचल की आवाज़ें आती रहीं। हम समझ गए कि बारात की तैयारियाँ शुरू हो गई हैं। इसलिए बिना कोई वक़्त बेकार किये मेरी सहयोगी वहाँ रुक गयी और मैं पहुँच गयी 'प्रतीक्षा', जहाँ बारात को पहुँचना था।

चिलचिलाती गर्मी में हम ऐसे तैयार बैठे थे कि मानो हमें ही बारात में जाना हो। हर 2 से 3 मिनट में एक लाइव चैट करनी होती थी। गर्मी चाहे कितनी भी हो। भीड़ चाहे कितनी भी हो, आपके आजू-बाजू चाहे कितनी धक्का-मुक्की हो रही हो लेकिन चेहरे पर मुस्कान लिए शादी का माहौल सजाए रखने के लिए मैं लाइव-पर-लाइव किए जा रही थी।

हर किसी को ये देखने की बेताबी थी कि अभिषेक कैसे लग रहे हैं। तभी एक बस आकर रुकती है। वहाँ मौजूद सभी मीडिया कर्मियों में ऐसी अफरातफरी मचती है कि जैसे कोई भूचाल आ गया है। हम समझ गए कि बारात इसी बस में आई है। बैंड बाजे की तेज़ आवाज़ और बस के बाहर घोड़ी (ये वही घोड़ी थी, शादी की तैयारियों की स्टोरी के दौरान जिसकी सवारी तकरीबन हर न्यूज़ चैनल कर चुका था)। एक-एक कर सभी लोग निकलते जा रहे थे और हमारी आँखें सिर्फ़ अभिषेक को ढूँढ़ रही थीं। बसों के काफ़िले के बीच इतनी भीड़ थी कि नज़दीक जाना मुश्किल ही नहीं नामुमकिन था। ऐसे में कुछ भी साफ-साफ देख पाना बेहद नामुमकिन था। साथ ही इस पूरे नज़ारे को लाइव दिखाने की कोशिश... इतनी अफरा-तफरी कि कुछ समझ ही नहीं आ रहा था। एक छोटे से हिस्से में कम-से-कम 100-150 कैमरे, एक चैनल के लाइव फ्रेम में तीन-तीन पत्रकार नज़र आ रहे थे। ऊपर से भीड़ को सम्भाल पाना और भी मुश्किल। ये सभी लोग यहाँ शादी देखने कम और ख़ुद कैमरे में दिखने के लिए ज़्यादा उत्सुक थे। और अचानक मेरी नज़रों ने अभिषेक को ढूँढ़ लिया।

अभिषेक की दूल्हे के लिबास में पहली झलक, चेहरे पर मुस्कान लिए नाचते-गाते अभिषेक बस से उतरे ही थे कि बसों के काफ़िले ने चारों तरफ़ घेरे बना कर उन्हें छुपा लिया। जब ऐसा लगा ही था कि बात बन गयी, मेहनत रंग लाई तभी फिर गड़बड़ हो गई। दरअसल, अपनी एक झलक दिखाकर अभिषेक घर में दाख़िल हो गए। यानी फिर गायब हो गए। चारों तरफ़ सिर्फ़ अभिषेक-अभिषेक यही आवाज़ सुनाई दे रही थी।

शॉट्स मिल गए थे। लेकिन उतने नहीं जिसकी माँग थी। हर किसी में झल्लाहट थी— भीड़ भड़क्का, मौसम, भाग-दौड़ से हर कोई परेशान था और

शायद इसलिए कई दिनों से रात-दिन एक कर रहे कुछ मीडियाकर्मी भी बेकाबू हो गए और बँगले के दरवाज़े तक पहुँच गए। हालाँकि इस भीड़ में मीडिया वाले काफ़ी कम और आम भीड़ काफ़ी ज़्यादा थी।

बस फिर वो हुआ जिसकी शायद किसी ने कल्पना नहीं की थी। बच्चन साहब के निज़ी गार्ड्स ने हाथापाई शुरू कर दी। इस बात की परवाह किए बग़ैर कि वहाँ कौन मीडिया से है और कौन भीड़ का हिस्सा? बात इतनी बढ़ गयी कि भीड़ को तितर-बितर करना पड़ा। ये सबकुछ टीवी पर चल रहा था लाइव। पूरा देश अपने-अपने ड्राइंग रूम और बेडरूम में बैठा, ये तस्वीरें देख रहा था। मीडिया ने देर तक घर के बाहर धरना दिया। नारे लगाए गए। ज़रा सोचिए घर के अन्दर शादी का जश्न और बाहर धरना। हालाँकि ये सब हमें भी अच्छा नहीं लग रहा था। लेकिन भीड़ का खामियाजा हम जैसे पत्रकार क्यों उठाएँ, भीड़ को काबू में न कर पाने की असमर्थता की खुन्नस भला हम पर डंडे बरसाकर क्यों उतारी जाए? कोई भी ज़रा सोचे कि क्या किसी को भी इस तरह दिन-रात भीड़ में भूखे-प्यासे खड़े रहने का शौक होता है? बिल्कुल नहीं— ये हमारा काम था, हमारी नौकरी थी। जिसे हम पूरी ईमानदारी के साथ कर रहे थे। ताकि हर कोई बिना तकलीफ़ सहे अपने चहेते सितारों की शादी देख सके।

इन सारी घटनाओं के बावजूद घर के अन्दर से संगीत और जश्न की आवाज़ें आती रहीं और हम हर लम्हे को कैमरे में कैद कर आपको दिखाते रहे। बिना इस बात की परवाह किये कि हमे यहाँ सड़क के किनारे खड़े रहते-रहते पूरा एक हफ़्ता हो चुका था, लोग सज-धज कर आते थे, पार्टी कर रहे थे, खान-पान का लुफ्त उठा रहे थे और हम सड़क किनारे एक लड़ाई लड़ रहे थे। लड़ाई उन लोगों से जिन्होंने शायद टीवी पर बैठकर इस शादी से जुड़ी एक-एक स्टोरी देखी होगी। पर कहने को आसानी से कह देंगे कि अभिषेक-ऐश्वर्या की शादी, इसमें क्या ख़बर है?

ख़ैर, अभिषेक और ऐश्वर्या की शादी ख़त्म हो गयी। शादी के दिन हुई धक्कामुक्की की खटास भी ख़त्म हो गई। लेकिन हर ख़बर को आप तक पहुँचाने की हमारी जद्दोजहद फिर भी जारी रही और हमेशा जारी रहेगी।

हरभजन सिंह का मंकीगेट प्रकरण

विक्रान्त गुप्ता

क्रिकेट के खेल से अक्सर हार या जीत की ख़बर आती है। हम ऐसी ही ख़बरों को रिपोर्ट करते हैं। हाँ, कई बार जीत बड़ी होती है, और कई बार हार उससे भी बड़ी। ऐसे में पूरे दिन चैनल पर क्रिकेट की ख़बर छायी रहती है। क्रिकेट को लेकर देश में जिस तरह का जुनून छाया हुआ है, उसमें क्रिकेट रिपोर्टिंग इन दिनों समाचार चैनल्स का सबसे डिमांडिंग प्रोफाइल है। नये दौर के टीवी में 3 'सी' यानी सिनेमा, क्राइम और क्रिकेट का कॉन्सेप्ट फैशन में है। ख़ैर, खेल पत्रकारिता और खास तौर पर क्रिकेट पत्रकारिता के कैरियर में कई बड़ी हार और कई बड़ी जीत देखी। खिलाड़ियों के बड़े-बड़े रिकॉर्ड्स देखे। क्रिकेट के अलावा मैदान में थोड़े-बहुत विवाद भी देखे। लेकिन, ये क़िस्सा भारत के पिछले आस्ट्रेलिया दौरे का है।

मेलबर्न टेस्ट में हार के बाद भारतीय टीम सिडनी में थी। सिडनी क्रिकेट ग्राउंड यानी एससीजी, मैच देखने का कवर करने का लुत्फ़। शानदार दर्शक। टेस्ट मैच की सबसे बड़ी ख़ूबसूरती यही होती है कि सेशन-दर-सेशन खेल बदलता रहता है। यही वजह है कि आज ट्वेंटी-ट्वेंटी के सुपरहिट होने के बावजूद टेस्ट क्रिकेट को पसन्द करने वालों की जमात अलग है। सिडनी टेस्ट का तीसरा दिन। क्रिकेट की कवरेज के लिहाज से एक आम दिन। सही वक़्त पर मैं एससीजी पहुँच चुका था। इस बात का ज़रा भी इल्म नहीं था कि आज क्रिकेट के मैदान में ऐसी लड़ाई शुरू होने वाली है, जो सिर्फ़ खिलाड़ियों की लड़ाई नहीं होगी, बल्कि दो क्रिकेट बोर्ड्स की लड़ाई होगी और सबसे अव्वल तो दो देशों की लड़ाई होगी। दो अलग-अलग सभ्यताओं और संस्कृतियों की लड़ाई होगी।

टेस्ट मैच के तीसरे दिन का वाकया है। हरभजन सिंह बल्लेबाजी कर रहे थे। कहने को तो मैदान में क्रिकेट खेला जा रहा था... लेकिन फिर कुछ ऐसा हुआ कि क्रिकेट क्रिकेट नहीं रह गया। हरभजन सिंह और एंड्र्यू साइमंड्स के बीच कहासुनी हुई। मैच बेहद रोमांचक स्थिति में था। हरभजन सिंह और सचिन तेंदुलकर टीम इंडिया को मुश्किल से उबार रहे थे। सब कुछ ऑस्ट्रेलियाई क्रिकेटरों की उम्मीद

के उलट हो रहा था। टेस्ट मैच अपनी ख़ूबसूरती के लिहाज से धीमी रफ़्तार से भारत की पकड़ को मजबूत करता दिख रहा था। मैदान पर ऑस्ट्रेलियाई क्रिकेटरों का व्यवहार कितना सभ्य होता है, ये किसी से छिपा नहीं है। ऑस्ट्रेलियाई खिलाड़ियों की छींटाकशी का इतिहास लम्बा है। उसका ज़िक्र करना फिलहाल यहाँ ज़रूरी नहीं। तो जो बात बाद में निकल कर आयी, वो ये कि साइमंड्स काफ़ी देर से भज्जी को उकसा रहे थे। थोड़ी देर तक तो भज्जी अनसुना करते रहे। लेकिन, जब बात ज़्यादा बढ़ गयी, तो भज्जी ने जवाब दिया। भज्जी चुप रहने वाले क्रिकेटर्स में से है भी नहीं, पर उनका जवाब कंगारू कप्तान रिकी पॉन्टिंग को नागवार गुजरी और उन्होंने मैच रैफरी से कर दी शिकायत। ये शिकायत आम शिकायत नहीं थी। ये शिकायत स्लेजिंग की शिकायत नहीं थी, ये शिकायत बहुत बड़ी शिकायत थी। ऐसी शिकायत, जो अगले कई दिनों तक कई लोगों की नींद उड़ाने के लिए काफ़ी थी। ऑस्ट्रेलियाई कप्तान रिकी पॉन्टिंग ने भज्जी पर नस्ली टिप्पणी करने का आरोप लगाया।

ये आईसीसी के नियमों के तहत लेवल तीन का अपराध था, जिसके तहत आरोप साबित होने के बाद खिलाड़ी पर दो से चार टेस्ट मैच या चार से आठ वन डे का प्रतिबन्ध लगता है। मामला नस्ली टिप्पणी का था, कोई छोटा मोटा नहीं।

तीसरे दिन का खेल ख़त्म होने के बाद भारतीय खेमे से टीम मैनेजर चेतन चौहान, मीडिया मैनेजर एमवी श्रीधर, कप्तान अनिल कुम्बले, सचिन तेंदुलकर और हरभजन सिंह मामले की सुनवाई के लिए पहुँचे। दिन का खेल ख़त्म होने के बाद थोड़ी-बहुत थकान तो सभी को हो रही थी। लेकिन मामला गम्भीर था, और उससे कहीं ज़्यादा गम्भीर होने वाला था। सिडनी क्रिकेट ग्राउंड के पीछे के हिस्से में मीडिया का हुजूम लगने लगा था। भारतीय टीम मैनेजमेंट इस बात को लेकर आश्वस्त था कि वो इस सुनवाई में हरभजन सिंह को पाक साफ़ साबित कर देगा। सुनवाई शुरू हुई। पहला घंटा बीता, कुछ साथियों की हिम्मत जवाब देना शुरू हुई। करीब बीस-तीस भारतीय पत्रकार अपनी-अपनी पसन्द-नापसन्द के हिसाब से छोटे-छोटे हिस्सों में खड़े होकर बातचीत करने लगे। सुनवाई के दो घंटे हो गये। फिर तीन घंटे... चार घंटे। अब लगने लगा कि मामला बेहद गम्भीर हो गया है। जिस कमरे में सुनवाई हो रही थी, उसकी बाहर की सीढ़ियों पर कोई भी हलचल हो, तो बाहर खड़े कैमरामैनों का झुंड एलर्ट हो जाता था। धीरे-धीरे इन्तजार में मजाक होने लगे। अचानक किसी साथी पत्रकार ने आवाज़ लगायी "आ गये। आ गये।" हर किसी ने मुड़ कर देखा, पर ये एक मज़ाक था। अब पाँचवा घंटा भी बीत चुका था। रात गहराती जा रही थी। बैठने तक को जगह नहीं थी। ऑफिस से लगातार फोन आ रहे थे। साथी पत्रकारों की सिगरेटें भी ख़त्म होने लगी थीं।

बातचीत के विषय भी ख़त्म हो गये थे। अब कुछ था, तो दिमाग़ में घूम रहा ये सवाल कि आख़िर अन्दर क्या चल रहा है। हर किसी के चेहरे पर थकान दिख रही थी। भूख लगी थी। इस बात की फ़िक्र सता रही थी कि अभी यहाँ से होटल लौटकर तमाम सारी फीड लैपटॉप से दफ़्तर भेजनी है। फिर कल सुबह मैदान भी आना है मैच कवर करने के लिए। करीब 16 घंटे के बाद भारतीय खिलाड़ी और मैनेजमेंट बाहर आते दिखाई दिए। सचिन-भज्जी और कप्तान कुम्बले एक कार में बैठे और वहाँ से तुरन्त निकल गये। ये विजुअल्स कैमरे में क़ैद हो चुके थे। और खिलाड़ियों के चेहरे ये बताने के लिए काफ़ी थे कि सुनवाई में जो कुछ भी हुआ है, वो मनमुताबिक नहीं रहा। बाद में टीम मैनेजमेंट ने बताया कि मैच रैफरी ने हरभजन सिंह पर छः घंटे लम्बी बैठक के बाद 3 टेस्ट मैचों की पाबन्दी लगा दी है। क्रिकेट के बुखार के लिहाज से ये कम-से-कम 104 डिग्री वाली ख़बर थी। तुरन्त ऑफ़िस को ख़बर देने और फिर फोन पर अपडेट देने के बाद हम लोग टीम होटल की तरफ़ भागे। वहाँ पहुँचकर वो मीडिया रिलीज ली, जिसमें ये बताया गया था कि हरभजन सिंह पर 3 टेस्ट मैच का प्रतिबन्ध लगा दिया गया है। अब अगले कुछ घंटे जो हमें अपने होटल में बिताने थे, उसमें भी लगातार दफ़्तर से फोन आ रहे थे। खाने के लिए ऐसा कुछ नहीं था, जिसे खाना कहा जा सके। दिमाग़ में यही चल रहा था कि आख़िर साइमंड्स और भज्जी के बीच ऐसा क्या हुआ, जिसकी वजह से हरभजन को ये पाबन्दी झेलनी पड़ेगी। अब मैं ये बातें पता करने की कोशिश में लगा हुआ था कि आख़िर सुनवाई के दौरान क्या कुछ हुआ। सूत्रों के मुताबिक, जो पता चला, वो पूरी कहानी को पेचीदा बना रहा था। दरअसल, सुनवाई के दौरान पता चला कि मैदान पर मौजूद दोनों अम्पायरों ने साइमंड्स और भज्जी के बीच हुई कहासुनी को नहीं सुना। सचिन भी उस वक़्त हरभजन के साथ मैदान पर मौजूद थे, लेकिन उनके मुताबिक ऐसा कुछ भी नहीं हुआ, जिसके लिए हरभजन पर प्रतिबन्ध लगाया जाए।

तो क्या हरभजन के ख़िलाफ़ कंगारूओं ने एक साजिश के तहत अभियान छेड़ा। टीम इंडिया पहली बार सिडनी टेस्ट में हावी होती दिख रही थी। साइमंड्स ने ख़ुद पहले भज्जी को उकसाया, फिर हरभजन ने जवाब दिया और मौक़ा देख कप्तान रिकी पॉन्टिंग भी इस नोंक-झोंक की लड़ाई में कूद गए। हरभजन सिंह रिकी पॉन्टिंग को टेस्ट मैचों में अब तक आधा दर्जन से ज़्यादा बार शिकार बना चुके हैं। इस दौरे में भी वो पॉन्टिंग को तीन बार पवेलियन भेज चुके थे। तो क्या चालाक कंगारू टीम इंडिया के उस हथियार पर साम-दाम-दंड-भेद चलाना चाहते थे। ये सारी बातें या यूँ कहा जाए कि खबर के तमाम पहलू दिमाग़ में घूम रहे थे।

सवाल ये भी उठ रहा था कि आख़िर इस बात का फैसला कैसे हुआ कि

हरभजन से ग़लती हुई थी। पॉन्टिंग और साइमंड्स की बात कैसे मान ली गयी सच। भज्जी को कैसे ग़लत साबित किया गया। पर जो होना था वो हो चुका था, प्रतिबन्ध लग चुका था, और ये ख़बर भी आ चुकी थी कि इस प्रतिबन्ध के ख़िलाफ़ भारतीय क्रिकेट कंट्रोल बोर्ड अपील करेगा। नियमों के मुताबिक अगर बोर्ड अपील करता है, तो खिलाड़ी तब तक खेल सकता है, जब तक अपील पर फैसला ना आ जाए। ख़ैर टेस्ट मैच ख़त्म हो गया। तमाम हथकंडों और ग़लत फैसले के बीच ऑस्ट्रेलिया ने वो टेस्ट मैच जीत लिया। सीरीज में 2-0 की बढ़त बना ली। मैच ख़त्म होने के बाद पॉन्टिंग की प्रेस कॉन्फ्रेंस में एक भारतीय पत्रकार से उनका झगड़ा भी हुआ। भारतीय प्रेस कॉन्फ्रेंस के लिए कप्तान कुम्बले आये, तो भारतीय पत्रकारों ने ताली बजाकर उनका स्वागत किया। ऐसा लग ही नहीं रहा था कि भारत ये मैच हारकर आ रहा है, बल्कि उस वक़्त हर शख़्स एक हिन्दुस्तानी के नाते तालियाँ बजा रहा था। कुम्बले ने भी प्रेस कॉन्फ्रेंस के आख़िर में ये कहकर मामले को तूल दिया कि 'आई थिंक ऑनली वन टीम हैज प्लेड इन द राइट स्पिरिट ऑफ द गेम'। फिर से तालियाँ बजीं।

इधर हिन्दुस्तान में भी ख़बर यही चल रही थी कि भज्जी पर कैसे तीन मैचों का प्रतिबन्ध लगाया जा सकता है। समाचार चैनल्स पर लगातार ये स्टोरीज चल रही थी कि जब अम्पायरों ने कुछ नहीं सुना, उन्हें भी नहीं पता कि भज्जी और साइमंड्स के बीच क्या हुआ, तो आख़िर ऑस्ट्रेलियाई खिलाड़ियों ने मासूमियत का ऐसा कौन-सा सबूत दिया कि मैच रेफरी को भज्जी नस्लवादी लगने लगे। सुनवाई के दौरान भज्जी ख़ुद को बेकसूर बता रहे थे, तो फिर साइमंड्स की बात पर भरोसा क्यों किया गया? मैथ्यू हेडन और माइकल क्लार्क की बात को क्यों तरजीह दी गयी? सचिन तेंदुलकर जैसे खिलाड़ी की बात नहीं सुनी गयी। हिन्दुस्तान से गये ज़्यादातर पत्रकारों का सुनवाई यानी सिडनी टेस्ट के तीसरे दिन के बाद से एक ही रूटीन था। दिन में मैच कवर करना और रात में टीम होटल के बाहर पहरा देना। हिन्दुस्तान में ये इतनी बड़ी ख़बर बन चुकी थी कि किसी को भी नींद नहीं आ रही थी। सिडनी के होटल वालों ने भी एक-दो दिन तो रिसेप्शन तक बैठने की अनुमति दी, फिर उन्हें भी लगा कि ना जाने कहाँ से चले आते हैं रोज़-रोज़... लेना एक ना देना दो, बेकार में रिसेप्शन के पूरे इलाके में अफरातफरी ज़रूर मचाते हैं मीडिया वाले। लीजिए साहब, वहाँ बैठने का ठिकाना भी छिन गया, अब हम सभी सड़क पर थे। बाद में टीम इंडिया मैनेजमेंट से कह सुनकर होटल का एक हिस्सा हमारे लिए तय किया गया। लेकिन, वो तब जब टीम इंडिया की कोई प्रेस कॉन्फ्रेंस हो। अब तो हर रोज़ इसी रूटीन से झुँझलाहट होने लगी थी।

मामला तब और बढ़ गया जब भारतीय टीम के खिलाड़ियों ने सिडनी के बाद अगले प्रैक्टिस मैच के लिए केनबरा जाने से इनकार कर दिया। वो भी एक ख़ास दिन था। मैं टीम होटल के पास यूँ ही पहुँचा था, सिर्फ़ इस एलर्ट के तहत कि सब कुछ ठीक तो है। देखा कि खिलाड़ियों के सामान टीम बस में रखे जा रहे हैं। सब कुछ सामान्य होता दिख रहा था। पर अचानक करीब दो घंटे के बाद सामान एक-एक करके बस से वापस उतारा जाने लगा। खिलाड़ी सिडनी के होटल के आसपास की गलियों में निकल गये। ये संकेत काफ़ी था कि टीम इंडिया सिडनी से आगे नहीं जा रही। भारत का बाकी बचा दौरा खतरे में था। ये फिर एक बड़ी ब्रेकिंग न्यूज़ थी। चैनल पर ख़बर दी, थोड़ी ही देर में वहाँ प्रिंट और टीवी मीडियाकर्मियों की भीड़ जमा थी। थोड़ी ही देर में मामला साफ हो गया कि भारतीय खिलाड़ियों ने साफ़ कर दिया था कि अगर भज्जी पर से नस्लभेदी टिप्पणी के आरोप को वापस नहीं लिया गया, तो वो भारत वापस लौट जाएँगे। बाद में ये भी सुनने को मिला कि भारतीय खिलाड़ियों को वापस लाने के लिए एक चार्टर्ड प्लेन का इन्तजाम भी कर लिया गया था। ख़ैर, मामला बढ़ता जा रहा था, और फिलहाल ख़त्म होता दिख भी नहीं रहा था।

इसी बीच, आईसीसी ने तय किया कि हरभजन मामले की सुनवाई न्यूज़ीलैंड हाईकोर्ट के जज जॉन हैन्सन करेंगे। ये हरभजन सिंह और एंड्रयू साइमंड्स के बीच नस्ली टिप्पणी के मामले में एक नया मोड़ था। ऐसी भनक लग चुकी थी कि आईसीसी में भज्जी के नस्लवादी होने के मामले की सुनवाई में टीम इंडिया एक नयी दलील पेश करने वाली थी। दलील ये थी कि हरभजन सिंह ने एंड्रयू साइमंड्स को मंकी नहीं कहा था, बल्कि उन्होंने कंगारू क्रिकेटर के ख़िलाफ़ मंकी शब्द से मिलती-जुलती एक गाली का प्रयोग किया था। जो पंजाबी लहजे में माँ की गाली है, 'तेरी माँ की' लेकिन इस भाषा को नहीं जानने वाले को वो काफ़ी कुछ मंकी जैसा ही सुनाई देता है। अगर ये बात सही साबित हो जाती, तो भज्जी पर से नस्लवादी होने के दाग का हटना तय था। फिर उन्हें आईसीसी की आचार संहिता में हल्के अपराध का दोषी माना जाता। सुनवाई एडीलेड में होनी थी।

इस बीच ऑस्ट्रेलियाई क्रिकेटर तीसरे टेस्ट मैच के लिए पर्थ के मैदान पर उतरे। तनाव और अनहोनी की आशंका के बीच शुरू हुआ तीसरा टेस्ट मैच। कंगारू टीम पर दबाव बढ़ता जा रहा था। दुनिया भर के क्रिकेट प्रेमियों ने ऑस्ट्रेलिया के ख़िलाफ़ मुहिम छेड़ दी थी। पर्थ टेस्ट में भज्जी नहीं खेले, लेकिन पूरी टीम ने दिया भज्जी को जीत का शानदार तोहफा। पर्थ टेस्ट में जीत का क्या महत्त्व था, ये बात हर कोई जान रहा था। खिलाड़ी भी, मीडिया भी और आस्ट्रेलिया की टीम भी। ये आस्ट्रेलिया के घर में घुसकर उसे मात देने जैसा था।

फिर आया 29 जनवरी, 2008 का दिन। सफेद ड्रेस में मैदान पर खेला जाने वाला जेंटलमैंस गेम कोर्ट में पहुँचा। भज्जी के साथ टीम इंडिया से मौके के चश्मदीदी गवाह सचिन तेंदुलकर गये, जबकि इस काले दिन कंगारूओं की टीम से सायमंड्स को साथ मिला पॉन्टिंग और क्लार्क का। तीनों खिलाड़ी अपनी दलीलों का पुलिन्दा उठाये पहुँचे। भज्जी के गुनाह की जाँच करने के लिए सजी हुई अदालत में, जिरह-मुबाहिसों का लम्बा दौर चला। कंगारूओं ने भज्जी पर लगाये आरोपों को सही साबित करने की पूरी कोशिश की, लेकिन ऐसा हो नहीं पाया। कोर्ट के बाहर बैठे हम सभी मीडियाकर्मियों का गला सूखा हुआ था। कोर्ट के बाहर सिर्फ़ एक दुकान थी, जहाँ कुछ स्नैक्स मिल रहा था। वहाँ भी थोड़ी देर बाद वो चीज़ें मिलना बन्द हो गयी थी, जो आप खाना चाहेंगे। कोर्ट के अन्दर सुनवाई का काम चल रहा था, और बाहर तमाम तरह की थ्योरीज का। आईसीसी के नुमाइन्दे के तौर पर वहाँ मौजूद समीउल हसन से अलग-अलग तरीक़े से ये जानने की कोशिश की जा रही थी कि आख़िर अन्दर क्या चल रहा है... लेकिन उन्होंने जुबान नहीं खोली। जहाँ तक मुझे याद है कि शाम क़रीब 4 बजे के करीब सुनवाई पूरी हुई। हिन्दुस्तान से बोर्ड के तमाम आला अधिकारी टेलीकॉन्फ्रेंस के जरिये इस सुनवाई में हिस्सा ले रहे थे। आख़िकार ये साबित हो गया कि भज्जी पर लगे आरोप बेबुनियाद हैं। कंगारूओं के साथ-साथ पूरी दुनिया को पता चल गया कि भज्जी नस्लवादी नहीं हैं। शाम को जस्टिस जॉन हैन्सन ने पत्रकारों को कोर्टरूम में आने की इजाजत दे दी। इस दौरान सवाल पूछने की इजाजत नहीं थी, बस जस्टिस हैन्सन अपने पूरे फैसले और खिलाड़ियों की दलीलों को पढ़कर सुनाने वाले थे। हम सभी चुपचाप कोर्ट में बैठे थे। क्रिकेट कवर करने वाले पत्रकार कोर्ट में। जस्टिस हैन्सन अपना फैसला, खिलाड़ियों की दलील सुनाते गये। उन्होंने बताया कि भज्जी ने एंड्र्यू साइमंड्स को मंकी नहीं बल्कि तेरी माँ की कहा था। एक अँग्रेज के मुँह से देशी गाली सुनना, ये भी एक नया अनुभव था। ख़ैर, भज्जी पर से, भारतीय क्रिकेट टीम पर से नस्लभेदी होने का आरोप हट चुका था। अगले दिन एयरपोर्ट पर जस्टिस हैन्सन चुपचाप अपना एक छोटा-सा बैग लिये अकेले अपनी फ्लाइट पकड़ने के लिए तैयार थे।

आजतक

आतंकवादियों से आँखों देखी मुठभेड़

अजय कुमार

रिपोर्टिंग के एसाइनमेंट हमेशा ही चुनौती भरे होते हैं। हर स्टोरी एक नई खोज की तरह। कॅरियर की शुरुआत से ही एक आदत मैंने डाली थी— किसी भी स्टोरी के लिए शूट पर निकलने से पहले ज़्यादा-से-ज़्यादा होमवर्क कर लेना। कई बार ऐसा भी होता है जब कोई स्टोरी पुरानी बताई गई या सुनी बातों से बिल्कुल अलग ही शक्ल में निकलती है। इसकी वज़ह ये है कि हर व्यक्ति की सोच समझ अलग है, उसका किसी बात के आकलन का तरीका अलग होता है और आख़िर में इसी वज़ह से जब वो किसी ख़बर को ढूँढ़ने निकलता है तो कई तरह की बातें उसके सामने होती हैं और उन्हें ख़बर के तौर पर पेश करने का तरीका हर किसी का अलग-अलग होता है।

पिछले 17 बरस में कई तरह की स्थितियों से जूझा हूँ। कुछ कठिन-कुछ बहुत कठिन और कुछ आसान भी, लेकिन हर स्थिति ने आख़िर में मुझे नये अनुभव ही दिए हैं।

1999 में भारत की पहली 'टेलीवाइज्ड वार' (लड़ाई, जिसे टीवी चैनल्स ने कवर किया) कवर करने के बाद मैंने देखा कि हमारी सुरक्षा एजेंसियाँ देश की सीमाओं की सुरक्षा के लिए क्या कुछ करती हैं। इसी दौरान मन में एक इच्छा जागी कि लाइन ऑफ कंट्रोल (एलओसी) के पास हिमालय की ऊँचाई पर किसी काउंटर अटैक को देखा और कवर किया जाए। कारगिल-द्रास-मशकोह और बटालिक, यहाँ की जिस भी यूनिट में मैं गया आर्मी ऑफिसियल्स ने मुझे यही बताया कि "यहाँ कम-से-कम उन्हें ये पता होता है कि दुश्मन कौन है, कहाँ छुपा है, उसके पास क्या-क्या हथियार हैं और वो किस तरह से हमला कर सकता है।" लेकिन जब वो काउंटर इनसरजेंसी ऑपरेशन (सीआईआप्स) उन्हें कुछ पता नहीं होता। दुश्मन कौन है, कहाँ है, उसके पास क्या-क्या हथियार हैं और वो हमला कैसे बोलेगा? ये वाक्य रोमांच से भर देने के लिए काफी था। इसके बाद करीब तीन साल तक लगातार आर्मी ऑफिसियल्स से सवाल-जवाब करने के बाद, मुझसे कहा

गया कि अगर मेरा ऑफिस मेरी जान की जिम्मेदारी लेने को तैयार हो तो मैं एक लाइव टेररिस्ट इनकाउंटर को कवर कर सकता हूँ। 2002 तक ऐसी कवरेज़ सिर्फ़ बीबीसी ने एक बार की थी। ऑफिस वालों और घरवालों, दोनों को इस कवरेज़ के लिए तैयार करना लगभग असम्भव था।

ख़ैर, कुछ हफ़्तों तक समझाने बुझाने के बाद आख़िरकार ऑफिस ने इस कवरेज के लिए हामी भर दी। अगली सुबह श्रीनगर की रवानगी की तैयारी थी। मैं घर पहुँचा। दफ़्तर से मिली बुलेटप्रूफ जैकेट के साथ। उस वक़्त तक ऑफिस में किसी ने बुलेटप्रूफ जैकेट का इस्तेमाल नहीं किया था। इस बात की जानकारी कम ही थी कि बड़े हमले के समय ये जैकेट काम नहीं आने वाली। पत्नी ने जब बुलेटप्रूफ जैकेट देखी तो पूछा— "ये इतनी भारी क्यों है?" मैंने जवाब दिया कि एलओसी के पास कड़ाके की ठंड है और ये जैकेट उसे रोकने में काम आएगी।

अगस्त 2002 बारिश कुछ दिनों के लिए बन्द हुई थी। सीमापुर से घुसपैठ का ये सही समय था। सितम्बर के बाद का मौसम ऐसा होता है कि उस दौरान एलओसी के करीब हंदवाड़ा का तापमान घुसपैठ करने की इजाजत नहीं देता। इस लिहाज़ से हर साल की तरह अगस्त के महीने में सीमापार से घुसपैठ बढ़ने का खतरा था। ये काउंटर इनसरजेंसी ऑपरेशन (सीआईआप्स) को कवर करने के लिए सटीक समय था।

मेरे कैमरामैन संजय चौधरी मुझे एयरपोर्ट पर सुबह मिल गए। श्रीनगर में हमने तीन दिन तक राष्ट्रीय राइफल्स की यूनिट के सन्देश का इन्तज़ार किया, जो हमें काउंटर इनसरजेंसी ऑपरेशन (सीआईआप्स) के लिए साथ ले जाने वाली थी। तीन दिन तक होटल के कमरे में इन्तज़ार करना, डल झील की सैर करना, बीच-बीच में उन किताबों से वक़्त काटना जो मैं अपने साथ लेकर गया था, ये सारी बातें भी तीन दिन के इन्तज़ार को खत्म नहीं कर पा रही थीं।

फिर शुक्रवार की सुबह मेरे पास वो काल आई जिसका मैं इन्तज़ार कर रहा था। हमें राष्ट्रीय राइफल्स के 9 काउंटर इनसरजेंसी ऑपरेशन स्पेशलिस्टस के साथ कुपवाड़ा जाना था। इन ऑफिसर्स के पास अपने सूत्रों से मिले कुछ सुराग थे। हल्की बूँदाबाँदी शुरू हो चुकी थी, कमांडिंग ऑफिसर ने मुझसे कहा— "दोस्त, तुम्हारी किस्मत अच्छी है। बारिश के साथ पहाड़ों पर चढ़ना मुश्किल होता है, लेकिन कई बार इसी वज़ह से हमें छिपने का मौका मिल जाता है, तक जबकि दुश्मन बेहद करीब हो। तुम लोग हमारे लिए लकी हो।" तब तक मैं समझ नहीं पाया था कि कमांडिंग ऑफिसर का इशारा किस तरफ़ है। घने जंगलों के बीच ड्राइविंग, मैंने ध्यान दिया कि हमारी गाड़ी के हेडलैंप्स ऑफ थे। इसके बावजूद ड्राइवर गाड़ी चला रहा था। ऐसे जैसे ये सड़क उसकी अपनी हो। कैमरामैन संजय और मेरी

परेशानी बढ़ती जा रही थी। कमांडिंग ऑफिसर को ये बात समझ आ गई। उसने कहा— "अब तुम लोग हमारी यूनिट का हिस्सा हो, इसलिए तुम लोगों को हम पर भरोसा करना ही होगा। ठीक वैसे ही जैसे हम सभी एक-दूसरे पर करते हैं।" इस बात ने एक सामंजस्य पैदा किया, गाड़ी घुप्प अँधेरे में 40 किलोमीटर से ज़्यादा की रफ़्तार से चल रही थी। तक़रीबन चार घंटे के बाद गाड़ी रुकी। हमसे ये कहा गया कि कार में ही थोड़ा आराम कर लें, रात में बग़ैर लाइट की ड्राइविंग से ये राहत मिली थी।

अगली सुबह, हम तैयार थे। पर इस बार साथ में गाड़ी नहीं थी। दो खच्चर थे। जिस पर हमारा खाना-टेंट और दूसरे ज़रूरी सामान लदे हुए थे। हल्की बूँदाबाँदी और धूल मिट्टी, हमारी चढ़ाई को और मुश्किल कर रहे थे। हम करीब 5 घंटे तक चढ़ाई कर चुके थे, बूँदाबाँदी से राहत नहीं मिल रही थी। मैं और संजय दोनों पहाड़ों पर चढ़ने के आदी नहीं थे, इसलिए थकान भी हो रही थी। कमांडिंग ऑफिसर को हमारी थकान समझ आ रही थी, लिहाज़ा उन्होंने अनशेड्यूल्ड हाल्ट लिया। हम रुके, आग का इन्तज़ाम करके गर्म सूप बनाया गया, जिसे हमने पीया और फिर करीब एक घंटे बाद चढ़ाई के लिए तैयार हो गए। हम कई बार फिसले, कई बार लड़खड़ाए। ऐसा महसूस हुआ जैसे किसी ने हमारे पैरों को तेज़ रेजर से काट दिया हो। सर्द हवा हमारे सर्दी के सबसे बेहतरीन कपड़ों को भेदकर हमें ठिठुरने पर मज़बूर कर रही थी। मैं अगर इसे यमलोक कहूँ, तो ये गलत होगा क्योंकि इससे ज़्यादा कठिन परिस्थितियाँ हमारा इन्तज़ार कर रही थीं।

शाम तक हम करीब 15 किलोमीटर की चढ़ाई कर चुके थे। अस्थाई रूप से लगाया जाने वाला टेंट हम तेरह लोगों के लिए काफी था। हल्के डिनर के बाद कमांडिंग ऑफिसर ने कहा कि कुछ जवानों को टेंट के बाहर निगरानी रखनी होगी। ये ज़िम्मेदारी किसे-किसे निभानी है ये तय हो गया और हमें सोने का मौका दे दिया गया। जब मैं और संजय अपने स्लीपिंग बैग में लेटे, तो शरीर का एक-एक हिस्सा टूट रहा था। इस थकान के बीच हमने एक दूसरे को गुडनाइट कहा। स्लीपिंग बैग में लेटे-लेटे मुझे ज़िन्दगी में पहली बार इस बात का अहसास हुआ कि हमारी आर्मी किन कठिन परिस्थितियों से जूझकर हमें सीमापार के घुसपैठियों से बचाती है। इस दर्द का अगर थोड़ा सा भी अहसास हमें हो तो हम सभी को अपने देश के हर एक जवान को सेल्यूट करना चाहिए। जो हमारी सरहदों की रक्षा करता है। ऐसे भ्रमित लोगों से लड़ता है, जो देश की एकता और अखंडता पर हमला बोलने की ताक में रहते हैं।

अगली सुबह कमांडिंग ऑफिसर ने जब हमें जगाया, तब तक वो आसपास की पहाड़ियों का दौरा कर चुका था। उसने इस बात का अन्दाज़ा लगा लिया था

कि हम किस तरफ़ बढ़ रहे हैं। वायरलैस पर लोगों से बातचीत करते सुनकर हमें इस बात का अहसास हुआ कि हम सुरक्षित हैं। भले ही हमारे करीबी लोग ये न जानते हों कि हम कहाँ हैं पर कुछ लोग हैं जिन्हें हमारी लोकेशन की सही जानकारी है।

बूँदाबाँदी जारी थी। हम चढ़ाई करते जा रहे थे। धूल-मिट्टी-सर्द हवाएँ-चीड़ के टूटे पेड़ सामने क्या है ये देख पाने की क्षमता बिल्कुल न के बराबर। इस रोमांच की दुनिया में हम आगे बढ़ते जा रहे थे।

तीन दिन बीत चुके थे और हम अब भी पहाड़ों पर चढ़ाई कर रहे थे। रात के दौरान आपस में होने वाली बातचीत ने हमें, कमांडिंग ऑफिसर और बाकी ऑफिसर्स को दोस्त बना दिया था। मैं सिर्फ़ यही सोच रहा था कि ये मेहनत बेकार न जाए। इस कठिन वक़्त में मुझे ऐसा अहसास भी हो रहा था कि कहीं राष्ट्रीय राइफल्स के ऑफिसर्स ने ये तो तय नहीं किया है कि वो हमें अनकाउंटर ऑपरेशन (सीआईआप्स) की झलकियाँ भर दिखाकर बाकी बचे सात दिन के बाद वापस ले जाएँ। और हमें ये कह दिया जाए कि दोस्तों हमें लगा था कि हम दुश्मन के करीब हैं, लेकिन ऐसा लगता है कि हमें जो सूचनाएँ दी गई थीं वो सही नहीं थीं। हम अब अगली बार कोशिश करेंगे। मुझे ऐसा होने का आभास बराबर बना रहता था। लिहाज़ा मैंने कैमरामैन संजय से कहा कि वो कम-से-कम इस सफ़र को कैमरे में रिकॉर्ड करना शुरू कर दें। मैंने बोलना शुरू किया— दूसरे दिन हमने 17 किलोमीटर की चढ़ाई तय की। हम उत्तर की तरफ़ बढ़ रहे हैं लेकिन अब भी हमें ये अन्दाज़ा नहीं है कि हमें जाना कहाँ है। कमांडिंग ऑफिसर लगातार बेस से सम्पर्क में हैं लेकिन उनकी बातचीत से ऐसा लगता है कि हमारी मन्ज़िल हर घंटे बदल रही है। मैं अब तक 6 बार गिर चुका हूँ और इनमें से कुछ बार का मेरा गिरना कैमरे में रिकॉर्ड है। कमांडिंग ऑफिसर्स और उनके साथ के दूसरे साथी कैमरे से मेरे इस लगातार संवाद को सुनकर और देखकर हंस रहे थे। ये एक तिकड़म थी।

पाँचवे दिन हम लाइन ऑफ कंट्रोल के बेहद करीब पहुँच गए थे। सुबह के करीब पाँच बज रहे होंगे। कमांडिंग ऑफिसर ने अस्थाई टेंट को बन्द किया और धीरे-धीरे मेरी तरफ़ बढ़ा। मेरे कान के करीब आकर उसने बिल्कुल फुसफुसाते हुए कहा कि— "मुझे शक है कि आज कुछ होगा। मैं चाहूँगा कि आप लोग तैयार रहें। मैंने सन्देश पहुँचा दिया है, दोपहर खत्म होने तक मुझे कुछ कवर मिल जाएगा।" कमांडिंग ऑफिसर मुझे ये समझाना चाह रहा था कि अभी फिलहाल तो हम जितने हैं, उतने ही हैं, लेकिन दोपहर खत्म होते-होते कुछ और ऑफिसर्स भी आ जाएँगे। शुरुआत में तो मैं समझ ही नहीं पाया कि आख़िर कमांडिंग ऑफिसर ने जो कहा उसका मतलब क्या है। पर अगले ही मिनट समझ आ गया

कि मैं और संजय अपने कॅरियर की शायद सबसे चुनौती भरी रिपोर्ट की कवरेज़ की दहलीज़ पर खड़े हैं। ऐसा लगा कि अब बस हम काउंटर इनसरजेंसी ऑपरेशन (सीआईआप्स) को कवर करने ही वाले हैं।

दस मिनट के भीतर, हम लोग टेंट से बाहर थे। हमने दो बड़े पेड़ों के पीछे की जगह ली। ये दोनों ही पेड़ लगातार हो रही बारिश और धँसती मिट्टी की वज़ह से गिर चुके थे। कमांडिंग ऑफिसर भी हमारे पास ही था। जवानों के साथ जेओसी अपनी-अपनी पोजीशन ले चुके थे। हमें इस तरह के संकेत दिए गए कि हमें ऊपर की तरफ़ की पहाड़ियों को देखना है। वहाँ एक चोटी जैसी जो दिखाई दे रही थी, वो दरअसल एक सर छुपाने का एक ठिकाना था, एक झोपड़ी की तरह। मैंने ख़ुद देखा कि एक आदमी वहाँ बैठा था। उम्र यही कोई 25-26 साल। एक चट्टान पर बैठा वो शख़्स अपने दाँत साफ कर रहा था। एके-47 या एके-56 जैसा कोई अत्याधुनिक हथियार उसके दूसरे हाथ में था। मैं ठिठक गया। संजय, जो इसे कैमरे में कैद कर रहे थे, उन्होंने मेरी बाँह खींची और भुनभुनाए— "बाबा, यहाँ से जिन्दा निकल कर वापस जा पाएँगे, वो जाने कितने हैं और हम तो गिने-चुने लोग।" जवाब में मैंने क्या कहा ये तो याद नहीं पर ये ज़रूर याद है कि आँखों के सामने कारगिल की तस्वीरें नाच गईं और याद आ गई 1994 की वो तस्वीर, जब माओवादी हमले में तीन गर्दन कटी लाशें मैंने देखी थीं। ख़ून से ये मेरा पहला इनकाउंटर था।

ख़ैर, धीरे-धीरे करीब दो घंटे बीत गए। हम अब भी उसी पेड़ के पीछे बैठे हुए थे। ऊपर की पहाड़ियों के सिवाय ज़्यादा कुछ नज़र नहीं आ रहा था। अचानक, उस झोपड़ी के पास हमने कुछ हलचल देखी। तक़रीबन 700 मीटर की दूरी से जो कुछ दिखाई दिया वो एक लम्बी नाल थी, किसी भारी गन की। कमांडिंग ऑफिसर की तरफ़ से संकेत आ गए। अब एक्शन शुरू होने वाला था।

अगले कुछ पल हवा की तरह निकल गए। इस एनकाउंटर के बारे में सोचकर माथे पर पसीने की कुछ बूँदें आ गईं। हमें झोंपड़ी में छुपे लोगों के बारे में कोई जानकारी नहीं थी। हमें नहीं पता था कि उनके पास कैसे हथियार हैं। ये भी नहीं मालूम था कि उनकी तादाद कितनी है। ये भी नही पता था कि कवर (कुछ और ऑफिसर्स का साथ) समय से मिलेगा या नहीं, कुल मिलाकर हमें कुछ नहीं पता था कि अब क्या होगा। इस ऑपरेशन के बाद हम जिन्दा बचेंगे भी या नहीं।

कुछ ही मिनटों के भीतर हमारे जवान और जेओसी पर ऊपर से गोलीबारी शुरू हुई। कमांडिंग ऑफिसर ने संकेत कर दिया था कि जो जहाँ है वहाँ रहे। शूट करने के बारे में सोचने की ज़रूरत नहीं। इस बीच संजय को वो जगह मिल गई थी, जहाँ से उनके कैमरे का लेंस सबकुछ कैद कर सकता था, बिना उनके सामने आए। कैमरा

रोल हो रहा था और मैं ख़बर के लिहाज़ से आसपास के हालात पर कॉमेंट्री बुदबुदा रहा था। वक़्त, जगह और अपने ऑपरेशन के बारे में बुलेट्स लगातार चल रही थीं। ना जाने क्यों, लेकिन उनकी आवाज़ एके-47 या एके-56 जैसी नहीं लग रही थी। साथ ही ये बुलेट्स जिस तरह पेड़ों के तने में जाकर धँसी थी, उससे साफ हो रहा था कि ये एके राइफल्स से किया गया हमला नहीं है।

अब थोड़ी-थोड़ी देर पर दोनों तरफ़ से फायरिंग शुरू हो गई। हमारे जवान लगातार पोज़ीशन बदल रहे थे। अपनी पुरानी जगहों से कूदते हुए किसी नई जगह पर छुपना। ऊपर से हमला करने वालों (सीमापार के घुसपैठिए) ने भी पोजीशन ले रखी थी। उनके पास एक सबसे बड़ा फायदा था, फायदा हमसे ज़्यादा ऊँचाई पर होने का। वो शायद हमें ज़्यादा बेहतर तरीके से देख भी रहे थे, क्योंकि उनकी गोलीबारी का निशाना ज़्यादा सटीक लग रहा था। कुछ ऊपर वाले की मेहरबानी थी और कुछ हमारे कमांडिंग ऑफिसर का दिमाग, लगातार हो रही तेज़ गोलीबारी के बावजूद हम सभी सुरक्षित थे। इसी बीच कमांडिंग ऑफिसर ने तेज़ी से अपनी पोजीशन बदली, इरादा ऊपर की उस चोटी पर अटैक का था। इसी बीच उसने मुझे बताया कि घुसपैठिए के पास पिनाका राइफल्स हैं।

इससे ज़्यादा नुकसान पहुँचाया जा सकता है। पिनाका राइफल्स से निकलने वाली बुलेट्स साइज़ में बड़ी होती हैं और टारगेट की तरफ़ ज़्यादा रफ़्तार से पहुँचती हैं। कमांडिंग ऑफिसर ने कहा— "लगता है वो पूरी तैयारी से आए हैं। लेकिन उम्मीद है हम उनका मुकाबला उस वक़्त तक कर ही लेंगे, जब तक कि हमारे दूसरे साथी नहीं आ जाते।"

इतना सुनकर ही कलेजे में सन्नाटा छा गया। मुझे पता था कि पिनाका एक अति अत्याधुनिक किस्म का हथियार है। इसे साथ रखने वाला कोई बेहद प्रशिक्षित और बड़ा आतंकवादी ही होगा। पिनाका राइफल्स से निकली बुलेट्स 10 इंच मोटी दीवार को भेद सकती हैं।

दुश्मन की तरफ़ से हो रहा हमला तेज़ होता जा रहा था, और हमारे जवान और ज़्यादा मुस्तैद। कमांडिंग ऑफिसर, जेसीओ और जवानों के बीच हुई एक इमरजेंसी मीटिंग से हमें भी हालात का जायज़ा मिला। अंदाज़न ऊपर की उस झोपड़ी में 7 आतंकवादी थे। उनके पास एके-56 थी, विस्फोटक-डेटोनेटर्स-ग्रेनेड्स-पिनाका राइफल्स, थर्मल स्कैनर्स, ग्रेनेड लान्चर्स और क्या-क्या नहीं था। इस इमरजेंसी मीटिंग में दुश्मनों से निपटने की जो रणनीति बनाई गई उसका खुलासा करना ठीक नहीं होगा, लेकिन इस मीटिंग ने मुझमें और संजय में एक विश्वास पैदा किया और साथ-ही-साथ इस बात का आभास भी कराया कि आख़िर कैसे हमारी सेना सीमापार से होने वाली घुसपैठ को नाकाम करती है। अगले दो

घंटे तक दोनों तरफ़ से फायरिंग चलती रही। साफ समझ आ रहा था कि दोनों ही तरफ़ से आक्रमण और बचाव की अगुवाई करने वाले लगातार रणनीतियाँ बदल रहे हैं। हमारी पोजीशन अच्छी थी। हमारे कुछ जवान ऊपर की तरफ़ बढ़ रहे थे और बाकी अपनी जगह पर रहकर लगातार फायरिंग कर रहे थे। गोलीबारी कर रहे हमारे जवानों ने अलग-अलग पोजीशन ले रखी थी।

ऑपरेशन जारी था। दोपहर का वक़्त था। मैं और संजय लेटे-लेटे बिस्कुट खा रहे थे। अचानक हमला और तेज़ हो गया। हमारी दिशा में एक के बाद एक लगातार ग्रेनेड फेंके जा रहे थे। फायरिंग भी इस अँधाधुँध अन्दाज़ में हो रही थी कि पेड़ की एक-एक पत्तियों को छिदता हुआ हम देख रहे थे। हम दोनों अपनी-अपनी पोजीशन पर जैसे चिपक गए थे। संजय कैमरे को हटाना तक भूल गए। मेरे गले में आवाज़ अटक गई थी। अचानक, एक ग्रेनेड संजय के पैर के पास गिरा। हम दोनों को समझ नहीं आया कि करना क्या है। अगले कुछ सेकेंड में बस इतना ही कर पाए कि संजय ने ख़ुद को सिकोड़ लिया और मैं जितनी भी ताकत के साथ ग्रेनेड को उठाकर दूर फेंक सकता था, फेंका। इस दौरान अगर एक भी गोली चलती तो मेरे हाथ पर ज़रूर लगती। अगले कुछ ही सेकेंड में हमारी आँखों के सामने ज़ोरदार धमाका हुआ। ग्रेनेड फट चुका था— हम बच गए थे।

ये सब तो होना ही था। संजय ने तुरन्त अपना फैसला सम्भाला और मैंने तुरन्त कॉर्डलेस माइक से कॉमेंट्री शुरू कर दी। लगातार फायरिंग हो रही थी। हमारे जवान बीच-बीच में इधर से उधर पेड़ों की आड़ में अपने लक्ष्य पर निशाना साधने में लगे हुए थे। कमांडिंग ऑफिसर लगातार साये की तरह हमारे आसपास थे। हालात पर पैनी नज़र बनाए हुए। तभी वायरलेस पर एक सन्देश आया— कमांडिंग ऑफिसर ने संकेत से बताया कि दो मारे गए। सुबह से ये पहली अच्छी ख़बर थी। दोपहर बीत रही थी और अब भी 5 आतंकवादियों को मार गिराना बाकी था।

उधर से फायरिंग लगातार चल रही थी, हमारी तरफ़ से जवाबी हमला भी। तक़रीबन 4 बज चुके थे, अब फायरिंग थोड़ा रुक-रुक कर हो रही थी। एक ज़बरदस्त ख़बर आई— कमांडिंग ऑफिसर ने बताया कि 6 मारे गए। हमें कवर करने के लिए मँगाए गए अतिरिक्त जवान अब तक नहीं पहुँचे थे, लेकिन जो जवान हमारे पास थे वो अपना काम पूरी मुस्तैदी से कर रहे थे। हमारा भी हौसला बढ़ चुका था। गोलियों की आवाज़ें अब आम लगने लगी थीं। संजय की फुर्ती बढ़ गई थी। वो टेप बदल कर ज़्यादा-से-ज़्यादा फुटेज कैमरे में कैद कर लेना चाहते थे। मैं कॉमेंट्री कर रहा था। पूरे दिन के घटनाक्रम का ब्यौरा देते हुए।

अगले आधे ही घंटे में फिर सन्देश आया— एक और मारा गया। सभी सातों आतंकवादी मारे गए। ये सन्देश आसानी से समझ आने वाला नहीं था। क्या सब

कुछ वाक़ई खत्म हो गया। कमांडिंग ऑफिसर ने फिर सन्देश दिया जब तक आतंकवादियों के मारे जाने का तफ्सील से भरोसा नहीं हो जाता, जो जहाँ है वहाँ बना रहे। एक घंटे बाद हमें उस चोटी की झोंपड़ी पर बुलाया गया, जहाँ से हम पर हमला किया जा रहा था। वो एक पूरी सोच समझ के साथ बनाया गया ठिकाना था। झोंपड़ी का बड़ा हिस्सा गोलियों और ग्रेनेड के हमले से बेकार हो गया था, आसपास गोलियाँ बिखरी हुई थीं। कुछ आतंकवादियों की लाशें भी वहीं पर थीं, ख़ून से लथपथ... गन पाउडर की महक के साथ।

जैसे-जैसे शाम आई, हम बातचीत के लिए बैठे। कमांडिंग ऑफिसर ने ऑपरेशन के बारे में अपनी राय रखी। 7 आतंकवादी मारे गए थे। सातों लश्कर-ए-तैयबा के तन-जीम से जुड़े थे, जो मुजफ्फराबाद से आए थे। उनकी कोशिश थी कि वो तेज सर्दियाँ पड़ने से पहले-पहले हिन्दुस्तान में अपना ठिकाना बना लें। उनकी पहचान से जुड़े कागज़ात सीज कर लिए गए थे। जल्दी ही हमें कुछ और साथी मिलने वाले थे, जो पेट्रोलिंग पर थे और उन्हें हमारी तरफ़ भेज दिया गया था। उन्हें सूरज ढलने के पहले-पहले हमें ज्वाइन करना था। उम्मीद के मुताबिक शाम ढलने से पहले ही करीब दो दर्जन जवान हमारे साथ थे। मिशन पूरा हो चुका था और अगली सुबह हमें वापस लौटना था, स्लीपिंग बैग में लेटे-लेटे मैंने पिछले 5 दिनों की यादें ताजा कीं, उनके बारे में सोचता रहा— सारी तस्वीरें आँखों के सामने दौड़ रही थीं। हमने देश के सबसे मुश्किल इलाके का दौरा किया था। धूल-धक्कड़-गोलीबारी का सामना करते हुए, सब कुछ एक साइको-वार के नाम पर, घाटी में हो रहे अत्याचार के खिलाफ लड़ाई के नाम पर। यक़ीन मानिए हमारी सेनाएँ इस तरह की धमकियों का सामना हर रोज जिस तरह से करती हैं, इस देश का एक आम इनसान उसके बारे में सोच तक नहीं सकता।

आजतक

एक आतंकवादी का घर

शम्स ताहिर खान

सोचा था खुल कर लिखूँगा। पर लिखना शुरू किया तो अचानक ख़याल आया कि आख़िर मैं क्यों लिखूँ और आप क्यों पढ़ें? जबकि मैं जानता हूँ कि ना मेरे लिखने से कुछ फ़र्क़ पड़ने वाला है और ना आपके पढ़ने से। टेक्नोलोजी के इस दौर में ना लिख रहा होता, तो लिखता कि मैं स्याही बर्बाद कर रहा हूँ और आप बस पलटने के लिए पन्ने पलटते जाइए। पर अब तो कमबख़्त स्याही भी खर्च नहीं होती और माउज़ पलटने जैसे पन्ने को पलटने भी नहीं देता। बस क्लिक किजिए, स्याही ग़ायब और हरफ़ आँखों से ओझल।

बटला हाउस एनकाउंटर के बाद मैं आजमगढ़ गया था। आतंक की ज़मीन तलाशने। नाम ले-लेकर कहा जा रहा था कि ये सभी आतंकवादी आजमगढ़ की ही मिट्टी ने उगले हैं। जब आजमगढ़ पहुँचा, तो कुछ चाहने वालों ने कहा कि शम्स भाई यहाँ तक तो आ गये, पर सराय मीर या सनजरपुर मत जाइए। वहाँ लोग गुस्से में हैं। दो दिन पहले ही कुछ पत्रकारों को पीट चुके हैं। और कुछ को कई घंटे तक बन्धक बना कर रखा। जाहिर हैं दिल्ली से जिस मकसद से निकला था, उसके इतना नज़दीक पहँच कर उसे अधूरा छोड़ने का सवाल ही नहीं था। सो आजमगढ़ के अपने साथी राजीव कुमार को साथ लेकर निकल पड़ा।

आजमगढ़ से क़रीब तीस किलोमीटर दूर सरायमयीर हमारा पहला पड़ाव था। गाड़ी से उतरा, तो दुआ-सलाम के बाद एक भाई ने सड़क किनारे अपनी दवा की दुकान के बाहर कुर्सी दे दी। अभी हम वहाँ कें ताज़ा हालत पर बात कर ही रहे थे कि तभी एक लड़का चाय और पानी ले आया। राजीव और हमारे ड्राइवर को गिलास थमाने के बाद जैसे ही मेरी तरफ़ बढ़ा, तभी दुकान के मालिक तिफलू भाई बोल पड़े, ''अरे शम्स भाई को मत देना इनका रोजा होगा। क्यों शम्स भाई रोजे से हैं ना आप?'' इतना सुनते ही जाँघों पर से उठकर गिलास की तरफ़ बढ़ता मेरा हाथ वापस अपनी जगह पहुँच गया।

तिफलू भाई का इलाक़े में अच्छा रोब था। और वहाँ के हालात को देखते हुए

अब आगे के सफ़र में उनको अपने साथ रखना एक दानिशमन्दाना फैसला था। लिहाजा उन्हें अपने साथ लिये हम सबसे पहले बीना पाड़ा गाँव पहुँचे। ये गाँव गुजरात बम धमाकों के मास्टरमाइंड कहे जाने वाले अबू बशर का गाँव है। तिफलू भाई ने पहले ही गाँव के प्रधान को ख़बर कर दी थी। इसलिए जब हम पहुँचे, तो सीधे अबू बशर के घर के दरवाज़े के बाहर ही चारपाई बिछा दी गयी थी। कुछ पल बाद ही हमें एक बुज़ुर्ग से मिलवाया गया। बताया गया कि ये बाकर साहब हैं, अबू बशर के वालिद। उन्हें एक तरफ़ से फालिज ने मार रखा था। थोड़ी देर तक इधर-उधर की बात करने के बाद अबू बशर को उसके वालिद के जरिये जितना टटोल सकता था टटोलने लगा। मगर बातचीत के दरम्यान ही तभी एक ऐसा हादसा हुआ, जिसे मैं अब भी जेहन से निकाल नहीं पा रहा हूँ। बाकर साहब का पीठ उनकी घर की तरफ़ था, जब तक मेरा मुँह ठीक घर के सदर दरवाज़े की तरफ़। बातचीत के दौरान अचानक चौदह-पन्द्रह साल का एक लड़का अबू बशर के घर का दरवाज़ा खोलता है और फिर बाहर निकलते ही फौरन दरवाज़े को उसी तरह भिड़का कर बन्द कर देता है। मैंने मुश्किल से बस पाँच सेकंड के लिए घर के अन्दर का मंजर देखा होगा और बस उसी मंजर ने मुझे घर के अन्दर जाने को मजबूर कर दिया। लिहाजा कुछ देर तक इधर-उधर की बात करने के बाद मैंने इशारे से तिफलू भाई को अलग से बुलाया और अपनी ख्वाहिश जता दी, "मैं बशर का घर अन्दर से देखना चाहता हूँ।" फिर अगले ही मिनट मैं गुजरात ब्लास्ट के मास्टर माइंड और सिमी के सबसे खूँखार आतंकवादी अबू बशर के घर के अन्दर था। दरवाज़े से घुसते ही सामने एक ओसारा था। जिसके नीचे लकड़ी की एक चौकी पड़ी थी। चौकी के दो पाँव को ईंटों से सहारा दिया गया था। चौकी के सिरहाने गुदड़ी जैसा बेहद पुराना बिस्तर पड़ा था, जबकि चौकी की बायीं तरफ़ बगैर गैस के ख़ाली गैस स्टोव आठ ईंटों पर रखा हुआ था। स्टोव और ईंटों के बीच कुछ साबूत और अधजली लकड़ियाँ पड़ी थीं। वहीं बराबर में कालिख हो चुके पाँच बर्तनों के बराबर में मिट्टी का एक घड़ा रखा था। घर में सिर्फ़ एक कमरा था। हम उस कमरे को भी देखना चाहते थे, पर झिझक भी रहे थे कि कमरे में कोई पर्दा करने वाला ना हो। तिफलू भाई ने झिझक दूर की और कहा कि अन्दर आ जाइए क्योंकि घर में सिर्फ़ अबू बशर की माँ ही हैं। कमर या कूल्हे पर उन्हें कुछ ऐसी परेशानी है, जिसकी वजह से वो चल फिर नहीं सकतीं। कमरे में एक उम्रदराज चारपाई पड़ी थी जिस पर एक मटमैला चादर बिछा था। कमरे को चारों तरफ़ से जब ध्यान से देखा तो लोहे के दो पुराने बक्से और एक ब्रीफकेस के अलावा अन्दर कुछ नहीं था। हमें ये भी बताया गया कि घर में खाना बशर के दोनों छोटे भाई ही बनाते हैं। इसके बाद हम घर के बाहर निकल आते हैं। बाहर निकलते-निकलते तिफलू भाई

हमें बशर के घर के सदर दरवाज़े पर लगा नीले रंग का एक निशान दिखाते हैं। ये निशान सरकार की तरफ़ से गाँव के उन घरों के बाहर लगाया जाता है, जो ग़रीबी की रेखा से नीचे जी रहे होते हैं।

इसके बाद मैं और भी तमाम लोगों से मिला, बातें कीं... पर न मालूम क्यों अबू बशर का घर आज भी मेरा पीछा नहीं छोड़ रहा।

आजतक

जब देश की संसद पर हुआ हमला

सुमित अवस्थी

सीन 1— देश की सबसे सुरक्षित मानी जाने वाली जगह... कहते थे (जी हाँ, यहाँ जानबूझकर— थे—लिखा है) यहाँ परिन्दा भी पर नहीं मार सकता। मैं भी अपने सहयोगी कैमरामैन के साथ तमाम सुरक्षा तन्त्रों से गुजरता हुआ अन्दर आ गया और तय स्थान पर कैमरा लगा दिया। कार्यवाही शुरू होने में वक़्त था, तो हम लोग गप्पें मारने लगे। सब कुछ सामान्य। किसी को भी अन्दाजा नहीं था कि ये तूफ़ान के पहले की शान्ति है।

सीन 2— बीजेपी के नेता मदनलाल खुराना आ गये। तो मैं समय काटने के लिए उनके साथ ऐसे ही बातचीत करने लगा। पार्टी में क्या हो रहा है? आपके क्या हाल हैं? महिला आरक्षण बिल पर क्या होने वाला है? काँग्रेस और आपकी पार्टी तो एक साथ ही है आदि-आदि। सब कुछ सामान्य एज़ यूज़ल, कहीं भी ऐसी चीज़ नहीं, जिससे लगे कि जान पर बनने वाली है।

सीन 3— नेपथ्य से कुछ आवाज़ें सुनाई देने लगीं। (पहली बार लगा कि सब शायद सामान्य नहीं है)... आवाज़ें भी ऐसी, जैसे लगें कि कहीं पर दो-तीन गाड़ियों के टायर बर्स्ट हुए हों। सांसद खुराना के भी कान खड़े हो गये। वो पूछने लगे कि ये क्या हुआ। मैंने वही तर्क दिया कि शायद टायर पंक्चर हुआ है या फिर पक्षियों को उड़ाने के लिए कोई हवाई फायर कर रहा है। (भई कभी साक्षात गोलियाँ चलने की आवाज़ कहाँ सुनी थी। और कभी फ़िल्मों या मेले वग़ैरह में सुनी भी थी, तो ये विश्वास कहाँ हो सकता था कि देश की सबसे सुरक्षित जगह पर कोई पागलों की तरह गोलियाँ चला रहा होगा!)

ये बातें करते दस-पन्द्रह सेकेंड ही हुए होंगे कि अचानक मैं देखता हूँ कि कोई पागल, जुनूनी नौजवान, हाथों में लम्बी-सी बन्दूक (बाद में पता चला कि यही ए के 56 गन होती है) से गोलियाँ दनदनाते हुए खुराना साहब की पीठ की तरफ़ से मेरी ओर ही दौड़ा आ रहा था, जैसे कि वो मेरे ही ख़ून का प्यासा हो। तभी अचानक एक सुरक्षा कर्मी (सुरक्षाकर्मी कहूँ या साक्षात भगवान) आया और उसने

पहले खुराना साहब को और बाद में मुझे तेज़ी से धक्का देकर नीचे झुका दिया ताकि वो हवा में दौड़ रही गोलियाँ हमारे शरीर को ना भेद पाएँ, पहली बार धक्के से नीचे गिरने में ग़ुस्सा नहीं आया और ना ही धक्का देने वाले को गोलियाँ देने का मन किया। बल्कि मन किया कि उसे गले से लगा लूँ।

ये सब कुछ ऐसे कुछ ही पलों में घटा कि कुछ भी समझ में नहीं आया। लेकिन 13 दिसम्बर 2001 को संसद परिसर में हुए आतंकी हमले और गोलियों से बचने का सिलसिला अभी ख़त्म नहीं हुआ था। संसद परिसर के मुख्य द्वार को बन्द कर दिया गया। वो वॉच एंड वॉर्ड का सुरक्षाकर्मी खुराना को घसीटकर गेट नम्बर-1 से अन्दर ले जाने लगा और मुझसे भी कहा कि आप भी आ जाओ। मेरे हाथों में सेलफोन था। हमारे जैसे पत्रकारों को सेलफोन संसद भवन के अन्दर ले जाने की इजाज़त नहीं थी। मैंने कहा कि फोन है मेरे पास इसका क्या करूँ। वो बोला, कोई नहीं जान बचाओ अन्दर आओ। और ये बात भी तय थी कि अगर वो मेरा भगवान (सुरक्षाकर्मी) साथ नहीं होता, तो शायद मेरे लिए वो संसद भवन का लहीम-शहीम गेट 1 सिर्फ़ मेरे लिए शायद खुलता नहीं।

फोन हाथ में था और ख़बर सामने... संसद परिसर में गोलीबारी... शायद कोई फियादीन हमला। तुरन्त अक्ल ने काम किया। सीधे आज तक के सबसे वरिष्ठ अधिकारी के सेल पर फोन किया और इत्तला दी कि सर संसद में गोलियाँ चल रही हैं। ब्रेकिंग न्यूज़ चलवाइए। वो बोले पागल हो क्या, वहाँ कौन गोलियाँ चला सकता था। (वाकई इतना आसान नहीं था कि किसी के लिए भी कि वहाँ पर कोई हमला हो सकता है।) मैंने फिर समझाया। मुझे नहीं पता कौन है, लेकिन मेरे सामने एक शख़्स गोलियाँ दाग रहा है। चारों तरफ़ से गोलियों की आवाज़ें आ रही हैं और संसद के दरवाज़े भी बन्द किये जा रहे हैं। मेरी हड़बड़ाहट ने बॉस उदय शंकर को अब कन्विन्स कर दिया था। उन्होंने तुरन्त न्यूज़ फ़्लैश करवायी और अपने सेल से मेरा फोन काटा और फिर पीसीआर से लैंडलाइन से फोन मिलाकर मुझे लाइव ऑन-एयर कर दिया यानी मैं सीधे न्यूज़ एंकर से बात करके दर्शकों को संसद की घटना का विवरण दे रहा था।

मेरे जीवन का सबसे रोमांचकारी क्षण। मौत को अपने सामने देखा। अब तक की सबसे बड़ी घटना को ब्रेक करने की तसल्ली। साढ़े ग्यारह बजे के आसपास हमला हुआ और 11.35 या 11.36 पर 'आज तक' पर ख़बर चलने लगी। पहले संसद में गोलियाँ चलने की ख़बर चली। किसी को क्या पता था कि ये फिदायीन हमला है। मैंने दो लोगों को तो अपनी आँखों से गोलियाँ चलाते और पोजिशन लेते देखा। तब तक किसे पता था कि ये आतंकी हैं या काले कपड़ों में ब्लैक केट कमांडो। तब तो मैंने यही अपने पहले फोनो में कहा कि संसद में गोलियाँ चल

रही हैं।

फोनो देते-देते मैं संसद भवन के अन्दर था। सारे दरवाज़े बन्द हो गये थे। वहाँ पर जो मैंने भगदड़ देखी, उससे चीज़ें साफ़ होने लगीं। सुरक्षाकर्मी आनन-फानन में यहाँ से वहाँ दौड़ रहे थे। मुझे पता चल चुका था कि ये आतंकी हमला है। सुरक्षाकर्मी बता रहे थे कि कोई 6 से 10 आतंकी हैं और संसद के चारों तरफ़ फैल चुके हैं। ये सभी जानकारियाँ साथ-साथ फोनो में लाइव टेलीकास्ट... लगातार बताता जा रहा था। करीब 20 मिनट तक मेरा फोनो चलता रहा। लेकिन तभी शायद जैमर ऑन कर दिये गये और मेरा फोन कट गया। उसके बाद पहली बार लगा कि मैं पंगु हो गया हूँ। ख़बर-ही-ख़बर चारों तरफ़, लेकिन किसको बताऊँ। कैसे इसकी रिपोर्टिंग करूँ।

तभी एक कमरे में घुसा और लैंडलाइन से पहले बाहर मौजूद अपने कैमरामैन को फोन किया। उसके हालचाल लिये अपने हालचाल बताये। सब कुछ सकुशल था। फिर घर फोन किया। मम्मी और बीवी को अपने सकुशल होने की जानकारी दी और फिर एक बार दफ़्तर को फोन मिला डाला ताकि रिपोर्टिंग ज़ारी रहे। कुछ देर तक तो आँखों देखा हाल ज़ारी रहा। सुरक्षाकर्मी क्या कर रहे हैं। वरिष्ठ नेताओं की सुरक्षा कैसे की जा रही है। कौन-कौन लोग मौजूद हैं। तत्कालीन गृहमन्त्री लालकृष्ण आडवाणी क्या कर रहे हैं। वाजपेयी और सोनिया यहाँ नहीं हैं। सभी नेताओं को सेंट्रल हॉल में ले आया गया है। संसद के अन्दर से ये सब लाइव चल रहा था।

लेकिन वहाँ कई ऐसे अनजाने चेहरे दिख रहे थे, जिन पर शक़ भी हो रहा था कि कहीं ये आतंकी या उनका कोई इन्फार्मर तो नहीं। कहीं ये ख़ुद आतंकी ही तो नहीं। कहीं ये ख़ुद को उड़ा तो नहीं देगा। अफवाहें भी तरह-तरह की फैल रही थीं। डर भी लग रहा था। तभी संसद के लैंडलाइंस को भी शायद सुरक्षा एजेंसियों ने जानबूझकर काट दिया। फोनो देने का, ख़बर दिखाने का आख़िरी जरिया भी ख़त्म हो गया। कुछ शूट भी नहीं कर सकता था। क्योंकि कैमरा और कैमरामैन दोनों ही बाहर थे। बड़ा असहाय-सा महसूस होने लगा।

तभी एक ज़ोरदार धमाका हुआ। लगा जैसे मानो किसी ने तोप से ही संसद को उड़ाने की कोशिश की। बाद में पता चला कि फिदायिन आतंकी ने अपने आपको संसद के गेट नम्बर 1 पर उड़ा दिया है। ये उसी के ब्लास्ट की आवाज़ थी, लेकिन ख़बर होते हुए भी मैं दफ़्तर को बता नहीं पाया... कोई साधन ही नहीं था। ऐसे में क़रीब 5 घंटे बीत गये। कुछ देर बाद एक और बड़ा ही ज़ोरदार धमाका हुआ। इस बार सुरक्षाकर्मियों ने आरडीएक्स से भरी उनकी कार को डिफ्यूज किया था।

मेरे जैसे कई लोग संसद के अन्दर पाँच घंटों तक क़ैद रहे। बाहर की दुनिया में क्या घट रहा था। कुछ नहीं पता था। क़रीब चार बजे के आसपास सभी को बाहर आने की इज़ाज़त दी गयी। तब पहली बार अपनी आँखों से एक या दो नहीं क़रीब सात-आठ लाशें देखीं। कुछ सुरक्षाकर्मियों की, तो कुछ आतंकियों की। संसद की दीवारों पर गोलियों के सैकड़ों निशान। रोंगटे खड़े हो गये। पहली बार सुरक्षाकर्मियों की जाँबाजी और बहादुरी का एहसास हुआ। ये भी विश्वास हुआ कि कोई अदृश्य ताक़त ज़रूर है, जो आप पर भी नज़र रखती है। भगवान में भरोसा बढ़ गया। पहली बार लगा कि जाको राखे साइयाँ, मार सके ना कोई।

इतना कुछ झेलने के बाद भी अपनी आँखों पर भरोसा नहीं हो रहा था कि ये सब देश की सबसे सुरक्षित इमारत में हुआ है। कहीं-ना-कहीं ये चिन्ता भी थी कि जब देश की सबसे सुरक्षित जगह ही सुरक्षित नहीं, तो फिर क्या सुरक्षित है। ये तो शुक्र है अपने जाँबाजों, अपनी संस्कृति और अपनी परम्पराओं का कि हम भारतवासियों की रगों में वो ख़ून दौड़ता है, जो दुश्मनों से लोहा लेने और उनके दाँत खट्टे करने में कोई कसर नहीं छोड़ता।

स्टार न्यूज़

इराक—अगले क़दम पर मौत खड़ी थी

दीपक चौरसिया

इराक का युद्ध। उस युद्ध की जानें कितनी कहानियाँ जेहन में अब भी ताज़ा हैं। कैरियर में वो एक ऐसा एसाइनमेंट था, जिसका हर मिनट, हर सेकंड एक चुनौती था। कभी वो चुनौती छोटी होती थी, और कभी बेहद जटिल। इस एसाइनमेंट पर जाने से पहले ही समझ आ गया था कि आने वाले दिन बेहद कठिन होंगे। हर लिहाज से। बहुत कुछ लिखा और कहा जा सकता है उस पर। फिलहाल बात बगदाद पहुँचने की।

हम एक ऐसी जगह पर थे, जिसके बारे में जाने से पहले हमें कोई अन्दाजा नहीं था— कोई जानकारी नहीं थी। भाषा-बोली बिल्कुल अलग। चुनौतियों की शुरुआत तो वीजा से ही शुरू हो गयी। हमें इराक का वीजा नहीं मिला। वजह ये थी कि उस समय तक कॉन्सुलेट बन्द किया जा चुका था। ख़ैर, हम कुवैत पहुँचे। लक्ष्य यही था कि अम्मान के जरिये बगदाद पहुँच सकें। देखते-ही-देखते इराक ढह चुका था, किसी भी हिस्से में किसी का कोई नियन्त्रण नहीं था। इराकी सेना भाग चुकी थी। इस मुश्किल कवरेज पर हिन्दुस्तान के तीन टीवी चैनल्स की टीमें थीं, और हमारी टीम उनमें से एक। इराक युद्ध को कवर करने के लिए पूरी दुनिया का मीडिया वहाँ मौजूद था। शायद ही कोई ऐसा देश रहा हो, जिसके टीवी चैनल्स के संवाददाता वहाँ ना हों। लेकिन जैसे-जैसे हम अपने सफ़र में आगे बढ़ रहे थे और विदेशी मीडिया के लोगों से रू-ब-रू हो रहे थे, नजारा बिल्कुल बदलता जा रहा था। विदेशी मीडिया के लोगों के साथ ट्रांसलेटर्स थे, उनकी सुरक्षा के लिए लोग थे, उन्होंने बुलेटफूफ जैकेट पहन रखी थी, कुछ के साथ उनके पर्सनल गनर भी थे, और हम बिल्कुल अकेले। अपनी सुरक्षा से लेकर स्टोरी करने की जिम्मेदारी हमारी। हमारे हाथ में कैमरा यूनिट... बस और कुछ नहीं।

भटकते-भटकते शाम होने लगी थी। तभी सेटकॉम की एडवायजरी ज़ारी हुई, जिसमें कहा गया कि मीडिया के जो भी लोग जॉर्डन के जरिये बगदाद जाना चाहते हैं, वो कतई वहाँ ना जाएँ, क्योंकि रास्ते में हालात बहुत ख़राब हो गये हैं। वो रास्ता

कतई सुरक्षित नहीं। अब रात काटनी थी, ऐसे माहौल में खुले आसमान के नीचे हमने रात काटने का फैसला किया। दरअसल, और कोई चारा भी नहीं था। कुछ ही समय बाद वहाँ मीडिया पर भी फायरिंग शुरू हो गयी, हम सभी लोग एक घेरा बनाकर खड़े हो गये। इस फायरिंग में कोई हताहत तो नहीं हुआ, लेकिन मन में एक डर ज़रूर बैठ गया कि आगे रास्ते में क्या होगा। किसी को कुछ नहीं मालूम था। मन में सिर्फ़ एक ही जुनून था कि अब बगदाद जाना-ही-जाना है। ये जुनून ही था, जिसकी वजह से हौसला बना रहा और क़दम वापस नहीं मुड़े। पूरी रात जागते-जागते कट गयी। सुबह हुई तो वापस उसी मंज़िल की तरफ़ बढ़ गये, जहाँ पहुँचने के लिए, 'जो भी होगा देखा जाएगा' का इरादा पक्का कर चुके थे।

जैसे ही कुछ किलोमीटर का सफ़र तय किया, क़बीलाई लोगों ने मीडियाकर्मियों पर हमला बोल दिया। हालात भयावह तब हुए, जब एके-47 के दम पर क़बीलाई लोगों ने एक जापानी मीडिया की टीम को बन्धक बना लिया। बाक़ी बचे मीडियाकर्मियों में से कुछ की राय थी कि हमें वापस जाकर उन्हें छुड़ाना चाहिए और कुछ बगदाद के सफर में आगे बढ़ते रहना चाहते थे। आख़िर में, भारतीय मीडियाकर्मियों की पहल पर हममें से कुछ पत्रकारों ने वापस जाने का फैसला किया। मकसद था जापानी मीडियाकर्मियों को सुरक्षित वहाँ से वापस निकालना। वहाँ जब पहुँचे तो देखा की जापानी पत्रकारों को लूट लिया गया है। और उन्हें छोड़ दिया गया है स्थिति भयावह थी, पर राहत की बात सिर्फ़ इतनी थी कि वो ज़िन्दा थे। मन में ये बात रह-रहकर पक्की होती जा रही थी कि यहाँ सुरक्षित कोई नहीं है। कोई नहीं...

ख़ैर भगवान का नाम जपते-जपते हम दोपहर तक बगदाद पहुँचे। हमारा ठिकाना था— होटल फिलिस्तीन। पर अभी मुश्किलें ख़त्म कहाँ होने वाली थीं, होटल के रास्ते में हम क्रॉस फायरिंग में फँस गये। लगभग दो घंटे तक बगदाद की गलियों में धमाकों और फायरिंग के बीच हम ख़ुद को बचाते रहे और तब कहीं जाकर होटल फिलीस्तीन पहुँचे। इस सफर में कई बार ऐसा लगा कि ज़िन्दगी और मौत चन्द क़दमों के फासले पर ही थीं। बगदाद पहुँचने के बाद काम का जुनून और बढ़ गया, और उसके बाद कुछ याद करने कुछ याद रखने की फ़ुर्सत ही नहीं रही। हाँ, ये ज़रूर याद है कि अम्मान से बगदाद तक का सफर मेरे कैरियर की सबसे ख़ौफनाक, लेकिन यादगार रिपोर्ट बनकर मेरे साथ है।

स्टार न्यूज़

कैसे हुआ था दाऊद की बेटी का रिसेप्शन

शीला रावल

बात जुलाई 2005 क़ी है। मैं उन दिनों मुम्बई में थी। अंडरवर्ल्ड डॉन दाऊद इब्राहिम की बेटी माहरूख और पाकिस्तान के पूर्व क्रिकेटर जावेद मियांदाद की बेटे जुनैद के वेडिंग रिसप्शन का वाक़या है। अंडरवर्ल्ड कवर करने के मेरे लम्बे कॅरियर की सबसे चुनौती भरी रिपोर्टस में से एक। मैं भारत की इकलौती पत्रकार थी, जिसने इस पार्टी को अन्दर जाकर कवर किया था। कहने को आज आसानी से कह दिया जाता है कि ये टीवी वाले तो हर घटना को इवेंट बना देते हैं— हर ख़बर को कैश कराने में जुट जाते हैं टीआरपी के लिए कुछ भी कर सकते हैं... पर ज़रा थोड़ी देर के लिए सोचिए। क्या आपके दिमाग में ये सवाल नहीं उठते कि अंडरवर्ल्ड डॉन की दावत, ये दावत कैसी होगी, वहाँ कौन-कौन से लोग होंगे, इन्तज़ाम कैसा होगा, सुरक्षा के लिए क्या किया गया होगा और सबसे बड़ा सवाल दाऊद वहाँ ख़ुद मौजूद होगा या नहीं? इस पार्टी पर भारत की इंटेलीजेंस की पैनी नज़र भी थी। क्यों, हर कोई जानता है।

ख़ैर, अंडरवर्ल्ड और दाऊद इब्राहिम को लम्बे समय से मैं कवर कर रही थी, अपने प्रिंट मीडिया के दिनों से ही। उस दौरान के भी कई चुनौती भरे वाकये याद हैं लेकिन फिलहाल बात टीवी में सबसे चुनौती भरी रिपोर्ट की। तो साहब, हमारे संपादक उदय शंकर ने मुझे बुलाया और कहा— "शीला, ये असाइनमेंट तुम्हें करनी है।" उदय बड़े अधिकार के साथ कुछ कहते थे। उन्होंने कहा— "मुझे हर हालत में इस पार्टी की रिपोर्ट चाहिए, कम व्हाट में।"

दाऊद की बेटी और मियांदाद के बेटे की पार्टी का असाइनमेंट। मैं ये समझ रही थी कि मुझे ये असाइनमेंट क्यों दिया गया है और दफ़्तर मुझसे किस तरह की उम्मीदें लगाए बैठा है। ख़ास तौर पर तब जब इस सगाई से कुछ दिनों पहले ही मियांदाद ने हमारे चैनल पर कहा था— "हम आपको भी न्यौता दे रहे हैं।"

चार लोगों की टीम बनाई गई, तय हुआ कि दुबई के वीजा के लिए अप्लाई कर दिया जाए। वीजा अप्लाई कर भी दिया गया, लेकिन वीजा मिला नहीं। बाकी

चैनल्स के रिपोटर्स को भी जाना था और उनमें से कुछ दुबई पहुँच भी गए थे। कोई शारजाह के रास्ते गया था तो कोई शायद कहीं और से। दूसरे देशों के वीजा मेरे पास भी थे लेकिन दुबई का वीजा न मिलने पर जोश ठंडा पड़ रहा था और फ़िक्र इस बात की थी— जाना तो है ही पर कैसे?

23 जुलाई 2005, रिसेप्शन का दिन। हमारी जानकारी के मुताबिक दुबई के हयात होटल में रात 9 बजे (दुबई और भारत के समय में डेढ़ घंटे का फ़र्क है हम उनसे डेढ़ घंटे आगे हैं।) ये पार्टी शुरू होनी थी। सारे दावपेंच खाली जा रहे थे, दिमाग में रह रहकर सिर्फ़ यही बात घूम रही थी कि अगर आज दुबई नहीं पहुँच पाए तो... नाउम्मीदी ज़्यादा दिख रही थी। समय भागता जा रहा था। सुबह से कब दोपहर हो गई पता ही नहीं चला। अचानक तकरीबन दोपहर के 1.30 बजे अंडरवर्ल्ड के ही एक सूत्र का फोन आया। उसे कोई ख़बर देनी थी। बातचीत के दौरान उसने पूछ ही लिया— क्या हुआ आज आपकी आवाज़ परेशान लग रही है। मैंने पूरा वाकया बता दिया कि हमें आज दुबई जाना है और हमारे पास वीजा नहीं। अब कुछ ही घंटे रह गए हैं। अगर वीजा नहीं आया तो...

वो सूत्र शायद मेरी किस्मत बनकर आया था। उसने कहा— "आप दुबई जाएँगी। हर हाल में जाएँगी।" उसने मुझे तुरन्त एक नम्बर दिया और कहा कि उस नम्बर पर मैं अपना पासपोर्ट फैक्स कर दूँ। इस वक़्त तक ये तय हो चुका था कि अब अगर मौका मिला भी तो शायद मैं अकेले ही दुबई जा पाऊँगी। दफ़्तर का ये दबाव लगातार बढ़ता जा रहा था कि क्या हुआ... क्या हुआ। फ्लाइट भारतीय समय के मुताबिक 7 बजे के आसपास की थी। यानी मेरे पास अभी तकरीबन 5 घंटे थे।

मेरे पासपोर्ट फैक्स करने के बाद करीब एक-डेढ़ घंटे तक कोई जवाब नहीं आया। मैंने अपने सूत्र को फोन किया उसे ताज्जुब हुआ कि वीजा अब तक नहीं आया है। उसने कहा— "शायद डी कम्पनी ये नहीं चाहती कि कोई भी पत्रकार इस पार्टी में शरीक हो, लेकिन कोई बात नहीं आप एयरपोर्ट पहुँचिए वीजा तो मिलेगा ही।"

मैं दफ़्तर से घर गई। अपना सामान उठाया और एयरपोर्ट के रास्ते पर निकल गई। मेरे सूत्र का फिर से फोन आया— आपका वीजा हो गया है। कोई फैक्स नम्बर दीजिए। मैं वहाँ फैक्स कराता हूँ। मैंने रास्ते में एक पीसीओ का नम्बर लेकर दिया और थोड़ी देर में वहाँ मेरा वीजा पहुँच चुका था। वीजा भी एक-दो दिन का नहीं, बल्कि पूरे एक महीने का। यानी अब तय था कि मैं दुबई जा रही हूँ। मैंने फ्लाइट पकड़ी और दुबई पहुँच गई। मन में घबराहट अब भी थी वो इस बात की कि जिस शख्स ने भी मेरा वीजा रुकवाने की कोशिश की थी। वो मुझे एयरपोर्ट से बाहर

निकलने भी देगा या नहीं। किस्मत साथ दे रही थी। हम बाहर निकले और जिस सूत्र ने मेरे वीजा का इन्तज़ाम किया था उसने मेरे लिए कार भी भेजी थी।

अब असली खेल शुरू होना था। हमने इस कार्यक्रम की तैयारी के तहत पहले से ही हयात में एक कमरा बुक करा रखा था। थोड़ी देर के भीतर ही मैं हयात में थी। यानी उसी जगह पर जहाँ दाऊद की बेटी का वेडिंग रिसेप्शन होना है। किस्मत और मेहरबान तब लगी, जब मैंने पाया कि मेरा रूम हयात के उस बैंक्वेट हॉल के ठीक ऊपर है, जहाँ सगाई का कार्यक्रम होना है। कमरे में सामान रखा— कार्यक्रम में शरीक होने के लिए तैयार हुई और पहुँच गई बैंक्वेंट हॉल, एक सरसरी निगाह से मुआयना करने पर पता चला कि कम-से-कम दो दर्जन मीडिया के लोग वहाँ मौजूद हैं। जो कैमरामैन मुझे मुहैया कराया गया था। उससे फोन पर बात हो चुकी थी वो भी बैंक्वेट हॉल के गेट पर तमाम मीडिया वालों के साथ मौजूद था। वो इज्रायली था। सुरक्षा के इन्तज़ाम ज़बरदस्त थे। मुझे सबसे ज़्यादा घबराहट इस बात से हो रही थी कि मैं अकेली, शहर अनजान, कैमरामैन अनजान... यानी कहीं फँसने पर कोई भी ऐसा नहीं जिसे मदद के लिए बुलाया जा सके।

होटल में रुकने की वज़ह से मुझे बैंक्वेट हॉल में जाने के लिए एक दूसरे रास्ते के इस्तेमाल की सुविधा थी। हालाँकि वहाँ भी इतने गार्डस थे कि बग़ैर इजाजत के अन्दर नहीं जाया जा सकता था। मैंने सोचा— एक चाँस तो लेना ही होगा। मैं दरवाज़े पर पहुँची, उम्मीद के मुताबिक मुझसे इनवाइट माँगा गया, जो हमारे पास था नहीं। मैंने गार्डस से कहा कि मैं एक चिट्ठी लिखूँगी और उसे अन्दर पहुँचा दिया जाए, मैंने मियांदाद को एक चिट्ठी लिखी— "आपके न्यौते पर हम यहाँ पहुँच चुके हैं। आप अन्दर बुलाएँगे तो आ जाएँगे।"

ये दो ऐसी शख्सियतों की पार्टी थी— जिसमें आप अपनी मर्जी से कुछ भी नहीं कर सकते थे, करने की सोच भी नहीं सकते थे। चिट्ठी अन्दर जा चुकी थी। सबसे ज़्यादा अटकलें इस बात की लगाई जा रही थीं कि दाऊद इस दावत में मौजूद होगा या नहीं। दिमाग में ये सारी बातें घूम रही थीं कि चार लोग गेट पर आए। इनमें से दो वो थे, जो मेरी चिट्ठी लेकर अन्दर गए थे और दो लोग उनके साथ और थे। हर किसी के कान में ब्लूट्रथ लगा हुआ था। दो मोबाइल हर किसी के पास थे। वायर भी दिख रहे थे, यानी वायरलेस पर भी ये सभी सम्पर्क में थे, मुझे आँखों से स्कैन किया गया। ऊपर से नीचे तक। मुझे पूरा यक़ीन था कि सीसी टीवी पर हमारी पूरी बातचीत और आसपास की हरकतों को मॉनीटर किया जा रहा है। जो चार बंदे बाहर आए थे, उनमें से एक था— जाबिर अली मोतीवाला। जाबिर अली मोतीवाला दाऊद का कराची का सबसे करीबी गुर्गा है। उसके साथ साये की तरह रहता है। लीनेन के शूट में मौजूद उस शख्स ने शिकायती अन्दाज़ में कहा—

"आपके चैनल में क्या चल रहा है? जो मन में आता है वो चलाते हैं आप लोग?" मेरे पास उन्हें चैनल के पक्ष में तर्क देने के अलावा कोई चारा नहीं था। मैंने कहा कि हम बिल्कुल वही ख़बर दिखा रहे हैं जो सच है। अगर आपको हमारी विश्वसनीयता पर शक है तो बताइए। इसे बातचीत या बहस जो भी कहें, करीब दस मिनट तक चली। फिर अचानक मुझे ऐसा लगा कि उसके कान में कुछ कहा गया। उसने जवाब दिया हाँ। वैसे तो सब साफ ही दिख रहा है। मेरे हाथ में सिर्फ़ एक छोटा-सा पर्स था, एक बार फिर मुझे नज़रों से स्कैन किया गया। और फिर जाबिर ने कहा— "चलिए" और दरवाज़ा खुल गया।

अब ज़्यादा रोमांच और बेचैनी इस बात की थी कि अन्दर क्या देखने को मिलेगा। दाऊद वहाँ होगा या नहीं? बेहद सलीके के साथ इन चारों शख्स ने मुझे एस्कॉर्ट किया। मैं अन्दर पहुँची, एक पत्रकार के तौर इस दावत को मैं अपनी नज़रों में स्कैन कर रही थी। अन्दर पहुँचकर मैंने मियांदाद को देखा— उनकी पत्नी को देखा। दाऊद के परिवार वाले भी दिखाई दिए।

एक बड़े से स्टेज पर जिसका रास्ता रैंप से होकर जाता था, पर दूल्हा और दुल्हन बैठे थे। साथ में तस्वीरें खींचाने वाले लोगों की भीड़ थी। मियांदाद मुझसे मिलने आए, कहने लगे— "बेकार में दुनिया इन्हें कोस रही है, देखिए कैसे मासूम दिखते हैं ये बच्चे, ना जाने क्या-क्या रिपोर्ट हो रहा है इनके बारे में, पर इनका क्या कसूर?" इसके बाद मियांदाद ने मुझे सबसे मिलाया, दाऊद की पत्नी से उनके दूसरे रिश्तेदारों से। थोड़ी देर के भीतर ही उन्होंने स्टेज खाली कराया, मुझे ऊपर लेकर गए। लड़का-लड़की से मिलाया और हम लोगों की तस्वीरें खींची गईं, वीडियो बनाया गया।

इन सबके बीच मेरी नज़र लगातार दाऊद को ढूँढ़ रही थी। और हर उस शख्स को क़ैद कर रही थी जो वहाँ मौजूद था। छोटा शकील भी वहाँ नज़र नहीं आ रहा था (शायद सीसी टीवी कैमरे से वो सब कुछ मॉनीटर कर रहा था) अंडरवर्ल्ड से कौन-कौन आया है, भारत से कौन-कौन आया है, ऐसी तमाम जानकारियाँ मैं मन-ही-मन इकट्ठा कर रही थी। पाकिस्तान के कुछ क्रिकेटर्स भी मुझे इस दावत में नज़र आए। मेरे दिमाग में रह-रहकर यही घूम रहा था कि कहीं-न-कहीं से हमारी हर हरकत को देखा जा रहा है। उस हॉल का माहौल ऐसा था जैसे दाऊद वहाँ है, पर दिखाई नहीं दे रहा। ख़ैर, मैंने जिज्ञासावश खाना देखा कि क्या-क्या बना है, थोड़ी देर बैठी दिमाग में बहुत कुछ कैप्चर किया (काफी कुछ ऐसा जिसे सुरक्षा के लिहाज़ से लिखना मुमकिन नहीं) और वहाँ से निकलने की इच्छा ज़ाहिर की, मैं फिर आपको बता रही हूँ कि वहाँ दाऊद के होने का पूरा-पूरा अहसास था। अच्छा इस पार्टी में कुछ लोग ऐसे भी थे, जो मुझे जानते थे और न जाने क्यों उनके

चेहरे पर ऐसा भाव था जैसे वो सोच रहे हों कि अरे, ये यहाँ कैसे आ गई? ख़ैर, जब हॉल से बाहर निकल रही थी, तो मैंने जाबिर से इच्छा जताई कि यहाँ तक आई हूँ तो दाऊद से मुलाकात भी कराइए। उन्होंने कहा— वो मुलाकात कराएँगे। फिर मैंने उनसे पूछा कि क्या मैंने अन्दर जो कुछ देखा है उसे रिपोर्ट करूँ। उन्होंने कहा— "ये आपके ऊपर है।" यानी अब मैं ऐसी दोधारी तलवार पर थी। जिस पर हर फैसला बहुत सोच-समझकर करना था। दुनिया को इस पार्टी के बारे में क्या बताना है और क्या नहीं बताना है। मुझे एस्कॉर्ट करते हुए बाहर छोड़ दिया गया।

बाहर आते ही मैंने दफ़्तर को फोन किया कि मैं उस हॉल में थी जहाँ सगाई का कार्यक्रम हुआ है। पहला सवाल यही पूछा गया कि दाऊद वहाँ था या नहीं, मैंने जवाब दिया कि वहाँ दाऊद के होने का पूरा अहसास था।

इसके बाद दफ़्तर से फरमाइशों का दौर शुरू हो गया। 8 पीटीसी भेजिए, 10 पीटीसी भेजिए, 12 पीटीसी भेजिए, होटल के बाहर से पीटीसी भेजिए, शहर के हर कोने से पीटीसी भेजिए। चुनौतियाँ यहाँ खत्म नहीं हुई थीं, दुबई की गर्मी ऐसी थी जो पागल कर देने वाली थी। रात के तकरीबन दो बजे होंगे दुबई में, भारत में करीब साढ़े तीन बजे चुके थे। सुबह का बुलेटिन इसी ख़बर के साथ खोलना था। दफ़्तर के एसाइनमेंट से फोन पर उस जगह का पता बताया गया जहाँ से फीड बुक कराई गई थी यानी जहाँ से मुझे वो पीटीसी भेजने थे, जो मैंने किए थे। पीटीसी का दिलचस्प वाक़या यूँ हुआ कि जब हयात में पीटीसी करने पहुँचे तो उन्होंने वहाँ शूट करने की इजाजत नहीं दी। रात होने की वज़ह से शहर में इतनी रोशनी नहीं थी कि पीटीसी किया जाए। कई जगहें ऐसी थीं, जहाँ पीटीसी करने की तैयारी करते-करते कोई-न-कोई पहुँच जाता था और हमें शूट करने से मना कर दिया जाता था। कैमरामैन इज़्रायली थी, मेरी भाषा भी नहीं समझ पा रहा था। सब कुछ ठीक हुआ पीटीसी रिकॉर्ड करने के लिए कैमरामैन ने कहा— तब तक दफ़्तर से फोन आ गया कि क्या-क्या भेज रही हो। किसी तरह मैंने सारे पीटीसी किए और फीड भेजने की तैयारी की, फिर पता चला कि जिस जगह से फीड भेजनी है, वो शहर से 40 किलोमीटर दूर है। कोई भी टैक्सी वाला वहाँ जाने को तैयार नहीं था। फिर किस्मत ने साथ दिया और मेरा कैमरामैन अपनी कार लेकर आया। वहाँ पहुँचे तो पता चला कि जिस रिकॉर्डर से फीड भेजनी है और मेरे कैमरे का फॉर्मेट अलग-अलग है, लिहाज़ा फीड नहीं जा सकती। दफ़्तर को फोन करके ये जानकारी दी— फटाफट दूसरा कैमरे का इन्तज़ाम किया गया और आख़िरकार फीड चली गई, फीड जाने के बाद हम वहाँ से होटल के लिए वापस निकले।

होटल पहुँचने के रास्ते में ही फोन आने शुरू हो गए। मैडम आपका फोनो लेंगे। सुबह बुलेटिन शुरू होने के साथ ही जो फोनो शुरू हुआ, वो दुबई के समय

के हिसाब से दोपहर दस-बारह बजे तक चलता रहा। गर्मी और पिछले दो-तीन दिन की शारीरिक और मानसिक थकान ने बेदम कर दिया था। पहले इस बात का तनाव कि दुबई जा पाऊँगी या नहीं और फिर वहाँ पार्टी की कवरेज़ से लेकर फीड भेजने की थकान। दिमाग़ सुन्न हो चुका था। आख़िरकार शरीर ने जवाब दे दिया और मैं सो गई पूरे 48 घंटे के बाद।

अगले दो-तीन दिन दुबई में इस चाहत में रुकी कि क्या पता किस्मत और साथ दे दाऊद मुलाकात का अपना वायदा निभाए, पर ऐसा हुआ नहीं। आज चार साल बाद भी दिमाग में कुछ बातें चल रही हैं। मुझे अब भी दाऊद की उस चाय का इन्तज़ार है जिसका वायदा उसके करीबियों ने किया था। मुझे आज भी लगता है कि कैमरामैन अन्दर ना ले जा पाने की इजाजत की वज़ह से ये मेरे कॅरियर की सबसे अच्छी रिपोर्ट नहीं हो पाई। पर सबसे चुनौती भरी रिपोर्ट ज़रूर बनी। ...दाऊद के गढ़ में घुसना कितना चुनौती भरा काम है, समझा जा सकता है। बाद में छोटा शकील ने मुझे बताया कि उसने ही दाऊद से इजाजत के बाद मुझे रिसेप्शन पार्टी में अन्दर आने देने के लिए ओके किया था। और आख़िरी बात ये कि पार्टी चाहे जितनी हाई-प्रोफाइल रही हो, सच्चाई ये भी है कि दाऊद ऐसा बदनसीब बाप है, जो अपनी बिटिया की सगाई को भरी आँखों से देख तक नहीं पाया, उसे दुनिया के सामने विदा तक नहीं कर पाया।

इस कवरेज़ से जब लौटी तो इंटेलीजेंस, पुलिस ने मुझसे ज़बरदस्त पूछताछ की, ख़ैर छोड़िए वो मेरे इस रिपोर्ट की संस्मरण का हिस्सा नहीं...।

एक सौ दस साल बाद गाँव में आयी पहली बारात

विजय विद्रोही

दिन— 10 मई, 1998

वक़्त— सुबह के दस बजे

जगह— जयपुर, 'आज तक' का दफ़्तर।

पिछले तेरह सालों की तरह इस दिन भी सुबह नौ बजे दफ़्तर पहुँच गया था। अख़बार सरसरी निगाह से पढ़ डाले। किसी अख़बार में कोई काम की ख़बर नहीं मिली। ये भयंकर गरमी के दिन थे, लेकिन सियासी माहौल ठंडा पड़ा था। अकाल पड़ने की आशंका जैसी ख़बरें कर चुका था। सनसनीखेज अपराध से लेकर कोई सामाजिक ख़बर भी नहीं थी। एक चाय मँगवायी। सिगरेट सुलगायी और 'इंडियन एक्सप्रेस' के रिपोर्टर और दोस्त राजेश सिन्हा को फोन किया। एक-दो ख़बरों पर चर्चा हुई, लेकिन 'आज तक' में जाने लायक कोई ख़बर नहीं निकली। कैमरामैन निखिल ने याद दिलाया कि दस तारीख हो गयी, बिल भेजने हैं। सिगरेट सुलगायी और बिल बनाने में जुट गया। अख़बार के, चाय के, टैक्सी के, कूरियर के, टेलीफोन के, फैक्स के, दफ़्तर की साफ़-सफ़ाई के आदि-आदि बिल। ब्यूरो में रहो, तो एक पूरा दिन बिल बनाने के लिए चाहिए। ख़ैर, बिल बनाते-बनाते बोरियत हुई तो एक बार फिर अख़बार उठा लिया।

'राजस्थान पत्रिका' पहला पन्ना, आख़िरी पन्ना, शहर की खबरों का तीसरा पन्ना, प्रादेशिक ख़बरों का नवाँ पन्ना कहीं कोई खबर नहीं। यूँ ही विज्ञापन देखने शुरू कर दिये। एक बार तो मुझे विज्ञापन में ही ख़बर मिल गयी थी। पहली बार 'घेवर' मिठाई ऑन लाइन बेचने का विज्ञापन छपा था। मैंने ख़बर की और फिर बाकी चैनलों पर भी आयी। तब से तो मैं कभी-कभी 'तीर की बैठक' तक पढ़ लिया करता था। दरअसल, उस वक़्त दूरदर्शन मैट्रो चैनल पर रात दस बजे सिर्फ़ बीस मिनट का 'आज तक' आता था। ऐसे में या तो ठोस उठापटक वाली राजनीतिक ख़बर हो या कोई नाटकीयता से भरपूर ख़बर, वही खबरें लग पाती थीं। बीस मिनट में बमुश्किल आठ ख़बरों को जगह मिल पाती थी। दिल्ली और मुम्बई

से एक-एक ख़बर, बिजनेस की एक और एक ख़बर सिनेमा या खेल की। ऐसे में ब्यूरो वालों के हिस्से सिर्फ़ चार या पाँच ख़बरें ही आती थीं। यानी क़रीब-क़रीब एक दर्जन ब्यूरो चार-पाँच ख़बरों के लिए मारामारी करते थे।

राजस्थान, जो राजनीतिक ख़बरों में शून्य था, में कहीं कोई खेल प्रतियोगिता नहीं होती थी, न ही कोई बिजनेस की कान्फ्रेंस होती थी। मेरे पास न लालू थे, न अमिताभ बच्चन, न जयललिता थी न सचिन तेन्दुलकर। ऐसे में ब्यूरो चलाना, ब्यूरो को ज़िन्दा बनाये रखना, अपनी नौकरी बचाये रखना। लगातार मुश्किल होता जा रहा था।

'राजस्थान पत्रिका' का पेज नम्बर सात। सरकारी निविदाएँ, कुछ अन्य विज्ञापन। चौथा कॉलम। ऊपर से नीचे तक सिंगल कॉलम में छोटी-छोटी ख़बरें। नज़रें घूम रही थीं। पन्ना पलटने ही वाला था कि नज़रें एक सिंगल कॉलम ख़बर के शीर्षक पर अटक गयीं। प्वाइंट साइज सोलह में लिखा था 'पचास साल में पहली बार आएगी बारात।'

जैसलमेर डेट लाइन से खबर थी। लिखा था जैसलमेर के देवड़ा गाँव में भाटी राजपूतों के यहाँ आज़ादी के बाद पहली बार बारात आएगी। भाटी राजपूत बेटी के पैदा होते ही उन्हें मार डालते हैं। ऐसी बातें कही जाती रही हैं। लेकिन देवड़ा गाँव के, सरपंच ईश्वरसिंह ने बेटी को रखा और अब उसकी 11 मई को शादी तय हुई है। गाँव के बुज़ुर्गों का कहना है कि पिछले पचास सालों में यानी आज़ादी के बाद से उन्होंने किसी बारात को नहीं देखा।

एक बार, दो बार, तीन बार मैंने ख़बर पढ़ी और उछल पड़ा। ये है ख़बर... मैं सकते में भी था। राजस्थान में कई जातियों-जन जातियों में बेटी को जन्म लेते ही मार डालने की परम्परा रही है। कोई कुएँ में फेंक देता है, कोई गर्म राख में दबा देता है, कोई गर्म रेत कपड़े में बाँध जन्मी बेटी की नाक पर रख देता है, कोई खाट के पाये तले दबा कर मार डालता है। लेकिन अब एक बेटी जिन्दा है, वो अठारह साल की है। उसके हाथ पीले होने वाले हैं। देवड़ा गाँव में किसी भी भारी राजपूत के घर पर पचास सालों में पहली बार तोरण बाँधा जाने वाला है, शहनाई बजनी है, बारात आनी है। क्या विजुअल होंगे, क्या कहानी होगी, क्या मंजर होगा, आख़िर ये लड़की बच कैसे गयी? इसे मारा क्यों नहीं गया, इसके पीछे की कहानी क्या होगी... मैं सोच रहा था, सोचता जा रहा था। दोपहर का एक बज रहा था। जयपुर से जैसलमेर 600 किलोमीटर दूर। 12-14 से कम घंटे नहीं लगेंगे। स्टूडियो में गया वहाँ राजस्थान के बड़े नक्शे पर जैसलमेर पर अँगुली रखी। आसपास देवड़ा गाँव को तलाशा। आख़िर जैसलमेर शहर से नीचे की तरफ़ नज़र आया देवड़ा। अन्दाज से दूरी नापी। लगा 50-60 किलोमीटर दूर होगा जैसलमेर शहर से। मैं

एक बार पहले जैसलमेर जा चुका था, लेकिन वहाँ किसी को जानता नहीं था। जयपुर के राजपूत पत्रकारों को याद करना शुरू किया। एक-दो ने बिल्कुल भी पता नहीं जैसे निराश कर देने वाले जवाब दिये। एक ने कहा कि गाँव में घुसने तक नहीं देंगे भाटी राजपूत। कैमरा लेकर गये तो तोड़ देंगे कैमरा। भूलकर भी ग़लती मत करना। एक ने कहा कि गाँव तक शायद ही पक्की या कच्ची सड़क हो। ऊँटों पर जाना पड़ सकता है। पुलिस-प्रशासन के अधिकारियों से सम्पर्क साधा, तो पहले तो सभी ने शादी होने की ख़बर की जानकारी से ही इनकार किया। फिर कहा कि शादी अगर है भी तो उनका निजी मामला है। हम कोई मदद नहीं कर पाएँगे। उम्मीदें ख़त्म होने लगी थीं। तभी जोधपुर में स्वयंसेवी संगठन चलाने वाले एक शख्स का पता चला। उन्होंने जैसलमेर के अपने एक साथी का नम्बर दिया। लेकिन फोन नम्बर ख़राब था या फिर बदल गया था। अचानक फोन... उस तरफ़ 'इंडियन एक्सप्रेस' का साथी रिपोर्टर राजेश सिन्हा। ख़बर बतायी तो वो उछल पड़ा। दस मिनट में वो दफ़्तर में था। शाम के चार बज रहे थे। स्टोरी लाइन-अप करनी है, दफ़्तर से मंजूरी लेनी है, टैक्सी मँगवानी है, 12-14 घंटों का सफर यानी पूरी रात काली होनी है। उत्तेजना बढ़ती जा रही थी। इतनी बड़ी ख़बर क्या हाथ से निकल जाएगी? क्या कल फिर दफ़्तर में अखबार छानने और सिगरेट फूँकने में ही पूरा दिन निकल जाएगा?

जयपुर में सूचना एवम जनसम्पर्क निदेशालय से जैसलमेर के पी. आर. ओ. का नम्बर लिया। वहाँ फोन किया, तो पता चला कि पी. आर. ओ. साहब छुट्टी पर हैं। जिस सज्जन ने फोन उठाया उन्होंने विमल भाटिया नाम के स्थानीय खबरनवीस का नम्बर दिया। तुरन्त विमल भाटिया को नम्बर लगाया। संयोग से मिल गये। उन्होंने मेरा नम्बर लिया और आधे घंटे में पूरा पता लगाकर फोन करने का आश्वासन दिया। 30 मिनट, 45 मिनट हो गये। विमल भाटिया का फोन नहीं आया। बेसब्री बढ़ती जा रही थी। दिल्ली दफ़्तर फोन करके एसाइनमेंट डेस्क को ख़बर बतायी तो कहा गया कि लाइन-अप होने पर ही जाओ। नहीं तो बेकार में इतना पैसा खर्च होगा। तब आज तक के डायरेक्टर न्यूज़ थे राहुल देव। उन्हें फोन किया और वो उछल पड़े। साफ़-साफ़ कह दिया कि सर, स्टोरी होने की सम्भावना दस फीसदी है। सिर्फ़ दस फीसदी। लेकिन राहुल जी ने हौसला बढ़ाया कहा कि और कोशिश करो। वैसे पाँच परसेंट की भी संभावना लगे तो निकल जाओ।

कुछ राहत मिली। आइडिया आया कि चलो चलते हैं। लड़की वालों ने मना किया तो क्या, हो सकता है कि लड़केवाले मना नहीं करें। कैमरामैन का सुझाव था, 'लड़केवाले वीडियो शूटिंग भी करवाएँगे तो मैं उनका कैमरामैन बनकर चला जाऊँगा।' पहली बार अपने कैमरामैन निखिल पर नाज़ हुआ। छह बज रहे थे।

विमल भाटिया का फोन आया, 'ख़बर पक्की है। शादी हो रही है। लेकिन लड़कीवालों में से एक भी अड़ गया तो कैमरे से तोड़-फोड़ हो सकती है।' शुक्रिया कह फोन रखा और निखिल से 'सूमो' गाड़ी बुक करने को कहा। वैसे हम एम्बेसडर से ही जाते थे, लेकिन लगा रेत होगी, कहीं कार फँस न जाए लिहाजा सूमो ले चलते हैं।

सात बजे निकल लिये जैसलमेर में, कैमरामैन निखिल और साथ में राजेश सिन्हा। उस समय मोबाइल फोन नहीं थे। रास्ते में दूदू फिर अजमेर में रुके। एसटीडी। पीसीओ सेंटर से इधर-उधर फोन करके लाइन-अप करने की कोशिश की। लेकिन बात नहीं बनी। अजमेर में रम का अद्धा ख़रीदा, पानी की बोतलों में पैग बनाए और बढ़ लिये आगे जैसलमेर। रातभर ड्राइवर को कभी सिगरेट कभी चाय पिलाते सुबह सात बजे पहुँच गये जैसलमेर। ड्राइवर को नींद नहीं आये इसके लिए ज़रूरी था कि हम भी जागते रहें। गप्पें मारते रहें।

जैसलमेर में राज्य सरकार के पर्यटन विभाग का होटल ढोला मारु। कमरा लिया। साथी बारी-बारी से फ्रेश हो रहे थे और मैं पहुँचा होटल के रिसेप्शन पर। अख़बार माँगे। एक स्थानीय अख़बार में शादी की ख़बर छपी थी। "अरे, विद्रोही जी, जैसलमेर में कैसे? कोई बड़ी ख़बर है क्या?" सामने मैनेजर मुस्करा रहा था। मैंने अख़बार सामने बढ़ा दिया। मैनेजर ने कहा कि उनके होटल में एक कर्मचारी सरपंच साहब का दूर का रिश्तेदार है। मैं उछल पड़ा। उससे मिलवाने को कहा। मैनेजर ने कर्णीसिंह (असली नाम याद नहीं) की तलाश करवायी। पता चला कि वो शादी के लिए बर्तन ले जा रहा है गाँव। मैं होटल के बाहर भागा। छोटे-बड़े पतीले, जग, गिलास, थालियाँ, गैस का चूल्हा, कटोरियाँ, दरियाँ...होटल के गेट के बाहर ढेर पड़ा था। आसपास कोई नहीं था। फिर रिसेप्शन तक की दौड़। मैनेजर को साथ लेकर बाहर आया। दूर से आ रहा था कर्णीसिंह। मैनेजर शायद गैर-राजपूत था। वो समझ गया था कि उसकी 'हद' कहाँ तक है। दूर से ही कर्णीसिंह की तरफ़ इशारा कर लौट गया। "माफ़ करना विद्रोहीजी, इससे ज़्यादा मैं मदद नहीं कर सकता। भाटी राजपूतों के यहाँ शादी का मामला है। कर्णीसिंह मान जाए तो ठीक... वरना मैं पचड़े में पड़ना नहीं चाहता।"

कर्णीसिंह छह फुट का नौजवान। जैसलमेरी पगड़ी। पाँव में जैसलमेरी जूती। कानों में कुंडल। मैने परिचय दिया। उसने कोई उत्साह नहीं दिखाया और बर्तनों के ढेर को ताकने लगा। मैंने सिगरेट पेश की। और अपना मकसद बताया डरते-डरते। उसने सिगरेट बिना सुलगाये लौटा दी। "देखिए कर्णीसिंह जी, हम पॉजीटिव एंगल से कवर करेंगे। कुछ भी इतिहास का नहीं बताएँगे।" कर्णीसिंह ने हाथ जोड़ लिये। मैं थके क़दमों से लौटने लगा। अचानक आवाज़ सुनी।

कर्णीसिंह ड्राइवर से पूछ रहा था कि ये सूमो किसकी है। मेरी जान में जान आयी। तुरन्त पलटा। कर्णीसिंह से कहा कि सारे बर्तन आदि सामान इस गाड़ी में ले चलते हैं। पीछे की सीट हटा देते हैं। सारा सामान आ जाएगा। छत पर भी बाँध सकते हैं। अब गेंद कर्णीसिंह के पाले में थी। मैंने ड्राइवर से तुरन्त पीछे की सीट हटाने और रस्सियों का जुगाड़ करने को कहा। कर्णीसिंह को सिगरेट पेश की। उसने सुलगायी और एक गहरा क़श खींच कर बोला, "देखिए, गाँव तक ले चलूँगा। सरपंच ईश्वरसिंह से भी मिलवा दूँगा। लेकिन उन्होंने मना कर दिया तो मैं ही आपको वहाँ से जाने को सबसे पहले कहूँगा। मंजूर हो तो सामान रखूँ।" मैंने कहा मंजूर, सौ बार मंजूर, हज़ार बार मंजूर।

जैसलमेर से कोई 70 किलोमीटर दूर देवड़ा गाँव। गाँव तक डामर की सड़क, लेकिन बीच-बीच में टूटी हुई। कहीं-कहीं रेत भी सड़क पर पसरी हुई। सूमो में बारात का ठसाठस भरा सामान और ड्राइवर समेत पाँच जने। जैसे-तैसे पहुँचा देवड़ा। ईश्वर सिंह के घर पर शामियाने तने हुए। हलवाई बैठे हुए। कुछ लोग जीम (खाना खा रहे) रहे थे। सूमो रुकी। लोग कर्णीसिंह की मदद करने लगे। हम भी जुट गये सामान उतरवाने में। कर्णीसिंह ने कहा कैमरा गाड़ी में रखो। एक आदमी साथ चले। मैं ईश्वर सिंह के सामने था। साधारण कद-काठी। कोई 45 साल उम्र। अधपके बाल। परिचय हुआ। सरपंच ने साफ मना कर दिया। कहा, "निकल लो फटाफट।" मैंने समझाने की कोशिश की। कोई असर नहीं। मैंने 'आज तक' के बारे में बताया। कोई फ़र्क़ नहीं पड़ा। मैंने कहा 'आज तक' इंडिया टुडे ग्रुप का है। तो कुछ चौंका। फिर ग़ुस्से में बोला, जब मेरी लड़की छह साल की थी तब इंडिया टुडे ने छापा था। वाह-वाह। अच्छा-अच्छा। लेकिन फिर दो साल बाद उल्टा-सीधा छाप दिया। भाग जाओ, तुम अख़बार वाले किसी के सगे नहीं। मैंने पैंतरा बदला। शादी के लिए बधाई दी। पीने को पानी माँगा। कुछ दूसरे नाते-रिश्तेदार भी आ गये। मैं घिरता जा रहा था। अकेला पड़ता जा रहा था। नौजवान चेहरे घूर रहे थे। उनमें कर्णीसिंह भी था। बूढ़ों के चेहरों पर सवाल-ही-सवाल थे। मेरे जवाब भारी-भारी पगड़ियों से टकरा कर लौट रहे थे। नज़र पड़ी धोती-कुर्तों-पगड़ियों के बीच पैंट शर्ट पहने एक शख़्स पर। उनसे मुखातिब हुआ कहा, "मेरी नीयत पर शक़ नहीं किया जाए। ये तो बहुत ही सकारात्मक पहल है।" तो साहब (बाद में पता चला कि स्कूल के प्राइमरी स्कूल के मास्टर हैं)। मास्टर साहब (नाम याद नहीं) ने सरपंच साहब को समझाया। वो कुछ पसीजे। "आइए अपने साथियों को भी बुला लीजिए। पँखे के आगे बैठिए खाना खाइए। लेकिन ख़बरदार कैमरा गाड़ी से मत निकालना।" हम दाल-बाटी चूरमा खा रहे थे। मिठाई भी। बातों का सिलसिला चल निकला। बूढ़े-बुज़ुर्गों से गाँव, रेत, ऊँट, पानी की

कमी, बिजली की स्थिति, धूल भरी आँधियाँ। यानी शादी को छोड़ सारे मुद्दों पर बात की। कुछ विश्वास जमा। पता चला कि बारात सिरोही ज़िले से आ रही है। शाम पाँच बजे तक पहुँचेगी। गाँव के बाहर स्कूल में ठहरेगी।

खाना खाया जा चुका था। एक छोटी-सी भीड़ ने हमें घेर रखा था। मैंने और राजेश सिन्हा ने सिगरेट सुलगायी और पीछे की तरफ़ निकल पड़े। मास्टर जी भी साथ थे। शामियाने के ठीक पीछे कुआँ था। झाँककर देखा। कुँआ ख़ास गहरा था। लेकिन पानी बहुत कम था। मास्टर जी ने बताया कि दो घंटे सुबह और दो घंटे शाम को इससे पानी निकल ही जाता है, लेकिन वो कुछ कहते-कहते रुक गये। सामने ईश्वरसिंह खड़े थे। हमने फिर झुककर अभिवादन किया। वो मुस्कराये। हमने कहा कि खाना बनाते कुछ शाट्स ले लें क्या? वो कुछ ना-नुकुर के बाद तैयार हो गये। अभी कैमरा रोल हुआ ही था कि अचानक कुछ लोग आ गये। कैमरा बन्द करने को कहा गया। सरपंच ने भी हाथ खड़े कर दिये। चेहरे तमतमाए हुए थे। मास्टरजी ने बीचबचाव की कोशिश की तो उन्हें बीच में नहीं पड़ने की सख़्त हिदायत दे दी गयी। मुझे लगा कि बस अब तो निकलना ही पड़ेगा। चलिए, सरपंचजी आपसे छोटी-सी बात कर लें। फिर हम चले जाएँगे। ईश्वर सिंह तैयार हो गये। मुझे कुछ हैरानी भी हुई। हाँ, तब तक राजेश सिन्हा भरपूर नोट्स ले चुके थे। उनकी ख़बर क़रीब-क़रीब बन गयी थी। यहाँ दो-चार शाट्स ही थे मेरे पास। ईश्वर सिंह का इंटरव्यू निर्णायक था। उन्हें भीड़ से हटा थोड़ी दूर ले गया। ये कहकर कि यहाँ धूप उल्टी पड़ रही है, बैक ग्राउंड ठीक नहीं है आदि-आदि। इंटरव्यू शुरू हुआ। इधर-उधर के सवाल पूछने के बाद मैंने सवाल दाग ही दिया। जो होगा देखा जाएगा। आपने लड़की को (जसवन्त कँवर) क्यों रखा। सरपंच भावुक हो गये, "दरअसल, जब बेटी हुई तो उससे चार दिन पहले ही मेरे पाँच साल के बेटे की मौत हुई थी। हुई तो इसकी माँ बोली कि गया बेटा लौट आया है जसवन्त कँवर के रूप में। मुझे भी कुछ ऐसा ही लगा।" बोलते-बोलते सँभले, सतर्क हुए। कैमरा बन्द करने और गाँव छोड़ देने का फरमान सुना दिया। 'बाइट' हिला देने वाली थी, साथ ही फरमान भी। हम कुछ देर खड़े रहे। आख़िर हमें निकलना ही पड़ा। स्कूल की तरफ़ बढ़े जहाँ जसवन्त कँवर पढ़ी थी। अब लड़के वालों का ही सहारा बचा था। चार बज रहे थे। स्टोरी के कुछ हिस्से पूरे करने थे। मास्टरजी को खोजा। उन्होंने बाइट दी कि स्कूल में लड़कियाँ हैं। लेकिन इनमें भाटी राजपूतों की लड़कियों की संख्या छः-सात ही है। जबकि लड़के पचास से ज़्यादा। हालाँकि मास्टरजी ने बताया कि जसवंत कँवर के ज़िन्दा बच निकलने के बाद कुछ अन्य भाटी राजपूतों ने भी लड़कियाँ रखीं। (उन्हें मारा नहीं) ये पोजिटिव एंगल था।

मास्टरजी के साथ गाँव में गये। शाट्स लिये। मास्टरजी की बेटी जसवन्त कँवर की हमउम्र थी। दोनों पक्की सहेलियाँ। उससे भी बाइट ली। इसी दौरान मास्टरजी ने कुएँ का रहस्य बताया। ''आप ईश्वर सिंह को कुएँ के पास बाइट के लिए ले गये थे। कहा जाता है कि पुराने ज़माने में इसी कुएँ में नवजात बच्चियों को डुबोकर मार दिया जाता था।'' मैं काँप रहा था। ये सिर्फ़ एक स्टोरी नहीं थी। नब्बे सेकेंड की। दो वॉयस ओवर, दो बाइट, एक पीटीसी वाली। ये उससे बड़ी थी। एक बड़ा सच। मेरे हाथ में गन माइक काँप रहा था। मुझे फिर ईश्वर सिंह की बाइट याद आयी। ''दरअसल, जब पैदा हुई उससे पहले ही मेरे पाँच साल के बेटे की.... बेटा लगा कि बेटी के रूप में लौट आया। इसलिए रख लिया।'' रख लिया, रख लिया, रख लिया... दिमाग़ चकरा रहा था। तभी एक कच्चे घर के कोने में एक बूढ़ी औरत दिखाई दी। वो दाई थी। उसके हाथों से ख़ून बह रहा था। उसके पैरों तले सैकड़ों बच्चियाँ चीत्कार रही थीं। ज़िन्दगी बख़्श देने की गुहार कर रही थीं। उसकी आँखों में मौत तैर रही थी। छोटी-छोटी मासूम बच्चियों की मौत। मैं सिहर उठा। ये क्या सोच रहा हूँ मैं। आख़िर दाई का क्या कसूर? इसने वही किया जो करने को कहा गया।

''विजयजी, क्या सोच रहे हो। जल्दी से बाइट लो। सूरज डूबने वाला है। फिर स्कूल भी तो जाना है, जहाँ बारात आने वाली होगी।'' कैमरामैन निखिल था। मैं सोच रहा था सूरज डूब रहा है या ईश्वर सिंह के घर पर लगे तोरण पर नज़र गयी, लगा नया सूरज उग रहा है। जैसे-तैसे दाई से बात की। कैमरा चुपचाप उसे बिना बताये रोल किया। तो थोड़ा-बहुत खुली। नवजात बच्चियों को मार डालने की परम्परा स्वीकारी। लेकिन तसल्ली थी कि जसवन्त कँवर बच गयी। मैंने जाते-जाते दाई की आँखों में झाँका। मुझे एक बच्ची हँसती हुई दिखाई दी।

गाँव के बाहर स्कूल। बारात पहुँच चुकी थी। कोई नहा रहा था। कोई दाढ़ी बनवा रहा था। कोई प्रेसवाले को डाँट रहा था। चाय-पकौड़ों के दौर चल रहे थे। दूल्हे के दोस्त मस्त थे। पिता थोड़ा झिझके। मैं झूठ बोला कि उनके समधी साहब से हम बात कर चुके हैं। उन्हें कोई ऐतराज नहीं। वो आश्वस्त हो गये। तैयार होते दूल्हे से मिलवाया। उसका घोड़ी पर बैठने के बाद इंटरव्यू लिया। शाम गहरा गयी थी। पेट्रोमैक्स जल उठे थे। 'आज मेरे यार की शादी है...संसार की शादी है...' बैंड वालों ने लड़कीवालों के यहाँ चलना शुरू किया। निखिल ख़ुश था। धड़ाधड़ शूट कर रहा था। हम धड़कते दिल से बारात के साथ जा रहे थे। सब कुछ ठीक चल रहा था। ईश्वर सिंह की हवेली के दरवाज़े पर बारात रुकी। सामने ईश्वर सिंह अपने रिश्तेदारों के साथ थे। मैं और राजेश सिन्हा ओट में चले गये। निखिल भी बच-बचाकर शाट्स ले रहा था। मैंने निखिल से कहा था कि दूल्हे का तोरण मारने

वाला शॉट बहुत ज़रूरी है। ये पूरी स्टोरी की जान होगा। पचास सालों में पहली बार तोरण मारा गया। बस यहीं हम मात खा गये। दूल्हा तोरण मारने की तैयारी कर रहा था। निखिल कुछ आगे आ गया। ...सरपंच की नज़र पड़ गयी। वो कुछ बोले तब तक दूल्हा तोरण मार चुका था, कैमरे में क़ैद हो चुका था। फिर कुछ फुसफुसाहट हुई। बारात अन्दर चली गयी। हवेली का मुख्य दरवाज़ा बन्द हो गया। हमारे ऊपर कुछ राजपूत लड़के नज़र रखने लगे। 'अन्दर नहीं जा सकते। सुबह कहा था कि वापस चले जाओ। जाओ नहीं तो तोड़ देंगे कैमरा-वैमरा।' धमकी भारी थी। हम अँधेरे में खड़ी सूमो के पास सरक लिये। वहाँ एक कोने में एक कटोरी पड़ी थी। कर्णीसिंह उसे उतारना भूल गया था।

हवेली में बारात। शोर। बाहर अँधेरे कोने में सिगरेट पीते मैं और राजेश सिन्हा। बीच-बीच में एक-आध कुत्ता भौंकने लगता। राजपूत लड़के हमें फिर धमका देते। "चलो चलते हैं। रात के दस बज रहे हैं। अब दारू पी चुके हैं लोग। इतना मारेंगे कि..." ये निखिल की व्यावहारिक राय थी। मैं सहमत नहीं था। मास्टरजी की बेटी सामने के घर से निकलती दिखी। उसने बताया कि उसी घर में दुल्हन है। वहीं फेरे होंगे। मैंने गुहार की, उसने कहा सवाल ही नहीं उठता दुल्हन की तस्वीर का। मैंने रेकी की। उस घर का चक्कर लगाया। कहीं कोई दूसरा दरवाज़ा नहीं था। निखिल अब उबल रहा था। राजेश सिन्हा का काम हो चुका था। वो ख़बर फाइल करने के लिए उतावला था। और मैं दुल्हन की एक तस्वीर के लिए फोटोग्राफर को पटाने में लगा था।

ड्राइवर सो रहा था। निखिल ऊँघ रहा था। राजेश सिन्हा कह रहा था, "देख विजय, तुझे अब भी चांस लगता है तो रुकें, नहीं तो चलें। अँधेरे में खड़ी सूमो के अन्दर का ये नजारा था। मैं फैसला नहीं ले पा रहा था। पूरी रात, पूरा दिन सोया नहीं था। फिर भी नींद उड़ी हुई थी। वैसे तो स्टोरी लगभग पूरी हो चुकी थी। क्या हुआ जो दुल्हन-दूल्हा के फेरों के शाट्स नहीं मिले... सम्भव ही नहीं है तो क्या करें। सब कुछ आजमा कर देख लिया। इससे ज़्यादा मैं कर ही क्या सकता हूँ। मैं ख़ुद को सँभालने में लगा था। तभी रोशनी पड़ी। सामने से एक गाड़ी आ रही थी। गाड़ी रुकी। कुछ लोग उतरे। हवेली की तरफ़ बढ़े। दरवाज़ा खुला। ईश्वर सिंह और कुछ लोग बाहर क़िले। तभी सामने की गाड़ी से एक शख़्स उतरा। लम्बा-चौड़ा। साढ़े छह फुट लम्बा, मोटा चेहरा, भारी मूँछ। सर पर पीले रंग की पगड़ी। कालवी पगड़ी। मैं और राजेश सिन्हा सूमो से उतरे और कालवीजी, कालवीजी, कालवीजी चिल्लाते हुए दौड़ने लगे।

लोकेन्द्र सिंह कालवी... राजस्थान के बड़े राजपूत नेता कल्याणसिंह कालवी के बेटे। राजनीति में सक्रिय सामाजिक न्याय मंच बनाया था। सवर्ण जातियों के

आरक्षण के लिए लड़ रहे थे कालवी और देवीसिंह भाटी। प्रेस ने उनके मुद्दे का पूरा साथ दिया था। इसमें 'आज तक' और 'इंडियन एक्सप्रेस' भी शरीक था। यानी मैं और राजेश सिन्हा। लोकेन्द्र सिंह कालवी चौंक पड़े, "अरे आप लोग यहाँ... विजय भाई, सिन्हा साहब... कैसे?" "स्टोरी कवर करने आये थे।" "मुझे बता देते" "हमें क्या पता था कि आप आएँगे यहाँ।" "मैं क्या, देवीसिंह भाटी भी आने वाले थे... कालवीजी ने ईश्वर सिंह से कहा।" अरे ईश्वर सिंह जी, ये हमारे दोस्त हैं। विश्वास के हैं। इन्होंने आरक्षण मुद्दे पर पूरा साथ दिया। आपके गाँव के बेरोज़गार राजपूत छोरों को भी आरक्षण मिलता तो नौकरी लगती। लड़ाई ज़ारी है।

हम ससम्मान हवेली के अन्दर थे। निखिल रोशनी में 'व्हाइट बैलेंस' कर रहा था। बारात जीम रही थी। हमारे सामने स्टील के गिलासों में शराब थी। मैंने हवेली की छत पर चढ़कर आराम से पीटीसी की जहाँ से पूरी बारात दिख रही थी। दूल्हा-दुल्हन के फेरे सामने के घर में चल रहे थे। कालवी जी के कहने के बावजूद ईश्वर सिंह तैयार नहीं हुए। फिर कहा तो वह शर्त पर तैयार हुए कि सिर्फ़ कैमरामैन जाएगा और दुल्हन से कोई बात नहीं की जाएगी। मैंने कहा 'डन' और पूरा गिलास एक झटके में ख़ाली कर दिया। इसी बीच कालवीजी ने ही बताया कि पचास साल बाद पहली बारात की बात गलत है। दरअसल, एक सौ दस साल बाद पहली बारात आयी है देवड़ा गाँव में। उन्होंने गजट के, पिताजी और कुछ बुज़ुर्गों का हवाला दिया।

मैंने देखा राजेश सिन्हा डायरी में 50 को काटकर लिख रहा था 110 साल। ख़बर और ज़्यादा बड़ी हो गयी थी। खाना खाते-खाते मैं सोच रहा था कि कैसेट अब कितनी जल्दी दिल्ली पहुँच सकती है। उस समय आज की तरह न तो ओबी वैन थी, न दफ़्तर से फुटेज भेजने की टू एम वी लाइन या 'वी' सेट या और नहीं एफ टी पी से फीड भेजने की कोई सुविधा थी। 1998 में ये हाल था और दस साल बाद आप चाहो, तो अपने लैपटॉप से कहीं से भी फीड भेज दो। अपने मोबाइल के कैमरे पर शूट करो और सेंड कर दो। कितनी आसान है अब टीवी पत्रकारिता, लेकिन ख़बरों का स्तर, स्टोरी के लिए मेहनत... ख़ैर, इस पर बहस कभी फिर।

रात एक बजे देवड़ा से निकले। ड्राइवर को सिगरेट पिलाते, चाय पिलाते सुबह छः बजे जोधपुर पहुँचे। पता चला कि वहाँ से कैसेट भेजने का कोई, जुगाड़ नहीं है कि कैसेट उसी दिन दिल्ली पहुँच सके। शाम को जयपुर पहुँचे। कैसेट दिल्ली जा रही डीलक्स बस के ड्राइवर को थमाया। बस का नम्बर, ड्राइवर का नाम और बस कितने बजे दिल्ली बीकानेर हाउस पहुँचेगी, जैसी जानकारी दिल्ली एसाइनमेंट डेस्क को दी। ख़बर दूसरी हैडलाइन थी। क़रीब ढाई मिनट की ख़बर

लगी, जिसे करने में ढाई दिन लगे और ढाई हज़ार पापड़ बेलने पड़े।

इसके बाद भी देवड़ा स्टोरी छोड़ी नहीं। विमल भाटिया को मैंने जैसलमेर में स्ट्रिंगर रख लिया। आज भी है। जसवन्त कँवर पहले रक्षाबन्धन पर देवड़ा अपने मायके आयी तो हमने स्टोरी करवायी। अब तो उसके भी लड़की हुई है जो छः-सात साल की है। अब तो देवड़ा गाँव के ज़्यादातर भाटी राजपूत बेटियों को रखने लगे हैं। कई साल बाद (2002 में) मैं फिर देवड़ा गया था। ईश्वरसिंह सरपंच जी ने बड़ी आवभगत की। स्टोरी की रिकार्डिंग भी दिखायी। बहुत ख़ुश थे। बेटी और नाती की तस्वीरें दिखायीं। स्कूल गया तो वहाँ बहुत-सी राजपूत बच्चियाँ पढ़ रही थीं। चहक रही थीं। मास्टरजी का कहीं दूसरी जगह ट्रांसफर हो चुका था। दाई की मौत हो चुकी थी। गाँव का चक्कर लगाने के बाद ईश्वरसिंह के घर गया। विदा लेने लगा तो उस कुएँ पर नज़र पड़ी। वही... की बाइट फिर याद आयी... बेटी को रख लिया। बेटी को रख लिया। पता चला कि कुएँ को स्थायी तौर पर बन्द कर दिया गया है। गाड़ी स्कूल के आगे से निकली तो पेड़ तले पढ़ रहे बच्चों ने हाथ हिलाए। इनमें उन बच्चियों की नन्हीं-नन्हीं हथेलियाँ भी थीं जो...

ताजा जानकारी ये है कि ईश्वरसिंह के भाई पन्ने सिंह ने भी अपनी बेटी को मरने नहीं दिया था, जो जसवन्त कँवर की शादी के पाँच-छः साल पहले पैदा हुई थी। अब पन्ने सिंह की बेटी की शादी इस साल के अन्त में होने की उम्मीद है।

मुम्बई हमले का मिनिट टु मिनिट ब्यौरा

जितेन्द्र दीक्षित

(इस अनुभव को लिखने के पीछे मेरा सबसे प्रमुख मकसद यही है कि मुम्बई के आतंकी हमले को कवर करते वक़्त मैंने जो सीखा, जो अनुभव किया, जो ग़लतियाँ कीं, जो सोचा उसका .फ़ायदा नयी पीढ़ी के टीवी पत्रकारों को मिल सके। मानो या न मानो, लेकिन ये एक कड़वा सच है कि आतंकवाद धीरे-धीरे पूरी दुनिया पर हावी हो रहा है और आने वाले दिनों में इस जैसे या इससे भी खतरनाक आतंकी हमलों का सामना हमें करना पड़ सकता है। मुझे उम्मीद है कि जो टीवी पत्रकार इस आलेख को पढ़ेंगे वे इस तरह के हमलों की बेहतर ढंग से, सुरक्षित रहते हुए, भुक्तभोगियों की भावनाओं का सामना करते हुए और सुरक्षा एजेंसियों के साथ बेहतर तालमेल स्थापित कर विश्वसनीय तरीके से रिपोर्टिंग कर सकेंगे।

आम पाठकों के लिए इस आलेख के माध्यम से यही पैगाम है कि घर में बैठकर रिमोट का बटन दबाकर चैनल बदलना और टीवी पत्रकारों की निन्दा करना आसान है, लेकिन कई बार उन्हीं के लिए तस्वीरें जुटाने की ख़ातिर टीवी पत्रकारों को अपनी जान दाँव पर लगानी पड़ती है... टीआरपी जान से बढ़कर तो नहीं होती।)

26 नवम्बर की काली रात

26 नवम्बर की रात करीब 9.30 बजे होंगे। मैंने मोहम्मदअली रोड से सीएसटी रेलवे स्टेशन के सामने प्रेस क्लब में अपने एक सूत्र से मुलाकात करने के लिए टैक्सी पकड़ी। टैक्सी कुछ ही मीटर आगे बढ़ी होगी कि तभी एक खबरी का फोन आया— कोलाबा के लिओपोल्ड कैफे में फायरिंग चल रही है। लगता है कि किन्हीं ग्रुप्स में झगड़ा हुआ है, जिसके बाद दो लोग सब पर फायरिंग कर रहे हैं। अब तक 100 राउंड फायर हो चुके हैं।

100 राउंड फायर की बात सुनकर मेरा माथा ठनका। आमतौर पर मुम्बई मैं गैंगवार के चलते हुए शूटआउट्स में भी इतनी गोलियाँ नहीं चलतीं। मामला गैंगवार का नहीं लगता। मैंने तुरन्त दफ़्तर में फोन करके ओबी वैन और एक रिपोर्टर को

लिओपोल्ड कैफे की ओर रवाना करने को कहा और टैक्सीवाले को भी वहीं चलने का निर्देश दिया।

ख़बर को कन्फर्म करने के लिए मैं स्थानीय डीसीपी विश्वास नागरे पाटिल को फोन लगाने लगा, लेकिन उनसे सम्पर्क नहीं हो पा रहा था। टैक्सी जब क्रॉफर्ड मार्केट के पास एमआरए मार्ग पुलिस थाने के पास पहुँची, तो मैंने देखा कि कई हथियारबन्द पुलिसकर्मी दौड़ते हुए एक वैन में बैठ रहे हैं। मुझे लगा कि शायद इन्हें भी कोलाबा की फायरिंग वाले मामले के लिए भेजा जा रहा है।

एमआरए मार्ग से कुछ मीटर आगे ही सीएसटी रेल स्टेशन था... मुझे वहाँ से पटाखों की आवाज़ सुनाई देने लगी। जैसे-जैसे टैक्सी आगे बढ़ी ये आवाज़ भी तेज़ होने लगी। जैसे ही मैं सीएसटी के मुख्य दरवाज़े के पास से गुज़रा, तो वहाँ का मंजर देख कर दंग रह गया। सैकड़ों लोग बेतहाशा भाग रहे थे। कुछ सड़क किनारे लेटे हुए थे। चीख़ पुकार मची थी। समझ में आ गया कि पटाखों की आवाज़ दरअसल फायरिंग की आवाज़ थी। उसी वक़्त एक दोस्त ने फोन करके बताया कि नरीमन प्वाइंट पर होटल ओबरॉय में भी फायरिंग हो रही है। मेरा शक़ पुख़्ता हो गया था। मुम्बई शहर पर आतंकियों ने हमला किया है और आतंकी भीड़भाड़ वाले और शहर के अहम ठिकानों को अपना निशाना बना रहे हैं।

रीगल सिनेमा से लिओपोल्ड कैफे की तरफ़ जानेवाली सड़क पूरी तरह जाम थी। इसलिए मैंने टैक्सी रीगल सिनेमा के पास ही छोड़ दी और लिओपोल्ड कैफे की ओर पैदल दौड़ पड़ा। लिओपोल्ड के बाहर हाहाकार मचा हुआ था। कैफे के बाहर काफ़ी भीड़ जमा थी। सड़क पर ख़ून-ही-ख़ून था। लोगों के चप्पल-जूते पड़े हुए थे। कुछ लोग रो रहे थे, तो कुछ सरकार और पुलिस को गालियाँ दे रहे थे। कुछ लोग लाशें और घायलों को निकाल रहे थे। कैफे के अन्दर का मंजर और भी भयानक था। फ़र्श पर ख़ून से सने ख़ाली कारतूस पड़े हुए थे। टेबल-कुर्सियाँ, शराब और कोल्ड ड्रिंक की बोतलें और प्लेटें यहाँ-वहाँ बिखरी पड़ी थीं। दीवारों पर गोलियों के निशान थे। इस लिओपोल्ड कैफे में एक बार पहले भी अपने कुछ दोस्तों के साथ आ चुका था। बड़ी रौनक हुआ करती थी यहाँ, लेकिन उस वक़्त का मंजर देखकर यक़ीन नहीं हुआ कि ये वही लिओपोल्ड कैफे है।

इस दौरान मेरा रिपोर्टर सचिन भिंडे और कैमरामैन वहाँ पहुँच चुके थे। पहले मैंने वहाँ मौजूद कुछ चश्मदीदों से बात की और पूछा कि क्या वो आँखों देखी हमारे कैमरे पर बता सकेंगे। उनकी मंजूरी के बाद हमने उनकी बाइट्स ली और साथ ही एक वाक थ्रू के जरिये वहाँ का हाल बयाँ किया। चश्मदीदों ने बताया कि हमला करनेवाले दो लोग थे, जिनकी उम्र 22-23 साल के करीब होगी। उनके पास बैग थे और दोनों ही एके-47 जैसे दिखनेवाले हथियारों से फायरिंग कर रहे थे। वो

ख़ासकर गोरे पर्यटकों को अपना निशाना बना रहे थे। फायरिंग करने के बाद दोनों शूटर ताज होटल की ओर भागे।

ताज होटल की ओर भागे हैं... मतलब कि वहाँ भी दोनों इसी तरह का कत्लेआम कर रहे होंगे। मैं भी अपने कैमरामैन के साथ ताज की तरफ़ दौड़ा जो कि लिओपोल्ड कैफे के पिछवाड़े की गली में ही है। ओबी वैन को भी मैंने ताज की ओर ही लगाने को कहा, क्योंकि अब तक जो कुछ भी शूट किया गया था, उसे नोएडा अपलिंक भी करना था। पुराने ताज के अपोलो बन्दर की तरफ़ वाले कोने पर मुझे अपनी ओबी वैन खड़ी मिली। मैंने तुरन्त ओबी वैन पर अपना टेप दिया और कैमरामैन के साथ ताज टॉवर के मेन गेट की तरफ़ भागा। मेन गेट के बाहर सन्नाटा था। न तो वहाँ हमेशा मौजूद रहने वाले सिख दरबान थे और न ही किसी तरह की चहल-पहल थी। मुझे आशंका थी कि अगर आतंकवादी यहाँ पहुँचे होते, तो यहाँ भी लिओपोल्ड कैफे या सीएसटी की तरह कोहराम मचा होता, लोग भाग दौड़ रहे होते... लेकिन यहाँ तो बिल्कुल शान्ति थी। मेन गेट के बाहर कुछ दूरी पर एक पुलिस वैन ज़रूर खड़ी थी। जिसमें से लगातार वायरलैस की बातचीत सुनाई दे रही थी। यहाँ आतंकी हमला हुआ है या नहीं इसी उधेड़बुन में मैंने ताज टॉवर के मेनगेट का काँच का दरवाज़ा खोला और दरवाज़ा खोलते ही मेरे होश उड़ गये। होटल का रिसेप्शन एरिया ख़ून से सना था। हर ओर लाशें-ही-लाशें पड़ी थीं। पुराने ताज को नये ताज से जोड़ने वाले गलियारे में भी 2 लाशें पड़ी थीं। नीचे मारे जानेवालों में तीन लोग होटल के कर्मचारी ही थे। जिन्होंने सफ़ेद रंग की यूनीफॉर्म पहन रखी थी। इसके अलावा कुछ विदेशी मेहमानों के शव पड़े थे। साफ हो गया कि ये उन्हीं आतंकियों की करतूत हैं। मैंने तुरन्त अपने कैमरामैन को कहा, "रोल करना शुरू करो।" पर कैमरामैन ने कहा कि अब उसके पास टेप नहीं है। जल्दबाजी में वो दफ़्तर से एक ही टेप लेकर निकला था, जिसे हम लिओपोल्ड कैफे की वारदात को शूट करने के बाद ताज के दूसरे कोने पर खड़ी ओबी वैन पर छोड़ आये थे। मैंने कैमरामैन और सचिन भिंडे को कहा कि वे दोनों मेन गेट के बाहर ही रुकें मैं टेप लेकर आता हूँ। इसी बीच मुझे कई फोन आये। उसमें चश्मदीदों के अलावा परिचित पुलिस वालों के भी फोन थे। उनसे मुझे पता चला कि सीएसटी के आसपास और होटल ओबरॉय की ओर भी फायरिंग हो रही है।

ओबी से टेप लेकर मैं ताज की पुरानी बिल्डिंग के किनारे-किनारे दौड़कर वापस लौट ही रहा था कि अचानक मेरे पीछे एक जोरदार धमाके की आवाज़ आयी। आतंकियों ने इमारत की ऊपरी मंज़िल से मेरी ओर हथगोला फेंका था। मैं थोड़ी और तेज़ रफ़्तार से आगे भागा। लेकिन पाँच से छह सेकेंड में भीतर उन्होंने फिर एक हथगोला फेंका और इसी के साथ तीन राउंड फायर की आवाज़ भी सुनाई

दी। हालाँकि हथगोले के छर्रे मुझे नहीं लगे, लेकिन उनके विस्फोट से पैदा होने वाली गर्मी मेरी पीठ ने महसूस की। मेरे लिए ये उस रात का सबसे डरावना वाकया था। मैं शायद आतंकियों का निशाना बनने से बाल-बाल बचा था। ख़ैर तभी मुझे नोएडा स्टूडियो से फोन आया और पूरी मुम्बई में हो रही फायरिंग की वारदातों पर फोनो देने को कहा गया। काम के दबाव के आगे डर, दुख और ग़ुस्से जैसे भाव अपने आप ही दब गये। दिमाग़ में बस एक ही बात थी कि शहर में एक बड़ी घटना हुई है और एक बड़े व्यवसायी की तरह इसके कवरेज में पूरी जान लगा देनी है और सबसे बेहतर कवरेज करना है। मुम्बई का ब्यूरो चीफ होने के नाते मेरे ऊपर दोहरी जिम्मेदारी थी। मुझे न केवल ताज में हुए आतंकी हमले की रिपोर्टिंग करनी थी, बल्कि साथ-साथ अपने सारे रिपोर्टरों को भी कॉर्डिनेट करना था। सभी रिपोर्टरों, को तुरन्त वापस ड्यूटी पर आने के लिए कहा गया। वैसे ज़्यादातर रिपोर्टर जो कि दफ़्तर से घर के रास्ते में थे, हमले की ख़बर सुनते ही ख़ुद-ब-ख़ुद वापस दफ़्तर की ओर लौट पड़े। ब्यूरो के कोर्डिनेशन में मुझे एसाइनमेंट डेस्क के सहयोगी राजेश कुमार का काफ़ी सहयोग मिला। वे लगातार सभी रिपोर्टरों के सम्पर्क में थे।

मैं टेप लेकर वापस ताज टॉवर के मेन गेट पर पहुँचा। तब तक एक और बड़ी पुलिसवैन क़रीब 20 पुलिसकर्मियों के साथ वहाँ पहुँच गयी थी और उन पुलिसकर्मियों ने हमारे कैमरामैन को वहाँ से दूर हटा दिया। इस दौरान वहाँ कुछ प्रिंट मीडिया के फोटोग्राफर और दूसरे चैनलों की टीमें भी पहुँच चुकी थीं। कुछ एम्बुलेंस भी वहाँ पहुँच चुकी थीं। हम होटल के मेनगेट से दूर पार्किंग से घायलों और शवों को बाहर निकालने की तस्वीरें शूट करने लगे। अचानक पुराने ताज के दक्षिणी-पश्चिमी छोर से फिर एक बार हथगोले की आवाज़ आयी। ये हथगोला हमारी ओबी वैन की तरफ़ फेंका गया था, जो कि वैन से 10 मीटर की दूरी पर जाकर फटा। मैं वैन की तरफ़ दौड़ा। वैन के बाहर ड्राइवर और ओबी इंजीनियर दहशत के मारे काँप रहे थे, "साहब उन्होंने इस तरफ़ भी एक बम फेंका है।" मैंने उन्हें कहा कि वे ओबी वैन से फिलहाल दूर खड़े रहें और जब भी कोई रिपोर्टर टेप लेकर अपलिंक के लिए आये, तब ही ओबी के नजदीक आएँ। इस बीच ख़बर आयी मुम्बई बन्दरगाह के पास वाडी बन्दर में एक टैक्सी में बम धमाका हुआ है, जिसमें तीन लोग मारे गये और दस लोग घायल हो गये हैं। कुछ ही देर में फिर एक ख़बर आयी कि विले पार्ले में भी इसी तरह एक टैक्सी में बम फटा है। मैंने दोनों जगहों पर कवरेज के लिए रिपोर्टर रवाना किये।

मैंने चैनल पर फोनो दिया, "अब लगभग ये साफ़ हो चुका है कि मुम्बई शहर पर आतंकवादियों ने शहर के भीड़भरे ठिकानों को अपना निशाना बनाया है। सीएसटी रेल स्टेशन, कामा अस्पताल और ओबेरॉय होटल में फायरिंग की ख़बरें

आ रही हैं। शहर के विलेपार्ले और वाडी बन्दर इलाक़े से बम धमाके की ख़बरें आयी हैं। मैं ख़ुद इस वक़्त ताज होटल के बाहर मौजूद हूँ। लिओपोल्ड कैफे में फायरिंग करने के बाद दो आतंकी इस होटल में दाखिल हुए हैं। होटल के भीतर भी उन्होंने फायरिंग की है और क़रीब आधा दर्जन लोगों को मैंने ख़ून से लथपथ हालत में होटल के रिसेप्शन एरिया में पड़े देखा है। कुल कितने लोग मारे गये हैं, यह फिलहाल नहीं कहा जा सकता। आतंकी अभी भी होटल में मौजूद हैं और रुक-रुककर फायरिंग और हथगोले फेंके जाने की आवाज़ें सुनाई दे रही हैं। पुलिस की टीम यहाँ पर पहुँच गयी और घायलों को बाहर निकाले जाने का काम भी शुरू हो चुका है।''

अचानक वहाँ मुम्बई पुलिस के बम दस्ते की टीम पहुँची। टीम खोजी कुत्ते के साथ आसपास के इलाके का मुआयना करने लगी। हम ताज के सामने उस जगह खड़े थे, जहाँ कबूतर दाना चुगते हैं। उसके ठीक बगल में एक पेड़ था। पुलिस का कुत्ता आसपास के वाहनों और झाड़ियों को सूँघता हुआ वहाँ भी आया। पेड़ के पास एक काली थैली रखी हुई थी। कुत्ता वहाँ दो बार भौंका और बैठ गया। कुत्ते की इस हरकत को देखते ही बम दस्ते के सदस्य अलर्ट हो गये। कुत्ते ने सन्देश दिया था कि थैली में बम है। तुरन्त ही हमें उस जगह से भी हटाया गया और इलाके की घेरबन्दी कर ली गयी। दस्ते ने बम को नाकाम करने का काम शुरू कर दिया। आतंकवादियों ने काफ़ी सोच समझ कर अपनी रणनीति बनायी थी। वे ये जानते थे कि ताज पर कब्ज़ा करने के बाद पुलिसकर्मी पूरे होटल को घेर लेंगे। उन्हें ख़त्म करने के लिए आतंकियों ने ताज में घुसने के पहले ही वहाँ टाइमर लगा बम रख छोड़ा था।

मैं ठीक बम की बगल में खड़ा था, इसकी गम्भीरता का अन्दाजा मुझे लगातार आनेवाले फोन कॉल्स और तस्वीरें शूट करने के दबाव की वजह से तब नहीं लग पाया था। आधे घंटे के भीतर मैं दूसरी बार मौत के क़रीब से गुज़रा था। बम अगर फटता तो हमारे शरीर के चिथड़े उड़ जाते। कुछ देर में बम तो नाकाम कर लिया गया, लेकिन एक सवाल मेरे मन में कौंधा कि आतंकी जब पीछे के दरवाज़े से ताज में दाखिल हुए, तब फिर ताज के मेन गेट के बाहर की ओर बम किसने रखा? इस सवाल का जवाब मुझे अगले दिन ही मिल पाया।

बहरहाल, होटल के बाहर पुलिस की मौजूदगी धीरे-धीरे बढ़ती जा रही थी। मेरा अन्देशा था कि कुछ ही देर में पुलिस की घेरबन्दी के दायरे में हमारी ओबी वैन भी आ जाएगी। ऐसे में टेप लेकर ओबी वैन तक पहुँचना मुश्किल हो जाएगा। मैंने तय किया कि ओबी वैन को ऐसी जगह खड़ा किया जाए, जो कि घटनास्थल से न तो ज़्यादा दूर हो और न ही ज़्यादा क़रीब। ऐसी जगह नज़र आयी गेटवे ऑफ

इंडिया। हमने ओबी वैन को तुरन्त गेटवे ऑफ इंडिया की ओर लगाने को कहा। ये फैसला कितना सही था, इसका अहसास कुछ देर में ही हमें हो गया। आतंकी ताज की ऊपरी मंज़िल की ओर पहुँच चुके थे और वहाँ से नीचे हथगोले उसी ओर फेंक रहे थे, जहाँ कुछ देर पहले हमारी ओबी वैन खड़ी थी। पुलिस ने उस इलाक़े को पूरी तरह से घेर लिया था। रिपोर्टर का वहाँ टेप लेकर जा पाना आसान न होता। दूसरी ओर गेटवे ऑफ इंडिया के बगल में जहाँ हमने ओबी वैन खड़ी की थी, वहाँ से हम केबल बिछाकर वाइड फ्रेम में पूरे होटल का लाइव आउटपुट दे सकते थे। हमारी देखादेखी कुछ और चैनलों ने भी अपनी ओबी वैन वहीं लगवा दी। फोटोग्राफरों की टोली भी उसी ओर पहुँच गयी।

वक़्त बीतता जा रहा था। हमें उम्मीद थी कि शायद कुछ देर में ही मुम्बई पुलिस कमांडो एक्शन के जरिये होटल को आतंकवादियों से मुक्त करा लेगी। लगातार फोन पर सारे रिपोर्टरों से सम्पर्क में रहने, लाइव चैट में व्यस्त रहने और थोड़ी-थोड़ी देर पर वाकथ्रू के जरिये अपडेट देने के कारण वक़्त का ख़याल ही नहीं रहा।

रिपोर्टर गणेश ठाकुर, जो कि सीएसटी पर फायरिंग कवर कर रहा था, एक टेप लेकर ताज होटल के पास ओबी वैन पर पहुँचा। उस टेप में जो तस्वीरें थीं, उन्हें नोएडा अपलिंक करना था। गणेश ने बताया कि सीएसटी पर बड़ा बुरा हाल है। आतंकवादियों ने पहले मेल एक्सप्रेस ट्रेनों के प्लेटफॉर्म की ओर गोलियाँ बरसायीं और फिर लोकल ट्रेन के प्लेटफॉर्म की ओर आगे बढ़े। गणेश और उसका कैमरामैन भूपेन्द्र हिम्मत जुटाकर लोकल ट्रेन के प्लेटफॉर्म के पुल से फायरिंग की वजह से हो रही भगदड़ को शूट कर रहे थे, लेकिन अचानक चन्द गोलियाँ उनके ऊपर लटक रहे इंडिकेटर को जाकर लगीं और उससे चिनगारियाँ निकलीं, जिनकी वजह से हड़बड़ा कर भूपेन्द्र के हाथ से कैमरा छूट गया। दोनों आतंकवादी उन्हीं की ओर बढ़ रहे थे। गणेश ने तुरन्त वहाँ से निकल जाना ही बेहतर समझा और स्टेशन के सामने अंजुमन-ए-इस्लाम स्कूल के बाहर से शूट करना शुरू किया।

मैं गणेश ठाकुर से सीएसटी का हाल सुन ही रहा था कि इस बीच बॉम्बे अस्पताल से एक डॉक्टर दोस्त का फोन आया, "जीतेन्द्र, सुनो, कोल्हापुर का कोई पूर्व पुलिस कमिश्नर था कामत, वो गोली लगने की वजह से मारा गया है।"

"कामत नहीं, वो तो कामटे हैं... अशोक कामटे जो कि फिलहाल मुम्बई में बतौर एडिशनल कमिश्नर तैनात हैं... लेकिन क्या वो वाकई मारे गये हैं?"

"हाँ यार... सही में, मेरे सामने उनकी बॉडी पड़ी है। सिर में गोली लगी है उनको।"

इस ख़बर को सुनकर मेरा दिल बैठ गया। कामटे मुम्बई पुलिस के बेहतरीन

अफ़सरों में से एक थे। आख़िरी बार मैंने उन्हें बान्द्रा की अदालत के सामने एमएनएस के उपद्रवी कार्यकर्ताओं पर आँसू गैस के गोले छोड़ते हुए देखा था, जो कि राज ठाकरे की गिरफ्तारी के बाद हंगामा कर रहे थे। मैंने भारी मन से ये ख़बर नोएडा में असाइनमेंट डेस्क को बतायी और फोनो दिया। मैं कामटे के बारे में सोच ही रहा था कि तभी रिपोर्टर मयंक का फोन आया, "जीतू भाई, सालस्कर साब को भी गोली लगने की ख़बर आयी है। ये भी बताया जा रहा है कि एटीएस चीफ हेमन्त करकरे भी मारे गये।"

"क्या बात कर रहे हो। आतंकवादी इतने ताकतवर हैं कि उन्होंने शहर के आतंकवाद विरोधी दस्ते के प्रमुख को ही मार डाला। मुझे यक़ीन नहीं हो रहा। ये बहुत बड़ी ख़बर है और क्रॉस चेक करो ख़बर को। तब ही इसे उतारेंगे।"

कुछ देर में ही मयंक का फिर फोन आया, "जीतू भाई, ख़बर कन्फर्म है। करकरे सर मारे जा चुके हैं और सालस्कर साहब भी नहीं रहे। मैंने नोएडा को बता दिया है।"

ये ख़बर मेरे लिए बिजली गिरने की तरह थी। कुछ देर के लिए मैं सन्न रह गया। यक़ीन ही नहीं हो रहा था कि कुछ ही पलों में मुम्बई पुलिस के तीन बड़े अफ़सर ख़त्म हो गये। सालस्कर से आख़िरी मुलाक़ात की वो तस्वीर मेरी आँखों के सामने से नहीं हट रही थी, जब इसी साल 3 मई को वे मेरी शादी के रिसेप्शन में आये थे। रिसेप्शन ख़त्म होने को था। सारे मेहमान जा चुके थे। अचानक वहाँ सालस्कर पसीने से तरबतर होकर हाथ में एक गुलदस्ता लिए पहुँचे, "जीतेन्द्र, सॉरी यार मुझे लेट हो गया। मैं काम में काफ़ी फँस गया था और आज राज ठाकरे की रैली की वजह से ट्रैफिक भी था।" सालस्कर ने कहा कि उन्हें खाना खाने का मन नहीं है। एक प्लेट आइसक्रीम खाकर वे निकल गये थे। मेरी शादी के अलबम में सबसे आख़िरी फोटो सालस्कर के साथ ही था। सालस्कर की मौत की ख़बर सुनते ही बार-बार वही तस्वीरें मेरी आँखों के सामने आ रही थीं। 60 से ज़्यादा गैंगस्टरों को अपनी गोलियों से ख़त्म करने वाले सालस्कर का ऐसा अन्त होगा, ऐसा किसी को भी अन्दाज़ा न था। अफसोस हो रहा था। लेकिन जैसा कि पहले मैंने बताया, काम के दबाव ने सारी भावनाओं को भी दबा दिया था।

हेमन्त करकरे, विजय सालस्कर और अशोक कामटे की मौत की ख़बर सुनकर पहली बार ठीक-ठीक ये अन्दाजा लग पाया कि ये हमला कितना बड़ा है, आतंकवादी कितने प्रशिक्षित हैं और उनके पास कितने ख़तरनाक हथियार हैं। हम ताज महल होटल के सामने करीब 150 मीटर की दूरी पर खड़े थे, लेकिन सुरक्षित नहीं थे। रुक-रुककर गोलियाँ चलने और हथगोले फेंके जाने की आवाज़ें सुनाई दे रही थीं। आतंकवादियों की ओर से एके 47 राइफलों का इस्तेमाल किया जा रहा

था और हम उनके दायरे में थे। एके-47 से 7.62 एमएम की गोलियाँ निकलती हैं और 300 मीटर तक की दूरी के टार्गेट को वे निशाना बना सकती हैं। एके-47 में एक मिनट में 600 राउंड तक फायर करने की क़ाबिलियत है। अचानक कुछ गोलियाँ मीडियावालों की ओर चलाई गयीं। कुछ टीवी पत्रकार कैमरे पर माउंट लाइट जलाकर वाक थ्रू कर रहे थे। रोशनी को देखकर आतंकियों ने उस ओर फ़ायर किया था। खुशनसीबी से किसी को गोली नहीं लगी। तुरन्त ही पुलिस ने सभी टीवी पत्रकारों को कैमरे की लाइट्स बन्द करने को कहा और फोटोग्राफरों को निर्देश दिया कि वे कैमरे के फ्लैश का इस्तेमाल न करें। फिर मौत एक बार क़रीब से निकल गयी थी। इस बीच फिर मयंक का फोन आया। उसने हाँफते हुए बताया कि मेट्रो जंक्शन के पास फायरिंग हुई है। उसके ठीक बगल में अरुण चित्ते नाम का एक पुलिसकर्मी लोगों से दूर जाने को कह रहा था, तभी एक क्वालिस जीप में सवार होकर दो आतंकी आये और फायरिंग करने लगे। मंयक की बगल में खड़े चित्ते को तीन गोलियाँ लगीं और उन्होंने मौक़े पर ही दम तोड़ दिया। मयंक इस फायरिंग में बाल-बाल बचा था। ई टीवी के कैमरामैन अनिल निर्मल की बायीं हाथ की बीच की उँगली में भी एक गोली जा लगी। बाद में पता चला कि जिस क्वालिस में सवार होकर आतंकी आये थे, उसे सालस्कर चला रहे थे। आतंकियों ने सालस्कर की हत्या करने के बाद कार पर कब्ज़ा कर लिया था। मयंक से बातचीत ख़त्म होने के बाद देखा कि मोबाइल में कई मिस्ड कॉल्स हैं, उनमें से कई कॉल्स घर से ही थे। घरवालों को टीवी के जरिये हमले की ख़बर पता लग चुकी थी और वे मुझे ताज से रिपोर्टिंग करते हुए देख रहे थे। मैंने घर पर फोन किया। सभी परेशान थे। मैंने घरवालों से कहा कि मैं सलामत हूँ और ऑपरेशन ख़त्म होते ही घर लौटूँगा। अगले दिन घर के लोगों को बाहर न निकलने की भी मैंने हिदायत दी।

जब भी कोई बड़ी वारदात होती है तो उसके साथ-साथ अफवाहों का बाजार भी गर्म हो जाता है। इस मौक़े पर भी यही हो रहा था। किसी ने कहा कि आतंकियों ने ताज और ऑबेरॉय होटल में पहले से कमरे बुक करा रखे थे और आज के दिन उन्होंने अपने प्लान को अंजाम दिया। किसी का मानना था कि आतंकी कुछ दिन पहले ही बतौर वेटर यहाँ नौकरी पर लगे थे और जब उनके पास पूरे हथियार आ गये, तो उन्होंने अपने मिशन पर अमल करना शुरू किया। एक कहानी ये भी सुनने में आयी कि आतंकियों का एक दस्ता टैक्सी के जरिये हवाई अड्डे पर फायरिंग करने के लिए रवाना हुआ था, लेकिन विले पार्ले के पास उनकी टैक्सी ट्रैफिक में फँस गयी और टाईम बम उनके हवाई अड्डे पर पहुँचने से पहले ही फट गया। ऐसे मौक़े पर इस तरह की तमाम कहानियाँ रिपोर्टरों को सुनने को मिलतीं हैं। ये कहानियाँ कभी ख़ुद को चश्मदीद बताने वालों से आतीं हैं, कभी किसी पुलिसकर्मी

से, तो कभी किसी नौसिखिये पत्रकार के मुँह से। कई बातें विरोधाभासी होतीं हैं और रिपोर्टर, जो कि पहले से ही बेहद दबाव में होता है के लिए हालात और भी चुनौतीपूर्ण हो जाते हैं। क्या सही, क्या ग़लत, इसका पता लगाये बिना जानकारी ऑन एयर नहीं की जा सकती। ग़लत जानकारी से रिपोर्टर के साथ-साथ चैनल की विश्वसनीयता को भी नुकसान होता है। अफवाहों की वजह से रिपोर्टर का काम दुगुना हो जाता है।

अफवाहों के साथ-साथ ताज होटल के बाहर पुलिसकर्मियों की तादाद बढ़ती जा रही थी। गोलियों की आवाज़ से अन्दाज़ा लग रहा था कि आतंकवादी ताज की ऊपरी मंज़िल तक पहुँच गये हैं। अचानक ऊपरी मंज़िल के एक कमरे की खिड़की से धुआँ निकलने लगा और कुछ ही देर में वहाँ से बड़ी-बड़ी लपटें नज़र आने लगीं। ताज होटल की इस इमारत से, जहाँ से अब तक गोलियाँ और हथगोलों की ही आवाज़ें सुनाई दे रहीं थीं, वहाँ से चीख़-पुकार की आवाज़ें सुनाई देने लगीं। बचाओ-बचाओ प्लीज़ हेल्प, सेव अस। होटल में फँसे लोगों की वो दिल दहला देने वाली आवाज़ें थीं... कहीं ऐसा तो नहीं, आतंकवादी बंधकों को ज़िन्दा जला रहे हैं। होटल के अन्दर क्या हो रहा है, कुछ पता नहीं चल रहा था। बाहर से लपटें, धुआँ और लोगों की चीख़ पुकार ही नज़र आ रही थी। कुछ ही देर में फायर ब्रिगेड की गाड़ियाँ वहाँ पहुँच गयीं। फायर ब्रिगेडकर्मियों की ओर से सीढ़ियाँ लगाकर पानी की तेज़ धार उस कमरे की ओर डाली गयी जहाँ से लपटें निकल रही थीं। साथ ही आसपास के कमरों में मौजूद लोगों को स्काई लिफ्ट के जरिये निकाला गया। फायर ब्रिगेड की ये कोशिश वाकई क़ाबिल-ए-तारीफ़ थी। दमकल कर्मियों ने वाकई दिलेरी का काम किया था। बिना बुलैट प्रूफ जैकैट के ऐसी जगह पर वो अपना फ़र्ज निभा रहे थे, जहाँ खूँखार आतंकवादियों की राइफलों से मौत बरस रही थी। आतंकवादी ऊँचाई पर थे और उन्हें दमकल कर्मियों की गतिविधियाँ साफ़ नज़र आ रही थीं। मन में आशंका उठी कि कहीं आतंकवादी इनकी ओर भी फायरिंग करना न शुरू कर दें। कुछ देर में ही ये आशंका सच साबित हुई। आतंकियों ने दमकल कर्मियों पर गोलियाँ चलानी शुरू कीं। धुएँ के गुबार से अचानक एक हथगोला निकला और उस फायर इंजन के पास जा फटा, जो बचाव कार्य में जुटा था। हथगोले के छर्रे मोहनलाल सागडे नाम के फायर इंजिन के ड्राइवर के शरीर में जा घुसे। फायर इंजिन को भी नुकसान पहुँचा, लेकिन ख़ुशनसीबी से कोई हताहत नहीं हुआ। अपने एक साथी को हमले में घायल होते देख भी दमकल कर्मियों की हिम्मत नहीं डिगी। रातभर आतंकी इमारत के ऊपरी हिस्से की ओर अलग-अलग जगह आग लगाते रहे और मुस्तैद दमकल कर्मी बिना डरे उस आग को बुझाते रहे।

इस बीच एक एसएमएस के जरिये ख़बर मिली कि गिरगाँव चौपाटी पर 2

आंतकियों के साथ पुलिस की मुठभेड़ हुई है। दोनों आतंकी एक स्कोडा कार छीनकर मरीन ड्राइव के रास्ते मलाबार हिल की ओर भाग रहे थे। ये वे दोनों आतंकी थे, जिन्होंने सीएसटी पर फायरिंग की थी और जिनके हाथों कामटे, करकरे और सालस्कर मारे गये थे। चौपाटी पर हुए इस एनकाउंटर में एक आतंकी के मारे जाने की ख़बर की पुष्टि हो चुकी थी।

26 नवम्बर की रात ताज के बाहर कवरेज के दौरान लगातार मेरा फोन व्यस्त था। एक बार जब फोन खाली हुआ, तो देखा कि पत्नी के पाँच मिस्ड कॉल्स थे। मैंने उसे कॉल किया।

"घर कब आओगे?"

मैं : "टीवी नहीं देख रही हो क्या?"

पत्नी :" देख रही हूँ। क्या तुम ही अकेले रिपोर्टर हो वहाँ पर?"

मैं : "रिपोर्टर तो कई हैं, लेकिन मैं हट नहीं सकता। जब ऑपरेशन ख़त्म होगा तब ही घर आ पाऊँगा।"

पत्नी : "कब ख़त्म होगा ऑपरेशन?"

मैं : "पता नहीं। शायद सुबह तक ऑपरेशन चले।"

पत्नी : "लेकिन सुबह तो हमारी लखनऊ के लिए ट्रेन है। कैसे जा पाएँगे?"

मैं: "क्या बात कर रही हो तुम! अब भी तुम्हें लगता है कि हम लखनऊ जा पाएँगे। अगर ऑपरेशन ख़त्म हो गया, तब भी मैं मुम्बई नहीं छोड़ सकता। कई फॉलोअप्स करने होंगे।"

पत्नी : "ये कैसी नौकरी है" कहकर पत्नी ने फोन पटक दिया।"

दरअसल, पत्नी कई दिनों से 27 तारीख़ की सुबह का इन्तज़ार कर रही थी। शादी के बाद कानपुर पहली बार वो अपने मायके लौटने वाली थी। उसकी दो बड़ी बहनें हैं। पत्नी के पिता ने योजना बनायी थी कि तीनों बेटियों की शादी के बाद वे अपने तीनों दामादों को आमन्त्रित कर अखंड रामायण का पाठ रखेंगे। उनके बाकी दोनों दामाद तो कानपुर के थे, लेकिन तीसरी बेटी यानी कि मेरी पत्नी मुम्बई में ब्याही थी। 30 नवम्बर को कानपुर के इस कार्यक्रम में मुझे शरीक होना था। उससे एक दिन पहले 29 नवम्बर को लखनऊ में मेरे चाचा की बेटी की शादी थी। इन दोनों ही कार्यक्रमों में शामिल होने के लिए मैंने 27 नवम्बर से लेकर 1 दिसम्बर तक की छुट्टी ले रखी थी, लेकिन इस आतंकवादी हमले ने सब पर पानी फेर दिया। इससे पहले भी कई ऐसे मौके आ चुके थे, जब मैंने अपनी पत्नी के साथ कोई प्लान बनाया और कोई बड़ी घटना हो गयी। प्लान ख़ारिज करना पड़ता। इस बार भी वैसा ही हुआ था।

पूरा देश टीवी से चिपका हुआ था। लोगों ने इससे रोमांचक रिएलटी शो शायद

ही पहले कभी देखा हो। ये शो कब ख़त्म होगा, किसी को पता नहीं था। घर पर भी स्पोर्ट्र्स या मनोरंजन चैनल की जगह न्यूज़ चैनलों ने ले ली थी। मेरी पत्नी एक प्राइमरी स्कूल में अँग्रेजी की शिक्षिका हैं। आठ महीने पहले ही अप्रैल में हमारी शादी हुई थी। एक पत्रकार की ज़िन्दगी कैसी होती है, इसका उसे पहले से अन्दाजा नहीं था। अपनी नौकरी के चलते न तो मेरे घर लौटने का कोई तय वक़्त है और न ही काम पर जाने का। कभी हम कोई बात कर रहे हों तो कम से कम दो-चार फोन बीच में आ ही जाते। कभी बॉस के, कभी साथी रिपोर्टरों के, कभी पुलिस के तो कभी सूत्रों के। शादी के बाद कई ऐसे मौक़े आये, जब मैं घर से किसी हिंसक वारदात को कवर करने के लिए भागा। डेरा सच्चा सौदा के विरोध में सिखों की ओर से मुम्बई में की गयी हिंसा हो, राज ठाकरे के समर्थकों की गुंडागर्दी हो या फिर राहुल राज का एनकाउंटर। मुझे ऐसे मौकों पर मौजूद रहकर रिपोर्टिंग करते देख पत्नी का ख़ून सूख जाता था। कई बार उसने सलाह दी कि अब मैं कोई डेस्क का काम करूँ, फील्ड पर हर बार मैं ही क्यों भागता हूँ, लेकिन हर बार ये कहकर मैं उसे चुप करा देता कि इसी तरह का कवरेज करना मेरी पहचान है और इसी में मुझे सन्तुष्टि मिलती है। कई एक बार झगड़े भी हुए, लेकिन धीरे-धीरे पत्नी मेरे काम को समझने लगी थी।

कुछ देर बाद ही माँ का लखनऊ से फोन आया। शादी की तैयारियों के लिए माँ दस दिनों पहले ही लखनऊ पहुँच गयी थीं। माँ ने पूछा, ''आ पाओगे या नहीं। माँ के सवाल पर मुझे थोड़ा ग़ुस्सा आ गया।''

मैं: ''मम्मी आप ये सवाल भी कैसे कर सकती हो। टीवी नहीं देख रही हो क्या!''

माँ: ''देख रही हूँ। पता भी है कि तुम नहीं आ पाओगे, लेकिन यहाँ सब लोग आस लगाये बैठे थे। लक्ष्मी (चाचा की बेटी) भी मिलना चाहती थी, इसलिए सोचा कि शायद तुम किसी तरह आ जाओ।''

मैं: ''नहीं आ सकते। अगर ऑपरेशन ख़त्म हुआ तो शायद 29 तारीख़ की रात फ्लाइट पकड़ कर रातभर के लिए आ जाएँ, लेकिन आज तो निकलना मुश्किल है।''

माँ: ''अच्छा अपना ख़याल रखना। ज़्यादा जोश दिखाकर आगे घुसने की कोशिश मत करना। हमें तो बड़ा डर लग रहा है।''

मैं: ''मम्मी। हम तो ताज होटल के बाहर हैं और ठीक से हैं। अब भी कई लोग ताज में फँसे हुए हैं, जिन्हें आतंकवादियों ने बँधक बनाकर रखा है। कइयों के बारे में पता नहीं चल रहा कि वे ज़िन्दा हैं या मर गये। उनके घरवालों को देखो, तो पता चलेगा कि मम्मी तुम कितनी ख़ुशनसीब हो।''

मम्मी: "तुम नहीं सुधरोगे। जो ठीक समझो करो। कहकर माँ ने फोन रख दिया।"

ताज होटल को आतंकवादियों से मुक्त कराने के लिए पहले मुम्बई पुलिस के लोग घुसे थे, लेकिन देर रात मरीन कमांडोज यानी कि मार्कोस ने ऑपरेशन अपने हाथ में ले लिया। सादे कपड़ों या फिर खाकी वर्दी में मौजूद पुलिसकर्मियों ने अब होटल के बाहर अपनी पोजिशन ले ली थी, जबकि होटल के भीतर आतंकवादियों से सीधी मुठभेड़ के लिए मार्कोस घुसे थे। मार्कोस के आने के बाद उम्मीद जगी कि शायद अब ऑपरेशन जल्द ही ख़त्म हो जाएगा और सुबह होते-होते सभी आतंकवादियों के मारे जाने की ख़बर आएगी। तभी नज़र आसमान की तरफ़ गयी। आसमान में उजाले की लकीर दिख रही थी। सुबह हो चुकी थी। मैंने घड़ी देखी 6.30 बज रहे थे।

27 नवम्बर 2008 : काली सुबह

रात कैसे बीत गयी पता ही नहीं चला। एक के बाद एक फोन आना, दफ़्तर में अपडेट देना, फोनो देना, वाक थ्रू करना, दूसरे रिपोर्टरों से कोर्डिनेट करना इतना सारा काम था कि घड़ी देखने का वक़्त ही न मिला। काम में इतना मशगूल थे कि उस खतरनाक माहौल में भी गोली लगने की फिक्र न थी। फिक्र थी, तो सिर्फ़ एक बात की कि हम इस कवरेज में कमजोर न पड़ें। ज़्यादा-से-ज़्यादा तस्वीरें, ज़्यादा-से-ज़्यादा जानकारी, सही जानकारी और जल्द-से-जल्द जानकारी सिर्फ़ हमारे ही चैनल पर दिखे, ये बात लगातार जेहन में थी और ये सिर्फ़ मेरी फिक्र नहीं थी। मुझे अन्दाजा था कि मेरी ही तरह तमाम प्रतियोगी चैनलों के रिपोर्टर्स भी यही सोच रहे हैं। ऐसे मौके पर भी चैनलों में प्रतियोगिता तो थी, लेकिन हमें इस बात के भी सख़्त निर्देश थे कि जल्दबाजी में कोई ग़लत जानकारी ऑन एयर नहीं जानी चाहिए और न ही तस्वीरें इस तरह से दिखायी जानी चाहिए कि आतंकवादियों को सुरक्षा बलों की रणनीति या उनकी पॉजिशिनिंग पता चल सके।

सुबह के वक़्त ताज होटल के सामने जहाँ लोग जॉगिंग करते हुए नज़र आते थे, वो जगह छावनी बन चुकी थी। जिस ओर देखो सुरक्षा बल, फायरब्रिगेड की गाड़ियाँ या फिर मीडिया के लोग ही नज़र आ रहे थे। गेटवे ऑफ इंडिया के सामने एक लाफ़्टर क्लब चलता था, जहाँ सुबह-सुबह एक साथ सैकड़ों लोगों की हँसी की आवाज़ें सुनाई देती थीं, लेकिन उनकी जगह आज हथगोलों और गोलियों की गूँज ने ले ली थी। ताज के मेन गेट के सामने कबूतर दाना चुगने आते थे। उस सुबह भी वे हिंसा की आवाज़ों से बेपरवाह होकर वहाँ आये, लेकिन उन्हें दाना डालने वाला कोई नहीं था। जब भी गोलियाँ चलतीं, सारे कबूतर एक साथ झुंड में उड़

जाते, लेकिन कुछ देर बाद फिर वहीं पहुँच जाते इस उम्मीद के साथ कि शायद अब दाना मिल जाए। गेटवे ऑफ इंडिया से सटीं दो जेटियाँ बनीं हैं, जहाँ से मोटरबोट्स पर्यटकों को एलिफेंटा, अलीबाग़, उरण वग़ैरह ले जाती थीं, लेकिन हमले के बाद से वे सभी ठप हो चुकीं थीं।

हेडऑफिस नोएडा से फोन आया कि मुम्बई पर आतंकी हमले के बाद पहली सुबह दिखाना है और उसपर लाइव देना है। मैंने कैमरे को गेटवे और ताज की ओर घुमाते हुए बयाँ किया कि कैसे आज का सूरज मुम्बई के लिए काली सुबह लेकर आया है। रातभर के घटनाक्रम का मैंने वर्णन किया और बताया कि ऑपरेशन अभी भी चल रहा है और आतंकवादी अब भी होटल के भीतर ही मौजूद हैं। मैं बुधवार की सुबह का जगा था और रातभर बिना सोये काम करने के बाद सुबह आँखों के नीचे के काले घेरे कुछ ज़्यादा ही गहरे हो गये थे। पर मुझे नींद नहीं आ रही थी। चैनल पर लाइव के दौरान मेरी शक्ल की हालत देख शुभचिन्तकों के फोन आने लगे, "तुम रात भर से सोये नहीं हो। मौक़ा मिले, तो थोड़ा आराम कर लो। काम करते हुए अपना भी ख़याल रखिए, नहीं तो तबियत ख़राब हो जाएगी। और कितनी देर चलेगा ये। आपकी हालत तो ठीक नहीं लग रही।" मैं सभी को उनकी चिन्ता और सलाह के लिए शुक्रिया अदा कर रहा था और कह रहा था कि बस कुछ ही देर में ऑपरेशन ख़त्म हो जाएगा, उसके बाद मैं आराम करूँगा।

लगातार मैं और मेरे तमाम रिपोर्टर ऑपरेशन पर अपडेट दे रहे थे। सभी रातभर से सोये नहीं थे और सभी के जेहन में एक ही बात थी कि इस हमले के कवरेज में जान लड़ा देनी है। कुछ स्थानीय लोग हमारी ओबी वैन की तरफ़ बिस्किट और पानी की बोतलें लेकर आये और गुजारिश करने लगे, "प्लीज ले लीजिए। हम टीवी पर देख रहे हैं कि आप रात से ही यहाँ पर काम कर रहे हैं। हमें भी लगता है कि हम भी कुछ करें। आप अगर थोड़ा ले लेंगे तो हमको अच्छा लगेगा।" उनके चेहरों से साफ़ झलक रहा था कि वे भी ईमानदारी से किसी-न-किसी तरह इस ऑपरेशन में अपनी भूमिका निभाना चाहते थे और इसके लिए उन्होंने रातभर से भूखे-प्यासे खड़े मीडियाकर्मियों की मदद करने का फैसला किया था। मैंने दो बिस्किट लिए और शुक्रिया अदा करते हुए कहा कि हो सके, तो उन पुलिसकर्मियों को भी पानी और बिस्किट पहुँचा दें, जो हमारी ही तरह रातभर से ताज होटल के बाहर खड़े थे। सुबह के करीब 10.30 बज गये थे और उन दो बिस्किटों के जरिये मैंने एक तरह से बुधवार शाम से चल रहा उपवास तोड़ा था। बुधवार शाम क़रीब पाँच बजे मैंने दफ़्तर के पास एक भेल खायी थी। तबसे न कुछ खाया था, न पानी पिया था।

जैसे-जैसे दिन चढ़ता जा रहा था, मीडियाकर्मियों की भीड़ भी होटल के बाहर

बढ़ती जा रही थी। अब तक विदेशी चैनलों, अख़बारों और न्यूज़ एजेंसियों के तमाम संवाददाता ताज के बाहर पहुँचने लगे थे। मीडियाकर्मियों की भीड़ से गेटवे के सामने का पूरा मैदान भर चुका था। जब राजनेताओं को पता चला कि यहाँ देशी-विदेशी मीडिया का इतना बड़ा जमावाड़ा है, तो उन्होंने भी बहती गंगा में हाथ धोने का मौक़ा नहीं छोड़ा। सरकार के कई मन्त्री, विपक्ष के नेता, नगरसेवक वग़ैरह अपने चमचों/कार्यकर्ताओं के साथ वहाँ पहुँचने लगे। हालात का जायजा लेने के बहाने ललचायी आँखों से वो कैमरों के सामने मँडराने लगे। हमने ऐसे ज़्यादातर राजनेताओं को नज़रअन्दाज किया। कुछेक स्थानीय चैनल बाइट लेने के लिए उनके आगे-पीछे दौड़ रहे थे। हमने तय किया था कि सिर्फ़ मुख्यमन्त्री, उपमुख्यमन्त्री, गृहमन्त्री या उन्हीं लोगों की बाइट हम लेंगे, जो कि ऑपरेशन के बारे में कुछ जानकारी दे सकें या शहर के हालात के बारे में बता सकें। महज बयानबाजी या कीचड़ उछालने के लिए ऐसे मौक़े पर हम राजनेताओं के लिए माध्यम नहीं बनना चाहते थे। कुछेक राजनेता पत्रकारों का ध्यान अपनी ओर खींचने के लिए उनकी तारीफ़ करने लगे—गुड जॉब, आप लोग भी कमांडो से कम नहीं हो। रातभर से डटे हुए हो, टेक केयर वग़ैरह।

स्टार न्यूज़ के दूसरे ठिकानों से भी संवाददाता हमारी मदद के लिए भेजे गये। दिल्ली से नेशनल एडीटर दीपक चौरसिया, नेशनल ब्यूरो प्रमुख राजन सिंह, अहमदाबाद के ब्यूरो चीफ ब्रजेश कुमार सिंह और पुणे के ब्यूरो चीफ व्यंकटेश चपलगाँवकर भी मुम्बई आ गये। एक साथ तीन ठिकानों पर मुठभेड़ चल रही थी। ताज होटल पर मैं था और मेरे साथ सचिन भिंडे, गणेश ठाकुर और अनिवाश ढेगस्कर थे। हमने होटल के चारों ओर एक-एक रिपोर्टर लगा दिया था, ताकि किसी भी ओर से आतंकी अगर भागने की कोशिश करें या सैनिकों के साथ उनकी मुठभेड़ हो तो हमें उनकी तस्वीरें मिल सकें।

ओबरॉय होटल की तरफ़ उमेश कुमावत, मयंक भागवत, मयूर पारिख और उपेन्द्र राय थे। वहाँ भी हमारी ही तरह सभी रिपोर्टरों ने घेरेबन्दी कर रखी थी।

कोलाबा के नरीमन हाउस, जो कि शाबाद हाउस के नाम से भी जाना जाता है। इस्राइलियों का सांस्कृतिक केन्द्र था। यहाँ भी दो आतंकियों ने हमला किया था और केन्द्र में कुछ लोगों को बन्धक बना रखा था। सुबोध मिश्रा और विलास आठवले ने नरीमन हाउस के इर्द गिर्द ऊँची इमारतों पर जगह देख कैमरे लगा दिये थे।

सभी तीन ठिकानों पर हमारी ओबी वैन लगी थी, ताकि तस्वीरें तुरन्त ही प्रसारित की जा सकें। तीनों ही जगहों पर हमारे रिपोर्टर और कैमरामैन आतंकियों की गोलियों के दायरे में थे।

मैं ताज होटल के चारों ओर अपने कैमरे के साथ चक्कर लगा रहा था, ताकि अगर कोई परिचित पुलिसकर्मी मिले तो उससे अन्दर का अपडेट जानूँ। इसी दौरान उमेश कुमावत का फोन आया, जो कि ऑबेराय होटल से रिपोर्टिंग कर रहा था—यहाँ एनएसजी की टीम आ गयी है और लगता है कि अब जल्द ही ऑपरेशन ख़त्म हो जाएगा। एक टीम आपकी तरफ़ भी निकली है।

कुछ ही देर में काले यूनिफॉर्म में लम्बे चौड़े एनएसजी कमांडोज का एक दस्ता ताज होटल पहुँचा और होटल के बाहर कुछ देर तक चर्चा के बाद अन्दर दाखिल हुआ।

एनएसजी के होटल के भीतर दाख़िल होने के बाद काफ़ी देर तक शान्ति छायी रही, भीतर से कोई आवाज़ नहीं आ रही थी, पूरे परिसर में सन्नाटा छा गया। ऐसा लगा मानो कि एनएसजी ने घुसते ही सभी आतंकियों को पकड़ लिया है या फिर वे सभी भाग खड़े हुए हैं। बाहर मौजूद मीडिया को लगने लगा कि शायद ऑपरेशन ख़त्म हो चुका है। कई रिपोर्टरों ने अपने दफ़्तर में फोन करके तैयार रहने की हिदायत भी दे दी कि कुछ ही देर में ऑपरेशन ख़त्म होने का ऐलान किया जा सकता है। रिपोर्टर थोड़े सुस्त हुए ही थे कि अचानक गोलियाँ चलने की कानफोडू आवाज़ से सब हड़बड़ा गये। गोलियों के साथ-साथ बीच में हथगोले फटने की भी आवाज़ आ रही थी। इस गोलीबारी की आवाज़ बीती रात से आ रही गोलियाँ चलने की आवाज़ों से बिल्कुल अलग और ज़्यादा डरावनी थी। ऐसा लग रहा था कि हम जंग के मैदान में हैं और दो सेनाएँ आपस में भिड़ रही हैं। एनएसजी ने अपना ऑपरेशन पूरे जोर तरीके से शुरू कर दिया था और होटल में घुसे आतंकी भी लगातार अपनी जगह बदलकर उनका मुकाबला कर रहे थे।

देर दोपहर तक एनएसजी कमांडोज और आतंकियों के बीच गोलीबारी होती रही। अन्दर से कोई ख़बर नहीं आ रही थी। बार-बार आनेवाली गोलियों की आवाज़ से सिर्फ़ यही अन्दाजा लग रहा था कि फायरिंग ज़ारी है। इस बीच पता चला कि पुलिस को वो नौका मिल गयी है जिसके जरिये आतंकी मुम्बई तक आये। जिस जगह पर आतंकी उतरे थे, वो दक्षिण मुम्बई के कफ परेड इलाके की मछुआरों की बस्ती थी। ये जगह रेल अधिकारियों की रिहायशी कॉलोनी बधवार पार्क के ठीक सामने है। चूँकि ताज होटल पर पर्याप्त रिपोर्टर थे, मैंने ख़ुद ही जाकर उस जगह को शूट करना तय किया। मैं अपने कैमरामैन के साथ बधवार पार्क के सामने की उस झुग्गी बस्ती में पहुँचा। सूखी हुई मछलियों की गन्ध पूरे इलाक़े पर हावी थी। वैसे यहाँ समुद्र किनारे का एक बड़ा हिस्सा मछुआरों की झोंपड़ियों से घिरा था, लेकिन थोड़ी-सी जगह ख़ाली रख छोड़ी गयी थी, जहाँ मछुआरों की छोटी-छोटी नौकाओं ने लंगर डाल रखा था। दो पुलिस कांस्टेबल वहाँ बैठे थे इसलिए

अन्दाजा लगते देर न लगी कि यही वो जगह है, जिसे हम तलाश रहे थे। वहीं पर हमें लक्षमण खाम्बा (नाम बदला हुआ)नाम का एक मछुआरा मिल गया, जिसने सभी दस आतंकियों को छोटी सी नौका, में आते हुए देखा था। मैंने उसका तुरन्त इंटरव्यू किया, जिसमें उसने बताया कि कुल 10 युवक बीती रात यहाँ उतरे थे। सभी की उम्र क़रीब 20 से 30 साल के बीच रही होगी। उन्होंने जींस-टी शर्ट पहन रखी थी और उन सभी के पास बड़े-बड़े बैग थे। वे पीली रंग की एक नौका जिसमें कि इंजिन लगा हुआ था में आये थे। इस तरह की नौका को जेमेनाई बोट कहा जाता है और आमतौर पर इसका इस्तेमाल वाटर स्पोर्ट्स में होता है। खाम्बा ने जब उन्हें उतरते देखा तो वो चौंक पड़ा। आमतौर पर इस जगह मछुआरे ही आते हैं और वे भी वही मछुआरे जिनकी कि बस्ती में झोपड़ी है, फिर ये लोग कौन थे। खाम्बा ने एक से पूछा कि वो कौन है तो उसने ग़ुस्सेभरी निगाहों से उसकी ओर देखा और कहा, ''स्टूडेंट। उसके बाकी सवालों के उन्होंने कोई जवाब नहीं दिये और सख़्त आँखों से धमकाते हुए वहाँ से निकल गये। जब शहर में आतंकी हमलों की ख़बर खाम्बा को पता चली तो उसे शक़ हुआ और उसने सारी जानकारी कफ परेड पुलिस थाने में जाकर दे दी। उन युवकों की ओर से लायीं गयी मोटरबोट वहीं पड़ी हुई थी, जिसे पुलिस ने अपने कब्जे में ले लिया। खाम्बा से मिली जानकारी काफ़ी अहम थी और इससे अन्दाजा लग रहा था कि आतंकी कैसे मुम्बई पहुँचे थे। अब एजेंडा था उस जेमिनाई मोटर बोट को शूट करने का, जिसके जरिये आतंकी मुम्बई पहुँचे थे और जो अब पुलिस के कब्जे में थी। ये बोट कफ परेड पुलिस थाने के अहाते में रखी थी। जब हम पुलिस थाने पहुँचे, तो वहाँ ज़्यादा पुलिसकर्मी नहीं थे। दो-तीन पुलिस वाले ही थाने में थे, जबकि बाक़ी सारे पुलिसकर्मी नरीमन हाउस में हो रहे ऑपरेशन के लिए गये थे। वहाँ आज तक न्यूज़ चैनल की विद्या समेत कुछ और भी चैनलों के पत्रकार थे। सबकी बहस एक कांस्टेबल से हो रही थी, जो हमें बोट की तस्वीरें नहीं लेने दे रहा था।

आप लोग मुझको तंग मत करो। मैं कल से सोया नहीं हूँ। बोट की फोटो मैं आपको नहीं दे सकता। वो सबूत का हिस्सा है।

हमने उसे समझाने की भरसक कोशिश की, लेकिन वो मानने को तैयार नहीं था। पत्रकारों को अपने सामने मजबूर देखकर उसने हमें खरी खोटी सुनाने का मौक़ा भी नहीं छोड़ा— आप लोग तो फोटो निकाल कर चले जाओगे, लेकिन इसके बाद नौकरी खतरे में पड़ेगी हमारी। आप लोग कॉपरेशन की बात करते हो, लेकिन हम पुलिसवाले ही हमेशा आप के निशाने पर होते हैं। आप लोग ही हमारी इमेज ख़राब करते हो... पुलिस भ्रष्ट है, पुलिस बेकार है, पुलिस लापरवाह है लेकिन हम लोग किस हालत में काम करते हैं ये देखने कोई नहीं आता। हम लोग तो कई-कई दिन

तक घर नहीं जा पाते, टाइम पर खाना-पीना नहीं होता, दुनियाभर का दबाव रहता है। सर्कस में रस्सी पर चलने जैसा है हमारा काम। जरा भी ग़लती हुई, तो सीधे नौकरी जा सकती है। कल रात से हमारे कितने पुलिसवाले मारे जा चुके हैं। उन सबने काम के लिए अपनी जान गँवायी। ये सब आपको नहीं दिखेगा। क्यों करे आपसे कॉपरेट।

उस कांस्टेबल के इन शब्दों में पुलिस महकमे के निचले दर्जे के कर्मचारियों की व्यथा और ग़ुस्सा साफ़ झलक रहा था। वहाँ मौजूद सभी पत्रकारों को उससे सहानुभूति तो थी, लेकिन उस वक़्त सभी का मकसद सिर्फ़ एक ही था, आतंकियों की मोटरबोट की तस्वीरें हासिल करना और ये कांस्टेबल उसमें रुकावट था। थाना प्रभारी, एसीपी, डीसीपी सभी को फोन मिलाया गया, लेकिन किसी ने भी फोन नहीं उठाया। पत्रकारों ने तस्वीरें मिलने की आस छोड़ दी और निकलने की तैयारी करने लगे कि तभी एक पुलिस इंस्पेक्टर मोटरसाइकिल पर सवार होकर थाने पहुँचा। ये वो इंस्पेक्टर था, जिसके मीडिया से अच्छे ताल्लुकात थे और कफ परेड पुलिस थाने में नियुक्ति से पहले इसने कई दिलचस्प मामलों की गुत्थी सुलझायी थी। इतने सारे मीडियाकर्मियों को देखकर वो चौंका।

''आप लोग यहाँ कैसे। एक्शन तो ताज और ओबेरॉय में हो रहा है।''

हम उस बोट को शूट करना चाहते हैं, जिसमें आतंकवादी आये हैं... लेकिन आपके ये कांस्टेबल शूट नहीं करने दे रहे।'' एक पत्रकार ने शिक़ायतभरे लहजे में कहा।

''उसमें क्या प्रॉब्लम है। पुलिस स्टेशन के पीछे पड़ी हुई है। ऐ इन सबको ले जाकर शूट करवाओ। ये सब अपने दोस्त हैं। इनको तकलीफ देने का नहीं।'' उस इंस्पेक्टर ने डपटते हुए उस कांस्टेबल को कहा।

इंस्पेक्टर का हुक्म मिलते ही बिना कुछ कहे वो कांस्टेबल सबको थाने के पीछे के अहाते में ले गया, जहाँ एक शेड के नीचे पीले रंग की बोट पड़ी थी। बोट छोटी थी, लेकिन दस लोग उसमें बड़ी आसानी से बैठ सकते थे। सवाल सिर्फ़ इतना था कि सभी आतंकियों के हाथों में गोलाबारूद, एके-47 राइफलों और मैगजीनों से भरा बैग भी था, वो सब इतनी छोटी-सी बोट में कैसे आया होगा? बोट का इंजिन अलग निकालकर ढक कर रखा गया था। बोट की बॉडी को शूट करने के बाद हमने उसके इंजिन को शूट किया, जो कि यामहा कम्पनी का था। जो कांस्टेबल अब तक हमें खरी खोटी सुना रहा था, वही अब बोट के साथ अलग-अलग पोज में अपनी तस्वीरें खिंचवाने लगा। उसे देख दो-तीन और भी कांस्टेबल आ गये और बोट के साथ तस्वीरें खिंचवाने लगे।

इस बोट का इस्तेमाल दरअसल आतंकियों ने अपने समुद्री सफर के आख़िरी

हिस्से में किया था। बोट की कहानी चन्द घंटों बाद ही उमेश कुमावत को उसके खुफिया सूत्रों से पता चली। ये जानकारी आयी थी गिरगाँव चौपाटी ने एनकाउंटर में पकड़े गये आतंकी अजमल आमिर कसाब से। कसाब को एनकाउंटर के दौरान हाथ में गोली लगी थी और पकड़े जाने के तुरन्त बाद उसे अस्पताल ले जाया गया था। यहाँ उसने पलंग पर पड़े-पड़े ही मुम्बई पुलिस के एसीपी को अपने और अपने साथियों के मुम्बई पहुँचने की कहानी बतायी। कसाब के मुताबिक, पाकिस्तान में ट्रेनिंग लेने के बाद उनका नेता जकीउर्र रहमान उर्फ जकी चाचा कसाब समेत कुल दस आतंकियों को कराची बन्दरगाह के पास लंगर डाल कर खड़ी एक मोटरबोट अल हुसैनी पर लाया। इस मोटरबोट पर सवार होकर वे लोग गुजरात के पोरबन्दर इलाके की ओर चले। भारत-पाक समुद्री सीमा के पास उन्होंने एक गुजराती मच्छीमार बोट कुबेर को हाईजैक कर लिया, जिसके बाद जकी चाचा वापस चला गया। कुबेर पर उस वक़्त कुल पाँच लोग सवार थे। सभी ने मिलकर 4 मछुआरों की हत्या कर दी और उनके शव समुद्र में फेंक दिये, जबकि बोट के कप्तान अमरसिंह सोलंकी को मुम्बई की ओर चलने के लिए मजबूर किया। सभी आतंकी जीपीआरएस उपकरण और सैटेलाइट फोन से लैस थे इसलिए मुम्बई तक पहुँचना मुश्किल नहीं था। मुम्बई के 12 समुद्री मील क़रीब आने पर आतंकियों के इस दस्ते के मुखिया इस्माइल ने कप्तान अमरसिंह सोलंकी की गला रेतकर हत्या कर दी और उसके शव को बोट के तहखाने में डाल दिया। इसके बाद सभी 10 आतंकी पीले रंग की उस जेमिनाई बोट में सवार हुए, जिसे हमने कफ परेड पुलिस थाने में शूट किया था। कुछ देर बाद ही ख़बर आयी कि कोस्ट गार्ड ने कुबेर नाम की मोटर बोट और उसमें पड़े अमरसिंह सोलंकी के शव को भी बरामद कर लिया है।

कफ परेड पुलिस थाने से मैं फिर ताज होटल पहुँचा और ओबी वैन से मोटरबोट की तस्वीरें नोएडा हेड ऑफिस भिजवायीं। दोपहर हो चली थी। एनएसजी कमांडो और आतंकियों के बीच फायरिंग की तेज़ आवाज़ें अब भी आ रहीं थीं। गेटवे के छोर से दीपक चौरसिया लाइव कर रहे थे। मैंने ताज की पिछली गली की ओर रहना तय किया। पूरी गली छावनी बनी हुई थी। मुम्बई पुलिस के जवानों के अलावा गली भर में फ़ौजी लोग हाथ में हथियार लेकर तैयार खड़े थे। सभी की आँखें काफ़ी देर से जगे होने के कारण लाल थीं, लेकिन सतर्क थीं और उनकी नज़र थी ताज होटल की ओर। उन्होंने बुलैट प्रूफ जैकेट पहन रखे थे। आतंकी होटल के किसी भी कोने से छुपकर फायरिंग कर सकते थे या फिर हथगोला फेंक सकते थे। माहौल में गजब का तनाव था। गेटवे के सामने रिपोर्टरों की भारी भीड़ थी, उनकी आपसी बातचीत की, लाइव की, फोनो की आवाज़ें आतीं थीं, आसपास के लोग भी मौजूद थे, लेकिन ताज के पिछवाड़े की इस गली में

माहौल बिल्कुल अलग था। यहाँ हथियारों से लैस फ़ौज और पुलिस के लोग, तो थे लेकिन कब्रिस्तान-सा सन्नाटा था। फौजियों की आँखों में उनका आत्मविश्वास नज़र आ रहा था। मुम्बई पुलिस के जवानों की आँखें उनके ग़ुस्से और बदला लेने की बेताबी का इजहार कर रही थीं। ताज की ओर कैमरा लगाकर मैं एक कोने में बैठ गया। पास ही में उस दिन का अख़बार पड़ा था। अख़बार का हर पन्ना बीती रात मुम्बई पर बरपे कहर की कहानी कह रहा था। पहले पन्ने पर आतंकी अजमल कसाब और उसके साथ इस्माइल की तस्वीर छपी थी, सीएसटी स्टेशन का ख़ून से सने फ़र्श की तस्वीर वहाँ का मंजर बयाँ कर रही थी, पुलिसकर्मियों और मुसाफिरों की लाशों की तस्वीरों ने रोंगटे खड़े कर दिये थे। सीएसटी स्टेशन के सामने बीती रात टैक्सी से गुज़रते वक़्त अगर मैं यहाँ रुक गया होता, तो शायद इनमें मेरी भी तस्वीर हो सकती थी। बड़ी बेदर्दी से आतंकियों ने बेगुनाह मुसाफिरों की हत्या की थी। मैंने कसाब की तस्वीर को देखा। दिखने में एक आम लड़के जैसा इस शख्स के इरादे इतने क्रूर हो सकते हैं यक़ीन नहीं हो रहा था, लेकिन यक़ीन करना पड़ा। उसके हाथ में मौजूद एके-47 राइफल और गोली चलाते वक़्त उसके चेहरे की राक्षसी हँसी बता रही थी कि इंसान की शक्ल में मुम्बई में शैतान दाख़िल हुआ था। अस्पताल में घायल कसाब की भी एक तस्वीर थी। अख़बार पढ़ कर कई ऐसी जानकारियाँ भी मिलीं, जो बीती रात की भागदौड़ में छूट गयी थीं।

मैं अख़बार पढ़ ही रहा था कि ऑपरेशन मैनेजर उदय का फोन आया— जीतू भाई ऑफिस से खाना लाया हूँ। गेटवे के पास अपनी जो ओबी वैन है वहाँ आ जाइए और खाना खा लीजिए।

खाने की बात सुनकर भूख भी लग गयी, नहीं तो सुबह से चन्द बिस्किट खाने के बावजूद भी देर दोपहर तक खाने की सुध नहीं थी। मैंने उदय से पूछा कि क्या उसने बाक़ी रिपोर्टरों को खाने के लिए कहा, तो उसने बताया कि सभी रिपोर्टरों को वो बारी-बारी से खाना दे रहा है।

"लेकिन मैं जहाँ हूँ इस वक़्त यहाँ अपना और कोई रिपोर्टर नहीं है। अगर यहाँ कुछ हो गया तो अपने से मिस हो जाएगा। एक काम करो रिपोर्टर अविनाश ढेगसकर को खाना खिलाकर ताज की पीछे की गली में भेज दो। उसके आने पर ही मैं यहाँ से हटूँगा। अविनाश तुम्हारी ओर ही है।"

अविनाश खाना खाकर मेरे पास पहुँचा, जिसके बाद मैं अपने कैमरामैन गजानन के साथ खाना खाने गेटवे की ओर निकला।

खाने में बिरयानी थी। काफ़ी संघर्ष के बाद ऑपरेशन मैनेजर उदय खाना यहाँ तक ला पाया था। भूख जोरों से लगी थी। मैंने तुरन्त खाना खाना शुरू किया, लेकिन तीन-चार चम्मच खाने के बाद आगे खाने का मन नहीं हुआ। वैसे इस बात का

भी डर था कि ज़्यादा चावल खा लेने पर कहीं नींद न सताने लगे।

मैंने आधी बिरयानी छोड़ दी और मोबाइल फोन की बैटरी चार्ज करने ओबी वैन पर पहुँचा। अपने साथ-साथ मोबाइल फोन रखना मेरे लिए इस मौक़े पर बेहद मददगार साबित हो रहा था। बीती रात से लगातार फोन का इस्तेमाल हो रहा था इसलिए बैटरी की खपत भी तेज हो रही थी। ऐसे में एक फोन की बैटरी ख़त्म होने पर मैं सिम कार्ड दूसरे फोन में डाल लेता और पहले फोन की बैटरी चार्ज होने तक दूसरे फोन से ही बात करता। ओबी वैन पर बाकी रिपोर्टरों ने भी अपने फोन चार्ज करने के लिए दे रखे थे जिनमें मेरे रिपोर्टरों के अलावा कुछ दूसरे चैनल के रिपोर्टर भी थे। चार्जर सिर्फ़ दो ही थे, जबकि फोन कई इसलिए सभी बस कुछ देर के लिए ही अपना फोन चार्ज कर पाते। बैटरी डिस्चार्ज होने पर फिर ओबी की तरफ़ दौड़ते।

ताज होटल के भीतर रुक-रुक कर फायरिंग अभी भी जारी थी। होटल के मुख्य दरवाज़े के बाहर फायर ब्रिगेड की गाड़ियों के अलावा तमाम राजनीतिक और समाजसेवी संगठनों ने अपनी एम्बुलेंसों की कतार लगा रखी थी। थोड़ी-थोड़ी देर पर जब भी कोई घायल या शव बाहर आता इन एम्बुलेंसों के जरिये उन्हें अस्पताल रवाना किया जाता। पत्रकारों की भीड़ में कई पुराने दोस्त भी मिल गये, जो अब देश के अलग-अलग भागों में अखबार या न्यूज़ चैनलों के लिए काम करते थे। उन्होंने मुझसे इलाके के बारे में जानकारी ली और मारे गये पुलिस अधिकारी हेमन्त करकरे, विजय सालस्कर और अशोक कामटे की प्रोफाइल के बारे में पूछा। कुछ ने आला पुलिस अफसरों और मन्त्रियों के नम्बर माँगे। मैं इनसे बात कर ही रहा था कि अचानक हेलिकॉप्टर की गड़गडाहट सुनाई दी। ये भारतीय नौसेना का सी किंग हेलिकॉप्टर था, जिसने पास ही के नेवल बेस आईएनएस कुंजाली से उड़ान भरी थी। सुरक्षा एजेंसियों का इरादा था नरीमन हाउस और ताज पर हवाई ऑपरेशन करने का। हेलिकॉप्टर ने तीन-चार चक्कर काटे और फिर वापस लौट गया। हवाई ऑपरेशन को आज अंजाम नहीं दिया जा सका, क्योंकि सूरज ढल चुका था और शाम हो चुकी थी।

गेटवे पर वो शाम बड़ी डरावनी थी। हर शाम यहाँ सैकड़ों लोगों की भीड़ नज़र आ जाती थी। देशी-विदेशी पर्यटक चहलकदमी करते दिखाई देते ही थे, आसपास रहने वाले लोग भी शाम को टहलने यहाँ आते। गेटवे के सामने वाली सड़क पर आलीशान घोड़ागाड़ी यानी कि विक्टोरिया की कतारें लगतीं थीं, चना-मूँगफली और चाय बेचने वाले फेरीवाले घूमते थे। समुद्र की ओर निगाह डालो, तो छोटे-छोटे बल्बों से सजाई गयी मोटरबोट नजर आतीं, जिन पर देर रात तक पार्टियाँ चलतीं थीं, लेकिन आज आज यहाँ ऐसा कुछ न था... न चहलक़दमी करते

लोग, न सजी हुई विक्टोरिया, न फेरीवाले और न ही जगमगाती हुई नौकाएँ। आज शाम इन सबकी जगह ले ली थीं पुलिस की वैन, एम्बुलेंस, फायर ब्रिगेड के इंजिन, टीवी चैनलों की ओबी वैन ने। इंसान के नाम पर यहाँ थे वर्दीधारी फौजी, पुलिसकर्मी और मीडिया के लोग।

मैंने बुधवार सुबह से नीले रंग का फैब इंडिया का शॉर्ट कुर्ता पहन रखा था। दो दिनों से हो रही भागदौड़ की वजह से ये कुर्ता कई बार पसीने से तर हो चुका था। ताज से निकलने वाले धुएँ और सड़क की धूल मिट्टी ने कुर्ते की हालत और भी खराब कर रखी थी। मुझे नींद या थकान से तकलीफ नहीं हो रही थी, लेकिन दो दिन से पहन इस कुर्ते ने ज़रूर मुझे असहज कर दिया था। कुर्ते से बदबू आने लगी थी। मन कर रहा था कि घर जाकर नहा आऊँ... लेकिन ऑपरेशन ज़ारी था और ऐसे में यहाँ से निकलना ठीक नहीं लग रहा था। चेहरे पर थोड़ी ताज़गी रहे इसलिए मैंने ओबी वैन पर जाकर पानी की बोतल ली और सिर पर उड़ेल ली। इस बीच वहाँ मौजूद दीपक चौरसिया की नज़र मुझपर पड़ी, ''अरे जीतू तू थोड़ा आराम क्यों नहीं कर लेता। मैं और बाक़ी लोग तो हैं यहाँ पर। कल रात से तू यहीं पर है। पास ही के होटल में मैंने कमरा बुक कराया है। वहाँ जाकर थोड़ा आराम कर ले।''

दीपक चौरसिया की सलाह मुझे ठीक लगी, लेकिन फिर भी वहाँ से हटना मुझे जोखिमभरा लगा, क्योंकि किसी भी वक़्त ऑपरेशन ख़त्म होने की ख़बर आ सकती थी।

''थैंक्स दीपकजी, लेकिन मुझे लगता है कि यहाँ से नहीं हटना चाहिए।''

''अरे ज़िद मत कर यार। थोड़ा आराम कर ले। पता नहीं और कितना वक़्त लगेगा। कश्मीर में तो इस तरह की मुठभेड़ें कई बार हफ़्तेभर तक भी चलती हैं। मैं तो यहाँ नज़र रखे ही हूँ और केन्द्रीय एजेंसियों के अपने सूत्रों से भी सम्पर्क में हूँ। तुम थोड़ा आराम करके आ जाओ। नहीं तो अगर तबियत ख़राब हो गयी, तो ज़्यादा दिक्कत हो जाएगी।''

दीपक चौरसिया ने जब ज़्यादा दबाव डाला, तो मैं इनकार नहीं कर सका। मैंने वहाँ से हटना तो तय किया, लेकिन होटल जाने के बजाय अपनी नानी के घर जाना बेहतर समझा। नानी का घर दक्षिण मुम्बई के मसजिद बन्दर इलाके में ही था और ताज से बमुश्किल 20 मिनट की दूरी पर था। मेरी पत्नी भी मेरे दो जोड़ी कपड़े लेकर वहाँ आ गयी थी।

मैं गेटवे से पैदल चलकर कालाघोड़ा तक पहुँचा और वहाँ से टैक्सी लेकर नानी के घर पहुँचा। टीवी पर स्टार न्यूज़ ही चल रहा था और दीपक चौरसिया लाइव दे रहे थे। मुझे घर पर देख सभी ख़ुश तो हुए, लेकिन मेरी हालत देख उन्हें

चिन्ता भी हुई। आँखें बिल्कुल लाल हो चुकी थीं और आँखों के नीचे बन आये गड्ढों का रंग और भी गहरा हो गया था। मुँह पर भी धूल-मिट्टी की परत जम चुकी थी। मैं सीधे बाथरूम में गया और आधे घंटे तक गर्म पानी में जमकर नहाया। काफ़ी राहत महसूस हुई, हालाँकि शरीर में थकान बरकरार थी और नींद भी हावी होने लगी थी। जब तक मैं सक्रिय था, तब तक किसी शारीरिक तकलीफ़ की ओर ध्यान नहीं गया, लेकिन जैसे ही ज़रा सा आराम का मौक़ा मिला, शरीर के तमाम अंग जवाब देने लगे। सिर के साथ-साथ पैर और पीठ में भी भारी दर्द होना शुरू हो गया था। मैंने दो रोटियाँ और सब्ज़ी खाने के बाद दर्द को दबाने के लिए क्रोसिन की एक गोली खा ली। नानी ने सलाह दी कि अब मैं रातभर सोकर ही सुबह वापस जाऊँ, लेकिन मैंने कहा कि मैं रातभर घर पर नहीं रह सकता। दो घंटे सोकर वापस चले जाऊँगा। नानी ने ज़्यादा बहस नहीं की क्योंकि उनका अन्दाजा था कि मेरी जो हालत थी उसमें अगर मुझे नींद आ गयी तो दो घंटे बाद मैं ख़ुद ही नहीं उठ पाऊँगा और नींद पूरी होने पर ही जागूँगा। मुझे भी इसी बात का डर था इसलिए मैंने दो घंटे बाद का अलार्म लगा दिया। उस वक़्त रात के 11 बज रहे थे और मैंने एक बजे का अलार्म लगाया था। मोबाइल फोन मैंने चार्ज करने के लिए लगा दिया, लेकिन मैंने उसे साइलेंट मोड पर नहीं डाला, क्योंकि ऐसा करने पर मेरे सूत्र मुझसे सम्पर्क नहीं कर पाते।

मैं आँख बन्द करके लेटा ही था कि 10 मिनट बाद मोबाइल फोन की घंटी बजी। नम्बर नोएडा ऑफ़िस का था। नींदभरी आवाज़ में मैंने फोन उठाया। दूसरी ओर असाइनमेंट डेस्क से शिवम लाइन पर था।

''सर एक चैनल ब्रेकिंग न्यूज़ का फ्लैश चला रहा है कि ताज होटल का ऑपरेशन ख़त्म हो गया। जरा चेक कीजिए न। मैंने दीपकजी से भी पता करने को कहा है।''

''ठीक है। पता करता हूँ और ताज के लिए निकलता भी हूँ।''

''ठीक है सर। जरा जल्दी बताइये। अब तो एक और चैनल भी चलाने लगा कि ताज का ऑपरेशन ख़त्म हुआ। सभी आतंकी मारे गये।''

इस फोन ने मेरी नींद उड़ा दी। मैंने तुरन्त अपने सूत्र को फोन लगाया, जो कि ताज होटल के बाहर ही खड़ा था। उसने बताया कि ऑपरेशन अब भी जारी है। तीन आतंकी अब भी जिन्दा हैं और एनएसजी के साथ उनकी मुठभेड़ अब भी ज़ारी है। इस बीच मुझे बैक ग्राउंड में फायरिंग की आवाज़ भी सुनाई दी। सूत्र से इस गुजारिश के साथ मैंने फोन रखा कि ऑपरेशन ख़त्म होते ही मुझसे सम्पर्क करे। कॉल डिस्कनेक्ट होने के बाद मैंने नोएडा में शिवम को फोन लगाया।

''शिवम। दोनों चैनल ग़लत ख़बर चला रहे हैं। ऑपरेशन ज़ारी है। अभी भी

वहाँ फायरिंग हो रही है।''

''हाँ सर, हमने भी दीपकजी के लाइव में अभी-अभी फिर से फायरिंग की आवाज़ सुनी। ऑपरेशन जारी है। उन दोनों चैनलों ने भी ऑपरेशन ख़त्म होने की ख़बर चलानी बन्द कर दी है।''

फोन रखकर मैंने फिर से सोने की कोशिश की। बमुश्किल 20 मिनट भी न बीते होंगे कि फिर से फोन की घंटी बजी। लाइन पर नोएडा से शिवम ही था।

''सर फिर से दो-तीन चैनल ऑपरेशन ख़त्म होने की ख़बर चला रहे हैं। बड़ी देर से फायरिंग की कोई आवाज़ भी नहीं सुनाई दे रही। लगता है इस बार सचमुच ऑपरेशन ख़त्म हो गया। प्लीज कनफर्म कीजिए न।''

मैंने फिर से अपने सूत्र को फोन किया।

फोन उठाते ही उसने कहा, ''यार तुम आराम करो। नहीं ख़त्म हुआ है ऑपरेशन। जैसे ही ख़त्म होगा मैं फोन करूँगा। चिन्ता मत करो।''

चिन्ता कैसे न करता? ताज का ऑपरेशन ख़त्म होना उस वक़्त देश ही नहीं पूरी दुनिया के लिए सबसे बड़ी ख़बर होती। मैंने आराम करने का इरादा छोड़ दिया और फिर पहुँच गया ताज।

रात भर फायरिंग होती रही। आतंकी कभी ताज के एक कोने में आग लगाते, तो कभी दूसरे कोने में। फायर ब्रिगेड ने अपनी तमाम सबसे आधुनिक उपकरण इस ऑपरेशन के लिए लगा दिये थे। विदेशी न्यूज़ चैनलों की टीमों की तादाद भी बढ़ती जा रही थी। कोलाबा की झुग्गियों में रहने वाले कुछ लड़के सीएनएन की महिला पत्रकार से बदसलूकी कर रहे थे। उनमें से कुछ ने शराब पी रखी थी। वो जब भी कैमरे के सामने कुछ बोलने जाती, ये लोग उसकी नकल उतारते हुए उसके पीछे आ खड़े होते या फिर उसके साथ धक्का-मुक्की करते। वो बेचारी उस वक़्त इस भीड़ के सामने बेबस थी। पुलिस से मदद माँगी नहीं जा सकती थी कि वहाँ मौजूद तमाम पुलिसवाले ऑपरेशन में व्यस्त थे। बाकी मीडियाकर्मी भी मदद के लिए सामने नहीं आये, क्योंकि सभी यही सोच रहे थे कि इस बेक़ाबू भीड़ के मुँह लगने का मतलब है एक तो अहम शॉट्स को मिस करना और दूसरा भीड़ से पिटने पर हाथ पैर की हड्डियों के साथ कैमरा तुड़वाने का भी जोख़िम। आख़िर में उस महिला पत्रकार को अपना सामान उठा उस जगह से हटना ही पड़ा।

28 नवम्बर 2008 : सबसे ज़्यादा एक्शन वाला दिन

देखते-देखते रात यूँ ही बीत गयी। इस दौरान मैंने अपने हिन्दी और मराठी चैनलों के लिए न जाने कितने फोनो और लाइव दिये। सुबह हो चुकी थी और तीनों ही ठिकानों पर एनएसजी का ऑपरेशन अब भी जारी था। इस बीच मुझे रिपोर्टर

विलास आठवले का फोन आया कि नरीमन हाउस पर कमांडो हवाई ऑपरेशन करने वाले हैं यानी कि हेलिकॉप्टर के जरिये उस इमारत पर उतरने वाले हैं, जिसमें आतंकी घुसे हैं। इस कमांडो ऑपरेशन को बेहतर तरीक़े से कवर करने के लिए एक से ज़्यादा कैमरों की ज़रूरत पड़ेगी। ये सोचकर मैंने तय किया कि मैं ताज बाकी रिपोर्टरों के हवाले छोड़ नरीमन हाउस की ओर जाऊँगा।

नरीमन हाउस के क़रीब तक पहुँचने के लिए भी काफ़ी संघर्ष करना पड़ा। ताज से नरीमन हाउस बमुश्किल डेढ़ किलोमीटर की दूरी पर है, लेकिन वहाँ तक पहुँचने में हमें आधा घंटा लग गया। दरअसल, पुलिस ने नरीमन हाऊस के इर्द-गिर्द की सड़कों को पूरी तरह से ब्लॉक कर रखा था और किसी को भी आगे नहीं छोड़ा जा रहा था। मैंने पुलिसवालों को अपना परिचय दिया उन्हें समझाने की कोशिश की, लेकिन वे नहीं माने। जो पत्रकार पहले पहुँच गये थे वही ऑपरेशन कवर कर रहे थे। मैंने कोशिश ज़ारी रखी और आख़िरकार को नरीमन हाउस के क़रीब 500 मीटर के फासले पर अपनी कार को छोड़कर मैं कुछ सँकरी गलियों से पैदल ही रास्ता ढूँढ़ता हुआ अपने कैमरामैन के साथ नरीमन हाउस के ठीक सामने वाली एक इमारत पर पहुँच गया। ये 40 साल पुरानी एक इमारत थी और इसमें लिफ्ट भी नहीं थी, इसलिए हमने टूटी-फूटी सीढ़ियों पर चढ़ते हुए छह मंज़िलों के बाद इमारत की छत पर पहुँचे। साँस फूल रही थी, लेकिन दिमाग़ में एक ही सवाल चल रहा था कि क्या यहाँ से हम कमांडो ऑपरेशन ठीक से शूट कर पाएँगे?

इमारत की छत पर आते ही मैंने सीधे नज़रें नरीमन हाउस की ओर दौड़ायीं। नौसेना का सीकिंग हेलिकॉप्टर तेज़ गड़गड़ाहट के साथ नरीमन हाउस के ठीक ऊपर था। शुक्र है मैं वक़्त पर पहुँच गया। नरीमन हाउस के ठीक अगल-बगल की तमाम इमारतों पर काले लिबास में एनएसजी कमांडो निशाना लगाकर खड़े थे। उनके निशाने पर थी एक खिड़की, जिसके भीतर आतंकियों ने एक इजरायली दम्पती को बन्धक बना रखा था। (दरअसल, तब तक इस दम्पती की वे हत्या कर चुके थे।)

हेलिकॉप्टर से तभी एक लम्बी रस्सी निकली और उसके जरिये एक-एक करके करीब आधा दर्जन कमांडो नरीमन हाउस की छत पर उतरे। एक कमांडो रस्सी से उतरते वक़्त अचानक गिर पड़ा और उसके दाहिने पैर में चोट आयी, लेकिन उसने अपना हथियार नहीं छोड़ा और लँगड़ाते हुए एक कोने में जाकर अपनी पॉजीशन ले ली। मैंने चैनल पर फोनो दिया— नरीमन हाउस पर हेलिकॉप्टर के जरिये कमांडो दाख़िल हो चुके हैं और अब उम्मीद जताई जा रही है कि आतंकियों के ख़िलाफ़ कारवाई में तेज़ी आएगी।

पहली खेप के कमांडो को छोड़ने के बाद हेलिकॉप्टर ने दूसरा चक्कर मारा,

जिसमें से और आधा दर्जन कमांडो उतरे। आतंकियों की ओर से हेलिकॉप्टर की ओर गोलियाँ दागी गयीं, लेकिन कमांडो को छोड़ने के बाद हेलिकॉप्टर ने वापसी की राह ले ली थी और उनकी गोलियों के दायरे से दूर पहुँच चुका था।

नरीमन हाउस पर कमांडो के उतरते ही ऑपरेशन ने रफ़्तार पकड़ ली। दोनों ही ओर से ज़बरदस्त गोलीबारी शुरू हो गयी। आतंकियों के अलावा एनएसजी कमांडो भी एक-दूसरे पर हथगोलों के इस्तेमाल कर रहे थे। ये पूरा एक्शन मैं उस इमारत के क़रीब 200 मीटर दूर से शूट कर रहा था। मेरे कैरियर का ये अब तक का सबसे रोमांचक और जोखिमभरा ऑपरेशन था। ये जान लेने पर कि वे चारों ओर से घिर चुके हैं। आतंकी किसी भी ओर फायर कर देते थे। हम उनकी गोलियों के दायरे में थे।

इस ऑपरेशन का पहला टेप लेकर मैं पास खड़ी ओबी वैन तक पहुँचा। रिपोर्टर विलास आठवले भी वहाँ पहुँच चुका था। उसने भी ऑपरेशन की कई बेहतरीन तस्वीरें शूट की थीं। ओबी इंजीनियर कुछ बिस्किट लाये थे, जिन्हें खाकर हमने पानी पिया। इस दौरान सुबोध मिश्रा भी अपना टेप लेकर ओबी वैन पर पहुँच गया। वो नरीमन हाउस के उत्तरी ओर की इमारत से शूट कर रहा था, यानी आतंकियों की टार्गेट की लाइन के ठीक सामने। कमांडो और एनएसजी के बीच आमने सामने की लड़ाई उसने क़ैद की थी। सुबोध ने बताया कि आतंकियों ने उस ओर भी एक हथगोला फेंका था, जहाँ वो अपने कैमरामैन के साथ शूट कर रहा था।

फुटेज अपलिंक करने के बाद मैं फिर छह मंज़िल चढ़ते हुए उसी इमारत की छत पर पहुँच गया जहाँ मैंने पहले शूट किया था। देखा कि पास ही की एक इमारत में उमेश कुमावत भी अपने कैमरामैन के साथ पहुँच गया था। अब नरीमन हाउस के इर्द-गिर्द पर हमारे कुल चार कैमरे हो गये थे और यहाँ चल रही कमांडो कार्रवाई को चार अलग-अलग दिशाओं से कैमरे में क़ैद कर रहे थे। यहाँ ज़्यादा कैमरों की ज़रूरत भी थी क्योंकि जिन तीन ठिकानों पर मुठभेड़ चल रही थी, उनमें सबसे ज़्यादा एक्शन उस वक़्त नरीमन हाउस में ही दिख रहा था। छत से मैंने नीचे गली की ओर निगाह डाली। पुलिस के वाहन, एम्बुलेंस और फायर इंजन कतार में खड़े थे। एक करीब 25 साल का गोरा युवक मोबाइल फोन पर बात करते हुए नरीमन हाउस के बाहर खड़ा था। उसके चेहरे पर बदहवासी थी। बेचैनी की वजह से वो कभी गली के एक कोने पर चला जाता, तो क़भी दूसरे कोने पर। एक गोरे आदमी को इस तरह परेशान होकर इधर-उधर घूमते देख छत पर मौजूद बच्चे उसका मज़ाक उड़ा रहे थे, तभी इमारत में रहने वाले एक बुज़ुर्ग ने उन्हें डाँट कर भगाया। वो बुज़ुर्ग हमारे लिए पानी लेकर आया था। उसने बताया कि ये गोरा युवक इजरायली है और इजरायली कंस्यूलेट से जुटा है। परसों रात जब हमला हुआ, तो ये नरीमन हाउस

में बँधक बनाये गये लोगों से फोन पर सम्पर्क में था, लेकिन अब इनकी उनसे कोई बात नहीं हो पा रही इसलिए ये ज़्यादा परेशान है। वाकई उसकी हालत बड़ी दयनीय थी।

मुझे नोएडा से फोन आया कि मैं तुरन्त ओबरॉय होटल पहुँचूँ क्योंकि रिपोर्टर उपेन्द्र राय वहाँ से पोर्ट ट्रस्ट के दफ़्तर जा रहा है और फिर मयंक वहाँ पर अकेला रह जाएगा। उपेन्द्र की कोशिश थी कि वो पोर्ट ट्रस्ट के अपने सूत्रों की मदद से उस जहाज़ कुबेर की तस्वीरें शूट कर ले, जिसको अगवा करके आतंकी मुम्बई के पास तक पहुँचे थे और उसके बाद सफर का आख़िरी हिस्सा छोटी मोटरबोट में तय किया था।

निर्देश के मुताबिक मैं ओबेरॉय होटल पहुँचा। वहाँ का मंजर भी भयानक था। होटल को चारों तरफ़ से पुलिस ने घेर लिया था और पुलिस के इस घेरे के बाहर थी सैकड़ों लोगों और मीडिया की भीड़। एक्सप्रेस टावर की ओर वाले गेट से होटल में फँसे लोगों को निकाला जा रहा था। निकाले जा रहे लागों में कई भारतीय और विदेशी सभी तरह के लोग थे। कई रो रहे थे, तो कई काँप रहे थे। कइयों के कपड़े ख़ून से सने थे, तो कई ऊपरवाले को शुक्रिया अदा करते हुए प्रार्थना कर रहे थे। जैसे ही कोई शख़्स बाहर निकल जाता, बाहर खड़ी मीडिया की टीमें भूखे गिद्धों के समूह की तरह उन पर टूट पड़तीं। सभी मीडियाकर्मी एक दूसरे को धकेलते हुए बचाये गये व्यक्ति के हाव-भाव क़रीबी से शूट करने के लिए उठापटक कर रहे थे। कुछेक अति उत्साही युवा टीवी रिपोर्टर बूम माइक उनके चेहरे पर तान कर सवाल दाग रहे थे, लेकिन उन बेचारों की जुबान से आवाज़ कहाँ निकल पाती, जो पिछले दो दिनों से मौत के साये में थे। उस दिन दो ऐसे मौक़े आये जब मैंने ख़ुद को मीडिया की जमात में पाकर शर्मिंदगी महसूस की। ऐसा लग रहा था कि मीडिया की ये भीड़ उनसे कह रही हो... बच्चू आतंकियों से तो बच गये, हमसे कैसे बचोगे। मैं वहाँ मौजूद मीडियाकर्मियों को दोष नहीं देता हूँ। वे जो कह रहे थे वो इस क़ारोबार का सिस्टम उनसे करवा रहा था। ये वो सिस्टम था, जहाँ संवेदनहीनता थी, गलाकाट प्रतिद्वन्द्विता थी और अपरिपक्वता थी। पिछले छह-सात सालों में इलेक्ट्रोनिक मीडिया का तेजी से प्रसार तो हुआ, लेकिन उसी रफ़्तार से ये माध्यम अपनी सीमाएँ नहीं तय कर सका। प्रेस की आज़ादी के नाम पर जिसको जो ठीक लगा वो करता गया।

ख़ुद के टीवी पत्रकार शर्मिंदगी का दूसरा मौक़ा उसी दिन 2 बजे फिर आया, जब कुछ प्रतिष्ठित टीवी चैनलों ने सीएसटी, जीटी अस्पताल और मेट्रो सिनेमा पर फायरिंग की अफवाह को ख़बर बनाकर पेश किया और पूरी मुम्बई को फिर एक बार आतंकित कर दिया। मुझ पर बड़ा दबाव था कि जल्द-से-जल्द इस ख़बर को

चलवाऊँ, लेकिन जब तक मैंने ख़ुद सभी ठिकानों पर जाकर तसल्ली न कर ली कि कोई फायरिंग नहीं हुई है, मैंने ख़बर नहीं चलने दी। अगला बुलेटिन मेरे फोनो से खुला कि मुम्बई में कहीं कोई फायरिंग नहीं हुई है। दरअसल सीएसटी स्टेशन पर मुख्य दरवाजे के पास लगा Door Frame Metal Detector (DFMD) गिर गया था और उसकी आवाज़ की वजह से पहले से सहमे लोगों को लगा कि शायद फिर फायरिंग हो गयी है और मुसाफिरों में भगदड़ मच गयी। धीरे-धीरे इस भगदड़ में शामिल लोगों ने अनजाने में अफवाह फैलाना शुरू कर दिया और कई चैनलों ने बिना ख़बर को कन्फर्म किए उसे चला दिया। कुछ चैनलों की ओर से चलायी जा रही इस ग़लत ख़बर के प्रसार को रोकने के लिए महाराष्ट्र सरकार ने केबल ऑपरेटरों पर दबाव डाल कर क़रीब घंटेभर के लिए सभी न्यूज़ चैनलों का प्रसारण मुम्बई के कई इलाक़ों में रुकवा दिया।

दोपहर होते-होते ख़बर आयी कि ओबेरॉय और नरीमन हाउस का ऑपरेशन ख़त्म हो चुका है। नरीमन हाउस के ऑपरेशन में एनएसजी के हवलदार गजेन्द्र सिंह शहीद हो गये थे। दोनों ठिकानों पर आतंकियों के मारे जाने से ताज होटल के बाहर तैनात सुरक्षाकर्मी भी ख़ुश थे, लेकिन ताज में लड़ाई अभी भी ज़ारी थी। शाम होते-होते एनएसजी ने ताज होटल की तमाम ऊपरी मंज़िलों पर कब्ज़ा जमा लिया और आतंकी अब निचली मंज़िल की ओर आ रहे थे। छह बजे के क़रीब आतंकी पहली मंज़िल तक उतरने को मजबूर हो गये, लेकिन उन्होंने फायरिंग और हथगोले फेंकना ज़ारी रखा। हमारे कैमरे जिस ओर लगे थे, उसके ठीक सामने की एक खिड़की से तेज़ धुआँ निकलने लगा और कुछ देर में वहाँ से आग की लपटें दिखाई देने लगीं। आतंकियों ने उस कमरे को आग लगा दी थी। मैं और दूसरे टीवी पत्रकार अपने कैमरे से ये पूरी घटना लाइव दिखा रहे थे। हमारे पीछे तमाशबीन जनता की भी बड़ी भीड़ खड़ी थी। अचानक सामने की ओर एक ज़ोरदार धमाका हुआ और मेरे बगल में रखे एक विदेशी चैनल के ट्राइपोड (कैमरा स्टैंड) से चिनगारियाँ निकलीं। वहाँ भगदड़ मच गयी। मीडिया टीमों के पीछे खड़े लोग भाग खड़े हुए। सभी मीडियाकर्मी लेट गये। दरअसल, आतंकियों की गोलियाँ एस जी के साथ हो रही मुठभेड़ के दौरान मीडियाकर्मियों की ओर निकलीं थी और उनकी ओर से फेंके गये हथगोले से कुछ छर्रे पीछे खड़े लोगों में से एक महिला को जा लगे थे। भीड़ में मौजूद कुछ लोग ही उसे अस्पताल ले गये। अब आतंकियों की राइफलों का मुँह चूँकि मीडियाकर्मियों की ओर था इसलिए सुरक्षा की खातिर लेटकर रिपोर्टिंग करना ज़रूरी हो गया। लेकिन मेरे साथ एक समस्या थी। मेरे बगल में ही एक वरिष्ठ टीवी पत्रकार थे, जिन्हें गुटखा खाने की आदत है और पिछले चन्द घंटों में उन्होंने अपनी पीक से गेटवे ऑफ इंडिया की ज़मीन का रंग लाल कर दिया था। अब इस नरक

में मैं कैसे लेटकर रिपोर्टिंग करता? उस वक़्त आतंकियों की गोलियाँ झेलना इस नरक में लेटने से बेहतर लग रहा था। मैं हाथ में माइक पकड़कर बैठा ही रहा। इस दौरान चैनल पर ब्रेक हुआ, तो मैंने देखा कि जिन वरिष्ठ पत्रकार ने अपनी पीक से इलाक़े को रंगीन किया था, वे ख़ुद भी उसी में लेट गये और उनके शर्ट पर भी पीक की वजह से डिजाइन बन चुकी थी। पुलिसवालों और बाक़ी मीडियाकर्मियों ने चिल्लाना शुरू किया... लेट जाओ... लेट जाओ... मरना है क्या? मैं बड़ी ऊहापोह में पड़ गया। करूँ तो क्या करूँ। तभी ख़ुशनसीबी से मेरे कैमरामैन अजीत क़दम को मेरी परेशानी समझ आयी। उसने तुरन्त ही एक अख़बार के कुछ पन्ने मेरी ओर बढ़ाते हुए उस वरिष्ठ टीवी पत्रकार की ओर देखकर मुस्कराया और अपने माथे पर हाथ रख लिया। अख़बार मिलने से बड़ी राहत हुई और मैं उस अख़बार को बिछाकर लेट गया और लेटकर ही रिपोर्टिंग करने लगा। मेरी इस हरकत से वहाँ मौजूद सभी पत्रकारों और पुलिसवालों को पूरा माजरा समझ में आ गया और वे उन वरिष्ठ पत्रकार की ओर देखकर हँसने लगे।

शाम हो चली थी, लेकिन ताज का ऑपरेशन ख़त्म नहीं हुआ था। मेरी हालत ख़राब हो रही थी। नींद और थकावट बुरी तरह से शरीर पर हावी होने लगी थी। साथियों ने सलाह दी कि मैं घर चला जाऊँ और कुछ देर आराम कर लूँ। उनकी सलाह मुझे ठीक लगी, क्योंकि अगर मैं आराम कर आया तो एक-एक कर बाक़ी साथियों को भी आराम करने का मौक़ा मिलेगा पता नहीं ऑपरेशन कब तक चले। रात 11 बजे के क़रीब मैं फिर नानी के घर लौटा। नहा कर मैंने माथे पर बाम रगड़ी, क्योंकि भारी सिरदर्द हो रहा था। सुबह छह बजे का अलार्म लगाकर मैं सोने के लिए लेटा ही था कि फिर फोन बजने लगा। कभी नोएडा से फोन आता तो कभी किसी पुलिसवाले या फिर किसी अख़बार के पत्रकार का। ऐसे मौके पर मैं फोन बन्द भी नहीं रख सकता था। सुबह करीब तीन बजे मेरी आँख लगी। अलार्म ने छह बजे नींद तोड़ी लेकिन शरीर साथ नहीं दे रहा था। उठते-उठते पौने सात बज गये। कुछ देर और सोने का मन कर रहा था, लेकिन जेहन में ये बात भी थी कि वे बाक़ी साथी जो रातभर जागकर रिपोर्टिंग कर रहे थे, उन्हें भी आराम का मौक़ा देना है। मेरे अपने ममेरे भाई महेश की मोटरसाइकिल से ताज की ओर निकला और इसी बीच मोबाइल पर ख़बर आयी कि ताज का ऑपरेशन पूरा हो गया है।

ताज पर दीपक चौरसिया और उमेश कुमावत लाइव कर रहे थे। मैंने जाकर उनको रिलीव किया। ये तय किया गया कि सुबह के बुलेटिनों की एंकरिंग ताज से ही की जाएगी। एंकरिग के दौरान मैंने ऑपरेशन के ख़त्म होने और हेमन्त करकरे, हवलदार गजेन्द्र सिंह और मेजर सन्दीप उन्नीकृष्णन के अन्तिम संस्कार की ख़बरों पर चैट किया। हेमन्त करकरे को अन्तिम विदाई देने के लिए तमाम पुलिसवालों

के अलावा मुम्बई की जनता भी बड़ी तादाद में शवयात्रा में शरीक हुई।

तीनों ही जगहों का ऑपरेशन ख़त्म हो चुका था। मैंने एक-एक कर सभी रिपोर्टरों को घर भेज दिया। इस बीच मुझे याद आया कि आज 29 नवम्बर है और मुझे लखनऊ में होना चाहिए था। मैंने सोचा कि अगर इतने कम वक़्त में शाम की फ्लाइट का टिकट मिलता है, तो मैं लखनऊ जाकर शादी में शरीक हो पाऊँगा। एक और दिक़्क़त मेरे सामने थी—लखनऊ जाने के लिए मिलिन्दजी से इजाजत लेने की। हालाँकि मेरी पूरी टीम ने इस कवरेज को बेहतरीन ढंग से करने में कोई कसर नहीं छोड़ी थी और हम बाक़ी सबके मुकाबले तेज़ी से और सही खबरें दे रहे थे, लेकिन काम अभी पूरी तरह से ख़त्म नहीं हुआ था। अब फॉलोअप ख़बरों पर काम करना था। घायलों, चश्मदीदों और पुलिसवालों के ऐसे क़िस्से ढूँढ़ने थे, जो पिछले तीन दिनों में सामने नहीं आ पाये थे। इस हालत में मिलिन्दजी से छुट्टी माँगते वक़्त अन्तरात्मा साथ नहीं दे रही थी। दूसरी ओर घर का भी दबाव था और अब चूँकि ऑपरेशन ख़त्म हो गया था इसलिए मैं बहाना भी नहीं बना सकता था। इस दौरान मैंने उमेश से बात की और उसने सलाह दी कि मैं लखनऊ चला जाऊँ फॉलोअप कवरेज को वो कोर्डिनेट कर लेगा। मैंने मिलिन्दजी को दोपहर 1 बजे फोन किया और हिचकिचाते हुए कहा कि मुझे कल शाम तक के लिए छुट्टी चाहिए। जब मैंने कारण बताया, तो वे मना नहीं कर सके। मिलिन्दजी से मंजूरी मिलने के बाद मैंने विमान के टिकट बुक करा लिये और अपनी पत्नी को फोन करके कहा कि वो पैकिंग कर ले मैं तीन बजे तक घर पहुँचूँगा पाँच बजे की फ्लाइट से निकलना है।

घर पहुँचने से पहले मैंने और भी स्टोरी की। मैं डीबी मार्ग पुलिस थाने चला गया और वहाँ उस एनकाउंटर टीम के सभी सदस्यों के साथ इंटरव्यू किया, जिसने चौपाटी पर आतंकी इस्माइल को मारा था और कसाब को जिन्दा पकड़ा था। मुझे वहाँ पाकर ये पुलिस अधिकारी काफ़ी ख़ुश हुए, क्योंकि तीनों ही ठिकानों पर ऑपरेशन ख़त्म होने के बाद उस दिन हर ओर एनएसजी की ही जयजयकार हो रही थी एक अधिकारी ने हाथ मिलाते हुए कहा, ''आप पहले रिपोर्टर हो, जो हमारे काम के बारे में बताने के लिए आये हो। हमारा एक कांस्टेबल तुकाराम ओंबले परसों रात के एनकाउंटर में मारा गया। संजय गोहिलकर साहब के कमर में गोली लगी है। वो अस्पताल में हैं।''

वाकई इस टीम ने क़ाबिले तारीफ़ काम किया था। अगर इन्होंने चौपाटी पर उन आतंकियों को न रोका होता, तो वे आगे मालाबार हिल की ओर जाकर अपना ख़ूनी खेल खेलते और अगर इन्होंने अजमल कसाब को ज़िन्दा न पकड़ा होता, तो इस पूरी साजिश का खुलासा न हो पाता और न ही पाकिस्तान की भूमिका के बारे

में जानकारी मिल पाती।

एनकाउंटर टीम का इंटरव्यू करने के बाद मैं दफ़्तर लौटा, जहाँ पर डॉक्टर तूली मंगेशीकर को मराठी चैनल की ओर से अपना अनुभव बताने के लिए बुलाया गया था। डॉ. तूली मंगेशीकर अपने पति के साथ उस रात एक शादी में शरीक होने के लिए ताज होटल गयी थीं। आतंकी हमले के बाद वो घंटों वहाँ फँसी रहीं। इस दौरान उन्होंने गोली लगने से घायल एक आदमी का इलाज भी किया। मैंने हिन्दी में इस डॉक्टर दम्पती का इंटरव्यू कर नोएडा भेज दिया। उस दिन की मेरी व्यावसायिक व्यस्तता यहीं ख़त्म हुई और अब बारी थी घर की ज़िम्मेदारियों से निपटने की।

मैं शाम को लखनऊ की फ्लाइट लेकर शादी में पहुँचा। रातभर शादी अटेंड की और अगली सुबह कानपुर गया, जहाँ कुछ देर तक अखंड रामायण के पाठ में शरीक हुआ। उसी शाम पत्नी को कानपुर में ही छोड़ शाम की फ्लाइट लेकर मैं वापस मुम्बई लौट आया और हमले की फॉलोअप स्टोरिज करने में जुट गया।

पुलिस, पत्रकार और सरकार— उन तीन दिनों ने सभी को काफ़ी कुछ सिखाया। दस पाकिस्तानी लड़कों ने आकर हमारे पूरे देश को हिला दिया और हमारी तमाम व्यवस्थाओं की पोल खोल दी। उन्हें ख़त्म करने के लिए हमने अपने सबसे ज़्यादा प्रशिक्षित और तेज़ कमांडो भेजे, लेकिन उन्हें भी इन दहशतगर्दों को मारने में तीन दिन लग गये और वो भी अपने दो साथियों की शहादत के बाद। ये लड़ाई हम जीतकर भी हारे हैं।

सरहद पार की यादें वाया हुस्ना

शिवेन्द्र कुमार सिंह

इस संस्मरण को मैंने दो हिस्सों में लिखा है। मेरी चुनौती की दो शक़्लें हैं— पहली भावनात्मक चुनौती और दूसरी पेशे की चुनौती। मैंने 2004 से लेकर अगले दो साल में चार पाकिस्तान दौरे किये हैं, पाकिस्तान के तमाम रास्ते, तमाम गलियाँ मुझे याद हैं। पाकिस्तान में कुछ दुकानें ऐसी हैं, जहाँ मेरा 'उधार' चलता था। कई ऑटो वाले फुटकर ना होने की सूरत में ये कहकर चले जाते थे कि अगली बार दे देना मियाँ। संस्मरण का दूसरा हिस्सा पेशेवर चुनौतियों का है, और पहला हिस्सा उन चुनौतियों का, जो तब तक यूँ ही बनी रहेंगी, जब तक पाकिस्तान का पाँचवाँ दौरा करने का मौक़ा ना मिल जाए। ख़ैर, जाने-माने गीतकार और अभिनेता पीयूष मिश्रा से माफ़ी माँगते हुए (उनसे इजाज़त नहीं ले पाया) उनकी कुछ लाइनें—

लाहौर के उस पहले जिले के /दो परगना में पहुँचे /रेशम गली के दूजे कूचे के /चौथे मकाँ में पहुँचे /कहते हैं जिसको दूजा मुल्क /उस पाकिस्तान में पहुँचे /लिखता हूँ खत मैं हिन्दुस्ताँ से /पहलू-ए-हुस्ना में पहुँचे /ओ हुस्ना... /मैं तो हूँ बैठा /ओ हुस्ना मेरी, यादों पुरानी में खोया /पल-पल को गिनता /पल-पल को चुनता /बीती कहानी में खोया /पत्ते जब झड़ते हिन्दुस्ताँ में /बातें तुम्हारी ये बोलें /होता उजाला जब हिन्दुस्ताँ में /यादें तुम्हारी ये बोलें /ओ हुस्ना मेरी ये तो बता दो /होता है ऐसा क्या उस गुलिस्ताँ में /रहती हो नन्ही कबूतर-सी गुम तुम जहाँ /ओ हुस्ना... /पत्ते क्या झड़ते हैं, पाकिस्तान में वैसे ही /जैसे झड़ते यहाँ /ओ हुस्ना... /होता उजाला क्या वैसा ही है /जैसा होता है हिन्दुस्ताँ में... हाँ /ओ हुस्ना... /वो हीर के राँझों के नगमे मुझको /हर पल आ-आ के सताएँ /वो बुल्ले शाह की तकरीरों के /झीने-झीने से साये /वो ईद की ईदी, लम्बी नमाजें, सेवइयों की झालर /वो दीवाली के दीये, संग में बैसाखी के बादल /होली की वो लकड़ी जिसमें /संग-संग आँच लगायी /लोहड़ी का वो धुँआ जिसमें /धड़कन है सुलगायी /ओ हुस्ना मेरी /ये तो बता दो /लोहड़ी का धुआँ क्या अब भी निकलता है /जैसे निकलता था, उस दौर में हाँ... वहाँ /ओ हुस्ना /हीरों के राँझों के नगमे

/क्या अब भी सुने जाते हैं वहाँ /ओ हुस्ना /रोता है रातों में पाकिस्तान क्या वैसे ही /जैसे हिन्दुस्तान /ओ हुस्ना /पत्ते क्या झड़ते हैं क्या वैसे ही /जैसे कि झड़ते यहाँ /होता उजाला क्या वैसे ही /जैसा होता है हिन्दुस्ताँ में... हाँ /ओ हुस्ना... !

पीयूष भाई की ये लाइनें जब पहली बार सुनी थीं तो रोंगटे खड़े हो गये थे। आज क़रीब आठ-नौ साल बाद जब दोबारा मुम्बई में अपने एक दोस्त हनी त्रेहान से इन लाइनों को फोन पर नोट किया तो एक बार फिर रोंगटे खड़े हो गये। पता चला कि पीयूष भाई अस्पताल में हैं, इसलिए उन्हें फोन करके परेशान ना करने का फैसला किया और सोच लिया कि चुनौतियों से भरे अपने संस्मरण की शुरुआत इन्हीं लाइनों से करूँगा। इन्हीं लाइनों से इसलिए, क्योंकि पाकिस्तान और भारत में जिस तरह के ताजा हालात हैं, उनमें अब हाल-फिलहाल पाकिस्तान जाना मुमकिन नहीं दिखता। दूसरी बड़ी बात ये भी है कि जिस तरह से आतंकवाद ने पाकिस्तान के तमाम शहरों को अपनी चपेट में ले रखा है, उससे वहाँ जाने की हिम्मत जुटाना भी आसान नहीं होगा। 2004 से लेकर 2006 के बीच जो चार पाकिस्तान दौरे किये उनमें कोई 'हुस्ना' तो नहीं मिली। लेकिन रिश्तों की गहराइयों के लिहाज से कई ऐसे माँ-बाप, दोस्त-भाई और बहनें मिलीं, जिनका पूरा पता मेरे पास नहीं। कइयों के टेलीफोन नम्बर तक नहीं... और कुछ के बस चेहरे भर याद हैं— उनके नाम तक याद नहीं। हालात दिन-ब-दिन ख़राब होते जा रहे हैं और सुधार के आसार भी नज़र नहीं आते। इसीलिए मेरी हालत पीयूष भाई की कविता के उस नायक की तरह ही है, जो अपनी हुस्ना को ढूँढ़ रहा है। और मैं उस 'हुस्ना' के बहाने अपनी जान-पहचान के कई चेहरों को।

क़रीब छह साल होने वाले हैं, जब पहली बार पाकिस्तान के दौरे पर गया था। क्रिकेट सीरीज कवर करने। बड़ी अहम सीरीज थी वो, भारतीय टीम चौदह साल बाद पाकिस्तान का दौरा कर रही थी। उस दौरे के लिए लाहौर पहुँचने के बाद से लेकर घर वापस लौटने तक हर मिनट एक चुनौती की तरह था। वीजा की चुनौती, स्टोरीज की चुनौती, और भी ऐसी कई चुनौतियाँ, जो शायद लिखी नहीं जा सकतीं, उन्हें वहाँ जाने पर सिर्फ़ महसूस किया जा सकता है। ख़ैर, उसके बाद चार बार पाकिस्तान गया। हर बार पाकिस्तान का एक नया चेहरा देखा, और यक़ीन मानिए मेरे लिए अब भी उन्हीं चेहरों को भूलने की चुनौती है, जिन्हें मैं भूल नहीं सकता।

लाहौर में धमाका, रावलपिंडी में धमाका, पेशावर में धमाका, कराची में धमाका, मुल्तान में धमाका, इस्लामाबाद में धमाका... बेनजीर भुट्टो की हत्या, श्रीलंका की क्रिकेट टीम पर दिनदहाड़े हमला। आये दिन होने वाली आतंकी घटनाएँ, आये दिन मरते बेगुनाह, आये दिन बिछड़ते लोग, आये दिन मरती इनसानियत। क्या हो रहा है ये और क्यों हो रहा है ये... इस पर तो पूरी दुनिया

की निगाहें हैं... पर मेरी निगाहें हैं अपने उन दोस्तों की ख़ैरियत जानने में, जो पिछले चार दौरों में मुझे मिले। मेरे दोस्त बने। आज कुछ के नम्बर मेरे पास हैं, कुछ के नहीं। कैसे पता करूँ उनकी ख़ैरियत, जिनके नम्बर मेरे पास नहीं हैं। कुछ की तस्वीरें भी मेरे पास हैं, पर वो कहाँ है... नहीं मालूम।

लाहौर के कलमा चौक पर जो मिनी गॉल्फ क़्लब है, उसके रज़ा भाई कैसे हैं? कराची में वो जो टैक्सी वाला हमें बीच घुमाने ले गया था, वो कैसा है? मुल्तान में स्टेडियम के बाहर खड़ा वो रिक्शावाला, जिसने ये जानने के बाद कि हम हिन्दुस्तान के हैं— हमसे पैसे नहीं लिये। पेशावर में शाहरुख खान के नाम की क़सम खाने वाला हमारा होटल वाला कैसा है... सरहद पार आये दिन होने वाले धमाकों के बाद जाने कितने ऐसे चेहरे आँखों के सामने घूमने लगते हैं, जिनके बस चेहरे याद हैं और उनके साथ हुई मुलाकात।

आइए, आपको रज़ा खान से मिलाता हूँ। कद यही कोई 6 फीट 3 इंच... पठान, गठीला बदन— कमर में अति अत्याधुनिक रिवाल्वर लगाये रज़ा खान किसी ऑफिसर से कम नहीं दिखते। उम्र रही होगी यही कोई पचास-बावन साल। लाहौर का एक व्यस्त चौराहा है— कलमा चौक। वहीं है मिनी गॉल्फ क्लब। वहीं के चीफ सिक्योरिटी ऑफिसर थे रज़ा खान। उसी गॉल्फ क्लब के सामने हमारा काम करने का अड्डा था। गॉल्फ क्लब हम इसलिए चले जाते थे, क्योंकि वहाँ छोले के साथ आलू चाट खाने को मिल जाया करती थी, जो शुरू-शुरू में हमारा डिनर था। रज़ा भाई से मुलाकात क्या हुई, हमारे कई काम आसान हो गये। क्या करना चाहिए और क्या नहीं करना चाहिए कि एक छोटी-सी लिस्ट उन्होंने हमें बता दी, और ये वायदा ले लिया कि जब तक हम लाहौर में हैं, उनसे मिलने ज़रूर जाएँगे। रज़ा भाई की बड़ी ख़्वाहिश थी कि वो हिन्दुस्तान आएँ, कई बार उन्होंने ये इच्छा जतायी कहने लगे सुना है कोई बीमार हो, तो हिन्दुस्तान आने का वीजा मिल जाता है। शादी का न्यौता आ जाये, तो वीजा मिल जाता है। ख़ैर, 2004 में हम अक्सर उनसे मिलने जाते थे, उस दौरे से लेकर अगले दौरे तक हम लोग सम्पर्क में थे। कभी मैं उन्हें फोन कर लिया करता था। कभी वो मुझे फोन कर लिया करते थे। बातचीत से ऐसा लगता था कि अब हमारी जान-पहचान अच्छी हो चुकी है। पर, अगली दफे जब मैं पाकिस्तान पहुँचा और उनसे मिलने गया, तो वो मुझे पहचान नहीं पाये। मुझे बहुत ग़ुस्सा आया, मैंने तुनक कर कहा, 'अभी जो माउज़र आपने लगायी है ना उसी से शूट कर दूँगा। उन्हें सब कुछ याद आ गया, मेरा नाम... मेरा चैनल, और उन्होंने गले लगा लिया। हम लोग बैठे, साथ में कुछ खाया-पीया... फिर मैंने उनसे कहा कि मुझे कुछ चीज़ें ख़रीदनी हैं और उसमें चमड़े का एक जूता भी शामिल है। रज़ा भाई ने एक लड़के को आवाज़ दी, कहा कि मेरे कमरे में कुछ

जूते पड़े हैं उन्हें ले आओ। जूते आ गये। जैसे ही जूते आये, मुझसे उम्र में क़रीब 20 साल बड़े रज़ा भाई नीचे बैठ गये, ठीक वैसे ही जैसे अगर आप जूते ख़रीदने की दुकान पर जाएँ तो सेल्समैन करते हैं... मैंने हाथ जोड़ लिये, मैं खड़ा गया, मैंने कहा, रज़ा भाई क्यों गुनाह करवा रहे हो, क्या चाहते हो आप...।

पर रज़ा भाई मेरे सामने हाथ जोड़कर खड़े हो गये, उनकी आँखें भर आयीं थीं, वो कुछ बोले नहीं पर उनकी आँखें यही कह रही थीं कि मैं बैठ जाऊँ... मैं बैठ गया, रज़ा भाई ने अपने हाथों से मेरा जूता उतारा, मुझे नये जूते पहनाये... और खड़े तब हुए, जब मेरे पैर में एक जूता बिल्कुल सही आ गया। वो खड़े हुए, तो मैंने बढ़कर उनके पैर छू लिये। इस बार रज़ा भाई आँसुओं को रोक नहीं पाये, ख़ूब रोये। कहने लगे, बस यही चाहत है कि एक बार हिन्दुस्तान घूमने का मौक़ा मिल जाए। मैंने पूछा आपने मेरे जूते उतारकर मुझे क्यों शार्मिन्दा किया, कहने लगे— "मियाँ तुम जानते नहीं हो, ये जूते मैं अपने अब्बा के लिए लाया था, उन्हें भी तो मैं अपने ही हाथों से पहनाता... फिर तुम अब बस इन्हें ले जाओ... कुछ बोले तो माउज़र से शूट कर दूँगा।" इस बार उनके हाथ कमर पर थे, और चेहरे पर थोड़ी मुस्कराहट। मैं चला आया, अब रज़ा भाई का जो नम्बर है, वो नहीं लगता... मैंने किसी के जरिये पता किया था कि रज़ा भाई कैसे हैं, पता चला कि अब वो गॉल्फ क्लब रोजाना नहीं आते। अपना ख़याल रखिएगा रज़ा भाई...।

मेरे कुछ और मित्र थे, लाहौर के ही। ग्वाल मंडी की फूड स्ट्रीट पर स्टोरी करनी थी, तब उनसे मुलाकात हुई थी। फूड स्ट्रीट पर स्टोरी करने का दिलचस्प आइडिया दिमाग़ में आया था। कोशिश ये थी कि पाकिस्तान की कुछ लड़कियाँ अगर हमारे साथ फूड स्ट्रीट में जाएँ, और हमें वहाँ के पकवानों के बारे में बताएँ, तो एक शानदार स्टोरी हो सकती है। अनवर भाई से उसी स्टोरी के सिलसिले में मुलाकात हुई थी। स्टोरी का एंगल बताया तो हँस कर कहने लगे— "मैं अपनी मंगेतर को बोल देता हूँ, वो अपनी बहनों के साथ आ जाएँगी। हमने उनसे पूछा कि उन्हें कोई दिक़्क़त तो नहीं होगी, क्योंकि हमें फूड स्ट्रीट पहुँचने में थोड़ी देर होगी, दरअसल उससे पहले एक और स्टोरी लाइन-अप थी। जवाब मिला, "हुजूर आप पहुँचने से पहले फोन कर दीजिएगा, हम लोग आ जाएँगे, हिन्दुस्तान से कोई भाई आये तो उसके लिए तो हम रात तीन बजे भी आ जाएँगे।" वो स्टोरी हमने की, हर किसी को उस स्टोरी का अन्दाज बेहद पसन्द आया। ख़ुदा जाने, अनवर भाई इन दिन दिनों कहाँ हैं। लाहौर में, कराची में, पेशावर में या कहीं और।

ऐसे ना जाने कितने क़िस्से हैं, कितने चेहरे हैं, जो हर रोज़ दिमाग़ में आते हैं। फिर चले जाते हैं। बड़ी ख़्वाहिश थी कि एक बार मैं पूरे परिवार के साथ पाकिस्तान जाऊँगा, कहने को मेरी वहाँ कोई जड़ें नहीं— कोई रिश्तेदार नहीं, पर सच पूछिए

तो तमाम क़िस्से हैं... तमाम यादें हैं। दिल और दिमाग़ के एक कोने में बहुत कुछ है।

चलिए पेशे की चुनौतियों की यादें भी ताज़ा कर ली जाएँ। शायद आपकी दिलचस्पी इन बातों को जानने में भी हो कि मैं आख़िर पाकिस्तान पहुँचा कैसे... 2004 में तकरीबन 14 साल बाद भारतीय क्रिकेट टीम के पाकिस्तान दौरे को मंजूरी मिली थी। मंजूरी शब्द का इस्तेमाल यहाँ इसलिए ज़रूरी है, क्योंकि ये मंजूरी गृह मन्त्रालय से मिली थी, इससे पहले सुरक्षा विशेषज्ञों की एक टोली ने पाकिस्तान जाकर बाकायदा सुरक्षा इन्तजामों का जायजा लिया था। ये दौरा मार्च में शुरू होना था, जिसमें 3 टेस्ट मैच और 5 वन डे मैच खेले जाने थे। इस दौरे की कवरेज के लिए सभी टीवी चैनलों ने ज़ोरदार तरीके से तैयारी की थी। मैं उन दिनों जी न्यूज़ में था। एक रोज़ बॉस ने बुलाया और इस दौरे के लिए मुझे, एक और सहयोगी अनिमेष चौधरी और दो कैमरामैन को एक्रीडीटेशन के लिए आवेदन करने को कहा।

सीरीज को कवर करने के लिए वाया बीसीसीआई हम सभी ने एक्रीडीटेशन फॉर्म भर दिया था। कुछ रोज़ बाद, पाकिस्तान क्रिकेट बोर्ड ने मेरे और अनिमेष के नाम की मंजूरी तो दे दी लेकिन साथ-ही-साथ ये जानकारी भी मिली कि इस दौरे के लिए किसी भी निजी चैनल को कैमरामैन और कैमरा ले जाने की इजाजत नहीं होगी। ये तय हुआ कि हम पाकिस्तान पहुँचकर कोई लोकल कैमरामैन ढूँढ़ेंगे।

यहाँ एक छोटी-सी जानकारी देना ज़रूरी है, वो ये कि 2003 के पहले मैं आउटपुट टीम का हिस्सा था। यानी मेरे ज़िम्मे देश के हर कोने से आने वाली संवाददाताओं की रिपोर्टेस को दर्शकों तक पहुँचाने का काम था, पर जब 2003 वर्ल्ड कप के दौरान एक नयी खेल डेस्क बनाई गयी, तो मुझे उसमें रखा गया। साल ख़त्म होते-होते ऑस्ट्रेलिया दौरे को कवर करने को भी कहा गया। पर तब मेरे पास पासपोर्ट नहीं होता था। जब पासपोर्ट ना होने की जानकारी मैंने अपने तत्कालीन बॉस को दी, तो उन्होंने ख़ूब डाँटा। बोले, ''इलाहाबाद में संगम पर नाव चलाओ या किराने की दुकान खोल लो। तुम्हें पत्रकार बनने का कोई अधिकार नहीं है।'' ख़ैर, वो मौक़ा हाथ से निकल गया तो जल्दी ही दूसरा मिला, ख़बर और दौरे की अहमियत के लिहाज से ऑस्ट्रेलिया से कहीं बड़ा दौरा पाकिस्तान का था और मैं पासपोर्ट बनवा चुका था। तत्काल सेवा में। यानी अब ना तो मुझे संगम किनारे नाव चलानी थी और ना ही किराने की दुकान खोलनी थी, अब मुझे रिपोर्टिंग करनी थी।

मेरे पाकिस्तान दौरे पर जाने की बात पापा-मम्मी को मालूम हुई, तो उन लोगों ने थोड़ी शंकाएँ भी जाहिर की। पापा ने कहा, ''अरे, कहीं और चले जाना।

पाकिस्तान जाना ज़रूरी है क्या, मैंने उन्हें समझाया, लेकिन मुझसे ज़्यादा समझाया मेरे बड़े भाई ने। अगला काम था पाकिस्तान का वीज़ा लेना। 2004 के बाद अब तक मैं चार बार पाकिस्तान जा चुका हूँ, उसके अलावा भी क्रिकेट कवरेज के सिलसिले में कई देशों की यात्राएँ की हैं... पर ये बात मैं बिल्कुल होशो-हवास में लिख रहा हूँ कि पाकिस्तान का वीजा लेना लगभग चाँद-तारे तोड़ने जैसा ही है। वो भी तब जबकि आपका नाम बीसीसीआई, पाकिस्तान क्रिकेट बोर्ड और तमाम ज़रूरी संस्थाओं से अप्रूव हो चुका हो। तो साहब हम पहुँचे पाकिस्तान हाई कमीशन में वीजा के आवेदन के लिए। गेट नम्बर-1 पर कहा गया, गेट नम्बर-2 पर जाइए, गेट नम्बर-2 बन्द था, गेट नम्बर-3 खुला था। उसके सामने लम्बी लाइन थी। पता चला यहाँ वीजा का फॉर्म मिलता है। बड़ी मुश्किल से वीजा का फॉर्म लिया। अब तो इस तरह के काम न्यूज़ चैनल की एडमिन टीम के लोग करा दिया करते हैं, पर उस समय ये ज़िम्मेदारियाँ रिपोर्टर के खाते में ही आती थीं। फॉर्म भरा पर उसे लेने वाला कोई नहीं। तब तक फॉर्म नहीं लिया गया, जब तक पीसीबी से लिस्ट नहीं आ गयी। फॉर्म जमा हो गया, तो ये बताने वाला कोई नहीं कि अब वीजा मिलेगा कब। हर रोज़ फोन करना और एक ही जवाब सुनना— अभी नहीं। ये सिलसिला कई दिनों तक चला। इस बीच हमारी लाहौर की टिकटें आ गयी थीं।

10 मार्च 2004। शाम क़रीब पाँच बजे के आसपास की फ्लाइट थी। वीजा का अभी तक कोई पता-ठिकाना नहीं था। ये आस ज़रूर बँधी थी कि आज वीजा मिल जाएगा। उसी दिन सुबह कोई ख़ास बुलेटिन जाना था। मेरे और अनिमेष में से किसी एक का हर हाल में दफ़्तर में होना ज़रूरी था। हम लोगों ने तय किया कि मैं हाई कमीशन जाऊँगा और अनिमेष दफ़्तर में बुलेटिन देखेंगे। हमने तैयारी के तौर पर अपनी अटैची भी साथ रख ली थी कि अगर वीजा मिल गया तो वापस घर ना लौटना पड़े। सुबह तकरीबन साढ़े दस बजे हम फिर पाकिस्तान हाई कमीशन की खिड़की पर थे। बताया गया कि जिनके-जिनके नाम आ गये हैं, उन्हें दो बजे के बाद वीजा मिल जाएगा। मौटे तौर पर कहा जाए तो अब भी 100 फीसदी कन्फर्म नहीं था कि आज हमारा वीजा भी मिल जाएगा। मैं अनिमेष को फोन करके पल-पल की जानकारी दे रहा था। मैंने उनसे कहा कि वो भी घर जाकर कुछ कपड़े वग़ैरह रख लें, पर वो काम की वजह से दफ़्तर से नहीं निकल सकते थे। दो बजे के बाद जब वीजा के लिए खिड़की खुली, तो ऐसा लगा कि पत्रकारों में झगड़ा हो जाएगा। लड़ते-झगड़ते मेरे हाथ में भी क़रीब सवा तीन बजे तक मेरा और अनिमेष का पासपोर्ट आ चुका था। दोनों के पासपोर्ट पर पहला वीजा। पाकिस्तान का वीज़ा। पहला विदेश दौरा।

अब फ्लाइट में क़रीब 2 घंटे का वक़्त बचा हुआ था। इसी फ़्लाइट से भारतीय टीम के खिलाड़ियों को भी लाहौर जाना था। अन्तर्राष्ट्रीय फ्लाइट पकड़ने के लिए 3 घंटे पहले एयरपोर्ट पर पहुँचने का नियम है। फिर भी कोई जुगाड़ करेंगे ये सोच कर मैं सीधा एयरपोर्ट के रास्ते पर था। अनिमेष ऑफ़िस में थे और ऑफ़िस नोएडा में। अनिमेष वहाँ से भागे, अभी रास्ते से ही फॉरेक्स यानी डॉलर का इन्तजाम भी करना था। उस बारे में मैंने एकाउंट्स में फोन से बात की। मेघा ने किसी तरह डॉलर का इन्तजाम किया, और फॉरेक्स लेकर एक तीसरा आदमी एयरपोर्ट के लिए रवाना हुआ। आपकी सुविधा के लिए एक बार फिर याद दिला दूँ कि मैं हाई कमीशन से दिल्ली एयरपोर्ट के रास्ते पर था। अनिमेष नोएडा से दिल्ली एयरपोर्ट के रास्ते पर थे और फॉरेक्स लेकर एक तीसरा आदमी शायद कनॉट प्लेस से एयरपोर्ट के रास्ते पर था। इसी बीच मैंने अपने एक सहयोगी, जो एविएशन बीट पर काम करते थे, को पूरे हालात समझा दिये थे। उन्होंने बताया था कि एयरपोर्ट पर कोई मुझे मिलेगा, जो मेरी पूरी मदद करेगा और कोशिश करेगा कि मैं फ्लाइट पकड़ सकूँ। अलग-अलग रास्ते से निकलकर हम तीनों तकरीबन साढ़े चार बजे के आसपास मिले। हमारी मदद के लिए वो शख़्स तैयार खड़े थे। उन्होंने हमारी तमाम उन हिचकिचाहटों को मन में आने से रोका, जो पहली बार देश से बाहर जाने पर होती हैं। चेक-इन, इमीग्रेशन और हम फ्लाइट में। खिलाड़ी हमसे पहले से फ्लाइट में बैठे हुए थे। ऐसा लग रहा था कि जहाज़ सिर्फ़ हमारा इन्तज़ार कर रहा था। इतना भी वक़्त नहीं मिला कि मोबाइल पर फोन करके घर वालों को हम बता सकें कि हम जा रहे हैं। पाकिस्तान जा रहे हैं। अच्छा ये बताना तो मैं भूल ही गया था कि अनिमेष बग़ैर किसी सूटकेस के जा रहे थे। यानी उनके पास कोई कपड़ा-लत्ता नहीं था। वही कपड़े जो शरीर पर थे... दौरा क़रीब दो महीने का था और कपड़ा कोई नहीं। उस फ्लाइट से टीम के खिलाड़ियों के साथ लाहौर की उड़ान भरने वाले सिर्फ़ दो टीवी पत्रकार थे। मैं और अनिमेष।

ज़्यादा-से-ज़्यादा दो घंटे लगे होंगे, लाहौर पहुँचने और वहाँ इमीग्रेशन करवा कर एयरपोर्ट से बाहर निकलने में। बाहर निकलते ही हमने पाकिस्तान के लोकल सिम कार्ड लिये। दफ़्तर में फोन करके बताया कि हम पहुँच गये। बॉस का आदेश मिला, तुरन्त फोनो दो। फ्लाइट में क्या कर रहे थे खिलाड़ी, एयरपोर्ट पर उतरे तो कैसा स्वागत हुआ, पाकिस्तान की ज़मीन पर क़दम रखा तो क्या लग रहा है?—जैसे सवाल पर हमारा फोनो हुआ। फोनो के तुरन्त बाद बॉस ने फोन करके कहा कि एक बात हम गाँठ बाँध लें कि हर चीज़ एक स्टोरी है। पाकिस्तान को लेकर जिस तरह की संवेदनाएँ हैं, उनमें तमाम तरह की मानवीय पहलुओं वाली स्टोरी की उम्मीद हम दोनों से की जा रही थी। हमने तमाम स्टोरीज प्लान भी की थीं।

बात साफ़ हो गयी थी कि आने वाले दिनों में चुनौतियाँ बढ़ती जाएँगी। हमारी गाड़ी 'रिहाइश इन' नाम के एक गेस्ट हाउस के रास्ते पर थी। हमसे पहले पाकिस्तान जा चुके सहयोगियों ने हमें लाहौर के कलमा चौक के पास इस गेस्ट हाउस में रुकने की सलाह दी थी। हम कुछ देर बाद बिस्तर पर लेटे थे। एयरपोर्ट से उतरने के बाद गेस्ट हाउस तक पहुँचने के दौरान मैंने जो कुछ देखा-सुना या महसूस किया था, उसके बाद दिमाग़ में एक बात घूम-घूम कर आ रही थी कि ये पाकिस्तान क्यों है और वो भारत क्यों। विदेश की किसी भी परिभाषा पर पाकिस्तान मुझे फिट होता नहीं दिख रहा था। सब कुछ यहीं के जैसा था। बिल्कुल एक जैसा।

रात में जब हम खाना खाने के लिए निकले और जिस कार में बैठे, उसके ड्राइवर हमसे पूछा आप कहाँ से आये हैं। हमने अपने बारे में बताया कि हम हिन्दुस्तानी हैं और यहाँ क्रिकेट सीरीज कवर करने के लिए आये हैं। बालों में चाँदी जैसे बाल लिये वो शख़्स ख़ुश हो गया। कहने लगा, "आपको हिन्दुस्तानी गाने सुनाता हूँ। थोड़ी ही देर में कार में अमिताभ बच्चन की किसी फ़िल्म के गाने बज रहे थे। उसने ये भी पूछा कि आप हिन्दुस्तान में कहाँ से हो, दिल्ली से? हमने जवाब दिया कि हम दिल्ली में नौकरी करते हैं, लेकिन रहने वाले एक छोटे से शहर के हैं। उसने शहर का नाम पूछा, मैंने बताया आपने नाम नहीं सुना होगा। मैं इलाहाबाद का रहने वाला हूँ। उसने कहा, वाह, अमिताभ बच्चन भी तो वहीं के हैं। उसके इस जवाब ने पहले तो चौंकाया, फिर दिमाग़ में वही बात आ गयी कि आख़िर फ़र्क़ ही क्या है, जो उसे नहीं पता होगा कि अमिताभ बच्चन का ताल्लुक भी इलाहाबाद से है। रास्ते में उससे तमाम बातचीत होती रही, मुझे बिल्कुल कायदे से याद है कि उसने ये भी पूछा कि ये बाल ठाकरे कौन हैं? हमने बता दिया कि बाल ठाकरे कौन हैं।

अगले दिन सबसे पहले कैमरामैन ढूँढ़ने का काम शुरू हुआ। कलमा चौक के क़रीब वीडियो स्पॉट नाम की एक कम्पनी के साथ करार हुआ। करार ये था कि हम उनके कैमरामैन के साथ काम करेंगे, उनकी एडिट टेबल का इस्तेमाल करेंगे। अब स्टोरीज की मारामारी शुरू हुई। टीम की हर गतिविधि पर नज़र और उसके साथ-साथ सॉफ्ट स्टोरीज करने का दबाव। अब परेशानी इस बात की थी कि हम जो कुछ भी शूट कर रहे हैं, उसे भेजेंगे कैसे... क्योंकि शूट की गयी फीड को भेजने के लिए पीटीवी के स्टेशन से करार करना होता था और दस मिनट की फीड भेजना बेहद महँगा सौदा था। शुरुआत में एक-दो दिन हमने इंटरनेट के जरिये फीड भेजने की कोशिश की। आज तकरीबन छह साल बाद विदेश दौरों पर रिपोर्टर इंटरनेट से ही फीड भेजते हैं। पर तब ये काम बेहद मुश्किल था। वजह थी इसके बारे में ज़्यादा जानकारी का ना होना और पाकिस्तान में आसानी से साइबर कैफे का ना मिलना।

एक-दो रातें काली हुईं। हमने रात-रात भर बैठकर फीड तो भेजी, पर सिर्फ़ एक मिनट की। यानी स्टोरी के लिहाज से एक मिनट की फीड ज़रूरत से कहीं ज़्यादा कम। सबसे ज़्यादा झुँझलाहट तब हुई जब हमारे पास सचिन तेंदुलकर का छोटा-सा एक्सक्लूसिव इंटरव्यू था, पर हम उसे लाख कोशिश करके भी भेज नहीं पाये। सचिन उस दौरे पर इकलौते ऐसे खिलाड़ी थे, जो 2004 से पहले भी पाकिस्तान में खेल चुके थे। उस इंटरव्यू को करने की कोशिश में पुलिस वालों ने क़रीब-क़रीब मुझे खींच ही लिया था। कुछ इसी तरह अनिमेष ने उस समय पाकिस्तान टीम के कप्तान रहे इंजमाम उल हक का इंटरव्यू किया था, पर हम वो भी भेज नहीं पाये थे। बॉस को इन सारी परेशानियों की जानकारी दी गयी। आख़िरकार उन्होंने बातचीत करके पीटीवी से करार के लिए हामी भर दी। इस करार का मतलब ये था कि हमें हर रोज़ पीटीवी के स्टेशन से जाकर फीड भेजनी होती थी, हम एक शूट टेप पर दस मिनट की एडिटिंग करके स्टोरीज तैयार करते थे और वो स्टोरीज वहाँ से यहाँ रियल टाइम में रिकॉर्ड करा दी जाती थी।

काम की गाड़ी अब धीरे-धीरे पटरी पर आ रही थी, स्टोरीज शूट करना और उसे भेजना। दफ़्तर से कलर स्टोरीज की डिमांड बढ़ती जा रही थी, और हम जिस हद तक उसे पूरा कर सकते थे, पूरा कर रहे थे। अभी असली मुसीबत हमारा इन्तजार कर रही थी। दौरे के पेशावर पहुँचते-पहुँचते कवरेज पर थोड़ी और सख़्ती कर दी गयी। प्रैक्टिस के दिनों में भी वही कैमरामैन अन्दर जा सकते थे, जिनके पास एक्रीडीटेशन पास हो, जो हमारे कैमरामैन के पास नहीं था। यानी अब कैमरा चलाने की जिम्मेदारी भी हमारी ही थी, आजकल की तरह पीडी कैमरा नहीं, बल्कि बड़ा बीटा कैमरा। जिसमें बैटरी अलग से कन्धे पर लटकानी होती है। एक रोज़ उस दौरे पर टीम इंडिया के मीडिया मैनेजर रहे अमृत माथुर ने स्पिनर रमेश पोवार और तेज़ गेन्दबाज एल बालाजी का ओपन मीडिया सेशन कराया। ओपन मीडिया सेशन में हर चैनल के संवाददाता के पास मौक़ा था कि इन दोनों खिलाड़ियों से इंटरव्यू किया जा सके। हर चैनल के संवाददाता के साथ उनका कैमरामैन था, जबकि मैंने और अनिमेष ने एक-दूसरे के इंटरव्यू के लिए ख़ुद कैमरा किया। ज़ाहिर सी बात है कि कैमरे पर कंट्रोल ना होने की वजह से इंटरव्यू अच्छी तरह से शूट नहीं हो पाया। इस वजह से बाद में हम दोनों को ही बॉस से डाँट खानी पड़ी। अच्छा हाँ, इस दौरान हमने जितनी भी स्टोरीज शूट की, उनमें अनिमेष ने मेरे कपड़े पहनकर काम चलाया। हक़ीक़त ये है कि हमें वहाँ इतना वक़्त भी नहीं मिल पा रहा था कि कुछ कपड़े ख़रीद लिए जाएँ। उस दौरे में भारत ने टेस्ट सीरीज जीती, वनडे सीरीज जीती, सहवाग भारतीय क्रिकेट इतिहास में तिहरा शतक बनाने वाले पहले खिलाड़ी बने... सीरिज के दौरान ही पूर्व तेज़ गेंदबाज सरफराज नवाज ने मैच

फिक्सिंग के भूत को जिन्दा कर दिया, उन्होंने आरोप लगाया कि पाकिस्तान और भारत की सीरीज फिक्स है। ये एक ऐसी ख़बर थी, जिसे चलाना और ना चलाना दोनों बेहद चुनौती भरा काम था। हमारे पास नवाज की बाइट थी, लेकिन हमने फिर भी वो स्टोरी नहीं चलायी। आज जब हर सीरीज के बाद पाकिस्तान की टीम पर मैच फिक्सिंग के आरोप लगते हैं, तो मुझे लगता है कि पाकिस्तान में कई सरफराज नवाज पैदा हो गये हैं। इन सारी बड़ी ख़बरों की कवरेज की चुनौती रही, लेकिन सच्चाई ये है अब भी इन ख़बरों से ज़्यादा चुनौती उन चेहरों को भूलने की है जो हर रोज़ सोते-जागते आँखों के सामने आते रहते हैं। मानो कहते हों मियाँ कभी हमारा भी हालचाल ले लिया करो...।

स्टार न्यूज़

उड़ीसा—पारुल नाम था उस औरत का

पंकज झा

आज भी जब किसी बच्चे के रोने की आवाज़ सुनता हूँ, बस वही तस्वीर सामने घूमने लगती है। बारिश की फुहारों के संग तेज हवा क्या चलती है वही चेहरा दिलो दिमाग पर चिपक जाता है। चेहरा जो दस बरस पहले हमने देखा था। पारुल नाम था उस औरत का, दो महीने के बच्चे को छाती से चिपकाए दो कमरे के एक सरकारी स्कूल के अहाते में मिली थी। उम्र यही कोई इक्कीस-बाईस साल रही होगी। सबु भाँसी गेला... लोग रोते-रोते हमसे बस यही कह रहे थे। इलाके के लोगों ने हमें राहत बाँटने वाला सरकारी मुलाज़िम समझ लिया था।

चारों तरफ़ पानी ही पानी कहीं किसी बस्ती का नामोनिशान तक नहीं था। तबाही की ख़ामोशी हर तरफ़ पसरी थी। रह-रह कर हेलीकॉप्टर की गड़गड़ाहट इसे तोड़ रही थी।

बड़ी मुश्किल से हम एर्समा पहुँच पाए थे। उड़ीसा के जगतसिंहपुर का एक प्रखंड है ये। बात एक नवम्बर 1999 की है। बंगाल की खाड़ी से 29 अक्टूबर को जो समुद्री तूफ़ान उठा था। उसकी तबाही के निशान हर जगह बिखर पड़े थे। अकेले एर्समा में ही साढ़े आठ हज़ार लोगों की मौत हो गयी थी। पारुल का पूरा परिवार भी इसी तबाही में समा गया था। उसका पति, सास-ससुर और देवर। हादसे से दो दिन पहले ही उसके माता-पिता भी पारुल को देखने उसके ससुराल आये थे। और समुन्दर ही तबाही ने उन्हें भी निगल लिया।

सबने हमें घेर रखा था। एक उम्मीद थी शायद कि हम उनके लिए कुछ लेकर आये हैं। हमारे कैमरामैन ने उन्हें समझाया कि हम पत्रकार हैं। हम आपका दुख दर्द समझने आये हैं। इसी शेार गुल में एक बच्चे की तेज़ रोने की आवाज़ से हम उस तरफ़ बढ़े। ये पारुल का ही बच्चा रो रहा था। उसके पाँव के पास चूरा, गुड़ और बिस्कुट का एक डब्बा पड़ा था। स्कूल के दीवार पर पीठ टेक कर बैठी थी पारुल। हमारे किसी भी सवाल पर उसने सर उठाकर हमारी तरफ़ न देखा न ही कोई जवाब ही दिया। तूफ़ान में ज़िन्दा बच गए उसी के गाँव के एक आदमी ने

हमें उसकी आपबीती बतायी।

हमने उसके कुछ शॉट्स लिए। चेहरा टीवी के मिज़ाज़ का। समुद्री तूफ़ान की तबाही की एक दर्द भरी इमोशनल स्टोरी। भला पारुल को कहाँ ये सब पता। हमने उसके सामने माइक लगाया, लेकिन वह खामोश रही...।

ख़बरिया टीवी की दुनिया के तमाम नामी गिरामी चेहरे कवरेज़ के लिए उड़ीसा पहुँच चुके थे। लेकिन सब पारादीप और भुवनेश्वर के बीच ही सिमटे थे। लेकिन तूफ़ान ने सबसे अधिक तबाही मचाई थी एर्समा में। करीब दस हज़ार लोग मरे थे उड़ीसा में और साढ़े आठ हज़ार तो एर्समा में। सड़क के रास्ते यहाँ पहुँचना लगभग नामुमकिन ही था। कुछ दूर हम कार से गए और फिर एक मोटर साइकिल से आगे बढ़े। सामने पानी-ही-पानी था। हमने अपनी पैंट उतारी, तौलिया लपेटा कैमरे का स्टैंड (ट्राइपोर्ड) और बाकी सामान मोटरसाइकिल पर बाँधा और मैं, मेरा कैमरामैन और एक लोकल नेता तीनों आगे बढ़ चले। थोड़ी दूर ही चले थे कि मैं चिल्ला पड़ा। मेरा एक पैर किसी लाश के ऊपर था। चार दिन पुरानी लाश पानी में फूल गयी थी। पूरे रास्ते हमें ऐसी सैकड़ों लाशें मिलीं। इनसे ठोकर खाकर गिरते-गिरते कई बार बचे। लाशों की दुर्गंध से हम भी अधमरे हो गए थे। कैमरामैन आशीष हमारी हिम्मत बढ़ाते रहे। लेकिन मैंने तय कर लिया था अब आगे नहीं जाना है, तभी एक पक्की इमारत देखी।

ये सरकारी स्कूल की दीवार थी। पारुल का नया ठिकाना यही था। उसका गाँव समुन्दर के पानी में समा गया था। अपनों के नाम पर उसके साथ थी उसकी दो महीने की बिटिया।

हमने कई स्टोरी की। शाम के अँधेरे से पहले ही हमें वहाँ से निकलना था। जैसे तैसे हम देर रात भुवनेश्वर पहुँचे। वो ज़माना ओबी वैन का नहीं था। हमारे दफ़्तर का फीड भेजने का सिस्टम भी ख़राब था। भुवनेश्वर में तूफ़ान की वज़ह से न तो बिजली थी न ही टेलीफोन। अगले दिन हवाईजहाज से टेप दिल्ली भेजा। ख़बर ख़ूब चली। कई बुलेटिनों में। ख़ैर, घर में बिजली थी नहीं और ऑफिस में जेनरेटर था, इसीलिए तूफ़ान की कवरेज़ के बाद वहीं रात में सो गया। एर्समा से लौटने के बाद से ही एक अजीब-सी बेचैनी थी ख़ुद से ही बातें करने लगा था। सिगरेट होंठों से चिपक गई थी, लेकिन धुएँ के उस पार भी पारुल ही नज़र आती थी।

तीन दिनों बाद फिर एर्समा पहुँच गया। इस बार जाने में उतनी तकलीफ़ नहीं हुई। रिलीफ़ में मिलने वाले कुछ टेंट भी लग गए थे। लेकिन पारुल अब भी उसी स्कूल में थी। इस बार भी उसने हमसे बात नहीं की। इतना ज़रूर पता चला कि कुछ ही साल पहले वह अपने माँ-बाप के संग बंगलादेश से पारादीप आयी थी।

बांगलादेश के सैकड़ों मछुवारे यहाँ रहते थे।

एर्समा में तो देश-विदेश के पत्रकारों का जमघट लग गया। ख़बरों के लिए हमारा भी वहीं आना-जाना था। हमें तो कई ऐसे बाहरी लोग भी मिले जो तूफ़ान की तबाही देखने वहाँ आये थे। लग्ज़री गाड़ियाँ खाना-पीना और गाना-बजाना थी। तबाही का मज़ा लूटने वाले नये किस्म के टूरिस्ट।

इधर इस कवरेज़ के दौरान धीरे-धीरे पारुल अब हमारी दोस्त बन गयी थी। धीरे-धीरे पारुल की पूरी कहानी हमारे सामने आई। पारुल, जिसके एक और साथी-समुन्दर ने ही उसका सब कुछ छीन लिया था। उसका प्यार, परिवार, उम्मीदें, खुशियाँ, सपने। समुन्दर की तेज़ लहरों का एक झोंका आया और फिर सब ख़त्म पानी के तेज़ बहाव के बीच एक पेड़ में फँस कर पारुल और उसकी बिटिया ही बचे, बाकी परिवार के सभी छः लोग मर गए। जिनकी लाशें किश्तों में उसे मिली। सबसे पहले उसने अपने पति की लाश देखी। उसे रोने की भी फुर्सत नहीं मिली। किस-किस के लिए रोती पारुल— पति, माँ, पिता।

पारुल को इलाके के सभी लोग जानते थे। टीवी के छोटे परदे पर तूफ़ान की तबाही का दर्द। देशी-विदेशी सभी न्यूज़ एजेंसियों ने उस पर ख़बर की थी। रिलीफ़ में मिले एक टेंट में उसने गृहस्थी बसाना शुरू कर दिया था। हम जब भी जाते उसके संग चाय ज़रूर पीते। एक बार तो पारुल ने हमें माछ भी खिलाया था। महीनों गुज़र गए लेकिन वह अब भी वो गुमसुम ही रहती थी।

पारुल अब एक कच्चे घर में रहने लगी थी। इस बार हमने उसके संग एक आदमी को भी देखा। नाम-रवि, उम्र यही कोई तीस-बत्तीस साल। पारुल की बिटिया हमें देखते ही दौड़ कर हमसे चिपक गयी। अब वह चलने लगी भी। उसे कैडबरीज़ जेम्स बहुत पसन्द था। हमारे लिए अनजान उस आदमी ने बच्ची को गोद में उठा लिया। उसी ने बताया कि उसने पारुल से ब्याह कर लिया है। समुद्री तूफ़ान में उसकी पत्नी भी मर गयी। उसका भी कोई नहीं और पारुल का भी यही हाल है। इसीलिए दोनों ने शादी कर ली। बाहर आकर पारुल ने हमें नमस्कार किया।

इस बीच जी न्यूज़ ने मेरा तबादला लखनऊ कर दिया। कुछ महीनों बाद मेरी नौकरी चली गयी। लेकिन फिर स्टार न्यूज़ ज्वाइन किया, हम फिर अपनी पुरानी जगह भुवनेश्वर पहुँच गए। दबाव अच्छी फीचर स्टोरी का था। सो हमें फिर पारुल याद आ गयी। चल दिए एर्समा की तरफ़। वही पेड़, चौराहे, तालाब लेकिन कई नये बने मकान भी दिख रहे थे। एर्समा में हमने अपनी कार सीधे पारुल के घर के सामने रोकी। कच्चे मकान की जगह इन्दिरा आवास योजना का मकान था। कार की आवाज़ सुन एक लड़की सामने आकर खड़ी हो गयी। सामने पारुल भी थी। पहली नज़र में उसे पहचानना मुश्किल था। हमें देखते ही वह फूट-फूट कर रोने

लगी। नारियल के पेड़ के बगल में हम बैठ गए। बातचीत का सिलसिला आगे बढ़ा तो पता चला कि जिस रवि ने उससे शादी की थी, वो एक दिन भुवनेश्वर जाने की बात कह कर जो निकला वह फिर कभी नहीं लौटा। पारुल को मुआवजे में तीन लाख रुपये मिले थे सरकार से, उसके नाम पर बैंक में खाता खोला गया था। रवि ने दुकान लगाने के बहाने पारुल से सभी रुपये ले लिए। पड़ोस के ही एक गाँव के एक बुजुर्ग से उसने पचास हज़ार रुपये ये कह कर लिए कि उसके बाद पारुल उसकी हो जाएगी। फिर रवि हमेशा के लिए गायब हो गया।

पारुल फिर टीवी पर... एक धाँसू इमोशनल स्टोरी। भुवनेश्वर में हमारी दूसरी पारी की शानदार शुरुआत। हर तरफ़ से तारीफ़, पारुल एक बार फिर हर अख़बार और पत्रिकाओं की बड़ी ख़बर बन गयी। नेताओं ने भी ख़ूब नेतागिरी की।

मोबाइल चार्ज पर लगा था, अचानक फ़ोन की घंटी बजी। आज्ञा झाजी पारुल मरी गला। पारुल ने ख़ुदकुशी कर ली थी। उसके पेट में रवि का बच्चा था। उसी दिन उसने एक लोकल टीवी चैनल पर अपनी ही ख़बर देखी थी। ख़बरिया चैनल के लिए एक और दर्दनाक स्टोरी... लेकिन मुझे घंटे भर बाद ही किसी ज़रूरी काम से ट्रेन से पटना के लिए रवाना होना था।

स्टार न्यूज़

सूरत—बाढ़ के वे पाँच दिन

ब्रजेश कुमार सिंह

तारीख 7 अगस्त, 2006 समय दिन के क़रीब 2 बजे।

रोज़ाना की भाँति अपने अहमदाबाद ऑफ़िस में बैठकर मैं गुजरात की गतिविधियों पर नज़र रखे हुए था। सूरत से हमारे स्थानीय संवाददाता रौनक पटेल का फोन आया। आवाज़ में थोड़ी व्यग्रता थी, थोड़ी उत्तेजना भी। रौनक ने कहा, "सर सूरत में हालात ख़राब होने जा रहे हैं।" ताप्ती नदी, जिसे सूरत में लोग तापी के नाम से ही ज़्यादा पुकारते हैं, उसका जल स्तर लगातार बढ़ रहा था। वजह ये थी कि ताप्ती नदी के ऊपर नज़दीक के उकाई में जो डैम बना हुआ था, उसमें पानी डेंजर लेवल को क्रॉस कर चुका था। मानूसन का सीजन था, तीन सौ पैंतालीस फीट ऊँचे डैम के सौ वर्ग किलोमीटर के कैचमेंट एरिया में, जो महाराष्ट्र से लेकर मध्यप्रदेश तक फैला हुआ था, लगातार बारिश हो रही थी और वह पानी सूरत के लिए खतरे की घंटी बन रहा था। सिंचाई विभाग के अधिकारियों और इंजीनियरों की भूमिका भी इस दौरान लापरवाह रही थी, जो मानूसन के पहले डैम का पानी कम करने की जगह उसे भरे हुए थे, ताकि साल भर तक बिजली हासिल होती रहे बाँध आधारित पनबिजली परियोजना के जरिये। और ऐसे में जब बारिश ज़ोरदार हुई कैचमेंट एरिया में, तो बाँध को बचाने के लिए पानी छोड़ने के अलावा कोई विकल्प नहीं बचा। ताप्ती नदी में 6 अगस्त को तीन लाख क्यूसेक पानी छोड़ा गया था और 7 अगस्त की दोपहर जब रौनक का फोन आया, बाँध से नदी में छोड़े जा रहे पानी की मात्रा बढ़कर पाँच लाख क्यूसेक हो चुकी थी। दरअसल, ताप्ती नदी की कैरिंग कैपेसिटी सिर्फ़ चार लाख क्यूसेक की थी, ऐसे में उससे ज़्यादा पानी का आना शहर में बाढ़ पैदा करने में सक्षम था। रौनक ने कहा कि बाँध से नदी में छोड़े जाने वाले पानी की मात्रा और बढ़ेगी ही क्योंकि कैचमेंट एरिया में बारह लाख क्यूसेक का इनफ्लो है और डैम से पानी उसी रफ़्तार से छोड़ना पड़ेगा, क्योंकि डैम तो लबालब भरा हुआ है। और पानी की इतनी बड़ी मात्रा सूरत में हाहाकार ही पैदा करेगी।

रौनक से बातचीत के बाद थोड़ी देर तक सोचता रहा कि सूरत के लिए निकलूँ कि नहीं निकलूँ। दरअसल, अहमदाबाद छोड़ते समय हमेशा ये चिन्ता रहती है कि अगर पीछे कुछ बड़ा हो गया तो। ख़ैर, सर को झटका दिया, सूरत जाने के बारे में इरादा पक्का कर लिया और फिर मुख्यालय में वरिष्ठों को फोन किया, उन्होंने भी अपनी सहमति तत्काल दे दी। दरअसल, सूरत की तरफ़ तेज़ी से भागना ऐसी परिस्थिति में ज़रूरी था, क्योंकि जितनी देर होती, शहर में पानी भरता जाता और फिर शहर के अन्दर प्रवेश भी सम्भव नहीं हो पाता। ऐसे में तीन बजते-बजते मैंने अहमदाबाद शहर छोड़ दिया, कैमरामैन आर. एम. पांडे के साथ।

क़रीब दो सौ साठ किलोमीटर लम्बे सफ़र के लिए निकली स्कॉर्पियो लगातार दौड़ती रही और इधर लगातार बजते रहे मेरे दोनों फोन। एक तरफ़ रौनक तो दूसरी तरफ़ नोएडा ऑफ़िस। अपडेट का सिलसिला चलता रहा। बड़ोदरा तक तो कुछ असर नहीं दिखा, लेकिन जब भरूच से आगे बढ़ा, तो असर तुरन्त दिखना शुरू हो गया। भरूच के ठीक बाहर नर्मदा नदी पर जो पुल है, उसके नीचे से पानी का सैलाब बह रहा था। किनारे चौड़े हो गये थे, नर्मदा बाँध भी ओवरफ्लो हो रहा था, ऐसे में नदी के अन्दर पानी का प्रवाह खतरे के निशान को पार कर गया था। सात बजे के क़रीब पुल पर रुककर हालात को देखा, तो अपना कलेजा भी मुँह को आ गया। ख़ैर आगे बढ़ा, तो शुरू हुआ अंकलेश्वर से ही ट्रकों का जाम। किम चौकड़ी तक पहुँचा, तो सड़क के ऊपर से पानी का प्रवाह शुरू हो चुका था। दुस्साहस का परिचय देते हुए ड्राइवर ने एक तरफ़ जहाँ पानी की धार का सामना किया, तो दूसरी तरफ़ आड़े-तिरछे ट्रकों के अन्तहीन सिलसिले के बीच से स्कॉर्पियो को गुजार लेने की अपनी बाजीगरी का प्रदर्शन। एक-एक मिनट भारी पड़ रहा था, सोचा ये कि जितनी देर होगी, सूरत तक पहुँचना उतना ही मुश्किल। आख़िर-आख़िर तक तो गाड़ी रौंग साइड में ही डाल देनी पड़ी और फिर शहर के पहले नहीं, दूसरे नहीं, बल्कि तीसरे रास्ते से अन्दर घुसने में मिली क़ामयाबी।

शहर के अन्दर घुसते-घुसते रात के दस बज चुके थे। लेकिन हालात की भयावहता का अन्दाजा लगाने में देरी नहीं हुई। पता चला कि शहर के सबसे पॉश इलाक़े अठवा लाइंस, जिधर सर्किट हाउस से लेकर सभी बड़े अधिकारियों के निवास और कार्यालय हैं, वहाँ पानी भर रहा है। रास्ते में सेना की गाड़ियाँ मिलीं, बचाव कार्य में लगे हुए थे सेना के जवान। उनके कुछ विजुअल्स रिकॉर्ड किये और फिर अठवा लाइंस जाने का इरादा त्याग कर सूरत रेलवे स्टेशन के क़रीब रिंग रोड पर बने होटल पार्क इन में चेक इन किया। सामान वग़ैरह रखा, रौनक को बुलाया, तब तक ओबी वैन भी मुम्बई के रास्ते सूरत पहुँच गयी। अगली सुबह भयानक होने वाली है, ताप्ती नदी में बारह लाख क्यूसेक पानी छूटना है और अगले कुछ

दिन भागदौड़ तेज रहने वाली है, ये सोचकर रात एक बजे के क़रीब जो कुछ मिला फटाफट खाया और फिर होटल में अपनी पूरी टीम के साथ सो गया। लेकिन शहर के बारे में सोचकर जल्दी नींद भी नहीं आयी। रही-सही कसर बिजली ने पूरी कर दी। एहतियात के तौर पर शहर के ज़्यादातर हिस्सों में रात में बिजली काट दी गयी, क्योंकि इलेक्ट्रोक्यूशन का ख़तरा बाढ़ग्रस्त सूरत में बढ़ गया था।

8.08.2006

8 अगस्त की सुबह हम सब जल्दी उठे। फटाफट चाय, कुछ बिस्कुट खाकर हम लोग निकल पड़े घुड़दौड़ रोड की तरफ़। शहर के पॉश इलाक़ों में से एक, घुड़दौड़ रोड पर पानी दो से तीन फीट तक भर चुका था, प्रवाह तेज़ था, इसलिए पानी और भरेगा, तस्वीर साफ़ थी। पानी में डभाडभ करते हुए, अपने को धार में गिरने से बचाते हुए लोगों से बातचीत की। घरों में बिजली जा चुकी थी, अख़बार नहीं आया था, शाक-सब्जी तो दूर की बात। हालाँकि इन सबके बीच कुछ सही सलामत था, तो वह थी रसोई गैस की सप्लाई। सूरत देश के उन कुछ शहरों में से एक है, जहाँ काफ़ी पहले से पाइप्ड गैस का रिवाज रहा है।

घुड़दौड़ रोड से आगे जाने का इरादा किया, लेकिन पानी की धार और गहराई दोनों ने हिम्मत तोड़ दी। पता नहीं कब सीवर में पाँव पड़ जाए या फिर पानी गर्दन से ऊपर पहुँच जाए। करेंट तो तेज़ था ही, कैमरा और माइक किसी भी समय पानी के अन्दर गर्क हो सकते थे। इसी दरमियान यह पता चला कि शहर के चौक इलाक़े में सेना ने बचाव कार्य शुरू किया है। वहाँ पर पानी डेढ़ मंजिल तक भर चुका था। लोग या तो जान बचाकर नज़दीक के इलाक़े में जा चुके थे या फिर जो निकल नहीं पाये थे वे घरों की सबसे ऊपरी मंजिल पर चले गये थे। ऐसे में बीमार लोगों को बाहर निकालना और साथ ही फँसे हुए लोगों तक राहत सामग्री पहुँचाना सेना की पहली प्राथमिकता थी। हम भी इसके गवाह बनने शुरू हुए। सेना के जवानों के साथ रस्सी पकड़कर उस प्वाइंट तक गये, जहाँ से नावें चल रही थीं। इन्हीं में से एक पर बैठकर हम लोग बाढ़ की रिपोर्टिंग के लिए निकल पड़े। उसी नाव पर थीं पानी की बोतलें, दूध और बिस्कुट के पैकेट। सड़क जो कि पानी के कारण नहर का रूप ले चुकी थी, उसके दोनों किनारों पर जो घर मौजूद थे, उन पर हाथ फैलाये खड़े थे लोग। एक तरफ़ राहत सामग्री फेंकी जाती, तो दूसरी तरफ़ से हाहाकार। इस चक्कर में अगर जल्दी से किसी जवान ने अपना शरीर एक तरफ़ से दूसरे तरफ़ घुमाया, तो नाव डगमगाने लगती थी।

लेकिन यह तो शुरुआत थी। जैसे-जैसे आगे बढ़ते गये, वैसे-वैसे ख़तरा बढ़ता गया। बीच में नाव को मोड़ना भी सम्भव नहीं था। ख़ैर जैसे ही चौक़ इलाक़े के

मुख्य चौराहे, गाँधी चौक पर हम पहुँचे, जिसका पता बिजली के खम्भों के आख़िरी हिस्सों के बाहर दिखने से ही लग रहा था, साँसे धड़क गयीं। कारण ये कि अचानक नाव पूरी तरह डममगा गयी। लगा ये कि नाव अब पलटी तो अब पलटी। दरअसल, नदी का पानी अपने किनारों को तोड़ता हुआ शहर के इस हिस्से की तरफ़ मुड़ चुका था और वही धार सीधे नाव पर पड़ी थी। दो-तीन सेकेंड तो याद नहीं रहे, सेना के जवानों की हिम्मत भी टूटते-टूटते ही बची थी। पता चला कि जो जवान नाव की मोटर सँभाल रहा था, उसका अनुभव भी इस मामले में कुछ ख़ास नहीं था। ख़ैर किसी तरह नाव स्थिर हुई, आगे बढ़ी और सबने अपने माथे से पसीना साफ़ किया। गाँधी चौक पर ग़रीब रिक्शावाले पतली प्लास्टिक शीटों के बीच अपने को छिपाये हुए राहत का इन्तज़ार कर रहे थे, यहाँ भी राहत सामग्री बाँटते समय हलचल की वजह से नाव तो डगमगाती ही रही। राम-राम जपते एक बार फिर से हमारी वापसी यात्रा शुरू हुई। इस दौरान भी नदी की शहर की तरफ़ मुड़ी धार से साबका पड़ा। लेकिन पिछली बार का अनुभव काम आया और नाव आगे बढ़ा ली गयी।

किनारे पर आने के बाद शहर के दूसरे हिस्सों का रुख किया। इस दौरान पाया कि पानी शहर के उन हिस्सों में भी घुसना शुरू हो गया है, जहाँ कल तक पानी नहीं था। तब तक नदी में बारह लाख क्यूसेक पानी आना शुरू हो गया था। अन्दाजा लग गया कि रात तक शहर के ज़्यादातर हिस्सों का बंटाधार हो जाएगा।

लाइव और जगह-जगह से रिपोर्टिंग करने के बाद शाम को होटल लौटा। जेनसेट के सहारे होटल में बिजली मिल रही थी, लेकिन एसी नहीं। सोचा कि थोड़ा आराम कर फिर से शहर में निकलूँ। रात के हालात को देखूँ। अगले दिन रक्षाबन्धन का त्यौहार भी था। भाई-बहन के इस पवित्र त्योहार को इस बार सूरत शहर में ज़्यादातर लोग नहीं मना पाएँगे, क्योंकि बस और ट्रेन की गतिविधियों पर भी असर पड़ना शुरू हो चुका था। इसी दरमियान नीचे से किसी ने सूचना दी कि होटल के बाहर भी पानी आना शुरू हो गया है। लगा कि एक-डेढ़ फीट तक पानी रहेगा, लेकिन ये भरोसा ग़लत साबित हुआ। रात बढ़ते-बढ़ते होटल के बाहर पानी दो फीट तक जमा हो गया। यहाँ तक कि थोड़ी ऊँचाई पर मौजूद होटल की सीढ़ियाँ तक पानी से भर गयीं, किसी वक़्त पानी अन्दर घुस सकता था। इस बीच कोई चिल्लाया कि बेसमेंट में पानी घुस गया। होटल की बिजली का मेन स्विच और जेनरेटर दोनों ही बेसमेंट के अन्दर थे और ऐसे में बिजली की बलि तत्काल चढ़ गयी।

इसी दरमियान सूरत के तत्कालीन पुलिस कमिश्नर सुधीर सिन्हा से भी मुलाकात हुई। उनके आधिकारिक आवास में भी पानी घुस चुका था, ऐसे में सिन्हा

ने हमारे होटल में शरण लेनी चाही, लेकिन यहाँ भी हालात बदतर थे, बिजली ग़ायब थी। दूसरा ठिकाना ढूँढ़ने के लिए होटल के बाहर निकले, तो हमने लपक लिया। इंटरव्यू के दौरान उन्होंने ये बताया कि पुलिस के लिए भी काम करना कितना मुश्किल है, फोन तक तो चल नहीं रहे थे। सेना और वायुसेना दोनों की मदद लेकर राहत सामग्री पहुँचाने की कोशिश की जा रही थी, लेकिन बाढ़ग्रस्त लोगों की तादाद इतनी अधिक थी कि सब तक राहत पहुँचाना आसान नहीं।

सिन्हा के इंटरव्यू के बाद कमरे में जाने का फैसला किया। घुप्प अँधेरे के बीच होटल प्रबन्धन ने मोमबत्तियों के सहारे सीढ़ियों पर थोड़ी रोशनी पैदा की थी। आम तौर पर सीढ़ियों का इस्तेमाल कम ही होता है होटलों में, लिफ्ट से लोग ऊपर की मंज़िलों पर जाते हैं। जब बिजली गयी, तो होटल वालों को हर फ्लोर पर अटेंडेंट रखने पड़े, ताकि वो बता सकें कि आगे कैसे बढ़ें। गिरते-पड़ते कमरे में पहुँचे, तो लगा कि मोमबत्ती की रोशनी में बैठकर यहाँ करेंगे क्या। इसलिए फिर से बाहर निकलने की तैयारी कर ली। बाढ़ के हिसाब से प्लास्टिक वाली जैकेट और लोवर भी डाल लिया। लोवर के नीचे हाफ पैंट भी। यही तैयारी बाकियों ने भी की। हम नीचे पहुँचे तो साथ में था एक छोटा-सा बैग भी, जिसमें शूट टेप के अलावा साबुन, ब्रश और तौलिया रख लिया था मैंने। रौनक से पूछा कि शहर में सबसे ऊँची जगह कौन है, जहाँ पर ख़ुद के अलावा ओबी वैन को भी शिफ्ट किया जा सके। उसने झट से नाम ले लिया स्टेशन का, क्योंकि उसके परिवार के बड़े-बूढ़ों ने बताया था कि सबसे आख़िर में स्टेशन पर पानी चढ़ता है। बात सच निकली। हम लोग स्टेशन की तरफ़ भागे अपनी गाड़ी में बैठकर, पीछे लिया ओबी वैन को। राहत की बात ये थी कि गाड़ियों के साइलेंसर पानी से ऊपर रह पाये थे, इतनी ही गुंजाइश बची थी। रात ग्यारह बजे के क़रीब जब रेलवे स्टेशन पहुँचे, तो ख़ुद स्टेशन भी शरणार्थी शिविर बन चुका था। प्लेटफॉर्म पर बड़े पैमाने पर शहर के लोगों ने जगह ले रखी थी। ख़ैर, अपनी गाड़ियों को हमने पार्सल यार्ड के ऊपर वाले हिस्से तक चढ़ाया और गाड़ी में ही रात गुज़ारने का इरादा किया, ताकि सुबह फिर से काम पर लगा जाए। लेकिन नींद कहाँ आए, मच्छरों ने धावा जो बोल दिया था। गाड़ी से नीचे उतरे, साथ में मौजूद तीन-चार चैनलों के पत्रकारों के साथ प्लेटफॉर्म नम्बर एक पर चहलक़दमी शुरू की। अहमदाबाद और सूरत के बीच ट्रेनों का परिचालन ठप होने ही जा रहा था, क्योंकि किम के पास पानी पटरियों को छू रहा था।

हम लोगों ने सोचा कि रेलवे अधिकारियों से बातचीत कर प्रथम श्रेणी प्रतीक्षालय खुलवा लिया जाए। साथ में मौजूद उपकरणों की सुरक्षा भी ज़रूरी थी, शरीर तो टूट ही रहा था। लेकिन रेलवे तन्त्र तो रेलवे तन्त्र ही ठहरा। असाधारण परिस्थिति का अहसास अधिकारियों को काहे हो, वो तो हमें रूल बुक बता रहे

थे। झल्लाकर मैंने सीपीआरओ वेस्टर्न रेलवे, मुम्बई को रात के एक बजे फोन लगाया। बेचारे गहरी नींद में थे, हमारी माँग सुनकर तो उनकी झल्लाहट और बढ़ गयी। लेकिन कोई चारा था नहीं, ऐसे में ना-नुकुर के बाद उन्होंने रेलवे के नेटवर्क पर वेटिंग रूम खुलवाने के लिए मैसेज देने का आश्वासन दे दिया। क़रीब आधे घंटे बाद हमें क़ामयाबी मिली और कमरा खुल गया। फिर क्या था, एक के ऊपर एक लोग फ़र्श पर ऐसे गिरे, मानो आगे उठने का कोई इरादा नहीं हो। डेढ़ दिनों की थकावट असर दिखा रही थी। एक कमरे के अन्दर पन्द्रह लोग फ़र्श पर बिखरे पड़े थे।

9.08.2006

सुबह के पाँच बजे वापस कर्मपथ पर जाने की तैयारी शुरू हो गयी। वेटिंग रूम के बाथरूम में जाकर देखा, तो पानी का कोई पता नहीं। नित्य कर्म तो करना ही था, ऐसे में बाहर से मिनरल वाटर की बोतलें ख़रीदकर काम चलाया गया। मुँह धोकर स्टेशन के बाहर निकले, तो पाया कि रेलवे स्टेशन के बाहर भी पानी आ गया था। हालात की भयावहता का अन्दाजा नये सिरे से हो गया। रेलवे स्टेशन के बाहर पानी का आना इस बात की तरफ़ इशारा कर रहा था कि शहर के ज़्यादातर हिस्सों में पानी भर चुका है। ब्रिटिश शासन काल के दौरान तत्कालीन इंजीनियरों ने किसी भी शहर में उसी जगह पर रेलवे स्टेशन का निर्माण किया था, जो शहर का सबसे ऊँचा हिस्सा था। देश के सभी पुराने रेलवे स्टेशनों के बारे में ये बात सच है।

ख़ैर, रेलवे स्टेशन पर घिरे लोगों की दुर्दशा को लाइव के दौरान सुबह छह बजे से ही दर्शकों तक पहुँचाने की प्रक्रिया शुरू कर दी। रेलवे यातायात भी तब तक ठप हो चुका था। बहनें भाइयों को राखी बाँधने शहर के बाहर नहीं जा सकती थीं और न ही बाहर से रेलवे स्टेशन तक पहुँच चुकी बहनें शहर के अन्दर अपने भाइयों तक पहुँच सकती थीं। बाहर से आने वाले भाइयों का भी यही हाल था। कई मार्मिक केस स्टडी हाथ लगे।

आसपास के इलाक़ों में जाने की इच्छा हुई, लेकिन पानी का तेज़ बहाव हमारे होश उड़ा रहा था। तब तक पुलिस भी जगह-जगह नाके लगा चुकी थी, ताकि कोई ग़लती से गहरे पानी में न घुस जाए। ज़्यादातर अंडरपास भी बन्द हो चुके थे। पूरे दिन रेलवे स्टेशन के आसपास के इलाक़ों में जहाँ तक सीने तक पानी मौजूद था, वहाँ तक गया, रिपोर्टिंग की। सीने से ज़्यादा पानी होने पर आगे बढ़ना सम्भव नहीं था। और कोई चारा था नहीं।

यही करते-करते सुबह से शाम हो गयी, सोचा कि होटल की तरफ़ बढ़ा जाए।

वहाँ भी हालात बुरे ही थे। राशन की कमी होनी शुरू हो गयी थी, जेनरेटर तो पहले ही बन्द हो चुका था। ऐसे में हमारे थ्री स्टार होटल के अन्दर भी अला कार्टे खानपान की सुविधा बन्द हो चुकी थी, मामूली सा बूफे लगा दिया था, जिसमें रोटी, दाल और एक-दो सब्ज़ियाँ सीमित मात्रा में मुहैया थीं। होटल का स्टाफ भी पिछले तीन दिनों की भागदौड़ से थक चुका था। यहाँ तक कि किसी को शेविंग की फुर्सत तक नहीं मिली थी, कपड़े पर भला किसका ध्यान था। रात दस बजे तक जिसने खाना खा लिया, तो खा लिया, बाक़ी वो भी बन्द।

बिजली थी नहीं, ऐसे में दो मोमबत्तियों का कोटा लेकर ऊपर चढ़ा, तो सीढ़ियों पर कहीं-कहीं मोमबत्ती जलती बची रह गयी थी। कभी पाँव लड़खड़ा जाते, तो कभी हाथ टकरा जाते दीवाल से। कमरे में बिस्तर तक होटल स्टाफ ने ठीक नहीं किया था, जो जहाँ छोड़कर गया था, वहीं पड़ा हुआ था। बाथरूम में पानी तक नहीं था, पता चला कि जेनरेटर बन्द होने के बाद होटल के ओवरहेड टैंक में जितना पानी था, खर्च हो चुका है और कमरों के अन्दर पानी की सप्लाई बन्द हो चुकी है। थकान इतनी थी कि रिसेप्शन पर फोन करने की हिम्मत भी नहीं हुई और कमरे का दरवाज़ा खोलकर हम सो गये, ताकि थोड़ी ताज़ी हवा तो मिले।

10.08.2006

सुबह छह बजे उठकर फिर से शहर के हालात का जायजा लेने के लिए हम निकल पड़े। यहाँ ये बता दूँ कि बाथरूम में पानी तो आ नहीं रहा था, होटल के स्टाफ से रिक्वेस्ट की, तो छत पर मौजूद होटल के स्विमिंग पूल से दो बाल्टी पानी लाकर उन्होंने दे दिया। इसी के सहारे जैसे-तैसे अपने को ठीक किया हम लोगों ने। हम सबसे पहले रेलवे स्टेशन पर पहुँचे। अभी तक अहमदाबाद से सूरत आने वाली रेल लाइन ठीक नहीं हो पायी थी। ट्रेनों का चलना बन्द था। लेकिन मुम्बई से सूरत तक की रेल लाइन सही सलामत थी। ऐसे में सुबह-सुबह एक ट्रेन से कुछ स्वयंसेवी संस्थाएँ राशन और पानी का बड़ा स्टॉक लेकर मुम्बई से सूरत रेलवे स्टेशन पहुँची। सारी व्यवस्था इनकी ख़ुद की थी। सामान के साथ वितरण के लिए वोलंटियर तक। सूरत के बाढ़ पीड़ितों को राहत पहुँचाने में भागीदार बन सकें, ये उद्देश्य लेकर ये पहुँची थीं सूरत। स्टेशन पर आ रही इस राहत सामग्री को शहर के दूसरे हिस्सों में ले जाने के लिए पुलिस का एस्कोर्ट भी मुहैया कराया गया। कई जगह ऐसे वाकये हुए, जिनमें भूखे-प्यासे लोगों ने रास्ते में ही सामान को लूट लिया। लूट की बात चली तो ये भी ध्यान आया कि शहर के कुछ इलाक़ों में चोरी की वारदातें भी हुई थीं रात के दौरान, कुछ लोगों ने कारों के ऑडियो सिस्टम चुरा लिये थे, जिसे लेकर कई इलाक़ों में अच्छा-ख़ासा बवाल हुआ था। इसी दौरान

स्थानीय और पर-प्रान्तीय लोगों के बीच कुछ जगह झड़प भी हुई। स्थानीय लोगों का आरोप ये कि पर-प्रान्तीय इस दौरान चोरी और लूट की वारदात को अंजाम दे रहे हैं। घबराये अप्रवासी श्रमिक सूरत के रेलवे स्टेशन पर आ पहुँचे थे, उनकी भी व्यथा सुनी।

स्टेशन से रुख किया रिंग रोड पर बने टेक्सटाइल्स मार्केट फ्लाइओवर का। 8 अगस्त की रात से ही फ्लाइओवर के दोनों हिस्से पानी से घिर चुके थे यानी जो इसके ऊपर रह गया, वह रह गया। ऐसे सैकड़ों लोग थे, जो अपनी गाड़ियों को ऊँची जगह पर रखने के चक्कर में यहाँ आए, तो फिर निकल ही नहीं पाए। इन्हीं में हमारे एक पत्रकार मित्र आशीष जोशी भी थे, जिन्हें दो दिनों तक नित्य कर्म पुल पर ही करना पड़ा। ख़ैर, 10 अगस्त की सुबह जब यहाँ मैं पहुँचा, तो पुल ख़ुद राहत शिविर में बदल चुका था। हज़ारों परिवारों ने फ्लाइओवर पर ही दोनों लेन में प्लास्टिक शीट के सहारे झोंपड़े डाल दिये थे। इनके बीच से गाड़ियों को गुज़ारने की मामूली जगह बची थी।

मैं पुल पर ही था, तब तक नौ बजे के क़रीब सेना का एक दस्ता बोट को ट्रकों पर लादकर आगे बढ़ता दिखा। बस हम पीछे-पीछे लग लिये। पता चला कि ये काफ़िला क़तारगाम इलाक़े में जा रहा है, जो शहर के सबसे अधिक बाढ़ग्रस्त इलाक़ों में से एक था। क़तारगाम में आख़िरकार ट्रकों से बोट उतारी गयीं और इन पर लादा गया राहत का सामान। सामान बाँटने के लिए सूरत नगर निगम के अधिकारी भी आ गये थे। सुखद आश्चर्य ये हुआ कि ऐसी परिस्थिति में भी नगर निगम के अधिकारियों में उत्साह ख़ूब था, यहाँ तक कि ज़्यादातर ने नीली शर्ट पहन रखी थी, नगर निगम के अधिकारियों की यूनिफॉर्म है ये।

सेना ने इंजीनियर कोर के मेजर जी एस कान्याल राहत और बचाव टुकड़ी की अगुआई कर रहे थे। उनकी इजाजत लेकर अपने कैमरामैन के साथ बोट पर चढ़ा। राहत सामग्री के बीच थोड़ी-सी जगह अपने लिए बनायी। लाइफ जैकेट पहन नहीं पाया, क्योंकि वो एक्सट्रा थे ही नहीं। भाग्य पर सब कुछ छोड़ दिया। हफ़्ते भर पहले ही यानी 31 जुलाई को अहमदाबाद के एक गाँव गणोल में बाढ़ आयी थी और कवरेज के दौरान फायर ब्रिगेड की बोट के सहारे अपने कैमरामैन पवन जायसवाल के साथ आगे बढ़ रहा था। पानी के तेज़ प्रवाह में बोट उलट गयी, तैरना नहीं जानता था, लेकिन फायर ब्रिगेड के जाबाँज जवानों की मदद से बच गया, वह भी उस जगह जहाँ पानी 17 फीट गहरा था। क़रीब डेढ़ घंटे तक रस्सियों के सहारे पानी के तेज़ प्रवाह के बीच हम बचे रहे, पानी के ऊपर टिके रहे। इसलिए इस बार भी भाग्य पर ही सब कुछ छोड़ दिया।

ख़ैर हमारी बोट आगे बढ़ी, तो बाढ़ का कहर आँखों के सामने आना शुरू हो

गया। रास्ते में जगह-जगह गाय और भैंस जैसे मवेशियों के शव फूलकर पानी में तैर रहे थे। पानी बाढ़ के तीसरे दिन भी पन्द्रह से बाइस फीट तक था। जैसे-जैसे नदी के किनारे वाले इलाक़े में जा रहे थे, पानी का स्तर बढ़ता जा रहा था। क़तारगाम इलाक़े में एक मंज़िल से लेकर दो-दो मंज़िल तक पानी में डूबे हुए थे। जिनका घर एक मंज़िला या दो मंज़िला था, उन्होंने बगल के मकान में शरण ले रखी थी। इनके बीच पानी की बोतलें या बिस्कुट, नमकीन के पैकेट पहुँचाना भारी-भरकम चुनौती थी। किसी मकान के क़रीब नहीं जा सकते थे, क्योंकि पता नहीं मकान के नज़दीक कहीं उसकी बाउंड्री वाल नाव के नीचे न आ जाए, या फिर कोई खम्भा। पानी का प्रवाह तब भी तेज़ था, ऐसे में नाव को मकानों के बीचोंबीच सड़क पर खेना पड़ रहा था। और ऐसे में सेना के जवान अपने मजबूत बाहुओं के सहारे दूसरी मंज़िल से लेकर चौथी या फिर पाँचवी मंज़िल तक पैकेट उछालकर फेंकने का काम कर रहे थे। इनमें से कई दफा एक चौथाई सामान पानी में ही वापस गिर जाता था, लेकिन आप कुछ कर नहीं सकते थे। जितना पहुँच पा रहा था, वह काफ़ी था ऐसी हालत में। कई जगह लोगों ने राहत सामग्री बटोरने का अनूठा तरीका अख़्तियार किया। लम्बी रस्सी के साहरे अपने घर की बाल्टी को नाव के ऊपर लटकाने की कोशिश की ऊपरी मंज़िलों से और इनमें सामान रख देने पर ऊपर खींच लिया।

इस दौरान एक और घटना हुई। जब हम किनारे से नाव शुरू कर रहे थे, तो एक आदमी आया, जिसने ये बताया कि बाढ़ का शिकार हुए एक आदमी का शव किसी गली के पास तैर रहा है। ऐसे में सेना के मेजर ने उसे नाव पर बिठा लिया। लेकिन जब नाव क़रीब दो किलोमीटर अन्दर गयी, तो अचानक उसने नाव से छलाँग मार दी और ग़ायब हो गया। पता ये चला कि बन्दा अपने घर तक पहुँचना चाह रहा था और तैरने की जगह उसने बोट की ज्वाय राइड ले ली। प्राकृतिक आपदा के बीच मानव प्रकृति के एक और पहलू की झलक मिली।

क़रीब तीन घंटे में हम वापस पहुँचे। यहाँ से आगे चौक की तरफ़ बढ़ा। वह चौक इलाक़ा, जहाँ आठ तारीख़ को भी गया था और अब पानी थोड़ा कम होने पर राहत का सिलसिला वहाँ भी सेना ने शुरू किया था। हालाँकि सेना यहाँ नाव की जगह भारी-भरकम टाट्रा ट्रकों का इस्तेमाल कर रही थी, जिनका इस्तेमाल सेना में बड़े-बड़े टैंकों को ढोने के लिए किया जाता है। इनके इंजन की ताक़त का अन्दाजा आप लगा ही सकते हैं। इनकी ख़ासियत एक और थी, वो ये कि इनके साइलेंसर नीचे की जगह ऊपर की तरफ़ थे, वैसे ही जैसे गाँव की चक्कियों के होते हैं। ऐसे में आठ फीट की गहराई तक इन ट्रकों के पानी में बन्द होने की कोई आशंका नहीं थी। जब चौक के अन्दर इन ट्रकों ने पानी को फाड़ते हुए तेज़ रफ़्तार से जाना शुरू किया, तो पता चला कि इनके प्रेशर से आसपास की दुकानों के शटर

फटाफट टूट रहे हैं। ट्रकों के ड्राइवरों का ध्यान इस तरफ़ दिलाया गया, तो रफ़्तार थोड़ी धीमी हुई। ख़ैर अन्दर के इलाक़े में जाकर राहत सामग्री को बाँटने का सिलसिला शुरू हुआ। अब भी गलियों में छह-छह, आठ-आठ फीट पानी था, लेकिन लोग टायरों या रस्सियों के सहारे घरों से बाहर निकल रहे थे।

इस दौरान गलियों में पानी के ऊपर तैरते कूड़े-कचरे और इनके बीच से आवश्यक सामानों को पाने के लिए तैराकी करते साहसी युवकों को भी देखा। एक सज्जन तो इन सबके बीच ऐसे नज़र आये, जिनके लिए बाढ़ का ये मौक़ा तीन-चार साल के अपने बच्चे को प्लास्टिक का खिलौनानुमा बोट में तैराने का रहा। हमारे फ़ौजियों ने आगाह किया कि बच्चे को टाट्रा ट्रक से दूर ले जाओ, नहीं तो झटके में बच्चे को नुकसान हो जाएगा।

यहाँ से बाहर निकला तो ख़बर मिली कि राज्य के मुख्यमन्त्री नरेन्द्र मोदी भी इस इलाक़े का दौरा करने के लिए आ रहे हैं। टाटा के सहारे ही चौक तक पहुँचने वाले मोदी बाद में बोट पर बैठकर गलियों के अन्दर गये। हालाँकि उनका ये मुआयना सुरक्षा एजेंसियों और फ़ौज के जवानों के लिए ख़ासा चुनौतीपूर्ण रहा। पता नहीं कब नाव डोल जाए। अच्छी बात ये रही कि मोदी के साथ जाने वालों की तादाद कम थी और फ़ौज के तैराकों के लिए इनको मैनेज करना आसान रहा। इस बीच प्रधानमन्त्री भी सूरत का दौरा करने पहुँचे थे, लेकिन सूरत में उनका ज़मीनी दौरा सम्भव नहीं हो पाया और हवाई सर्वेक्षण कर ही वो चले गये।

इन सियासी दौरों के बीच आम लोगों की शिक़ायतें बढ़ रही थीं, बाढ़ का पानी कम होने के बावजूद मदद तेज़ रफ़्तार से नहीं पहुँच पा रही थी। प्रशासन की तकलीफ ये थी कि बाढ़ का असर इतना बड़ा था कि सब तक पहुँचना सम्भव नहीं था। हेलिकॉप्टर से राहत सामग्री गिरायी जा रही थी, मगर वह भी पर्याप्त नहीं था। पैंतालीस लाख की आबादी वाले इस शहर का अस्सी फीसदी हिस्सा बाढ़ से प्रभावित हुआ था और आर्थिक नुकसान था क़रीब दस हज़ार करोड़ रुपये का। ऐसे में सियासी दाँवपेच की शुरुआत भी हो गयी थी। कांग्रेस राज्य सरकार पर सूरत को बाढ़ में झोंकने का आरोप लगा रही थी, तो गुजरात में सत्तारूढ़ बीजेपी केन्द्र की यूपीए सरकार पर पर्याप्त मदद नहीं देने का। लोगों की बात सुनते-सुनते एक और रात बीत गयी। इस दौरान हमारे दो और सहयोगी— मुम्बई से मयूर परीख और भोपाल से ब्रजेश राजपूत अपनी कैमरा टीम लेकर पहुँच चुके थे। ऐसे में उनके रहने की व्यवस्था भी उसी होटल में कर एक और रात बिना बिजली-पानी के गुज़ारी।

11.08.2006

सूरत की बाढ़ की लगातार पाँचवें दिन की कवरेज के लिए एक बार फिर से सुबह के पाँच बजे उठा। अपने दो सहयोगियों को सूरत के आर्थिक नुकसान का आकलन और लोगों की समस्या जानने के लिए दूसरे इलाक़ों में भेजा और ख़ुद क़तारगाम इलाक़े की तरफ़ निकला। लेकिन वहाँ पहुँचने के पहले ही मेरी निगाह पड़ी सड़क के किनारे नज़र आ रही एक अन्तहीन-सी लाइन पर। गाड़ी रोकी तो पता चला कि बाढ़ का पानी निकलने के बाद लोग दूध जैसे ज़रूरी वस्तु की ख़रीद के लिए निकले हैं और उसके लिए लगी है इतनी बड़ी लाइन। पैदल चलते, लोगों से बात करते क़रीब दो किलोमीटर दूर सुमूल डेयरी के मुख्य द्वार पर पहुँचा, तो नजारा ऐसा मानो दंगा होने की तैयारी हो। लोग एक-दूसरे पर गिरे जा रहे थे दूध की थैलियाँ हासिल करने के लिए। ऐसे में पुलिस को हस्तक्षेप करना पड़ा। महिलाओं के लिए अलग लाइन बनी। भीड़ इतनी कि एक-एक आदमी को दूध का एक पैकेट हासिल करने के लिए करना पड़ा कई घंटों का इन्तज़ार।

वहाँ से आगे बढ़ा तो स्वास्थ्य विभाग और सेना के मेडिकल कोर की टीम दिखी। जिन इलाक़ों से पानी निकलना शुरू हुआ था, वहाँ महामारी की आशंका को टालने के लिए ज़रूरी था दवाओं का वितरण। बड़े पैमाने पर लोग बीमार भी हो गये थे, घरों में तीन-तीन दिन तक बन्द होने के कारण। कई जगह पर कीचड़ की चार-चार फीट ऊँची लेयर जम गयी थी। इनको साफ़ करना नगर-निगम के लिए हरक्यूलियन टॉस्क था।

दोपहर बाद होटल पर वापस लौटा, तो देखा भारी-भरकम भीड़ लगी हुई है। दरअसल, हमारे ही होटल में ज़्यादातर टेलीविज़न संवाददाता ठहरे हुए थे, साथ में थीं उनकी ओबी वैन, जिससे वे लाइव प्रसारण कर रहे थे। पता चला कि दस बजे के क़रीब टीवी के साथी पत्रकारों ने लोगों से उनकी समस्याओं को सुनना शुरू किया था और ऐसे में अपनी पीड़ा और भड़ास निकालने वालों की तादाद इतनी बढ़ गयी कि हालात नियन्त्रण के बाहर चले गये। एक की सुनें, तो दूसरा हल्ले पर उतारू। लोगों ने ऐसा हुल्लड़ मचाया कि सभी पत्रकारों को अपने कैमरे वग़ैरह लेकर भागने पड़े होटल के अन्दर। ऐसे में हुड़दंगियों ने ओबी वैन पर पत्थर मारना शुरू कर दिया। कुछ ने तो होटल के अन्दर भी घुसने की कोशिश की। संयोग से उसी वक़्त पुलिस की एक मोबाइल वैन बगल से गुज़र रही थी, पुलिस के जवानों ने तत्काल मोर्चा सँभाला और हुड़दंगियों को भगाया। पुलिस की एक टुकड़ी भी होटल के बाहर तैनात करनी पड़ी। बाद में पता चला कि अपनी समस्या बताने के नाम पर कई लोगों ने अपने को टीवी पर दिखाने की तरकीब अख़्तियार कर ली थी। इसी में एक लड़ाकू महिला भी थी, जो नेताओं, प्रशासनिक अधिकारियों और

यहाँ तक कि मीडिया पर भी अपना गला फाड़ रही थी। पता चला कि वह कोई सामाजिक कार्यकर्ता नहीं, बल्कि रेलवे स्टेशन के आसपास धन्धा करने वाली एक वेश्या है, जो बाढ़ में धन्धे पर मार पड़ने की वजह से टीवी कैमरों के आगे अपने को बाढ़ग्रस्त ठहराने में लगी थी।

हुड़दंगियों के उपद्रव की वजह से सभी साथी पत्रकारों का मूड ख़राब हो गया। सूरत की जनता की समस्याओं को देश और सरोकार के सामने रखने की कोशिश पिछले चार दिनों से सभी पत्रकार कर रहे थे वैसे में कुछ शरारती लोगों के कारण पत्रकारों को अपनी जान-बचाकर होटल के अन्दर भागना पड़ा। ख़ैर, पत्रकारिता में यह सब सहना पड़ता है, यही मानकर हम लोगों ने इस बार होटल की बाल्कनी से लाइव चैट का सिलसिला शुरू किया। यही करते-करते शाम होने लगी थी, तब तक एक और बुरी ख़बर आयी। पता चला कि गुजरात के एक और ज़िले पंचमहाल में बाढ़ का ख़तरा पैदा हो गया है, क्योंकि कडाना बाँध के कैचमेंट एरिया में भारी बारिश हुई थी और इसकी वजह से महीनदी में भयावह रफ्तार से पानी छूट रहा था। इसकी वजह से नज़दीक के सैकड़ों गाँवों में बाढ़ का पानी घुसने की आशंका पैदा हो गयी थी। ऐसे में मैंने शाम के वक़्त सूरत से निकलने का फैसला कर लिया, क्योंकि सूरत में एक तो बाढ़ का पानी कम हो रहा था, दूसरा ये कि बाक़ी सहयोगी भी यहाँ पहुँच गये थे। लेकिन जाते समय मैंने होटल के कमरे से प्रबन्धन की तरफ़ से भेजा गया वो नोट रख लिया, जिसमें बाढ़ की आपदा के कारण पैदा हुए असाधारण हालात में ग्राहकों को हुई असुविधा के लिए खेद प्रकट किया गया था। वह काग़ज अब भी मैंने सँभाल कर रखा है अपने बच्चों को दिखाने के लिए, तब तक के लिए जब वे बाढ़ और उसकी भयावहता को समझने के क़ाबिल हो जाएँगे। पाठ्य पुस्तक में मैंने पटना की बाढ़ पढ़ी थी, शायद मैं अपने बच्चों को सूरत की बाढ़ के बारे में ढंग से बता सकूँ।

आईबीएन

अफ़ग़ानिस्तान—अमेरिका बूम बूम टुडे

प्रबल प्रताप सिंह

तकरीबन 14 साल पुरानी बात है। मैं उन दिनों आजतक में थी। वाकया 31 अगस्त 1995 का है, हुआ यूँ कि मैं पंजाब में होने वाले विधानसभा चुनावों की कवरेज के लिए जा रही थी। पूरा-का-पूरा पंजाब नये विधानसभा चुनाव की तैयार कर रहा था। चुनाव किसी भी राज्य में हों, आरोप-प्रत्यारोप एक-दूसरे पर उँगली उठाने का सिलसिला ज़रूरत चलता है। जाहिर है पंजाब में भी यही दौर था।

ये उन दिनों की बात है, जब आजतक डीडी मेट्रो पर बुलेटिन के तौर पर आता था। उन दिनों फॉरवर्ड प्लानिंग के तहत यूँ होता था कि छह-सात स्टोरी आइडिया एडीटर को द्रिये जाएँ, और उनके अप्रूव होने के बाद शूट पर निकला जाए। लिहाजा पंजाब चुनावों के मद्देनजर मैंने छह-सात स्टोरी आइडिया अप्रूव कराये और निकल गयी शूट पर, तकरीबन एक हफ़्ते का प्लान था। इन तमाम रिपोर्ट्स में तत्कालीन मुख्यमन्त्री बेअन्त सिंह का इंटरव्यू भी था, जहाँ तक मुझे याद है, मेरे इस कवरेज प्लान में तीसरा दिन था जब मुझे मुख्यमन्त्री बेअन्त सिंह का इंटरव्यू करना था। यहाँ मैं ये बता दूँ कि पंजाब और कश्मीर, इन दोनों राज्यों से मुझे बेहद लगाव था, मेरे कैरियर में इन राज्यों में की गयी रिपोर्टिंग का ख़ासा महत्त्व भी है। मेरी रिपोर्टिंग उन दिनों भी ज़ारी थी, जब पंजाब में ज़बरदस्त आतंकवाद के चलते राष्ट्रपति शासन बार-बार लगाना पड़ रहा था। ख़ैर, मुख्यमन्त्री बेअन्त सिंह से इंटरव्यू का दिन था। शाम के क़रीब 4 बजे के आसपास की बात होगी, मैं इस शूट के लिए निकल चुकी थी।

रास्ते में दिमाग़ में वो दिन भी याद आ रहे थे। जब मैं 'संडे ऑब्जर्वर' में बतौर विशेष संवाददाता काम करती थी। पाँच साल के राष्ट्रपति शासन के बाद पंजाब में लोकतन्त्र एक बार फिर से आँखें खोल रहा था। मेरे लिए भी वो दिन रोमांच से भरे थे।

सरकार के गठन की वजह से देश और विदेश का मीडिया वहाँ जुटा हुआ था। सीएनएन-बीबीसी हर चैनल—हर अख़बार का प्रतिनिध वहाँ मौजूद था।

विदेशी मीडिया की मौजूदगी की सबसे बड़ी वजह थी पंजाब में खालिस्तान जैसे मुद्दे का लगातार गर्म रहना। बेअन्त सिंह का शपथ ग्रहण समारोह था। वो समारोह भी ख़ास ही था। राजभवन के बाहर के लॉन में बड़े से टेंट के अन्दर। हाँ, इतना ज़रूर है कि इस पूरे समारोह का हवाई निरीक्षण भी चल रहा था। सुरक्षा जबरदस्त थी, टेंट में इस कार्यक्रम को कराने की वजह शायद ये भी हो सकती है कि खुले मैदान में सुरक्षा के इन्तज़ाम शायद ज़्यादा आसान लगे होंगे, पत्रकारों को भी 5-5 जगह चेकिंग कराने के बाद अन्दर जाने दिया जा रहा था, उन दिनों राज्यपाल होते थे— नरेन्द्र नाथ, जिनकी बाद में हवाई दुर्घटना में मौत हो गयी थी। शपथ ग्रहण समारोह हुआ और बेअन्त सिंह सिर्फ़ अपने बेहद क़रीबी मन्त्रियों के साथ दिखाई दिए। हर कोई चाहता था कि उनका इंटरव्यू करे, पर बेअन्त सिंह की सुरक्षा में जुटे अधिकारियों ने साफ़ तौर पर मना कर दिया। यानी, बेअन्त सिंह के इंटरव्यू के नाम पर हर किसी के पास उनका वो संक्षिप्त भाषण था, जो उन्होंने शपथ ग्रहण के दौरान दिया था। हम लोग थोड़े निश्चिन्त हो चले थे कि अब मुख्यमन्त्री किसी से बात नहीं करेंगे। हम सभी पत्रकार चाय पी रहे थे। अचानक मेरी नज़र पीछे की तरफ़ गयी। मैंने देखा कि बीबीसी का क्रू अन्दर की तरफ़ गया। टेंट के बीच-बीच में जो बाँस लगे थे, उनसे मुझे दिखाई दिया कि उन्होंने कैमरा लगाया। कैमरा रोल हुआ और बेअन्त सिंह ने बोलना शुरू किया। मैं वहाँ से दौड़ी। मुझे एक साथ तीन-तीन सुरक्षा गार्डों ने रोकने की कोशिश की। पर मैं रुकी नहीं। अलबत्ता मैंने अपना छोटा-सा टेप रिकॉर्डर ज़रूर ऑन कर दिया। ब्लैक कैट कमांडो से बचकर जब मैं मुख्यमन्त्री बेअन्त सिंह के पास पहुँची तो उन्होंने कहा, "मैंने तो जो कहना था कह दिया, अब क्या कहूँ।"

मैंने थोड़ी नाराज़गी दिखाते हुए कहा कि ये क्या बात हुई आपने विदेशी मीडिया से बात कर ली और हमें मना कर रहे हैं। ये बर्दाश्त करने वाली बात नहीं है। बेअन्त सिंह तैयार हो गये। मैंने बोला 2-3 मिनट ही था, पर वो इंटरव्यू हुआ तकरीबन 6-7 मिनट का। मैंने उन दिनों के अपने एडीटर उदयन शर्मा को फोन किया और इस इंटरव्यू के बारे में बताया, उन्होंने बोला कि ये हिन्दुस्तानी प्रेस का पहला इंटरव्यू पंजाब के नये मुख्यमन्त्री का है, तुम तुरन्त वापस आ जाओ। सड़क के रास्ते जब मैं वापस लौट रही थी तो बाराखम्भा रोड और उसके आसपास के इलाके में पोस्टर लग चुके थे, पंजाब में लम्बे राष्ट्रपति शासन के बाद चुनी गयी पहली सरकार के मुख्यमन्त्री का पहला इंटरव्यू। वो इंटरव्यू 'संडे ऑब्जर्वर' के हिन्दी और इंग्लिश दोनों संस्करणों में प्रकाशित हुआ। इस इंटरव्यू के चलते अंक में थोड़ी देर भी हुई।

ख़ैर, ये तो उस इंटरव्यू की बात हुई, जो मैंने बतौर प्रिंट पत्रकार किया था।

जाहिर-सी बात है कि पंजाब से और मुख्यमन्त्री बेअन्त सिंह के इंटरव्यू से जुड़ी ये मेरी अच्छी यादें थीं। वैसे मुझे अच्छे से याद है कि बेअन्त सिंह बड़े ही ख़ुशमिजाज थे और बड़े ही इनफॉर्मल। ख़ैर, इतनी सारी बातें सोचते-सोचते मैं बेअन्त सिंह के इंटरव्यू के लिए पहुँच चुकी थी। जितनी पंजाबी मुझे आती थी उसी में मैंने उनसे पूछ लिया, ''याद है आपको पाँच साल पहले मैंने किस तरह आपका इंटरव्यू किया था।'' उन्होंने कहा, ''हाँ, हाँ मुझे अच्छी तरह याद है। हम लोग जब ये सारी बातें कर रहे थे, तो कैमरामैन बेअन्त सिंह के कटवेज बना रहा था। मैंने बातचीत के दौरान पूछा, ''आतंकवाद का अब क्या हाल है? बड़े बेखौफ अन्दाज में बेअन्त सिंह ने जवाब दिया, ''टेररिज्म कित्थे टेररिज्म!''

वैसे देखा जाए तो पिछले पाँच साल में बेअन्त सिंह सरकार के समय में आतंकवाद नाम भर को ही रह गया था। ये नहीं कहा जा सकता है कि आतंकवाद का ख़ात्मा हो चुका था। पर हाँ, इक्का दुक्का घटनाएँ ही होती थीं। इंटरव्यू के दौरान मैंने बेअन्त सिंह से तमाम आरोपों के बारे में भी पूछा, जो उन दिनों उन पर लगे थे। मन्त्रिमंडल से लेकर ज़मीन घोटाले तक हर सवाल करने के बाद क़रीब पाँच बजे मैं वापस लौट रही थी। होटल में लौटकर थोड़ा फ्रेश होने के बाद हमें अगले शूट के लिए निकला था। अगले शूट के लिए हमें चंडीगढ़ से थोड़ा बाहर जाना था। हम अगले शूट के लिए निकल चुके थे। अचानक मैंने महसूस किया कि शहर में सिक्योरिटी अचानक बहुत ज़्यादा बढ़ गयी है। इतनी सिक्योरिटी को देखकर दिमाग़ में दो ही बातें आयीं। या तो कोई अनहोनी हो गयी या फिर शहर में कोई बहुत बड़ा वीआईपी आने वाला है। दोनों ही लिहाज से ये मेरे लिए ख़बर थी, मैंने ड्राइवर को कहा कि हम अगले शूट पर नहीं जा रहे। मैंने तुरन्त कुछ सुरक्षा अधिकारियों से ये जानने की कोशिश की, कि अचानक क्या हुआ है? पर कोई भी कुछ भी कहने की हालत में नहीं था। हर किसी के चेहरे पर एक क़िस्म की बौखलाहट नजर आ रही थी और इस बौखलाहट से मुझे ये तो समझ आ ही गया कि हो-ना-हो ये किसी बड़ी घटना से बौखला गये हैं। वीआईपी कोई भी उसके आने पर बौखलाहट नहीं होती। मैंने तुरन्त 'ट्रिब्यून' में अपने एक दोस्त को फोन किया। उन्होंने कहा कि अभी ख़बर पुख्ता नहीं, लेकिन इतना सुनने में आ रहा है कि सचिवालय में कोई हमला हुआ है। मैंने ड्राइवर से कहा कि गाड़ी वापस सचिवालय ले चलो... तकरीबन पन्द्रह मिनट के भीतर हम वहाँ पहुँच गये। वहाँ जिस तरह का भयावह मंजर था, वो बताने के लायक नहीं। ऐसा लग रहा था जैसे भूचाल आ गया हो। कोई समझ नहीं पा रहा था कि हुआ क्या है? ऐसा लग रहा था कि जैसे लोग ये नहीं समझ पा रहे हों कि उनके पास की ज़मीन कब फट जाएगी। लोग जल्दी-से-जल्दी बाहर निकलना चाहते थे। छुट्टी का वक़्त था,

सचिवालय के कर्मचारी दफ़्तरों से निकलकर या तो पार्किंग में आ रहे थे, या फिर पार्किंग से गाड़ी निकाल रहे थे। लेकिन तभी भगदड़ मच गयी। निकलने का छोटा रास्ता और सैकड़ों गाड़ियाँ थीं। वहाँ सुरक्षा से जुड़े लोग भी थे। पर इस आदेश से बेखबर कि क्या हुआ है और उन्हें क्या करना है। लोग हर हालत में जल्दी-से-जल्दी बाहर निकल जाना चाह रह थे, और मैं और मेरे कैमरामैन अन्दर की तरफ़ जा रहे थे।

सचिवालय के मेन गेट पर पहुँचने पर मैंने जो देखा, वो और भयावह था। एक गाड़ी थी, जिसके परखच्चे कुछ इस तरह उड़ चुके थे कि ये बताना मुश्किल था कि वो कौन सी, किस रंग की, किस मॉडल की गाड़ी रही होगी। आसपास की तमाम गाड़ियाँ डैमेज हुई थीं। सुरक्षा बलों के वॉकी-टॉकी की बातचीत में मुझे पता चल गया कि ये मुख्यमन्त्री की कार थी और आसपास की कारें उनकी पायलट कारें थीं। उनके काफ़िले में उनके निजी डॉक्टर, सुरक्षा अधिकारी और कुछ अन्य अधिकारी भी थे।

सचिवालय की बिल्डिंग का टूटा शीशा दूर-दूर तक बिखरा हुआ था। लाइट नहीं आ रही थी, या तो सुरक्षा गार्ड के टॉर्च की रोशनी थी या फिर हमारी कैमरा लाइट।

अभी और भी बहुत कुछ देखना बाक़ी था। चारों तरफ़ ख़ून-ही-ख़ून था। उसी धुँधली रोशनी में मैंने देखा कि सामने माँस के टुकड़ों से गर्म धुआँ निकल रहा था। मैं सन्न रह गयी। ख़ून जम गया। हमें रोकने वाला वहाँ कोई नहीं था। कोई कुछ पूछने वाला नहीं था, किसी को कुछ होश नहीं था कि क्या हुआ कैसे हुआ? इस हमले में बेअन्त सिंह के निजी डॉक्टर (जिनका नाम शायद अनिल था) भी मारे गये थे। थोड़ी देर के बाद उनके परिवारवाले आये। अचानक उनकी पत्नी ने पास पड़े एक जूते को उठाकर रोना शुरू किया, जिससे इस बात का पता चला कि डॉक्टर साहब भी इस हमले का शिकार हो गये हैं। आसपास पड़े शरीर के टुकड़ों को देखकर कुछ समझ नहीं आ रहा था, कौन-सा हिस्सा किसके शरीर का है। हाथ किसका है और पैर किसका (वो दृश्य इतने दर्दनाक थे कि उन्हें टीवी पर दिखाया नहीं जा सकता, पर आज जब स्मरण लिखने बैठी तो ऐसा लग रहा है, जैसे सब कुछ आँखों के सामने नाच रहा हो)

मेरे कैमरामैन ने करीब 15 मिनट का शूट कर लिया था, उस जगह पर हम करीब 30-40 मिनट बिता चुके थे। उन 30-40 मिनटों में मैं कितनी बार ज़िन्दा हुई और कितनी बार मरी मुझे ख़ुद याद नहीं। अब तक उस जगह पर तमाम भीड़ इकट्ठा हो चुकी थी। हमें वहाँ से हटाने वाले लोग पहुँच चुके थे। पंजाब दूरदर्शन की टीम भी पहुँच चुकी थी।

दुनिया भर में ये ख़बर फैल चुकी थी कि पंजाब में आतंकवादी हमले में मुख्यमन्त्री बेअन्त सिंह मारे गये। आजतक पर ये ख़बर चल चुकी थी। रात को ही दिल्ली से पूरा देशी-विदेशी मीडिया चंडीगढ़ के लिए रवाना हो गया। हमें भी बेअन्त सिंह के घर पहुँचना था। कार्यक्रम के मुताबिक मुख्यमन्त्री के अन्तिम दर्शन के लिए उनके निवास स्थान पर ही सब लोगों को पहुँचना था। लोग सड़क के रास्ते सुबह 3-4 बजे तक पहुँच रहे थे। आजतक से अजय चौधरी एक-दूसरे कैमरामैन के साथ पहुँच गये थे। योजना ये थी कि मैं वो टेप ड्राइवर के हाथों भेज दूँगी, जिसमें बेअन्त सिंह का आख़िरी एक्सक्लूसिव इंटरव्यू है और वो एक्सक्लूसिव तस्वीरें भी। जो पूरी दुनिया के मीडिया में किसी के पास नहीं हैं।

मीडिया के साथ-साथ राजनीति और दूसरे क्षेत्रों की जानी-मानी हस्तियाँ भी पहुँचने लगीं। तभी हमने देखा एक गाड़ी आयी और मुख्यमन्त्री के पार्थिव शरीर को अन्तिम दर्शनों के लिए रखा गया। उनके पार्थिव शरीर को एक चादर के नीचे रखा गया था। पास में उनकी एक तस्वीर भी रखी गयी थी। सचिवालय में जो मंजर मेरी आँखों के सामने गुजरा था। वो बार-बार ये सोचने पर मजबूर कर रहा था कि बेअन्त सिंह के शरीर के नाम पर इस चादर के नीचे क्या है। क्योंकि शरीर तो किसी का भी बचा ही नहीं था।

अब मुझे पीटीसी करना था— उस शरीर को बैकड्रॉप में रखते हुए, जो शायद शरीर था ही नहीं। कुछ समझ नहीं आ रहा था कि क्या कहना है— क्या बोलना है, मुझे आज भी याद है कि उस पीटीसी से पहले और बाद में मैंने कभी भी इतने टेक नहीं दिये। मुझे पीटीसी करने ने 11 टेक लगे थे। 11 टेक से भी ना तो मैं सन्तुष्ट थी, ना ही अजय। बार-बार आँखें नम हो जाती थीं। गला रुँध जाता था। मुझे अब भी याद है मेरे पीटीसी की पहली लाइन थी।

''पंजाब में आतंकवाद का अन्त करने वाले बेअन्त सिंह आख़िरकार आतंकवाद की बलि चढ़ गये।''

11वें टेक के बाद मैंने हाथ जोड़ लिये... कह भी दिया कि मुझसे पीटीसी नहीं हो पाएगा, टेप दिल्ली के लिए ड्राइवर के हाथों रवाना कर दी गयी। लेकिन एसपी सिंह ने जब टेप को देखा, तो उन्होंने फैसला किया कि वो पीटीसी को इस्तेमाल करेंगे, आज भी मेरे हिसाब से वो एनजी (नॉट गुड) टेक था। आज भी जब कोई मित्र याद दिलाता है कि बेअन्त सिंह का बतौर मुख्यमन्त्री पहला और आख़िरी इंटरव्यू मैंने किया था, तो मुझे गर्व की बजाय सिहरन हो उठती है।

बाद में मुझे पता चला कि आजतक पर जब ये ख़बर चली, तो एक पत्रकार ने एस.पी. सिंह को फोन करके कहा कि उनके पास बेअन्त सिंह का क़रीब तीन हफ्ते पुराना इंटरव्यू है, जो उनका किसी भी टीवी प्रोग्राम को दिया गया आख़िरी

इंटरव्यू होगा और वो उसका प्रसारण आख़िरी इंटरव्यू के तौर पर करेंगे। लेकिन एस.पी. सिंह ने उन्हें मना किया और बताया कि उस इंटरव्यू को आख़िरी इंटरव्यू करके मत चलाना, क्योंकि अलका ने बेअन्त सिंह के निधन से करीब 45 मिनट पहले ही उनका इंटरव्यू किया था।

आज जब पत्रकारिता में चुनौती की बात होती है, तो मुझे लगता है कि यहाँ जो भावनात्मक और मानसिक चुनौतियाँ हैं, वो दूसरी चुनौतियों से किसी मायने में कम नहीं हैं। मैं ये वाकया लिख रही हूँ और बेअन्त सिंह का वो चेहरा सजीव हो रहा है। प्रभावशाली कद-काठी, चिट्टे सफ़ेद कपड़े और आँखों पर धूप का चश्मा, वही जानी-पहचानी मुस्कराहट और आत्मविश्वास और याद आ रही है उनकी वो लाइन भी— 'टेररिज्म... किथ्थे टेररिज्म!'

आईबीएन

दिल्ली–लाहौर बस सेवा की बहाली

स्मिता शर्मा

बात क़रीब चार साल पुरानी है यानी सितम्बर 2005 की। मेरी ये पाकिस्तान की दूसरी यात्रा थी। लेकिन रोमांच पहले से भी बढ़कर और चिन्ता भी पहले से कहीं ज़्यादा थी। वजह सरबजीत का सच सामने लाने की उधेड़बुन। हालाँकि यात्रा का मकसद विदेश सचिव (तत्कालीन) श्याम शरन की पाकिस्तानी काउंटरपार्ट से द्विपक्षीय बातचीत का कवरेज़ था, लेकिन वो महज औपचारिकता बनकर रह गया। 2005 में 31 अगस्त की शाम को हम इस्लामाबाद पहुँच चुके थे। बातचीत का दौर जल्द ख़त्म कर लाहौर की उड़ान का इन्तज़ार था। वो वक़्त भी आ ही गया और 3 सितम्बर को लाहौर पहुँचते ही मिशन सरबजीत में जुट गए। पहला काम था सरबजीत की पैरवी कर रहे राणा अब्दुल हमीद से मिलना। मुलाकात और इंटरव्यू के बाद शुरू हुआ असली खेल। वकील राणा अब्दुल हमीद पर कम दबाव नहीं था इस मुकदमे से हटने का। आरोप थे कि एक देशद्रोही की वकालत कर रहे हैं।

ख़ैर राणा साहब से मिली जानकारी के आधार पर हमने सोचा, क्यों न सबसे पहले किसी गवाह से बात कर सच्चाई जानी जाए। यहाँ ये चिन्ता केवल मिलने की नहीं, साथ में हर पल नज़र रखने वाली पाकिस्तानी खुफिया एजेंसी के कारिन्दों से पीछा छुड़ाने की भी होती है।

सबसे पहले मैं लाहौर के मलिक सिनेमा पहुँचा, जहाँ धमाका हुआ था और कई लोग मारे गये थे। इस मामले में भी सरबजीत को मौत की सजा हुई है। मलिक सिनेमा में कीमा–रोटी की रेहड़ी लगाने वाले सलीम शौक़त 18 मई 1990 को हुए धमाके के वक़्त क़रीब 14–15 साल के थे। पिता की धमाके में मौत हुई, तो स्वाभाविक गवाही हो गयी। सलीम कहते हैं, न तो अदालत में कुरान की क़सम खायी और न ही सरबजीत को देखा था। यानी जिसका पिता मारा गया उसकी भी कोई मंशा नहीं कि सरबजीत को फाँसी हो।

सलीम शौक़त ने ये भी कहने से गुरेज़ नहीं किया कि पाक कुरान की क़सम खाता, तो झूठ बोलने का सवाल नहीं था। मुझे तो पुलिस ने कहा, यही शख़्स है

धमके करने वाला, तो मैंने हाँ कर दिया। इसमें मासूम सलीम को ये अन्देशा नहीं था कि उसका बयान ही सरबजीत के लिए मौत का फरमान लाने वाला है। इंटरव्यू के वक़्त भीड़ बढ़ती जा रही थी कुछ लोग ग़ुस्से में थे कि आख़िर क्यों सरबजीत के हक़ में बयान हो रहे हैं, वो भी हिन्दुस्तान के एक चैनल पर। थोड़ी तो चिन्ता हुई कि मामला बेकार न हो जाए।

लेकिन काम तो करना ही था। साथ खड़े कुछ और चश्मदीदों के बाइट लेकर ग़ुस्सा ठंडा करने की कोशिश की। बात-बात में मैं भारत-पाक दोस्ती की मिसाल के लिए सरबजीत पर सवाल पूछ बैठता, तो कुछ लोगों को नागवार भी लगता। ऐसा नहीं कि दोस्ती की पैरवी करने वाले वहाँ कम थे, वो भी 20 ही थे, 19 नहीं। यहीं से फिर हौसला बढ़ जाता।

सलीम ने बताया कि अब्बा पढ़ा-लिखाकर उसे फ़ौज में भेजना चाहते थे, लेकिन धमाके ने सपनों का कीमा बना दिया। अब कीमा-रोटी बेचकर गुज़ारा हो रहा है पूरे परिवार का। जब सलीम को मैंने सरबजीत से जुड़े कुछ ब्यौरे दिये और परिवार के बारे में बताया, तो उसकी आँखें नम हो गयीं। कहने लगा, "अगर मेरे कहने से अब माफ़ी मिल जाए, तो ये भी करने के लिए तैयार हूँ।"

दूसरे चश्मदीद नासिर जावेद का तर्क था कि जब देखा ही नहीं मौक़ा-ए-वारदात पर, तो फिर सज़ा किस बात की। जावेद कहते हैं, मौक़ा है दोनों मुल्कों के लिए रिश्ता सुधारने का सरबजीत को माफ़ करके। हम और उलझन लेकर वापस लाहौर में अपने होटल 'अवारी' आ गये। तस्वीरों को भेजने और इंटरव्यू सुनकर ख़बर भी बनाने का काम बाक़ी था, लेकिन असली काम अभी बाक़ी था।

सरबजीत को जिस दूसरे मामले में दोषी पाया गया, वो लाहौर से कुछ किमी. दूर गाज़ियाबाद में एक बस में बम धमाके का आरोप था। हमने सोचा क्यों न गाज़ियाबाद जाकर कुछ गवाहों से मिल लें। लेकिन दूसरी चिन्ता ये थी कि दूसरे ही दिन यानी 6 सितम्बर को हफ़्ते भर के वीजा की मियाद ख़त्म हो रही थी। अगर ख़ुदा न खास्ता लेट हो गये, तो फ्लाइट छूटने का ख़तरा और बिना वीज़ा पाकिस्तान में रुकना एक बड़ी समस्या पैदा होने की आशंका।

लेकिन सरबजीत मामले में सच तक पहुँचने के लिए कैमरामैन के साथ रात का खाना खाकर दो घंटे आराम से बैठकर रात में निकलने का फैसला कर लिया। फिर सवाल टैक्सी और सुरक्षा का भी था, लिहाज़ा सुबह 4 बजे निकलकर दिन निकलते-निकलते अपना काम निपटाकर वापस लौटने का फैसला किया।

12 से 14 घंटे बैठे-बैठे कट गये। सुबह निकल पड़े कुछ और गवाहों से मिलने। थोड़ी नहीं, बड़ी मुश्किल ये भी थी कि न तो हाथ में कोई पता था, न फोन नम्बर, लेकिन गाज़ियाबाद का नाम आते ही दिल्ली से सटे गाज़ियाबाद जैसा

अपनापन लगा। पहुँचने में आधे घंटे से कम का वक़्त लगा, लेकिन लोग सब सोये थे या घरों में दरवाज़े लगे थे। चाय की दुकानें भी बन्द करें तो करें क्या? एक बस वाला कंडक्टर जल्दी जाने की तैयारी में बस धोने में लगा था।

उसी से पूछा भाई, यहाँ कोई धमाका हुआ था 15 साल पहले। बोला, "जनाब 19-20 की उमर है, कुछ याद नहीं। अब्बा या अम्मी बताते तो हैं लेकिन वो गाँव में हैं।" "किसी और को जानते हो?" "फलाँ भाईजान हैं; अन्दर रहते हैं। उनकी बस में हुआ था धमाका। इतना सुनते ही मानो मन की मुराद पूरी हो गयी। भाईजान का नाम पूछते-पूछते घर पहुँच गये। बाहर चारपाई पर कुछ लोग सोये थे, हिम्मत नहीं हुई आवाज़ देने की क्योंकि रिवाज़ और अन्दाज से, वो भी अनजान जगह, वाकिफ़ नहीं था। जब मामला सरबजीत का हो फूँक-फूँक क़दम रख रहा था।

ख़ैर एक शख़्स वहाँ से गुज़रा, तो पूछ लिया कि बस वाले भाईजान का घर ये ही है। पूछा आप कहाँ से मैंने जवाब दिया हिन्दुस्तान से हूँ। सरबजीत सिंह के सिलसिले में बातचीत करनी है। वो महाशय हादसे से वाकिफ़ थे। फौरन बस वाले भाईजान को जगाने अन्दर गए और साथ लेकर ही आये। हमने कुछ जानकारी माँगी, तो बोले, "मेरा कंडक्टर इसका गवाह था, वो अब कहीं गाँव में रहने चला गया है वही सब जानता है।"

कंडक्टर का नाम-पता पूछकर आगे बढ़ने का फैसला किया, लेकिन डर ये था कि कहीं लाहौर शहर की सीमा से बाहर निकल गये तो क़ानूनन जुर्म न कर बैठें, वो भी पाकिस्तान में। ये ख़तरा तो था, लेकिन ड्राइवर भी कम भरोसेमन्द नहीं था बोला, "जनाब मैं हूँ न चिन्ता मत करिए।"

आगे कच्चे, मुश्किल रास्तों से होकर उस गाँव भी पहुँच गये जहाँ कंडक्टर अब्दुल रहता था, लेकिन बदक़िस्मती से वो बस की बजाय ट्रक में काम करने लगा था और महीने में तीन-चार दिन के लिए ही घर आता था। उसकी पत्नी ने बताया दो दिन पहले ही गया है अब्दुल। अब उससे मिलना सम्भव नहीं है, तो फिर लौट पड़े लाहौर की तरफ़। वापसी में गाज़ियाबाद पहुँचे, तो सोचा एक बार चांस लेकर देखें, शायद कोई चश्मदीद मिल जाए। कहते हैं कोशिश बेकार नहीं जाती। बात करते-करते हिन्दुस्तान से जी टीवी वाले आये हैं, सुनकर हुजूम जमा हो गया और एक सज्जन ऐसे मिल गये जो उस बस में ही सवार थे, क्योंकि हमेशा उसी बस से आना-जाना होता था इसलिए ख़ुदा का शुक्र मनाते हैं।

कहा टीवी पर नहीं बोलूँगा, लेकिन हमने किसी सरबजीत को नहीं देखा न ही कोई शख़्स मौक़े से पकड़ा गया। बहुत समझाया तो नाम नहीं बताने की शर्त पर ये टीवी पर कह भी दिया। घड़ी में देखा, तो आठ बज चुके थे लौटकर फ्लाइट पकड़ने और सामान बाँधने की चिन्ता थी। इससे बड़ी चिन्ता खुफिया विभाग के

कारिन्दों की थी, जो हमारे साथ हमेशा साये की तरह लगे रहते थे।

चुपचाप आकर होटल में दाखिल हुए तो एक ने पूछ ही लिया, "जनाब सुबह-सुबह बाहर चले गए थे?" हमने कहा, "सोचा आज लाहौर की गलियों में सुबह का नाश्ता हो इसलिए जल्दी उठकर चले गये थे।"

फिर लगा अब दिल्ली में आफ़िस को फोन कर बता दिया जाए कि सरबजीत की मुहिम के लिए काफ़ी सबूत जुटा लिये हैं। बताते ही जल्द-से-जल्द भेजने का हुक्म हुआ, तो छोटे-छोटे टुकड़ों में ज़रूरी-ज़रूरी फीड भेजने में जुट गये होटल से ही। फीड भेजते ही दिल्ली में मुहिम शुरू हुई और हम वापस रवाना हुए दिल्ली के लिए, तो ये सुकून लेकर कि हमारी कोशिश अगर रंग लायी, तो सरबजीत का तो भला होगा ही, दोनों मुल्कों के बीच नयी इबारत लिखी जाएगी। सारी मुश्किलें और खतरे भूलकर आज भी लगता है क़ाश रिश्तों की कड़वाहट में सरबजीत का मामला न फँसता।

ज़िन्दगी में रिपोर्टिंग के अहम पलों में सरबजीत के लिए मुहिम हमेशा याद रहेगी साथ ही वो रोमांच, जो पाकिस्तान में जिया।

लेकिन साथ ही तभी होगा जब सरबजीत की रिहाई होगी।

हत्या से ठीक पहले बेअन्त सिंह ने कहा था टेरेरिज़्म... कित्थे ऐ टेरेरिज़्म

अलका सक्सेना

तकरीबन 14 साल पुरानी बात है। मैं उन दिनों आजतक में थी। वाकया 31 अगस्त 1995 का है, हुआ यूँ कि मैं पंजाब में होने वाले विधानसभा चुनावों की कवरेज के लिए जा रही थी। पूरा-का-पूरा पंजाब नये विधानसभा चुनाव की तैयार कर रहा था। चुनाव किसी भी राज्य में हों, आरोप-प्रत्यारोप एक-दूसरे पर उँगली उठाने का सिलसिला ज़रूरत चलता है। जाहिर है पंजाब में भी यही दौर था।

ये उन दिनों की बात है, जब आजतक डीडी मेट्रो पर बुलेटिन के तौर पर आता था। उन दिनों फॉरवर्ड प्लानिंग के तहत यूँ होता था कि छह-सात स्टोरी आइडिया एडीटर को दिये जाएँ, और उनके अप्रूव होने के बाद शूट पर निकला जाए। लिहाजा पंजाब चुनावों के मद्देनजर मैंने छह-सात स्टोरी आइडिया अप्रूव कराये और निकल गयी शूट पर, तकरीबन एक हफ़्ते का प्लान था। इन तमाम रिपोर्ट्स में तत्कालीन मुख्यमन्त्री बेअन्त सिंह का इंटरव्यू भी था, जहाँ तक मुझे याद है, मेरे इस कवरेज प्लान में तीसरा दिन था जब मुझे मुख्यमन्त्री बेअन्त सिंह का इंटरव्यू करना था। यहाँ मैं ये बता दूँ कि पंजाब और कश्मीर, इन दोनों राज्यों से मुझे बेहद लगाव था, मेरे कैरियर में इन राज्यों में की गयी रिपोर्टिंग का ख़ासा महत्त्व भी है। मेरी रिपोर्टिंग उन दिनों भी ज़ारी थी, जब पंजाब में ज़बरदस्त आतंकवाद के चलते राष्ट्रपति शासन बार-बार लगाना पड़ रहा था। ख़ैर, मुख्यमन्त्री बेअन्त सिंह से इंटरव्यू का दिन था। शाम के क़रीब 4 बजे के आसपास की बात होगी, मैं इस शूट के लिए निकल चुकी थी।

रास्ते में दिमाग़ में वो दिन भी याद आ रहे थे। जब मैं 'संडे ऑब्जर्वर' में बतौर विशेष संवाददाता काम करती थी। पाँच साल के राष्ट्रपति शासन के बाद पंजाब में लोकतन्त्र एक बार फिर से आँखें खोल रहा था। मेरे लिए भी वो दिन रोमांच से भरे थे।

सरकार के गठन की वजह से देश और विदेश का मीडिया वहाँ जुटा हुआ था। सीएनएन-बीबीसी हर चैनल—हर अख़बार का प्रतिनिधि वहाँ मौजूद था। विदेशी मीडिया की मौजूदगी की सबसे बड़ी वजह थी पंजाब में खालिस्तान जैसे मुद्दे का लगातार गर्म रहना। बेअन्त सिंह का शपथ ग्रहण समारोह था। वो समारोह भी ख़ास ही था। राजभवन के बाहर के लॉन में बड़े से टेंट के अन्दर। हाँ, इतना ज़रूर है कि इस पूरे समारोह का हवाई निरीक्षण भी चल रहा था। सुरक्षा जबरदस्त थी, टेंट में इस कार्यक्रम को कराने की वजह शायद ये भी हो सकती है कि खुले मैदान में सुरक्षा के इन्तज़ाम शायद ज़्यादा आसान लगे होंगे, पत्रकारों को भी 5-5 जगह चेकिंग कराने के बाद अन्दर जाने दिया जा रहा था, उन दिनों राज्यपाल होते थे— नरेन्द्र नाथ, जिनकी बाद में हवाई दुर्घटना में मौत हो गयी थी। शपथ ग्रहण समारोह हुआ और बेअन्त सिंह सिर्फ़ अपने बेहद क़रीबी मन्त्रियों के साथ दिखाई दिए। हर कोई चाहता था कि उनका इंटरव्यू करे, पर बेअन्त सिंह की सुरक्षा में जुटे अधिकारियों ने साफ़ तौर पर मना कर दिया। यानी, बेअन्त सिंह के इंटरव्यू के नाम पर हर किसी के पास उनका वो संक्षिप्त भाषण था, जो उन्होंने शपथ ग्रहण के दौरान दिया था। हम लोग थोड़े निश्चिन्त हो चले थे कि अब मुख्यमन्त्री किसी से बात नहीं करेंगे। हम सभी पत्रकार चाय पी रहे थे। अचानक मेरी नज़र पीछे की तरफ़ गयी। मैंने देखा कि बीबीसी का क्रू अन्दर की तरफ़ गया। टेंट के बीच-बीच में जो बाँस लगे थे, उनसे मुझे दिखाई दिया कि उन्होंने कैमरा लगाया। कैमरा रोल हुआ और बेअन्त सिंह ने बोलना शुरू किया। मैं वहाँ से दौड़ी। मुझे एक साथ तीन-तीन सुरक्षा गार्डों ने रोकने की कोशिश की। पर मैं रुकी नहीं। अलबत्ता मैंने अपना छोटा-सा टेप रिकॉर्डर ज़रूर ऑन कर दिया। ब्लैक कैट कमांडो से बचकर जब मैं मुख्यमन्त्री बेअन्त सिंह के पास पहुँची तो उन्होंने कहा, "मैंने तो जो कहना था कह दिया, अब क्या कहूँ।"

मैंने थोड़ी नाराज़गी दिखाते हुए कहा कि ये क्या बात हुई आपने विदेशी मीडिया से बात कर ली और हमें मना कर रहे हैं। ये बर्दाश्त करने वाली बात नहीं है। बेअन्त सिंह तैयार हो गये। मैंने बोला 2-3 मिनट ही था, पर वो इंटरव्यू हुआ तकरीबन 6-7 मिनट का। मैंने उन दिनों के अपने एडीटर उदयन शर्मा को फोन किया और इस इंटरव्यू के बारे में बताया, उन्होंने बोला कि ये हिन्दुस्तानी प्रेस का पहला इंटरव्यू पंजाब के नये मुख्यमन्त्री का है, तुम तुरन्त वापस आ जाओ। सड़क के रास्ते जब मैं वापस लौट रही थी। तो बाराखम्भा रोड और उसके आसपास के इलाके में पोस्टर लग चुके थे, पंजाब में लम्बे राष्ट्रपति शासन के बाद चुनी गयी पहली सरकार के मुख्यमन्त्री का पहला इंटरव्यू। वो इंटरव्यू 'संडे ऑब्जर्वर' के हिन्दी और इंग्लिश दोनों संस्करणों में प्रकाशित हुआ। इस इंटरव्यू के चलते अंक

में थोड़ी देर भी हुई।

ख़ैर, ये तो उस इंटरव्यू की बात हुई, जो मैंने बतौर प्रिंट पत्रकार किया था। जाहिर-सी बात है कि पंजाब से और मुख्यमन्त्री बेअन्त सिंह के इंटरव्यू से जुड़ी ये मेरी अच्छी यादें थीं। वैसे मुझे अच्छे से याद है कि बेअन्त सिंह बड़े ही ख़ुशमिजाज थे और बड़े ही इनफॉर्मल। ख़ैर, इतनी सारी बातें सोचते-सोचते मैं बेअन्त सिंह के इंटरव्यू के लिए पहुँच चुकी थी। जितनी पंजाबी मुझे आती थी उसी में मैंने उनसे पूछ लिया, "याद है आपको पाँच साल पहले मैंने किस तरह आपका इंटरव्यू किया था।" उन्होंने कहा, "हाँ, हाँ मुझे अच्छी तरह याद है। हम लोग जब ये सारी बातें कर रहे थे, तो कैमरामैन बेअन्त सिंह के कटवेज बना रहा था। मैंने बातचीत के दौरान पूछा, "आतंकवाद का अब क्या हाल है? बड़े बेखौफ अन्दाज में बेअन्त सिंह ने जवाब दिया, "टेररिज्म कित्थे टेररिज्म!"

वैसे देखा जाए तो पिछले पाँच साल में बेअन्त सिंह सरकार के समय में आतंकवाद नाम भर को ही रह गया था। ये नहीं कहा जा सकता है कि आतंकवाद का ख़ात्मा हो चुका था। पर हाँ, इक्का दुक्का घटनाएँ ही होती थीं। इंटरव्यू के दौरान मैंने बेअन्त सिंह से तमाम आरोपों के बारे में भी पूछा, जो उन दिनों उन पर लगे थे। मन्त्रिमंडल से लेकर ज़मीन घोटाले तक हर सवाल करने के बाद क़रीब पाँच बजे मैं वापस लौट रही थी। होटल में लौटकर थोड़ा फ्रेश होने के बाद हमें अगले शूट के लिए निकला था। अगले शूट के लिए हमें चंडीगढ़ से थोड़ा बाहर जाना था। हम अगले शूट के लिए निकल चुके थे। अचानक मैंने महसूस किया कि शहर में सिक्योरिटी अचानक बहुत ज़्यादा बढ़ गयी है। इतनी सिक्योरिटी को देखकर दिमाग़ में दो ही बातें आयीं। या तो कोई अनहोनी हो गयी या फिर शहर में कोई बहुत बड़ा वीआईपी आने वाला है। दोनों ही लिहाज से ये मेरे लिए ख़बर थी, मैंने ड्राइवर को कहा कि हम अगले शूट पर नहीं जा रहे। मैंने तुरन्त कुछ सुरक्षा अधिकारियों से ये जानने की कोशिश की, कि अचानक क्या हुआ है? पर कोई भी कुछ भी कहने की हालत में नहीं था। हर किसी के चेहरे पर एक क़िस्म की बौखलाहट नजर आ रही थी और इस बौखलाहट से मुझे ये तो समझ आ ही गया कि हो-ना-हो ये किसी बड़ी घटना से बौखला गये हैं। वीआईपी कोई भी उसके आने पर बौखलाहट नहीं होती। मैंने तुरन्त 'ट्रिब्यून' में अपने एक दोस्त को फोन किया। उन्होंने कहा कि अभी ख़बर पुख्ता नहीं, लेकिन इतना सुनने में आ रहा है कि सचिवालय में कोई हमला हुआ है। मैंने ड्राइवर से कहा कि गाड़ी वापस सचिवालय ले चलो... तकरीबन पन्द्रह मिनट के भीतर हम वहाँ पहुँच गये। वहाँ जिस तरह का भयावह मंजर था, वो बताने के लायक नहीं। ऐसा लग रहा था जैसे भूचाल आ गया हो। कोई समझ नहीं पा रहा था कि हुआ क्या है? ऐसा लग रहा

था कि जैसे लोग ये नहीं समझ पा रहे हों कि उनके पास की ज़मीन कब फट जाएगी। लोग जल्दी-से-जल्दी बाहर निकलना चाहते थे। छुट्टी का वक़्त था, सचिवालय के कर्मचारी दफ़्तरों से निकलकर या तो पार्किंग में आ रहे थे, या फिर पार्किंग से गाड़ी निकाल रहे थे। लेकिन तभी भगदड़ मच गयी। निकलने का छोटा रास्ता और सैकड़ों गाड़ियाँ थीं। वहाँ सुरक्षा से जुड़े लोग भी थे। पर इस आदेश से बेखबर कि क्या हुआ है और उन्हें क्या करना है। लोग हर हालत में जल्दी-से-जल्दी बाहर निकल जाना चाह रह थे, और मैं और मेरे कैमरामैन अन्दर की तरफ़ जा रहे थे।

सचिवालय के मेन गेट पर पहुँचने पर मैंने जो देखा, वो और भयावह था। एक गाड़ी थी, जिसके परखच्चे कुछ इस तरह उड़ चुके थे कि ये बताना मुश्किल था कि वो कौन सी, किस रंग की, किस मॉडल की गाड़ी रही होगी। आसपास की तमाम गाड़ियाँ डैमेज हुई थीं। सुरक्षा बलों के वॉकी-टॉकी की बातचीत में मुझे पता चल गया कि ये मुख्यमन्त्री की कार थी और आसपास की कारें उनकी पायलट कारें थीं। उनके काफ़िले में उनके निजी डॉक्टर, सुरक्षा अधिकारी और कुछ अन्य अधिकारी भी थे।

सचिवालय की बिल्डिंग का टूटा शीशा दूर-दूर तक बिखरा हुआ था। लाइट नहीं आ रही थी, या तो सुरक्षा गार्ड के टॉर्च की रोशनी थी या फिर हमारी कैमरा लाइट।

अभी और भी बहुत कुछ देखना बाक़ी था। चारों तरफ़ ख़ून-ही-ख़ून था। उसी धुँधली रोशनी में मैंने देखा कि सामने माँस के टुकड़ों से गर्म धुआँ निकल रहा था। मैं सन्न रह गयी। ख़ून जम गया। हमें रोकने वाला वहाँ कोई नहीं था। कोई कुछ पूछने वाला नहीं था, किसी को कुछ होश नहीं था कि क्या हुआ कैसे हुआ? इस हमले में बेअन्त सिंह के निजी डॉक्टर (जिनका नाम शायद अनिल था) भी मारे गये थे। थोड़ी देर के बाद उनके परिवारवाले आये। अचानक उनकी पत्नी ने पास पड़े एक जूते को उठाकर रोना शुरू किया, जिससे इस बात का पता चला कि डॉक्टर साहब भी इस हमले का शिकार हो गये हैं। आसपास पड़े शरीर के टुकड़ों को देखकर कुछ समझ नहीं आ रहा था, कौन-सा हिस्सा किसके शरीर का है। हाथ किसका है और पैर किसका (वो दृश्य इतने दर्दनाक थे कि उन्हें टीवी पर दिखाया नहीं जा सकता, पर आज जब स्मरण लिखने बैठी तो ऐसा लग रहा है, जैसे सब कुछ आँखों के सामने नाच रहा हो)

मेरे कैमरामैन ने करीब 15 मिनट का शूट कर लिया था, उस जगह पर हम करीब 30-40 मिनट बिता चुके थे। उन 30-40 मिनटों में मैं कितनी बार ज़िन्दा हुई और कितनी बार मरी मुझे ख़ुद याद नहीं। अब तक उस जगह पर तमाम भीड़

इकट्ठा हो चुकी थी। हमें वहाँ से हटाने वाले लोग पहुँच चुके थे। पंजाब दूरदर्शन की टीम भी पहुँच चुकी थी।

दुनिया भर में ये ख़बर फैल चुकी थी कि पंजाब में आतंकवादी हमले में मुख्यमन्त्री बेअन्त सिंह मारे गये। आजतक पर ये ख़बर चल चुकी थी। रात को ही दिल्ली से पूरा देशी-विदेशी मीडिया चंडीगढ़ के लिए रवाना हो गया। हमें भी बेअन्त सिंह के घर पहुँचना था। कार्यक्रम के मुताबिक मुख्यमन्त्री के अन्तिम दर्शन के लिए उनके निवास स्थान पर ही सब लोगों को पहुँचना था। लोग सड़क के रास्ते सुबह 3-4 बजे तक पहुँच रहे थे। आजतक से अजय चौधरी एक-दूसरे कैमरामैन के साथ पहुँच गये थे। योजना ये थी कि मैं वो टेप ड्राइवर के हाथों भेज दूँगी, जिसमें बेअन्त सिंह का आख़िरी एक्सक्लूसिव इंटरव्यू है और वो एक्सक्लूसिव तस्वीरें भी। जो पूरी दुनिया के मीडिया में किसी के पास नहीं हैं।

मीडिया के साथ-साथ राजनीति और दूसरे क्षेत्रों की जानी-मानी हस्तियाँ भी पहुँचने लगीं। तभी हमने देखा एक गाड़ी आयी और मुख्यमन्त्री के पार्थिव शरीर को अन्तिम दर्शनों के लिए रखा गया। उनके पार्थिव शरीर को एक चादर के नीचे रखा गया था। पास में उनकी एक तस्वीर भी रखी गयी थी। सचिवालय में जो मंजर मेरी आँखों के सामने गुजरा था। वो बार-बार ये सोचने पर मजबूर कर रहा था कि बेअन्त सिंह के शरीर के नाम पर इस चादर के नीचे क्या है। क्योंकि शरीर तो किसी का भी बचा ही नहीं था।

अब मुझे पीटीसी करना था— उस शरीर को बैकड्रॉप में रखते हुए, जो शायद शरीर था ही नहीं। कुछ समझ नहीं आ रहा था कि क्या कहना है— क्या बोलना है, मुझे आज भी याद है कि उस पीटीसी से पहले और बाद में मैंने कभी भी इतने टेक नहीं दिये। मुझे पीटीसी करने ने 11 टेक लगे थे। 11 टेक से भी ना तो मैं सन्तुष्ट थी, ना ही अजय। बार-बार आँखें नम हो जाती थीं। गला रुँध जाता था। मुझे अब भी याद है मेरे पीटीसी की पहली लाइन थी।

"पंजाब में आतंकवाद का अन्त करने वाले बेअन्त सिंह आख़िरकार आतंकवाद की बलि चढ़ गये।"

11वें टेक के बाद मैंने हाथ जोड़ लिये... कह भी दिया कि मुझसे पीटीसी नहीं हो पाएगा, टेप दिल्ली के लिए ड्राइवर के हाथों रवाना कर दी गयी। लेकिन एसपी सिंह ने जब टेप को देखा, तो उन्होंने फैसला किया कि वो पीटीसी को इस्तेमाल करेंगे, आज भी मेरे हिसाब से वो एनजी (नॉट गुड) टेक था। आज भी जब कोई मित्र याद दिलाता है कि बेअन्त सिंह का बतौर मुख्यमन्त्री पहला और आख़िरी इंटरव्यू मैंने किया था, तो मुझे गर्व की बजाय सिहरन हो उठती है।

बाद में मुझे पता चला कि आज तक पर जब ये ख़बर चली, तो एक पत्रकार

ने एस.पी. सिंह को फोन करके कहा कि उनके पास बेअन्त सिंह का क़रीब तीन हफ्ते पुराना इंटरव्यू है, जो उनका किसी भी टीवी प्रोग्राम को दिया गया आख़िरी इंटरव्यू होगा और वो उसका प्रसारण आख़िरी इंटरव्यू के तौर पर करेंगे। लेकिन एस.पी. सिंह ने उन्हें मना किया और बताया कि उस इंटरव्यू को आख़िरी इंटरव्यू करके मत चलाना, क्योंकि अलका ने बेअन्त सिंह के निधन से करीब 45 मिनट पहले ही उनका इंटरव्यू किया था।

आज जब पत्रकारिता में चुनौती की बात होती है, तो मुझे लगता है कि यहाँ जो भावनात्मक और मानसिक चुनौतियाँ हैं, वो दूसरी चुनौतियों से किसी मायने में कम नहीं हैं। मैं ये वाकया लिख रही हूँ और बेअन्त सिंह का वो चेहरा सजीव हो रहा है। प्रभावशाली कद-काठी, चिट्टे सफ़ेद कपड़े और आँखों पर धूप का चश्मा, वही जानी-पहचानी मुस्कराहट और आत्मविश्वास और याद आ रही है उनकी वो लाइन भी— 'टेररिज्म... किथे टेररिज्म!'

ज़ी न्यूज़

सरबजीत की हक़ीक़त

दिलीप तिवारी

बात क़रीब चार साल पुरानी है यानी सितम्बर 2005 की। मेरी ये पाकिस्तान की दूसरी यात्रा थी। लेकिन रोमांच पहले से भी बढ़कर और चिन्ता भी पहले से कहीं ज़्यादा थी। वजह सरबजीत का सच सामने लाने की उधेड़बुन। हालाँकि यात्रा का मकसद विदेश सचिव (तत्कालीन) श्याम शरन की पाकिस्तानी काउंटरपार्ट से द्विपक्षीय बातचीत का कवरेज़ था, लेकिन वो महज औपचारिकता बनकर रह गया। 2005 में 31 अगस्त की शाम को हम इस्लामाबाद पहुँच चुके थे। बातचीत का दौर जल्द ख़त्म कर लाहौर की उड़ान का इन्तज़ार था। वो वक़्त भी आ ही गया और 3 सितम्बर को लाहौर पहुँचते ही मिशन सरबजीत में जुट गए। पहला काम था सरबजीत की पैरवी कर रहे राणा अब्दुल हमीद से मिलना। मुलाकात और इंटरव्यू के बाद शुरू हुआ असली खेल। वकील राणा अब्दुल हमीद पर कम दबाव नहीं था इस मुकदमे से हटने का। आरोप थे कि एक देशद्रोही की वकालत कर रहे हैं।

खैर राणा साहब से मिली जानकारी के आधार पर हमने सोचा, क्यों न सबसे पहले किसी गवाह से बात कर सच्चाई जानी जाए। यहाँ ये चिन्ता केवल मिलने की नहीं, साथ में हर पल नज़र रखने वाली पाकिस्तानी खुफिया एजेंसी के कारिन्दों से पीछा छुड़ाने की भी होती है।

सबसे पहले मैं लाहौर के मलिक सिनेमा पहुँचा, जहाँ धमाका हुआ था और कई लोग मारे गये थे। इस मामले में भी सरबजीत को मौत की सजा हुई है। मलिक सिनेमा में कीमा-रोटी की रेहड़ी लगाने वाले सलीम शौक़त 18 मई 1990 को हुए धमाके के वक़्त क़रीब 14-15 साल के थे। पिता की धमाके में मौत हुई, तो स्वाभाविक गवाही हो गयी। सलीम कहते हैं, न तो अदालत में कुरान की क़सम खायी और न ही सरबजीत को देखा था। यानी जिसका पिता मारा गया उसकी भी कोई मंशा नहीं कि सरबजीत को फाँसी हो।

सलीम शौक़त ने ये भी कहने से गुरेज़ नहीं किया कि पाक क़ुरान की क़सम खाता, तो झूठ बोलने का सवाल नहीं था। मुझे तो पुलिस ने कहा, यही शख़्स है

धमके करने वाला, तो मैंने हाँ कर दीया। इसमें मासूम सलीम को ये अन्देशा नहीं था कि उसका बयान ही सरबजीत के लिए मौत का फरमान लाने वाला है। इंटरव्यू के वक़्त भीड़ बढ़ती जा रही थी कुछ लोग ग़ुस्से में थे कि आख़िर क्यों सरबजीत के हक़ में बयान हो रहे हैं, वो भी हिन्दुस्तान के एक चैनल पर। थोड़ा तो चिन्ता हुई कि मामला बेकार न हो जाए।

लेकिन काम तो करना ही था। साथ खड़े कुछ और चश्मदीदों के बाइट लेकर ग़ुस्सा ठंडा करने की कोशिश की। बात-बात में मैं भारत-पाक दोस्ती की मिसाल के लिए सरबजीत पर सवाल पूछ बैठता, तो कुछ लोगों को नागवार भी लगता। ऐसा नहीं कि दोस्ती की पैरवी करने वाले वहाँ कम थे, वो भी 20 ही थे, 19 नहीं। यहीं से फिर हौसला बढ़ जाता।

सलीम ने बताया कि अब्बा पढ़ा-लिखाकर उसे फ़ौज में भेजना चाहते थे, लेकिन धमाके ने सपनों का कीमा बना दिया। अब कीमा-रोटी बेचकर गुज़ारा हो रहा है पूरे परिवार का। जब सलीम को मैंने सरबजीत से जुड़े कुछ ब्यौरे दिये और परिवार के बारे में बताया, तो उसकी आँखें नम हो गयीं। कहने लगा, "अगर मेरे कहने से अब माफ़ी मिल जाए, तो ये भी करने के लिए तैयार हूँ।"

दूसरे चश्मदीद नासिर जावेद का तर्क था कि जब देखा ही नहीं मौक़ा-ए-वारदात पर, तो फिर सज़ा किस बात की। जावेद कहते हैं, मौक़ा है दोनों मुल्कों के लिए रिश्ता सुधारने का सरबजीत को माफ़ करके। हम और उलझन लेकर वापस लाहौर में अपने होटल 'अवारी' आ गये। तस्वीरों को भेजने और इंटरव्यू सुनकर ख़बर भी बनाने का काम बाक़ी था, लेकिन असली काम अभी बाक़ी था।

सरबजीत को जिस दूसरे मामले में दोषी पाया गया, वो लाहौर से कुछ किमी. दूर गाज़ियाबाद में एक बस में बम धमाके का आरोप था। हमने सोचा क्यों न गाज़ियाबाद जाकर कुछ गवाहों से मिल लें। लेकिन दूसरी चिन्ता ये थी कि दूसरे ही दिन यानी 6 सितम्बर को हफ़्ते भर के वीजा की मियाद ख़त्म हो रही थी। अगर ख़ुदा न ख़ास्ता लेट हो गये, तो फ्लाइट छूटने का ख़तरा और बिना वीज़ा पाकिस्तान में रुकना एक बड़ी समस्या पैदा होने की आशंका।

लेकिन सरबजीत मामले में सच तक पहुँचने के लिए कैमरामैन के साथ रात का खाना खाकर दो घंटे आराम से बैठकर रात में निकलने का फैसला कर लिया। फिर सवाल टैक्सी और सुरक्षा का भी था, लिहाज़ा सुबह 4 बजे निकलकर दिन निकलते-निकलते अपना काम निपटाकर वापस लौटने का फैसला किया।

12 से 4 घंटे बैठे-बैठे कट गये। सुबह निकल पड़े कुछ और गवाहों से मिलने। थोड़ी नहीं, बड़ी मुश्किल ये भी थी कि न तो हाथ में कोई पता था, न फोन नम्बर, लेकिन गाज़ियाबाद का नाम आते ही दिल्ली से सटे गाज़ियाबाद जैसा

अपनापन लगा। पहुँचने में आधे घंटे से कम का वक़्त लगा, लेकिन लोग सब सोये थे या घरों में दरवाज़े लगे थे। चाय की दुकानें भी बन्द करें तो करें क्या? एक बस वाला कंडक्टर जल्दी जाने की तैयारी में बस धोने में लगा था।

उसी से पूछा भाई, यहाँ कोई धमाका हुआ था 15 साल पहले। बोला, "जनाब 19–20 की उमर है, कुछ याद नहीं। अब्बा या अम्मी बताते तो हैं लेकिन वो गाँव में हैं।" "किसी और को जानते हो?" "फलाँ भाईजान हैं; अन्दर रहते हैं। उनकी बस में हुआ था धमाका। इतना सुनते ही मानो मन की मुराद पूरी हो गयी। भाईजान का नाम पूछते–पूछते घर पहुँच गये। बाहर चारपाई पर कुछ लोग सोये थे, हिम्मत नहीं हुई आवाज़ देने कि क्योंकि रिवाज़ और अन्दाज से, वो भी अनजान जगह, वाकिफ़ नहीं था। जब मामला सरबजीत का हो फूँक–फूँक क़दम रख रहा था।

ख़ैर एक शख़्स वहाँ से गुज़रा, तो पूछ लिया कि बस वाले भाईजान का घर ये ही है। पूछा आप कहाँ से मैंने जवाब दिया हिन्दुस्तान से हूँ। सरबजीत सिंह के सिलसिले में बातचीत करनी है। वो महाशय हादसे से वाकिफ़ थे। फौरन बस वाले भाईजान को जगाने अन्दर गए और साथ लेकर ही आये। हमने कुछ जानकारी माँगी, तो बोले, "मेरा कंडक्टर इसका गवाह था, वो अब कहीं गाँव में रहने चला गया है वही सब जानता है।"

कंडक्टर का नाम–पता पूछकर आगे बढ़ने का फैसला किया, लेकिन डर ये था कि कहीं लाहौर शहर की सीमा से बाहर निकल गये तो क़ानूनन जुर्म न कर बैठें, वो भी पाकिस्तान में। ये ख़तरा तो था, लेकिन ड्राइवर भी कम भरोसेमन्द नहीं था बोला, "जनाब मैं हूँ न चिन्ता मत करिए।"

आगे कच्चे, मुश्किल रास्तों से होकर उस गाँव भी पहुँच गये जहाँ कंडक्टर अब्दुल रहता था, लेकिन बदक़िस्मती से वो बस की बजाय ट्रक में काम करने लगा था और महीने में तीन–चार दिन के लिए ही घर आता था। उसकी पत्नी ने बताया दो दिन पहले ही गया है अब्दुल। अब उससे मिलना सम्भव नहीं है, तो फिर लौट पड़े लाहौर की तरफ़। वापसी में गाज़ियाबाद पहुँचे, तो सोचा एक बार चांस लेकर देखें, शायद कोई चश्मदीद मिल जाए। कहते हैं कोशिश बेकार नहीं जाती। बात करते–करते हिन्दुस्तान से जी टीवी वाले आये हैं, सुनकर हुजूम जमा हो गया और एक सज्जन ऐसे मिल गये जो उस बस में ही सवार थे, क्योंकि हमेशा उसी बस से आना–जाना होता था इसलिए ख़ुदा का शुक्र मनाते हैं।

कहा टीवी पर नहीं बोलूँगा, लेकिन हमने किसी सरबजीत को नहीं देखा न ही कोई शख़्स मौक़े से पकड़ा गया। बहुत समझाया तो नाम नहीं बताने की शर्त पर ये टीवी पर कह भी दिया। घड़ी में देखा, तो आठ बज चुके थे लौटकर फ्लाइट पकड़ने और सामान बाँधने की चिन्ता थी। इससे बड़ी चिन्ता खुफिया विभाग के

कारिन्दों की थी, जो हमारे साथ हमेशा साये की तरह लगे रहते थे।

चुपचाप आकर होटल में दाखिल हुए तो एक ने पूछ ही लिया, ''जनाब सुबह-सुबह बाहर चले गए थे?'' हमने कहा, ''सोचा आज लाहौर की गलियों में सुबह का नाश्ता हो इसलिए जल्दी उठकर चले गये थे।''

फिर लगा अब दिल्ली में आफ़िस का फोन कर बता दिया जाए कि सरबजीत की मुहिम के लिए काफ़ी सबूत जुटा लिये हैं। बताते ही जल्द-से-जल्द भेजने का हुक्म हुआ, तो छोटे-छोटे टुकड़ों में ज़रूरी-ज़रूरी फीड भेजने में जुट गये होटल से ही। फीड भेजते ही दिल्ली में मुहिम शुरू हुई और हम वापस रवाना हुए दिल्ली के लिए, तो ये सुकून लेकर कि हमारी कोशिश अगर रंग लायी, तो सरबजीत का तो भला होगा ही, दोनों मुल्कों के बीच नयी इबारत लिखी जाएगी। सारी मुश्किलें और खतरे भूलकर आज भी लगता है क़ाश रिश्तों की कड़वाहट में सरबजीत का मामला न फँसता।

ज़िन्दगी में रिपोर्टिंग के अहम पलों में सरबजीत के लिए मुहिम हमेशा याद रहेगी साथ ही वो रोमांच, जो पाकिस्तान में जिया।

लेकिन साथ ही तभी होगा जब सरबजीत की रिहाई होगी।

बिहार—गाड़ी में जलाकर मार दो

श्रीकान्त प्रत्यूष

शायद 1995 की बात है। मैंने पत्रकारिता की शुरुआत की थी, भाड़े पर लोबैंड का वीटीआर वाला बड़ा कैमरा और दूरदर्शन के सबसे क़ाबिल कैमरामैन राजकुमार को किराये पर लेकर सासाराम के अमरा तलब गाँव गया था। अमरा तलब गाँव नाचने-गाने वाली लड़कियों का बदनाम टोला था, जहाँ रात के अँधेरे में लोग मुँह मारने जाते और दिन के उजाले में उस गाँव के नाम पर छी-छी कर अपनी शराफत का ढिंढ़ोरा पीटते थे।

दोपहर का वक़्त था जब मैं अपनी टीम के साथ अमरा तलब गाँव पहुँचा, कैमरा देखकर गाँव की लड़कियाँ दरवाज़े पर आकर हीरोइनों की तरह पोज देने लगीं। स्टोरी का एंगल ये था कि इस गाँव के आसपास के गाँवों में लोग रिश्ता करने से परहेज करने लगे हैं, क्योंकि पड़ोस का गाँव बहुत बदनाम है। लाइट की व्यवस्था नहीं थी, कैमरा ऐसा था कि चिलचिलाती धूप में भी फुल एपरचर खोलना पड़ता था। मैंने धूप में छत पर लड़कियों के मेक-अप और नाचने-गाने के शॉट्स लेना शुरू कर दिया। दस मिनट में देखा कि आसपास के गाँव के लोग हमारी तरफ़ तेज़ी से बढ़ रहे हैं। मुझे समझते देर नहीं लगी कि गाँव वाले अब हमारी पिटाई करेंगे।

उन्हें लगा कि टीवी पर इस गाँव के बारे में न्यूज़ आ गयी, तो रिश्ते के लिए दूर-दराज से आने वाले लोग भी तौबा कर लेंगे। मैंने शूट-टेप को अपनी बनियान के अन्दर छिपा लिया। उन दिनों टेप का साइज बहुत बड़ा होता था, पर उस समय ठंड के दिन थे। मेरे जैकेट ने टेप छिपाने में मेरी काफ़ी मदद की। कैमरामैन काफ़ी डर गया और भागने के लिए जोर मारने लगा, लेकिन मैं समझ रहा था कि भागते हुए अगर पकड़े गये, तो कितना खतरनाक हो सकता है।

गाँववाले हमारे पास तक पहुँचते, उससे पहले मैं उनकी तरफ़ बढ़ा, मोड़ से आवाज़ आयी, ''मारो हरामियों को'' गाँव को टीवी पर दिखाकर बदनाम करने आये हैं। जब तक मैं अपने बचाव में कुछ करता, तब तक मेरे साथ गये टाइम्स ऑफ

इंडिया के स्थानीय पत्रकार आलोक चमाड़िया को गाँव के लम्पट दो-चार हाथ दे चुके थे। मैंने तुरन्त भीड़ की अगुआई कर रहे एक बुज़ुर्ग को पकड़ा, "चाचा अपने गाँव में हमें पीटिएगा, क्या ग़लती हुई है?"

बुज़ुर्ग ने भीड़ को सँभाला और फिर मुझे समझाया कि टीवी पर गाँव को दिखाने से इलाक़े की बदनामी होगी और फिर कोई उनके गाँव में बेटी या बेटे का रिश्ता लेकर नहीं आएगा। यही मेरी स्टोरी का एंगल था, लेकिन लोग ऐसे रिएक्ट करेंगे इसका अन्दाजा मुझे नहीं था। भीड़ से आवाज़ आयी, "गाड़ी में ही जलाकर मार दो सालों को," लेकिन मैंने उस बुज़ुर्ग का हाथ नहीं छोड़ा। वो मेरी टीम को अपने घर ले गया। चारों तरफ़ बुज़ुर्ग के फैसले का इन्तजार करते सैकड़ों ग्रामीण और बेचारी बनी मेरी टीम। फैसला हुआ कि टेप देखा जाए। टेप तो मैं व्यूफाइंडर में दिखा सकता था। लेकिन शूट टेप तो मेरी बनियान में छुपा था और कैमरे के टेप में कुछ था नहीं। मैंने बहाना बनाया कि इसे दिखाने के लिए दूरदर्शन का स्पेशल वीटीआर चाहिए। फिर क्या था जेनरेटर बुला लिया गया। कोई वीसीआर लेकर आ गया। मैंने समझाया कि वीटीआर में हाई-बैंड टेप नहीं देखे जा सकते हैं।

इतना सुनते ही बुज़ुर्ग आपे से बाहर हो गया, बोला, "तब कैमरे को ही चूर कर दो, सारे टेप तोड़ दो" मैंने लोगों को समझाया कि भैया कैमरा भाड़े का है। जो भी शूट होगा, टेप में होगा आप लोग सारे टेप रख लो, मैं वीटीआर लेकर आऊँगा आपको टेप्स दिखाऊँगा, फिर वापस कर देना। किसी तरह से बात बन गयी। हम कैमरा और शूट टेप्स वहीं छोड़कर वीटीआर लेने के बहाने भागे।

वहाँ से सीधा मैं अपनी टीम के साथ डीएम के यहाँ गया। वो नहीं मिले। फिर एसपी के यहाँ गया, वाकये की पूरी जानकारी दी। दो घंटे बाद पुलिस के साथ पहुँचे। गाँव में कैमरा तो मिल गया, लेकिन पुलिस को भी भारी विरोध झेलना पड़ा।

हमारे असिस्टेंट, जिसे बतौर एहतियात गाँव वालों ने अपने साथ रखा था, उसने सुरक्षित बाहर निकलने के बाद हमें बताया कि वो बहुत डर गया था। सच्चाई ये है कि डरा तो हर कोई था। बाद में वो रिपोर्ट ऑन एयर भी हुई।

आज तकरीबन पन्द्रह साल बाद कैरियर की कई रिपोर्ट्स याद आती हैं, जिन्हें चुनौती भरी रिपोर्टिंग कहा जा सकता है, पर मेरे लिए कैरियर के शुरुआती दौर की यह रिपोर्ट हमेशा बेहद ख़ास रहेगी।

धर्म, अधर्म और राजधर्म

शैलेश रंजन

एक पत्रकार से कोई ये पूछे कि आपकी सबसे बढ़िया ख़बर कौन सी थी, तो वो शायद ही खोज पाएगा, क्योंकि हर ख़बर में उसे उतनी ही मेहनत करनी पड़ती है, बराबर की तलाश होती है और शायद ही सन्तुष्टि होती है, क्योंकि हर ख़बर में कुछ-न-कुछ छूटने का आभास होता है...

सुप्रीम कोर्ट की आठ साल की रिपोर्टिंग में न जाने कितनी ख़बरें मैंने की होंगी, गिन पाना सम्भव नहीं है, लेकिन एक ख़बर ऐसी है, जो मैं अब तक नहीं भूला, शायद आगे भी नहीं भूलूँगा... इससे पहले कि उस ख़बर पर आएँ, उससे कुछ दिनों पहले की बात का ज़िक्र करना भी ज़रूरी है... बात 7 सितम्बर 2003 की है। सुबह के साढ़े दस बजे थे। रोज़ की तरह मैं सुप्रीम कोर्ट पहुँचा, लेकिन लगा कि आज कोई ख़बर नहीं होगी। उड़ते-उड़ते ख़बर मिल रही थी कि गुज़रात दंगों को लेकर कुछ होने वाला है, लेकिन कहाँ होने वाला है, क्या होगा, पता नहीं... सुप्रीम कोर्ट से थोड़ी ही दूरी पर राष्ट्रीय मानवाधिकार आयोग (एनएचआरसी) का दफ़्तर था और एनएचआरसी की एक टीम कुछ ही दिन पहले गुजरात दंगों पर रिपोर्ट लेकर वापस लौटी थी। मैं अपनी कैमरा टीम के साथ एनएचआरसी के दफ़्तर जा पहुँचा तमाम कोशिशों के बावजूद मैं एनएचआरसी के दफ़्तर के भीतर नहीं जा सका। बताया गया कि मीडिया को अन्दर नहीं आने का निर्देश दिया गया है, हालाँकि मेरे पास उस वक़्त पीआईवी कार्ड भी नहीं होता था। मुझे मन में लगा कि ज़रूर कुछ बात है, जिसकी वजह से अन्दर आने को मना किया जा रहा है। थोड़ी देर मैं एनएचआरसी की दफ़्तर के बाहर बैठा रहा। मैं ज़ी न्यूज़ में नया था इसलिए कैमरामैन को भी मेरे ऊपर कम ही भरोसा था। थोड़ी देर में एक-दूसरे चैनल की रिपोर्टर भी आ पहुँची। घंटे भर तक एक-दूसरे से मुँह चुराने के बाद हमने एक-दूसरे से हालचाल जाना। एक घंटा और बीता, लेकिन वो भी वहाँ से नहीं हिली तो आख़िर मैंने पूछ ही लिया कि तुम क्यों आयी हो? उसने भी वही बताया कि गुजरात दंगों पर कुछ हो सकता है और वो भी कुछ तलाश कर रही है... अब

तक दोपहर का एक बज चुका था, भूख लगी थी लेकिन दोनों में से कोई हिलने को तैयार नहीं था... ख़बर पहले चलाने के जुनून में हम बैठे रहे कि शायद कुछ ख़बर मिल जाए। दोपहर क़रीब ढाई बजे मेरे फोन पर एक कॉल आयी फोन करने वाले ने कहा कि जहाँ तुम बैठे हो, वहाँ इन्तज़ार करो, कुछ होने वाला है... मुझे लगा कोई मजाक़ कर रहा है लेकिन मोबाइल में फ्लैश होने वाला नम्बर आसपास का ही था। दोनों रिपोर्टर अपनी अपनी कैमरा टीम के साथ बैठे रहे, उम्मीदी और ना-उम्मीदी के बीच... अब करीब शाम के पाँच बजने को थे। एनएचआरसी के कर्मचारी और अधिकारी हमारे हौसले को तोड़ते हुए अपने घर लौटने लगे थे। अचानक एनएचआरसी के एक अधिकारी ने हमें दूर से बुलाया और एक पन्ने का एक काग़ज़ पकड़ाया और कहा कि कोई सवाल नहीं पूछना है।

उस पन्ने पर लिखी थी मेरी अब तक की सबसे बड़ी ख़बर। उस पन्ने पर लिखा था कि एनएचआरसी ने गुजरात दंगों के बेस्ट बेकरी केस में निचली अदालत के फैसले के ख़िलाफ़ सीधे सुप्रीम कोर्ट में अपील की है। इस मामले में गुजरात की निचली अदालत ने 21 आरोपियों को सबूत के अभाव में बरी कर दिया था और मोदी सरकार पर उन्हें बचाने के आरोप थे। आज़ाद देश के इतिहास में ऐसे मौक़े कम आये हैं जब एक चुनी हुई सरकार के ख़िलाफ़ एनएचआरसी जैसी संस्था सीधे सुप्रीम कोर्ट पहुँची हो। इतनी बड़ी ख़बर मेरे हाथ पहले कभी नहीं लगी थी। मेरे हाथ इस काग़ज़ के मिलने के 40 सेकेंड बाद मैं ऑन एयर फोनो पर था, लगातार घंटे भर तक। इस एक पन्ना काग़ज़ के टुकड़े की अहमियत कितनी थी, यह शब्दों में नहीं बयान की जा सकती। बॉस को एनएचआरसी के तत्कालीन चेयरमैन जस्टिस ए.एस. आनन्द की बाइट चाहिए थी। शाम सात बजे तक बाइट भी मिल गयी। शायद ये ऐसी ख़बर थी, जिसने देश के इतिहास को एक नया मोड़ दिया था, मैंने भी देश में राजनीति के इस बदलते करवट को क़रीब से देखा।

कुछ दिनों बाद ही 12 सितम्बर इस याचिका पर सुनवाई होनी थी। सुबह के सात बजे से लाइव चैट और "आज क्या होगा के सवालों के बीच" हम सुनवाई का इन्तजार करने लगे। मुझे अब भी याद है कि उस दिन सुप्रीम कोर्ट के लॉन में 25 कैमरे लगे थे। आजकल उस लॉन में कैमरों की संख्या पचास तक हो जाती है, लेकिन उस वक़्त दस कैमरे मुश्किल से होते थे। सुप्रीम कोर्ट के मुख्य न्यायाधीश वाली जस्टिस वी एन खरे समेत तीन जजों की बेंच थी। सुनवाई शुरू हुई। एनएचआरसी के वकील ने अपनी दलील रखनी शुरू की और आरोप लगाया कि दंगों में निर्दोष लोग मारे गये और निचली अदालत ने जिस फैसले में 21 लोगों को बरी कर दिया उसके ख़िलाफ़ राज्य सरकार ने अपील भी नहीं की। ये ऐसा केस था जिसमें कुल 43 गवाह थे, इनमें से 37 पलट गये थे। सुप्रीम कोर्ट के मुख्य

न्यायधीश जस्टिस वी.एन. खरे ने जो टिप्पणी की, वो आज भी मेरे जेहन में ताजा है। जस्टिस खरे ने गुजरात सरकार से पूछा कि आपका राजधर्म क्या है? क्या आपके राजधर्म में निर्दोषों की जान की रक्षा करना नहीं आता, अगर आप निर्दोषों की सुरक्षा नहीं कर सकते, तो गद्दी पर बैठने का कोई हक़ नहीं है। राज्य सरकार के वकील ने कहा कि मोदी सरकार जनता की चुनी हुई सरकार है, तो मुख्य न्यायाधीश ने कहा कि लोकतन्त्र का मतलब ये नहीं है कि आप किसी को सजा नहीं देंगे।

दरअसल, गुजरात दंगों के कुछ दिनों बाद तत्कालीन प्रधानमन्त्री अटल बिहारी वाजपेयी ने गोधरा का दौरा किया था। वाजपेयी ने मुख्यमन्त्री नरेन्द्र मोदी को सलाह दी कि वो राजधर्म निभाएँ। वाजपेयी ने कहा कि "मुझे उम्मीद है कि वो अपना राजधर्म पूरी तरह निभा रहे होंगे।" चीफ़ जस्टिस वी.एन. खरे का ये कटाक्ष न सिर्फ़ मोदी सरकार पर था बल्कि वाजपेयी सरकार भी सवालों के घेरे में थी। आमतौर पर देश में केन्द्र की सरकार और सुप्रीम कोर्ट इस तरीक़े से शायद ही आमने सामने दिखती हैं, लेकिन ये ऐतिहासिक लम्हा था।

बेस्ट बेकरी नाम के मशहूर इस केस ने दुनिया भर में जितनी सुर्खियाँ बटोरी, उतना शायद ही कोई और केस मशहूर रहा हो। बेस्ट बेकरी केस की सुनवाई हाल तक सुप्रीम कोर्ट में होती आयी थी और हाल में सुप्रीम कोर्ट ने इसकी सुनवाई पर लगी रोक हटा ली है। गुजरात में अब दोबारा से सुनवाई ज़ारी हुई है, सुप्रीम कोर्ट की बनायी एसआईटी की देखरेख में। इस दौरान सरकार दोबारा चुन कर आयी, सुप्रीम कोर्ट में जजों के रिटायर होने से न जाने कितनी बेंच बदली। आज भी मैं सुप्रीम कोर्ट की रिपोर्टिंग को पीछे मुड़कर देखता हूँ, तो शायद ये वो वक़्त था, जिसने उस बुनियाद को दोबारा ज़िन्दा किया था, जिसे संविधान में धर्मनिरपेक्षता का नाम दिया गया है।

ये टेलीविज़न की रिपोर्टिंग है। 2002 में जब गुजरात में दंगे हुए, तब भी और देश की सबसे बड़ी अदालत ने अब तक की सबसे सख्त टिप्पणी की, तब भी, टेलीविज़न ने न सिर्फ़ राज्य सरकार को कटघरे में खड़ा किया, बल्कि देश भर को तस्वीरों के ज़रिए बताया है कि हम 24 घंटे 365 दिन आपकी ख़बरों के लिए खड़े हैं। कहते हैं, तस्वीरें जख़्मों को हरा कर देती हैं। लेकिन टेलीविज़न पर दिखीं यही तस्वीरें उन लोगों को हौसला देती हैं, जो इंसाफ की दरकार करते हैं,जो हर दरवाज़े से ख़ाली हाथ लौटते हैं, लेकिन उम्मीद का दामन नहीं छोड़ते। तस्वीरें शायद वो उम्मीद जगाती हैं, जो सिर्फ़ बातों से नहीं जगतीं। इतने साल की रिपोर्टिंग के बाद आज भी मैं जब कैमरे के सामने खड़ा होता हूँ, तो जेहन में एक बात हमेशा होती है कि मेरी पहुँच जनता के ड्राइंगरूम में नहीं, बल्कि बेडरूम तक है। देश के इतिहास में प्राइवेट टेलीविज़न चैनल को मुश्किल से दस साल हुए होंगे, लेकिन

एक टेलीविजन रिपोर्ट की अहमियत का अन्दाजा ऐसे लगाया जा सकता है। हमारी आवाज़ और हमारा चेहरा दुनिया के कितने देशों में दिखता है, पता नहीं। शिलांग से लेकर बुन्देलखंड के सुदूर इलाक़े तक, दूर-दूर तक रेत में फैले बाड़मेर से श्रीनगर की बर्फ़ीली पहाड़ियों तक, कभी लन्दन, तो कभी न्यूयॉर्क, तो कभी कनाडा, ये आवाज़ें इंसान को भरोसा दिलाती हैं कि उसके सिस्टम में कौन-सा खोट हो गया है, कहाँ सुधार की ज़रूरत है और यही भरोसा ज़िम्मेदारी और जवाबदेही का एहसास भी कराता है।

टेलीविज़न एक ऐसी क्रान्ति है, जिसे शब्दों की ज़रूरत नहीं, बस महसूस करने की ज़रूरत है क्योंकि आप मानें या न मानें, ख़बरों के बहाने हम आपके बेडरूम में रहते हैं।

आलेख

आज के संचार माध्यमों के पहले सिद्धान्तकार मार्शल मैक्लुहान

विजयमोहन सिंह

कम लोगों को याद होगा कि आज के 'ग्लोबल विलेज' (विश्व ग्राम) जिसने सम्पूर्ण विश्व को एकसूत्रता में पिरोकर जो एकरूपता दे दी है, उसकी संकल्पना करने वाले पहले व्यक्ति मार्शल मैक्लुहान थे। एक ज़माने में उनकी पुस्तक 'अंडरस्टैंडिंग मीडिया' ने पूरे विश्व में तहलका मचा दिया था। अपने नितान्त मौलिक विचारों तथा सिद्धान्तों के कारण अनेक लोगों ने उसे महज़ कपोल-कल्पना कहकर उसे खारिज करने की भी कोशिश की थी, किन्तु देखते-देखते उसकी सारी संकल्पनाएँ फलीभूत होती हुई अपने व्यावहारिक रूप में पूरे विश्व में जिस तरह व्याप्त हो गईं, उससे लोग चकित तथा विमूढ़ रह गये।

मार्शल मैक्लुहान ने केवल सिद्धान्तों की स्थापना नहीं की थी बल्कि एक पूर्वाभास के रूप में संचार माध्यमों के विकास, उनके प्रचार-प्रसार, उनके परिणामों तथा दुष्परिणामों को भी जिस तरह विश्लेषित किया था, वह अवश्य हमारे व्यावहारिक जीवन में परिलक्षित हो रहा है। संचार माध्यम केवल सूचनाओं का माध्यम नहीं हैं बल्कि उनके तन्त्र विस्तार ने हमारी जीवन-पद्धति, रहन सहन और यहाँ तक कि हमारी सोच को भी जिस तरह परिवर्तित कर दिया है, उसे समझने और जानने के लिए हमें मार्शल मैक्लुहान के विचारों तथा चिन्तन को शुरू से समझना होगा। दरअसल, संचार माध्यम एक पृथक भावबोध निर्मित करते हैं जिसके कारण एक नवीन मनुष्य जन्म लेता है। उनके द्वारा विभिन्न संस्कृतियों के आदान-प्रदान के कारण एक नया सामूहिक व्यक्तित्व उभर कर आ गया है, जो पहले के मनुष्य से बिल्कुल भिन्न है।

बीसवीं शताब्दी के मध्य में मार्शल मैक्लुहान ने घोषणा की थी कि संचार माध्यम पूरी दुनिया और चेतना को बदल देंगे। अपनी स्थापनाओं की केन्द्रीय पुस्तक 'अंडरस्टैंडिंग मीडिया' में वे बताते हैं कि संचार माध्यम हमारे शरीर के ही विस्तार (एक्सटेंशन) हैं।

इसे जानने के लिए हमें मार्शल मैक्लुहान के विचारों को विस्तार से जानना होगा जो अत्यन्त जटिल किन्तु विस्मयकारी हैं। संचार मूलत: सम्प्रेषण है। उन्होंने यह कहकर लोगों को चौंका दिया था कि 'मीडियम ही मैसेज है।' उसी आधार पर उन्होंने 'ग्लोबल विलेज' के स्वरूप का निर्धारण किया था।

मार्शल मैक्लुहान ने बीस से अधिक पुस्तकें लिखी थीं। किन्तु 1944 में प्रकाशित उनकी पुस्तक 'अंडरस्टैंडिंग मीडिया : द एक्सटेंशन ऑव मैन' ही उनकी सर्वाधिक चर्चित पुस्तक है। बीस से अधिक किताबों में फैले उनके विचारों को समझना आसान नहीं है। इसलिए यहाँ हम उन्हें सरलीकृत करके उनकी उन मूल प्रपत्तियों को ही विश्लेषित करेंगे जिन्होंने हमारे जीवन को सर्वाधिक प्रभावित किया है और वे आज सर्वाधिक प्रासंगिक होकर हमारे जीवन को प्रभावित करके उसका नियमन कर रहे हैं। इनमें से एक है— 'इलेक्ट्रॉनिक मीडिया' का जन्म जो 'ग्लोबल विलेज' के स्वरूप निर्धारण का मुख्य आधार है। जब वे कहते हैं कि मीडियम ही मैसेज है तो ये दोनों शब्द परस्पर विरोधी प्रतीत होते हैं। आख़िर 'माध्यम' 'सन्देश' कैसे हो सकता है? दरअसल, मीडियम ही वह सन्देश देता है जो क्रमश: संक्रमित होकर हमारे जीवन को बदल देता है। चूँकि मार्शल मैक्लुहान पेशे से साहित्य के अध्यापक थे, इसलिए उन्होंने अपनी बातों को समझाने के लिए अधिकांश उदाहरण महान साहित्यिक कृतियों से दिए हैं। मार्शल मैक्लुहान ने 'मीडिया' या 'मीडियम' शब्दों का बहुत व्यापक अर्थ से प्रयोग किया है : अख़बार, रेडियो, टेलीविज़न आदि ही नहीं बैलगाड़ी, साइकिल, मोटर, रेल, कार, हवाई जहाज़ तथा रॉकेट आदि भी उनकी परिभाषा के अन्तर्गत मीडिया और मीडियम हैं। इसी सन्दर्भ में उनके उस सिद्धान्त को समझा जा सकता है कि मीडिया हमारे शरीर का विस्तार है। आज प्रेस, रेडियो, सिनेमा तथा विज्ञापन आदि मनुष्य को 'कंडीसंड' करके उसे पूरी तरह बदलते जा रहे हैं। यद्यपि मैक्लुहान इसे एक पॉजिटिव प्रभाव के रूप में देखते हैं, किन्तु ये प्रभाव मनुष्य को परिवर्तित करने की प्रक्रिया में उसे पंगु भी बनाते जा रहे हैं।

साहित्य के प्रोफेसर होने के नाते मैक्लुहान को सम्प्रेषण की समस्या से लगातार जूझना पड़ता था। उन्हें बराबर लगता था कि उनके युवा विद्यार्थियों की रुचि, समझ और जीवन शैली इतनी अलग है कि उनके लिए दी जाने वाली शिक्षा बेमानी तथा निरर्थक लगती है और वे उस पर ध्यान केन्द्रित नहीं कर पाते। सामान्यत: इस अन्तराल को हम जेनरेशनल गैप कहते हैं। यह अन्तराल ही मैक्लुहान को संचार माध्यमों के स्वभाव और प्रकृति के विश्लेषण की ओर ले गया। साहित्य को भी वे सम्प्रेषण का ही माध्यम मानते हैं। इस सन्दर्भ में वे शेक्सपियर, जेम्स ज्वायस तथा टीएस एलियट आदि का विशेष रूप से उल्लेख करते हैं। मैक्लुहान कहते हैं,

"अख़बार, रेडियो, टेलीविज़न, सिनेमा आदि ही नहीं हम, स्वयं मीडियम हैं। हमारा शरीर, मन-मस्तिष्क और हमारी चेतना लगातार अपने को सम्प्रेषित करने में लगी रहती हैं। अपने को सम्प्रेषित करने की यह कोशिश ही इन बाहरी उपकरणों के द्वारा टेक्नोलॉजिकल विस्तार के रूप में व्यक्त होती है। यानी मीडिया अन्ततः हमारी चेतना का ही विस्तार है, वैसे ही जैसे वस्त्र हमारी त्वचा का विस्तार है। घर हमारी सर्दी और गर्मी को अनुकूलित करने की कोशिश का विस्तार है और साइकिल, कार आदि हमारे पैरों का विस्तार हैं। मुद्रण हमारी वाणी और स्पीच का विस्तार है। मुद्रित सामग्री, टेलीग्राफ आदि हमें दूर-दराज के लोगों से जोड़ते हैं। यहाँ मीडिया एक युग्म का रूप ले लेती है यानी एक मैं हूँ और एक दूसरा या अदर (other) है। मीडिया मैं को दूसरे से जोड़ती है। आई को अदर से। यहीं मीडिया मैसेज का रूप ग्रहण कर लेती है।"

मीडिया के माध्यम से विश्व के बारे में हमारे अनुभव और विचार बनते और बदलते हैं। यदि मीडिया न हो तो हम अपने को स्वतः सम्पूर्ण तथा स्वायत्त मानकर 'कूपमंडूक' बने रहते हैं जो हमारे बोध की सीमा तथा ज्ञान के अभाव का द्योतक है।

लेकिन मैक्लुहान यह भी मानते हैं कि कोई नया माध्यम पुराने माध्यम का स्थानापन्न नहीं हो सकता। सामान्यतः लोग समझते हैं कि टेलीविज़न तथा सिनेमा आदि के आ जाने से साहित्य अप्रासंगिक हो गया है। जबकि ऐसा नहीं है, जैसे कि बोलना लेखन स्थानापन्न नहीं है। दृश्य या चाक्षुष माध्यम श्रुति और लिखित माध्यम का स्थानापन्न नहीं हो सकता। दरअसल, ये सभी माध्यम अपनी जगह अनिवार्य बने रहते हैं। इन सभी माध्यमों द्वारा सम्प्रेषित सन्देश तथा प्रभाव भी एक जैसे नहीं होते। ज़रूरी नहीं कि अच्छा वक्ता अच्छा लेखक भी हो या अच्छा लेखक अच्छा वक्ता भी हो। रेडियो भी वाणी का विस्तार है पर वह उस वक्तव्य जैसा प्रभाव नहीं डालता जैसा कि एक साक्षात मनुष्य के द्वारा दिया गया वक्तव्य डालता है। रेडियो के द्वारा सुने गये वक्तव्य और समाचार आदि में हम व्यक्ति को देख नहीं रहे होते हैं, केवल सुन रहे होते हैं। इसी तरह टेलीविज़न और सिनेमा में हम व्यक्ति या व्यक्तियों, दृश्यों आदि को देख-सुन तो रहे होते हैं पर वह हमारे सामने नहीं होता। हाड़-मांस का साक्षात् मनुष्य एक त्रिदिक् उपस्थिति के रूप में जो प्रभाव डालता है, वह टेलीविज़न और सिनेमा आदि नहीं डाल सकते। इसीलिए प्रेमिका की तस्वीर हमारा दिल नहीं बहला सकती। वह हमसे बोल-बतिया नहीं सकती, उसकी साँसों, स्पर्श और गन्ध आदि का अनुभव हम नहीं कर सकते : "हम बात करेंगे तो वह ख़ामोश रहेगी— इसीलिए तस्वीर तेरी दिल मेरा बहला नहीं सकेगी।"

अत: अलग-अलग माध्यमों द्वारा उत्पन्न प्रभावत्ता तथा गुणवत्ता में अन्तर आ जाता है। इसी कारण कोई नया माध्यम किसी पुराने माध्यम या किसी भी अन्य माध्यम का स्थानापन्न नहीं बन सकता। बल्कि इसके विपरीत नया माध्यम यदि कुछ नया प्रदान करता है तो पुराने माध्यम की कुछ विशेषताओं से वंचित भी कर देता है। यह प्राप्ति दूसरे स्तर पर एक हानि भी है (इसे पहले बताया जा चुका है)। अख़बार, रेडियो, कम्प्यूटर, टेलीविज़न, सिनेमा आदि सब मिलाकर भी साहित्य के स्थानापन्न नहीं हो सकते। साहित्य एक ऐसा कालजयी मीडियम है जिसका स्थानापन्न कोई भी मीडियम नहीं हो सकता— चित्रकला, संगीत आदि भी नहीं। यह उन लोगों को ख़ास तौर पर जानना ज़रूरी है जो लोग साहित्य को पिछड़ा हुआ अप्रासंगिक माध्यम मानने लगे हैं। सूचनाओं द्वारा प्राप्त तथ्य वास्तविक सच को सम्प्रेषित नहीं करता, बल्कि एक स्तर पर वह सच को ओझल कर देता है।

यदि हम अलग-अलग माध्यमों द्वारा होने वाले प्रभावों के बारे में बात करें तो उनके द्वारा जो हानि (लॉस) और लाभ (गेन) होता है, उसका मैक्लुहान ने जो विभाजन किया है उसे जानना ज़रूरी है। वे उन्हें दो भागों में बाँटते हैं : हाई तथा लो माध्यम, जिन्हें वे हॉट और कूल माध्यम भी कहते हैं। हॉट माध्यम जो सूचनाएँ देते हैं उन्हें ग्रहण करने वालों की कल्पना के लिए कुछ भी नहीं छोड़ते। जबकि लो माध्यम हमें जो सूचनाएँ देते हैं उनमें ऐसा गैप या अन्तराल होता है कि उसमें हमारी कल्पना के लिए भी अवकाश होता है ताकि हम इस ख़ाली जगह को अपनी कल्पना के द्वारा भर सकें। मसलन स्केच या कार्टून लो माध्यम हैं, पर अधिकांश फ़िल्में हमारी चेतना को इतना अवसन्न कर देती हैं कि हमारी कल्पना तथा विवेक क्षमता भी मूर्छित हो जाती है। टेलीफोन पर हम वही बोलेंगे या सुनेंगे जो हम बोलना या सुनना चाहते हैं पर रेडियो हमें इसका मौक़ा या अवसर नहीं देता। वह हमें वही लगातार सुनाता जाएगा जो वह सुनाना चाहता है, पर हमारी एक नहीं सुनेगा, यानी हम उसकी बातों में हस्तक्षेप नहीं कर सकते। यहीं साहित्य या कई कला माध्यमों में आलोचना या समीक्षा का महत्त्व भी समझा जा सकता है, जो सारी सूचनाओं तथा विचारों का क्रिटीक प्रस्तुत करता है। इसीलिए समीक्षा एक सार्थक हस्तक्षेप है।

स्पष्टत: मैक्लुहान हाई या हॉट सूचना तन्त्रों को बहुत सार्थक या उपयोगी नहीं मानते। यानी वे अति-विकसित प्राविधिक (टेक्नोलॉजिकल) सूचना तन्त्रों का एक तरह से बहिष्कार करते हैं पर यह भी मानते हैं कि वे एक नेसेसरी इविल है और उनके विकास को हम रोक नहीं सकते।

यही कारण है कि वे मानते हैं कि लो या कूल माध्यमों से व्यक्त विचारों में लोगों की भागीदारी अधिक होती है : वहाँ हम अपना ध्यान केन्द्रित करके अपनी

समस्त चेतना के साथ उन्हें ग्रहण कर सकते हैं। हॉट माध्यमों द्वारा व्यक्त विचारों/सूचनाओं/सन्देशों में हमारी भागीदारी कम होती है।

अपनी स्थापनाओं को सत्यापित करने के लिए मैक्लुहान साहित्य ही नहीं पौराणिक आख्यानों, मिथकों तथा प्रतीकों का भी सहारा लेते हैं : मसलन वे सूचना तन्त्रों की आधुनिक टेक्नोलॉजी को आत्ममुग्धता तथा आत्मप्रेम से ग्रस्त मानते हैं, और इस आत्ममुग्धता का ठीक वही परिणाम होता है जैसा ग्रीक पौराणिक आख्यान के 'नरिसस' का हुआ जो पानी में अपना प्रतिबिम्ब देखकर इतना आत्ममुग्ध हो गया कि उसने उसमें कूद कर अपनी जान दे दी। आधुनिक टेक्नोलॉजी पर आधारित मीडिया भी प्रकारान्तर से यही कर रही है। वह एक तरह की आत्महन्ता प्रक्रिया है : वह एक ऐसा परिवेश रचती है जो यद्यपि हमें यातना या पीड़ा प्रदान करता है पर वह हमारी चेतना तथा स्नायुतन्त्र को इतना अवसन्न कर देती है कि हम उस पीड़ा का अनुभव नहीं कर पाते बल्कि एक तात्कालिक सुख और आनन्द का अनुभव करते हैं।

स्वयं द्वारा निर्मित इस मीडिया विस्तार से हम इतना आत्ममुग्ध हो जाते हैं कि उसके द्वारा पड़ने वाले विनाशकारी प्रभावों को न तो अनुभव कर पाते हैं न अनुमान लगा पाते हैं और इस आत्ममुग्धता में अन्ततः अपना विनाश कर लेते हैं।

यह प्रक्रिया सभ्यता के विकास के साथ-साथ चली आ रही है, मसलन मनुष्य ने जब पहिए (व्हील) का आविष्कार किया तो अपने पाँवों को शरीर का बोझ ढोने से मुक्त कर दिया और जब ऑटोमोबाइल आया तो उसने इस प्रक्रिया को द्रुततर करके और सुगम बना दिया। हम ब्रेक, क्लच तथा एक्सीलेटर आदि माध्यमों के द्वारा अपने हाथ-पैरों को और श्रममुक्त कर देते हैं। किन्तु हम यह नहीं जान पाते कि हम अपने हाथ-पैरों को क्रमशः पंगु बनाते जा रहे हैं और उन्हें अपने स्वाभाविक कर्म से वंचित कर रहे हैं। परिणाम क्या होता है और हो रहा है, उससे आज हम सब परिचित ही नहीं पीड़ित भी हैं पर क्या उस एडीक्शन या नशे से हम मुक्त हो सकते हैं— उस ड्रग के एडीक्शन से निज़ात कहाँ है?

इन सबके दुष्परिणाम सामने हैं। पाँवों को अपने स्वाभाविक कार्य से वंचित कर देने के कारण आज का मनुष्य दिनोंदिन शिथिल, सुस्त और मोटापे से ग्रस्त, अनेक व्याधियों का शिकार होता जा रहा है। गठिया और अर्थराइटिस आज की सबसे कॉमन बीमारी है— प्रकृति प्रतिशोध लेकर हमें हमेशा के लिए पंगु बनाती जा रही है। अपनी हताशा में आज यूरोप और अमेरिका आदि देश जॉगिंग करने और साइकिल चलाने पर ज़ोर देने लगे हैं। लेकिन एक ओर लोग हेल्थ कॉन्शस हो रहे हैं वहीं ऑटोमोबाइल इंडस्ट्री जोंक की तरह अनुसरण फूलती और फैलती जा रही है और अब तो ऐसी कारें आने लगी हैं जिनमें आपको हाथ-पैरों को भी हिलाने

की ज़रूरत नहीं है, वे पूरी तरह ऑटोमेटिक हैं और वे केवल आपके हाथ पैरों को ही निष्क्रिय नहीं कर रही हैं बल्कि दिमाग़ तथा सोचने-समझने की क्षमता को भी शिथिल करती जा रही हैं। ये कारें महज़ बता देने से या बटन दबा देने से आपको आपके गन्तव्य तक पहुँचा देती हैं। यही नहीं यदि आपने ग़लती से ग़लत रास्ते पर उसे मोड़ दिया है तो सामने लगी स्क्रीन और स्पीकर आपको आपकी ग़लती ही नहीं बताएगा बल्कि ठीक रास्ता क्या है यह भी दिखा देगा। किन्तु एक देशी मुहावरे के अनुसार स्थिति यह हो चुकी है कि 'अब पछताए होत क्या, जब चिड़िया चुग गई खेत'। हमारे हाथ पैर ही नहीं, हमारी संवेदना तथा संकल्प शक्ति भी इतनी कुन्द हो चुकी है कि हममें लौटने का न तो हौसला रह गया है और न इच्छाशक्ति। एक प्रबल प्रवाह है जो बहाए जा रहा है एक सामूहिक हाराकिरी के गह्वर की ओर। आधुनिक टेक्नोलॉजी का यह हमें 'सर्वोत्तम उपहार' है। कहने की ज़रूरत नहीं कि यह भी टेक्नोलॉजी मीडिया की ही देन है।

लेकिन टेक्नोलॉजिकल मीडिया यहीं ठहर नहीं जाती। इलेक्ट्रॉनिक टेक्नोलॉजी ने इन दुष्परिणामों की गति को और भी द्रुततर कर दिया है। मैकेनिकल टेक्नोलॉजी में फिर भी शरीर संचालन की गुंजाइश थी और उसमें दो जगहों, देशों, मनुष्यों तथा वस्तुओं के आदान-प्रदान में देर लगती थी। यह सब रेलगाड़ियों, हवाई जहाज़ों के द्वारा या डाक व्यवस्था के द्वारा होता था। दुनिया भर की वस्तुएँ एक-दूसरे से तत्काल नहीं जुड़ सकती थीं। वहाँ काल और अवधि की सीमाएँ थीं, किन्तु इलेक्ट्रॉनिक टेक्नोलॉजी ने इस सभी सीमाओं और अन्तरालों को मिटाकर दुनिया को ग्लोबल विलेज में बटल दिया है जो वस्तुओं, खाद्य पदार्थों और संस्कृतियों के आदान-प्रदान तक सीमित नहीं रह गया है बल्कि उसने ऐसी संहार विधियाँ भी ईजाद कर ली हैं कि बदन दबाते ही किसी देश या भूभाग का अस्तित्व ही पल भर में विलुप्त हो सकता है। यह मनुष्यों का नहीं 'टेक्नालॉजी का आतंकवाद' है।

मैक्लुहान इसे 'ओवरहीटेड टेक्नोलॉजी' कहते हैं। इसकी शुरुआत पहले सड़कों से होती थी जो केवल वस्तुओं और व्यक्तियों को ही यहाँ से वहाँ नहीं पहुँचाती थीं, बल्कि एक संस्कृति का विस्तार भी दूसरी संस्कृति तक करती थीं। फिर सड़कों का विस्तार हाईवे की परिकल्पना में बदल गया, जो ग्राम संस्कृति को नगर संस्कृति में बदल देती है। इस कारण ग्राम संस्कृति एक प्रजाति की तरह विलुप्त होती जा रही है : अमेरिका जैसे देशों में तो गाँवों का परम्परागत स्वरूप पूरी तरह नष्ट हो चुका है। वहाँ के गाँव (जिन्हें कंट्री कहा जाता है) केवल आकार की दृष्टि से छोटे रह गये हैं, उपकरणों तथा सुख-सुविधाओं की दृष्टि से नहीं। ग़ौर करने की बात है कि ग्राम संस्कृति का नष्ट होना पर्यावरण का नष्ट होना है। भले ही आज दुनिया भर के लोग पर्यावरण पर विचार करने के लिए कोपेनहेगेन जैसे शहरों में

एकजुट होकर उसके परिवर्तन और विनाश पर चिन्तन करते हुए इसका दोष एक-दूसरे के मत्थे मढ़ रहे हों पर वे सभी जानते हैं कि अब यह केवल चिन्ता और चिन्तन की चीज़ ही रह गयी है और अब हम इसके निराकरण से बहुत दूर आ चुके हैं। ग्लोबल विलेज द्वारा प्रदत्त तथाकथित सुख-सुविधाएँ यही कर रही हैं? ये केवल जीवन तथा संसार की विविधता को नष्ट कर उन्हें संगठनात्मक एकरूपता के नाम पर एकरस बना रही हैं। हर जगह कारपोरेशन, क्लब संस्कृति, एक ही दुकान, एक ही तरह के खाद्य पदार्थ, एक ही नामों के होटल और रेस्टॉरेंट : हॉली डे इन, मैक्डोनेल, बर्गर किंग, के एफ सी आदि व्याप्त हैं।

यद्यपि मैक्लुहान के अध्ययन का मुख्य विषय समाज और संस्कृति पर मीडिया का प्रभाव है पर वे हमेशा व्यक्ति को केन्द्र में रखते हैं क्योंकि जैसा हमने देखा, वे मीडिया तथा टेक्नोलॉजी को व्यक्ति के शरीर का ही विस्तार (एक्सटेंशन) मानते हैं। मसलन मनुष्य ने जब वर्णमाला का आविष्कार किया तो क्रमशः देखना, सुनने से अधिक महत्त्वपूर्ण हो गया। पहले मनुष्य एक-दूसरे को आवाज़ देकर पुकारता था और अपने को सम्प्रेषित करता था, पर वर्णमाला के आने से लिखकर सम्प्रेषित करने की पद्धति अधिक प्रचलित तथा प्रभावशाली होती गयी। इस प्रक्रिया में स्पेस की अवधारणा भी बदलती गयी। पहले जहाँ तक आवाज़ पहुँचती थी, स्पेस की अवधारणा उसी के अनुसार निर्धारित होती थी पर लिखकर सम्प्रेषित करने की क्रिया ने स्पेस और दूरी की परिकल्पना को ही पूरी तरह बदल दिया। बाक़ी कमी टेलीग्राफ, रेडियो और कम्प्यूटर ने पूरी कर दी। अब कोई जगह दूसरी जगह से बहुत दूर नहीं रही, न कोई मनुष्य एक-दूसरे से बहुत दूर रहा। इसके धनात्मक तथा ऋणात्मक परिणामों तथा प्रभावों का आकलन अभी बाक़ी है। किन्तु इस विडम्बनात्मक प्रभाव की ओर तो ध्यान जाने ही लगा है, कि एक स्तर पर मनुष्य और मनुष्य के बीच दूरियाँ बढ़ती जा रही हैं : मनुष्य की नियति तथा प्रकृति आज भी यह है कि अति परिचय, अति नैकट्य अन्ततः विरक्ति, वितृष्णा और अन्त में घृणा को जन्म देने लगा है (फैमिलिएरिटी ब्रीड्स कंटैम्प्ट)। इसी प्रकार बिजली ने रात और दिन का फर्क लगभग मिटा दिया है। बहुत-सी गतिविधियों तथा क्रियाकलापों के लिए दिन की प्रतीक्षा या दिन पर निर्भरता समाप्त-सी हो गयी है। अब तो धूप और दिन की रोशनी के लिए ही ईजाद किया गया खेल क्रिकेट भी डे एंड नाइट में खेला जाने लगा है। नौकरियों में नाइट शिफ़्ट की शुरुआत भी उसी की देन है और नाइट शिफ्ट मनुष्य को बीमार बनाकर किस तरह नष्ट कर रहे हैं, यह सबको पता है। वास्तविकता यह है कि मनुष्य की इन्द्रियाँ (विशेष रूप से आँख) स्वाभाविक रूप से दिन के प्रकाश में ही काम करने के लिए विकसित की गयी हैं, अतः आश्चर्य नहीं कि बिजली की रोशनी के अत्यधिक उपयोग करने से

हमारी आँखें ही सर्वाधिक प्रभावित हो रही हैं। जिनके बारे में कहा जाता है कि 'आँख है तो जहान है।' यानी यह रोशनी ही सबसे अधिक अँधेरा फैला रही है। चश्मा उमरदराज होने का द्योतक है पर अब चश्मे के लिए बूढ़ा होने की ज़रूरत नहीं, अब तो अधिसंख्य बच्चे भी चश्मुद्दीन होने लगे। चश्मे का बाज़ार गर्म है : चश्मा आँखों का फास्ट फूड है। इन सभी रात्रिकालीन क्रियाओं को प्रज्ज्वलित करने के लिए नाइट शिफ्टस तथा अहर्निस चलने वाले टेलीविज़न कार्यक्रम कनस्तर भर-भर के घी डाल रहे हैं।

कला और संस्कृति पर भी टेक्नोलॉजिकल मीडिया ने कम प्रभाव नहीं डाला है। आज का मनुष्य विमूढ़ है। उसके लिए सार्थक और निरर्थक का फ़र्क़ समाप्त हो गया है। क्या कोई भी चीज़ या कार्य सार्थक या निरर्थक है भी? सार्थक और निरर्थक के बीच उसी गड्डमड् ने आधुनिक 'ऐबसर्ड थियेटर' को जन्म दिया है।

ऐबसर्ड थियेटर का सर्वोत्तम रूप सैमुअल बेकेट 'वेटिंग फॉर गोदो' और 'एंड गेम' जैसे नाटकों में देखा जा सकता है। मीडिया की इस भूमिका और प्रभाव को आधुनिक कलाकारों ने सबसे पहले पहचाना है। आधुनिक चित्रकला इसी की उपज है। पाब्लो पिकासो का विश्व विख्यात चित्र 'गुएर्निका' केवल युद्ध के द्वारा विध्वंस का चित्र नहीं है, बल्कि टेक्नोलॉजी द्वारा विध्वंस का चित्र भी है।

इस दृष्टि से मीडिया की भूमिका की व्याख्या करने वाला सबसे पहला तथा मौलिक चिन्तक मार्शल मैक्लुहान ही था। उसके अनुसार परिवेश या वातावरण महज़ रैपर या लिफ़ाफ़ा नहीं होता जो मनुष्य के चारों ओर से आवेष्टित करता है, बल्कि वह मनुष्य को परिवर्तित करने वाली एक सतत प्रक्रिया है जो मनुष्य को एक बिल्कुल नये मनुष्य में बदल देती है। प्राचीन ग्रीस में कविता (होमर आदि की) स्मृति द्वारा मस्तिष्क में सुरक्षित कर सुनाई जाने वाली चीज़ थी (हमारे उपनिषदों तथा स्मृतियों की तरह)। इसीलिए वह वाचिक थीं। किन्तु वर्णमाला और लिखित अभिव्यक्ति की उत्पत्ति ने एक नई शिक्षा व्यवस्था की आवश्यकता को भी जन्म दिया। प्लेटो ने ऐसी ही शिक्षा की शुरुआत की जो 'आइडिया' पर अधारित थी : हालाँकि आइडिया केवल विचार नहीं है, उसमें और भी बहुत कुछ सन्निहित रहता है। शिक्षा की यह नई पद्धति तत्कालीन ग्रीस के शासकों को रास नहीं आई, इसीलिए प्लेटो को एक ज़हरीला इंसान मानकर उसे ज़हर (हैमलॉक) दे दिया गया।

प्लेटो ने विचारों (आइडियाज़) का वर्गीकरण कर उन्हें विवेक का आधार बनाया, जबकि पहले कविता से विवेक की अपेक्षा नहीं की जाती थी। प्लेटो वाली शिक्षा पद्धति ही अभी तक प्रचलित थी लेकिन इलेक्ट्रॉनिक युग में आँकड़ों को नहीं, पैटर्न को शिक्षा का आधार बनाया गया क्योंकि उसके अनुसार आँकड़े (डाटा) फ्रेग्मेंट्स में बँटे होते हैं और वे इलेक्ट्रॉनिक गति का सत्य नहीं दे सकते। इसीलिए

'कॉनफिगरेशन' की पद्धति अपनायी जाने लगी। अत: आज ही दुनिया में जो विद्यार्थी शिक्षित हो रहा है उसे पहिए (व्हील) की नहीं बल्कि 'सर्किट' की ज़रूरत है। पहिया एक ठोस और मूर्त वस्तु है जिसकी रफ़्तार धीमी तथा सुस्त है, जबकि सर्किट फटाफट एक सूचना को दूसरी सूचना या वस्तु से जोड़ता हुआ तत्काल वांछित प्रभाव पैदा कर देता है। अत: आज के विद्यार्थी की समस्या यह है कि स्कूल में जो विषय पढ़ाये जाते हैं, उनमें वह पारस्परिक सम्बन्ध नहीं स्थापित कर पाता। इसी कारण वह शिक्षा के पाठ से अपने को संलग्न (इंवाल्व) नहीं कर पाता और उससे 'एलियनेटेड' हो जाता है। अत: आज की शिक्षा में तरह-तरह के प्रयोग किये जाते हैं— खेलो, रंगों, तमाशों, कार्टूनों आदि के प्रयोग आदि। किन्तु इलेक्ट्रॉनिक युग द्वारा परिवर्तित सर्वथा पृथक भावबोध लेकर आने वाले विद्यार्थी के लिए आज की शिक्षा पद्धति पूरी तरह अनुपयुक्त सिद्ध हो रही है।

अत: आज इलेक्ट्रॉनिक मीडिया द्वारा परिवर्तित सामाजिक चेतना की मुख्य समस्या इस वस्तु स्थिति को समझना तथा उससे निबटना या उससे जूझना है। मीडिया की इस नई भूमिका तथा स्वरूप को हम आगे मैक्लुहान के विचारों के सन्दर्भ में और समझने की कोशिश करेंगे।

राजनीति और बाज़ार का कॉकटेल

पुण्यप्रसून वाजपेयी

ड्राइंग रूम या बेडरूम में न्यूज़ चैनल देखते वक़्त यह एहसास जागे कि ख़बरों के लिए अख़बार देखना ज़रूरी है। और समाचार-पत्र पढ़ते वक़्त लगे कि ख़बरें वाह-वाही में गुम होकर बिकी हुई हैं... तो पहला सवाल दिमाग़ में यही रेंगेगा कि मीडिया को अपने होने पर सन्देह है। उसकी मौजूदगी डराती है उसका कहा-लिखा किसी भी कहे लिखे से आगे जाता नहीं। कोई भी मीडिया से उसी तरह डर जाता है जैसे नेता... गुंडे या बलवा करने वाले से कोई डरता हो। लेकिन राजनीति और मीडिया आमने-सामने हों तो मुश्किल हो जाती है कि किसे मान्यता दें या किसे ख़ारिज करें। रोना-हँसना, दुत्कारना-पुचकारना, सहलाना-चिकोटी काटना ही मीडिया-राजनीति का नया सच है। मीडिया के भीतर राजनीति के चश्मे से या राजनीति के भीतर मीडिया के चश्मे से झाँक कर देखने पर कोई अलग राग दोनों में नज़र नहीं आएगा। लेकिन दोनों प्रोडेक्ट का मिजाज अलग है इसलिए बाज़ार में दोनों एक-दूसरे की ज़रूरत बनाये रखने के लिए एक-दूसरे को बेहतरीन प्रोडक्ट बताने से भी नहीं चूकते। यह सारी बातें लोकतन्त्र की धज्जियाँ उड़ा कर लोकतन्त्र के कसीदे भी गढ़ती हैं और भ्रष्टाचार में गोते लगाकर भ्रष्टाचार को संस्थान में बदलने से भी नहीं हिचकतीं। मौजूद राजनेताओं की फेरहिस्त में मीडिया से निकले लोगों की मौजूदगी कमोवेश हर राजनीतिक दलों में हो। अस्सी के दशक तक नेता अपनी इमेज साफ़ करने के लिए एक बार पत्रकार होने की चादर को ओढ़ ही लेता था। जिससे नैतिक तौर पर उसे भी समाज का पहरुआ मान लिया जाए। जागरूक नेता के तौर पर बुद्धिजीवी होने का तमगा पाने के तौर पर, पढ़े-लिखों के बीच मान्यता मिलने के तौर पर नेता का पत्रकार होना उसके कैरियर का स्वर्णिम हथियार होता जिसे बतौर नेता मीडिया के घेरे में फँसने पर बिना हिचक वह उसे भाँजता हुआ निकल जाता। नेहरू से लेकर वाजपेयी तक के दौरे में कई प्रधानमन्त्रियों और वरिष्ठ नेताओं ने खुलकर कहा कि वह पत्रकार भी रह चुके हैं। आई के गुजराल और वीपी सिंह भी कई मौक़ों पर कहते थे एक वक़्त पत्रकार तो

वह भी रहे हैं। लेकिन नया सवाल एकदम उलट है। सरकार किसी भी मुद्दे पर यह कहने से नहीं कतराती कि उनहें मीडिया की फ़िक्र नहीं है कि वह क्या लिखते हैं। क्योंकि पत्रकार और पत्रकारिता अब मुनाफा बनाने के लिए किसी भी स्तर पर जा पहुँची है। वही दूसरी तरफ़ मीडिया भी यह कहने से नहीं चूकता कि किसी भी राजनीतिक दल का कोई नेता मन्त्री बन जाये या फिर कोई दल सत्ता में आ जाये देश के हालात पर कोई फर्क नहीं पड़ेगा। क्योंकि बाज़ार और मुनाफे ने इन्हें जकड़ लिया है। कबिना मन्त्री खुले तौर पर कहता है, अख़बार के एक ही पन्ने पर एक ही व्यक्ति से जुड़ी दो ख़बरें छपती हैं जो एक-दूसरे को काटती हैं। लोकसभा में कांग्रेसी सांसद सन्दीप दीक्षित दिल्ली से निकलने वाले एक राष्ट्रीय अख़बार पर टिप्पणी करते हैं कि एक ख़बर चुनाव में मेरी हालत नाजुक बताती है, उसी अख़बार के अन्दर के पन्ने पर मेरी स्थिति मजबूत हो जाती है। न्यूज़ चैनल सुबह की ख़बर में जिस नेता की स्थिति डावाडोल बताता है वही चैनल प्राईम टाइम में उसी नेता को मजबूत करार दे देता है। राजनेता की यह सोच ख्याली कह कर टाला नहीं जा सकता है। हक़ीक़त है कि इस तरह की पत्रकारिता हो रही है। लेकिन इसका दूसरा सिरा उसी राजनीति के पास है जो संसद में ज़नता के मुद्दों को उठाती है लेकिन नीतियों को बनाते और लागू करते वक़्त एक तबके की सहूलियत में सिमट जाती है। असल में संकट यह नहीं है कि मीडिया भटक गया है या राजनीति जनता का हित देखना भूल गयी। संकट है कि आख़िर वह कौन सा मन्त्र है जिसने लोकतन्त्र के हर स्तम्भ को बाज़ार और मुनाफे के एक ऐसे धागे में एक साथ पिरो दिया है जिसमें एक-दूसरे को मान्यता देते हुए ख़ुद को बनाये रखने की ही सोच सभी पर हावी है। सवाल यह नहीं है कि आम सरोकार की ख़बरों से हटकर मीडिया में सिनेमायी पर्दे के सितारे छाने लगे या फ़िर भूत-प्रेत से होते हुए अचम्भित करने वाली रोचक तस्वीरों को ही ख़बर बनाकर परोसा जाने लगा। यहाँ सवाल उस राजनीति का भी है जो ख़ुद कटघरे में है। सत्ता तक पहुँचने के जिसके रास्ते में कई स्तर की पत्रकारिता की बलि भी वह ख़ुद चढ़ाता है और जो ख़ुद मुनाफे की अर्थव्यवस्था को ही लोकहित का बतलाती है। लेकिन लोकहित किस तरह राज्य ने हाशिये पर ढकेला है यह कोई दूर की गोटी नहीं है लेकिन यहाँ सवाल मीडिया का है। यानी उस पत्रकारिता का सवाल है जिस पत्रकारिता को पहरुआ होना है, पर वह पहरुआ होने का कमीशन माँगने लगी है और जिस राजनीति को कल्याणकारी होना है वह मुनाफा कमा कर सत्ता पर बरकरार रहने की जोड़तोड़ को राष्ट्रीय नीति बनाने और बतलाने से नहीं चूक रही है। तो पत्रकार को याद करने के लिए मंच पर नेता चाहिए यह सोच भी पत्रकारों की ही है औन नेता अगर पत्रकारों के मंच से ही पत्रकारिता को ज़मीन दिखा दे तो यह भी बर्दाश्त नहीं किया

जा सकता है। लेकिन पत्रकारिता के घालमेल का असल खेल यहीं से शुरू होता है। मीडिया को लेकर पिछले एक दशक में जितनी बहस मीडिया में हुई उतनी आज़ादी के बाद से नहीं हुई है। पहली बार मीडिया को देखने, समझने या उसे परोसने को लकर सही रास्ता बताने की होड़ मीडियाकर्मियों में ही जिस तेज़ी से बढ़ी है उसका एक मतलब तो साफ़ है कि पत्रकारों में वर्तमान स्थिति को लेकर बैचेनी है। लेकिन बैचेनी किस तरह हर रास्ते को एक नये चौराहे पर ले जाकर न सिर्फ़ छोड़ती है बल्कि मीडिया का मूल कर्म ही बहस से ग़ायब हो चला है, इसका एहसास हर उसी सभा में हो सकता है जिसमें मीडिया का क्रीम तत्त्व मौजूद रहता है। यानी जिस मीडिया को पटरी से उतारने का जो काम जिन सम्पादकों ने किया झटके में वही मीडिया के क्रीम हो गये। और क्रीम का मतलब है सत्ता यही क्रीम मीडिया का नया पाठ नयी पीढ़ी को ठीक उसी तर्ज पर करा रहा है बाज़ार मुनाफे का पाठ पढ़ाता है। यानी लाभा-लाभ ही असल में नया मन्त्र है जिसे बनाये रखने के लिए एक घेरा बनाकर राजनीति एक तबके के लिए नीतियाँ बनाती है। उसके मनोरंजन के लिए मीडिया ख़बरें परोसता है। उन ख़बरों को मान्यता दिलाने के लिए टीआरपी संस्थान सात हजार मीटर बॉक्स के जरिये सौ करोड़ के देश की विचारधारा और ज़रूरतों को आइना दिखाता है। और इसी के जरिये बाज़ार विज्ञापनों पर ग़ौर करनेवाले इसलिए हैं क्योंकि इससे हटकर व्यावसायिक मीडिया में कुछ होता नहीं और राजनीति भी कमोवेश अपने आत्ममन्थन में इसी तरह के सवाल अपने घेरे में उठाती है और सत्ता मिलने के बाद उसी तरह खामोश हो जाती है जैसे कोई पत्रकार सम्पादक के पद मिलने के बाद ख़ुद को कारपोरेट का हिस्सा मान लेता है। मीडिया अगर प्रोडक्ट है तो पाठक उपभोक्ता है। और उपभोक्ता के भी कुछ अधिकार होते हैं। अगर वह माल ख़रीद रहा है तो उसे जो माल दिया जा रहा है उसकी क्वालिटी और माप में गड़बड़ी होने पर उपभोक्ता शिकायत कर भरपायी कर सकता है। लेकिन मीडिया अगर ख़बरों की जगहों पर मनोरंजन या सनसनाहट पैदा करने वाले तन्त्र-मन्त्र को दिखाये या छापे तो उपभक्ता कहाँ शिकायत करें। यह मामला चार सौबीसी का बनता है। इस तरह के मापदंड मीडिया को पटरी पर लाने के लिए अपनाये जाने चाहिए। यह टिप्पणी ख़सी क्रान्तिकारी लगती है। लेकिन मीडिया को लेकर पत्रकारों के बीच की बहस बार-बार इसका एहसास कराने से नहीं चुकती कि पत्रकारिता और प्रोडक्ट में अन्तर कुछ भी नहीं है। असल में ख़बरों को किसी प्रोडक्ट की तरह परखे तो इसमें न्यूज़ चैनल के पत्रकार की टिप्पणी भी जोड़ी जा सकती है। जिनके मुताबिक देश की नब्ज ना पकड़ पाने की वजह कमरे में बैठकर रिपोर्टिंग करना है। और आर्थिक मन्दी ने न्यूज़ चैनलों के पत्रकारों को कमरे में बन्द कर दिया है, ऐसे में स्पॉट पर जाकर नब्ज पकड़ने के बदले जब रिपोर्टर दिल्ली

में बैठकर समूचे देश के चुनावी तापमान को मापना चाहेगा तो ग़लती तो होगी ही। ज़ाहिर है यह दो अलग-अलग तथ्य मीडिया के उस सरोकार की तरफ़ उँगुली उठाते हैं जो प्रोडक्ट से हटकर पत्रकारिता को पैरों पर खड़ा करने की जद्दोजहद से निकली है। इसमें दो मत नहीं कि समाज की नब्ज पकड़ने के लिये समाज के बीच पत्रकार को रहना होगा लेकिन मीडिया में यह अपने तरह की अलग बहस है कि पत्रकारिता समाज से भी सरोकार तभी रखेगी जब कोई घटना होगी या चुनाव होंगे या नब्ज पकड़ने की ज़रूरत होगी। यानी मीडिया कोई प्रोडक्ट ना होकर उसमें काम करने वाले पत्रकार कोई प्रोडक्ट हो चुके हैं जो किसी घटना को लेकर रिपोर्टिंग तभी कर पाएँगे जब मीडिया हाउस उसे भेजेगा। अब सवाल पहले पत्रकार का जो उपभोक्ताओं को ख़बरें ना परोस कर चारसौ बीसी कर रहा है। तो पत्रकार के सामने तर्क है कि वह बताये कि आख़िर शहर में दंगे के दिन वह किसी फ़िल्म का प्रीमियर देख रहा था तो ख़बर तो फ़िल्म की ही कवर करेगा। या फिर फ़िल्म करोड़ों लोगों तक पहुँचेगी और दंगे तो सिर्फ़ एक लाख लोगों को ही प्रभावित कर रहे हैं, तो वह अपना प्रोडक्ट ज़्यादा बड़े बाजार के लिए बनाएगा। यानी देश में साम्प्रदायिक दंगों को राजीनीति हवा दे रही है और उसी दौर में फ़िल्म अवार्ड समारोह या कोई मनोरंजक बालीवुड का प्रोग्राम हो रहा है और कोई चैनल उसे ही दिखाये। या फिर अवार्ड समारोह की ही ख़बर किसी अख़बार के पन्ने परचटकारे लेकर छपी रहे तो कोई उपभोक्ता क्या कर सकता है। जैसे ही पत्रकारिता प्रोडक्ट में तब्दील की जाएगी उसे समाज की नहीं बाज़ार की ज़रूरत पड़ेगी। पत्रकारिता का संकट यह नहीं है कि वह ख़बरों से इतर चमकदमक को ख़बर बना कर परोसने लगी है। मुश्किल है। पत्रकारिता के बदलते परिवेश में मीडिया ने अपना पहला बाजार राजनीति को ही माना। सम्पादक से आगे क्या। क्यों पत्रकारिता में इतना स्पेस नहीं है कि पत्रकार की जिजिविषा को जिलाये रख सके। और रानजीति किसी भी सम्पादक को आश्रय देकर पत्रकारिता करनेवालों के बीच यह सन्देश क्यों देती है कि राजनीति से आगे कुछ नहीं नयी परिस्थितियों में इसकी परिभाषा कुछ बदली ज़रूर है लेकिन यह बदलाव ठीक उसी तरह है जैसे कभी राजनीति में बहस होती थी कि अपराधियों और पूँजीपतियों से साँठगाँठ के बग़ैर कोई नेता नहीं बन सकता। तो धीरे-धीरे अपराधी और पूँजीपति ही नेता हो गये। वैसे ही पत्रकारिता में पहले यह सवाल था कि बिना किसी पूँजीपति से कोई पत्रकार सम्पादक नहीं हो सकता। तो धीरे-धीरे सम्पादक पूँजीपति या कहें धन्धेबाज बने फिर धन्धेबाज और पूँजीपति ही सम्पादक बन गये।

अरुण शौरी जिस संस्थान से निकले उसे चलाने वाले गोयनका राजनीति में अरुण शौरी से मिलने आते रहे। लेकिन गोयनका ने कभी किसी राजनीतिक दल

के टिकट पर चुनाव लड़कर या पिछले दरवाज़े से संसद पहुँचने की मंशा नहीं जतायी। चाहते तो कोई रुकावट उनके रास्ते में आती नहीं। गोयनका को पॉलिटिकल एक्टिविस्ट के तौर पर देखा समझा जा सकता है। लेकिन उसी इंडियन एक्सप्रेस में जब कुलदीप नैयर का सवाल आता है और इन्दिरा गाँधी के दबाब में कुलदीप नैयर सम्पादक नहीं बन पाये। और इस्तीफा देकर नैयर साहब ने ख़ुद को बतौर पत्रकार जिलाये रखा। लेकिन कमजोर पड़ते मीडिया में अच्छे पत्रकारों को सामने क्या सिर्फ़ राजनीति इसीलिये रास्ता हो सकती है क्योंकि उनका पहला बाज़ार राजनीति ही रहा और ख़ुद को बेचने वह दूसरी जगह कैसे जा सकते हैं। स्वप्न दास हो या पायोनियर के सम्पादक चन्दन मित्रा या फिर एम जे अकबर। इनकी पत्रकारिता पर उस तरह सवाल उठ ही नहीं सकते हैं जैसे अब के सम्पादक या पत्रकारों के राजनीति से रिश्ते को लेकर उठते हैं। लेकिन इसका दूसरा पक्ष यह भी है कि राजनीति में गये इन पत्रकारों की हैसियत राजनीतिक मंच पर क्या हो सकती है या क्या है जरा इस स्थिति को भी समझना चाहिए। राजनीतिक गलियारे में माना जाता है कि खांटी राजनीतिक सौदेबाजी करने में पत्रकार से नेता बना व्यक्ति कभी सफल नहीं होता जबकि मुश्किल में आयी राजनीति को वैचारिक तौर पर एक नया आसरा देने का काम ज़रूर पत्रकार से नेता बना व्यक्ति कर सकता है। उड़ीसा में नवीन पटनायक से बातचीत करने के लिए अगर चन्दन मित्रा की जगह किसी भी नेता को भेजा जाता तो बीजू जनता दल और भाजपा में टूट नहीं होती। इसी तरह चुनाव के वक़्त वरुण गाँधी के समाज बाँटने वाले तेवर को लेकर बलबीर पुँज ही भाजपा के लिए खेतवान बने। बलवीर पुँज भी एक वक़्त पत्रकार ही थे। और वह गर्व भी करते हैं कि पत्रकारिता के बेहतरीन दौरे को बतौर पत्रकार उन्होंने काम किया है। लेकिन राजनीति के घेरे में इन पत्रकारों की हैसियत ख़ुद को वाजपेयी-आडवाणी का हनुमान कहने वाले विनय कटियार से ज़्यादा नहीं हो सकती है। तो क्या माना जा सकता है कि पत्रकारिक दौर में भी यह पत्रकार पत्रकारिता ना करके राजनीतिक मंशा को ही अंजाम देते रहे। और जैसे ही राजनीति में जाने की सौदेबाजी का मौक़ा मिला वह तुरन्त राजनीति के मैदान में कूद गये। पत्रकार का नेता बनने का यह पिछले दरवाज़े से घुसना कहा जा सकता है, क्योंकि राजनीति जिस तरह का सार्वजनिक जीवन माँगती है, पत्रकार उसे चाहकर भी नहीं जी पाता। पॉलेटिक्स और मीडिया को लेकर यहाँ से एक समान लकीर भी खिंची जा सकती है। दोनों पेशे में समाज के बीच जीवन गुजरता है। यह अलग बात है कि पत्रकारों को राजनीतिज्ञों के बीच भी वक़्त गुजारना पड़ता है और नेता भी मीडिया के जरिये समाज की नब्ज टटोलने की कोशिश करता रहता है। लेकिन संयोग से दोनों जिस संकट पर पहुँचे हैं उसका जवाब देने की कोशिश अक्सर प्रभाष जोशी करते रहे।

प्रभाष जोशी ने राजनीति या मीडिया को पूँछ से नहीं सूंड से पकड़ा और सीधे उस बाज़ार सा मुनाफा बना रहे हैं। लेकिन पत्रकारिता में संकट के दौरे में यह एक अनूठी समझ भी है जिसमें उस दौरे को मान्यता दी जा रही है जो बाज़ार के जरिये मीडिया को पूरी तरह मुनाफापरस्त बना चुकी है। लेकिन इस मुनाफापरस्त वक़्त की पीढ़ी की पत्रकारिता को कोई बर्दाश्त नहीं कर पार रहा है या फिर इसके मिजाज को पत्रकारिक चिन्तन से इतर देख रहा है। यह घालमेल राजनीति में वामपन्थियों की हार से समझा जा सकता है। सीपीएम का मानना है कि वामपन्थियों की हार की बड़ी वजह उन आम वोटरों को अपनी भावनाओं से वाकिफ़ ना करा पाना था जिससे उन्हें वोट मिलते। यानी सीपीएम के दिमाग़ में जो राजनीति तमाम मुद्दों को लेकर चल रही थी उसके उलट लोग सोच रहे होंगे इसलिए सीपीएम हार गयी। लेकिन क्या सिर्फ़ यही वजह रही होगी। हालाँकि सीपीएम के मुखपत्र के कैडर में फलते भ्रष्टाचार से लेकर कैडर और आम वोटरों के बीच बढ़ती दूरियों का भी बच बचाकर ज़िक्र किया गया। अगर इसे न्यूज़ चैनलों के सम्पादकों के अक्स में देखा जाये तो भी सम्पादक तत्व यही कहता हुआ नजर आता है कि मीडिया के जो हालात हैं उसी अनुरूप वह न्यूज़ चैनलों को चलाते हैं, जो शायद पत्रकार समझ नहीं पा रहे हैं। यानी अचानक मीडिया को लेकर उस तत्त्व को ग़ायब कर दिया गया है जिससे चौथे खम्भे का एहसास हो।

भाजपा ने भी लोकसभा चुनाव में वही ग़लती की जहाँ उसे लगा कि उसकी राजनीति को जनता समझ जाएगी और जो मुद्दे जनता से जुड़े हैं अगर उसमें आतंकवाद और साम्प्रदायिकता का लेप चढ़ा दिया जाए तो भावनात्मक तौर पर उसके अनुकूल चुनावी परिणाम आ जाएँगे। हालाँकि भाजपा एक क़दम और आगे बढ़ी और उसने हिन्दुत्व को भी मुद्दे सरीखा ही आडवाणी के चश्मे से देखना शुरू किया। हिन्दुत्व कांग्रेस के लिए मुद्दा हो सकता है लेकिन भाजपा की जो अपनी पूरी ट्रेनिंग है उसमें हिन्दुत्व जीवनशैली होगी। चूँकि आरएसएस की यह पूरी समझ ही भाजपा के लिए एक वोट बैंक बनाती है इसलिए अपने आधार को खारिज कर भाजपा को कैसे चुनाव में जीत मिल सकती है वह भाजपा को समझना है। यही समझ वामपन्थियों में भी आयी जहाँ वह वाम राजनीति से इतर सामाजिक–आर्थिक इंजिनियरिंग का ऐसा लेप तैयार करने में जुट गयी जिसमें वह काँग्रेस का विकल्प बनने को भी तैयार हो गयी और जातीय राजनीति से निकले क्षेत्रिय दलों की अगुवाई करते हुए भी ख़ुद को वाम राजनीति करने वाला मानने लगी। इस वैकल्पिक राजनीति की उसकी समझ को उसी की ट्रेनिंग वाले वाम प्रदेश में ही उसे सबसे घातक झटका लगा क्योंकि उसने अपने उन्हीं आधारों को छोड़ा जिसके जरिये उसे राजनीतिक मान्यता मिली थी। जाहिर है यहाँ सवाल मीडिया का भी उभरा कि

क्या उसने भी अपने उन आधारों को छोड़ दिया है जिसके आसरे पत्रकारिता की बात होती थी। या फिर वाकई वक़्त इतना आगे निकल चुका है कि पत्रकारिता के पुराने मापदंडों से अब के मीडिया को आँकना भारी भूल होगी। लेकिन इसके सामानान्तर बड़ा सवाल यह भी है कि मीडिया का तकनीकी विस्तार तो ख़ासा हुआ है लेकिन पत्रकारों का विस्तार उतना नहीं हो पाया है जितना एक दशक पहले तक पत्रकारों का होता था और उसमें उदयन-एसपी सिंह या फिर राजेन्द्र माथुर या सर्वेश्वरदयाल सक्सेना सरीखों का हुआ। या कहें प्रभाष जोशी जिस फ्रंट पर सोचते हुए पत्रकारिता करते रहे। असल में नयी परिस्थितियाँ कहीं ज़्यादा ख़तरनाक इसलिए है क्योंकि लोकतन्त्र की परिभाषा अब समूचे भारत को लेकर नहीं बल्कि सक्षम तबके में बड़ी हिस्सेदारी की सफ़लता से देखी जा रही है। 15वीं लोकसभा में 30 करोड़ से ज़्यादा वोटरों ने वोट नहीं डाले तो भी चुनाव आयोग ख़ुद को सफ़ल बताता है। लोकसभा में पहुँचे नेताओं की औसत कमाई पचास लाख से ज़्यादा की है तो भी सांसद को हर तबके की नुमाइंदगी वाला बताया गया तो ऐसे में मीडिया में अगर ख़बर के बदले कुछ भी नाच-गान दिखाया जाता है तो कौन कह सकता है कि पत्रकारिता अब बची नहीं।

रूपर्ट का काला जादू

कैलाश वाजपेयी

'मीडिया' शब्द सुनते ही सबसे पहले, जिस व्यक्ति की तस्वीर मन में उभरती है वह है आस्ट्रेलिया में जनमे 'रूपर्ट मरडॉक' की। रूपर्ट वह खरबपति तानाशाह है जिसने सभी देशों के लोगों को मनोवैज्ञानिक स्तर पर अवसन्न और बधिया कर दिया है। रूपर्ट सबसे बड़ा प्रकाशक तो है ही, उसके सैटेलाइट चैनल्स का जाल लगभग पूरे विश्व में फैल चुका है। अभी कुछ अवधि पूर्व 'मीडिया कार्टा संस्थान' से, कनाडा के अनेक मीडियाकर्मी एवं समाचार-पत्रों से जुड़े सुधी स्तम्भकारों ने शिकायत की है कि रूपर्ट की कुत्सित मनोवृत्ति उन्हें स्वतन्त्र ढंग से अपने विचार व्यक्त करने में बाधा पहुँचाती है। मरडॉक 'नैगम पूंजीवाद' (Corporate Capitalism) का सर्वाधिक दुर्गन्धपूर्ण उदाहरण है। मार्गरेट थैचर जब ब्रितानी प्रधानमन्त्री थीं तो वहाँ की संसद में एक भी निर्णय रूपर्ट की मर्ज़ी के बग़ैर नहीं लिया जाता था। यह प्रस्तावना भी रूपर्ट की ही थी और है कि समस्त उद्योगों का निजीकरण कर दिया जाना चाहिए। सन् 1990 में जब दूसरे मीडिया चैनलों को अपना विस्तार करने की इजाज़त नहीं थी तब रूपर्ट लगातार हर नियम विनियम से मुक्त अपने वर्चस्व के कारण, नये सैटेलाइट ख़रीद रहा था। 'टाइम्स' और 'संडे टाइम्स' के स्वामित्व के अधिकार रूपर्ट को इन्हीं दिनों मिले। यह रूपर्ट के प्रसारण-बल का ही कमाल था कि टोनी ब्लेयर का दल तीन-तीन बार विजयी हुआ। इसी बीच रूपर्ट ने 'वर्जिन मीडिया' भी ख़रीद डाला। रूपर्ट के पुत्र जेम्स ने तो एक क़दम आगे जाकर विज्ञापन व्यवसाय पर भी ध्यान देना शुरू किया।

'सो मेनी मीडिया सो लिटिल टाइम' के लेखक रिचर्ड हार्वुड के अनुसार एक वर्ष में आठ हज़ार सात सौ साठ घंटे होते हैं। अधिकांश किशोर किशोरियाँ यौन सम्बन्धी दिवास्वप्नों में खोये रहते हैं। वयस्कों के एक हज़ार आठ सौ चौबीस घंटे जीविकोपार्जन में निकल जाते हैं। दो हज़ार सात सौ सैंतीस घंटे निद्रा में। इसके बाद भी सभी रोज़ चार घंटे टेलीविज़न देखते हुए गँवा देते हैं। जबकि अख़बार याकि पत्र-पत्रिकाओं को वे छत्तीस से चालीस मिनट ही देते हैं। ये आँकड़े पश्चिमी

दुनिया के हैं। अभी हाल में सैन दिआगो में हुए एक अध्ययन के अनुसार सूचना माध्यम, जिसमें इंटरनेट, ई-मेल आदि भी शामिल हैं लगभग एक लाख शब्द, हम सबके दिमाग़ को प्रभावित करते हैं। हम उन्हें पढ़ते-सुनते समय सचेत भले न हों, ये शब्द हमारे अवचेतन में पैठकर उसे प्रदूषित अवश्य करते हैं।

सभी बड़े उद्योग संस्थान अपनी कमाई का पचास से अधिक प्रतिशत विज्ञापनों पर ख़र्च कर देते हैं। दूसरे शब्दों में मीडिया का यह 'जादू महल' विज्ञापनों के पैसे पर खड़ा है जबकि विज्ञापन का धन्धा धूर्तताओं से भरा है। विज्ञापन देने से पहले, उस उत्पाद विशेष के ग्राहक कौन हो सकते हैं इस विषय पर शोध करने वालों का एक अलग विभाग होता है जो परचे बाँट कर या घर-घर जाकर यह पता लगाता है कि वे कौन-सा साबुन या ब्रुश या क्रीम इस्तेमाल करते हैं। तब इसके बाद एक अलग तरह का विज्ञापन किसी भाड़े की सुन्दरी को नहाते हुए अथवा नहाने से पहले क्रीम या अन्य तैलाक्त द्रव्य लगाते हुए दिखाया जाता है यह विज्ञापन अख़बार और टेलीविज़न पर इतनी बार, उत्पाद विशेष के गुणों की चर्चा से भरपूर होता है कि हर कोई उसका इस्तेमाल करने की दिशा में पयुर्त्सुक हो उठता है।

पहले कभी इस लेखक ने नवभारत टाइम्स में वास्तुकला से सम्बन्धित एक आलेख "हर घर कुछ कहता है" शीर्षक देकर छपवाया था। कालान्तर में इसी शीर्षक को ध्रुवपंक्ति बनाकर एक विज्ञापन हर चैनल पर दिखाई पड़ने लगा। हम सभी इस तथ्य से अवगत हैं कि हमारा फोन सुबह से शाम तक इसलिए अधिक बजता है कि आप कुछ खरीदें। छुट्टियाँ बिताने आधे दामों पर फलाँ जगह जाएँ। यह सुविधा सिर्फ़ आपके लिए है। प्रतिप्रश्न करने पर उत्तर यह दिया जाता है कि आप विशिष्ट हैं। कई बार विज्ञापन कम्पनी और पत्रिका अथवा चैनल विशेष के मालिकों के बीच एक गुप्त सन्धि हो लेती है। उदाहरण के लिए अमरीका की एक महिला पत्रिका 'फैमिली सर्किल', जो 'न्यूयार्क टाइम्स' की भगिनी पत्रिका है, के साथ अमरीका के ही 'के मार्ट' (जिसकी शाखाएँ अमरीका के हर छोटे बड़े नगर में फैली हैं) ने नितान्त गुप्त करार किया। करार यह था कि 'फैमिली सर्किल' पत्रिका की एक अत्यधिक लोकप्रिय स्तम्भकार अपने आलेख में 'के मार्ट' की विशेषताओं पर प्रकाश डालते हुए चार-छः पंक्तियाँ ऐसी लिखेंगी जिन पर पाठकों का ध्यान जाए। 'के मार्ट' ने वह आलेख छपने के बाद, वहाँ सामान ख़रीदने वालों को वह पत्रिका मुफ़्त 'उपहार स्वरूप' दे दी। इस कारण जहाँ एक ओर 'फैमिली सर्किल' पत्रिका की साख तो बढ़ी ही बढ़ी 'के मार्ट' में सामान ख़रीदने वालों की संख्या दूनी हो गयी पूरे अमरीका में इस संख्या को बढ़ाने देने वाला यह आलेख 'मार्था स्टेवर्ट' का लिखा था! कोई ग्राहक यह कभी जान ही नहीं पाएगा कि 'के मार्ट' ने इस सूक्ष्म विज्ञापन विधि को अंजाम देने के लिए न्यूयार्क टाइम्स को कितने

लाख डालर दिए थे। यह भेद तो तब खुला जब माइकेल होएट नामक एक अन्य लेखक ने 'हेन द वाल्स कम टमब्लिंग डाउन' शीर्षक वाले अपने आलेख में इस गुप्त सन्धि का ज़िक्र किया, गूगल के आ जाने के बाद विज्ञापन उद्योग भी दो वर्गों में विभक्त हो गया है। पिछड़े वर्ग को बी.डी. एज अर्थात् Big dumb agencies कहा जाता है जब दूसरा दल स्वयं को प्रगतिशील सर्जना सम्पन्न कहता है! यह दल एक तरह से 'नरभक्षी' है। इन सभी का कहना है उत्पाद बेचना है तो बच्चों को अपना लक्ष्य बनाओ। यह दल बच्चों को कोक और पेप्सी पीने के लिए उत्प्रेरित करता है। ऐसे विज्ञापन बनाता है जिसमें बच्चा पारम्परिक भोजन के स्थान पर 'मैगी' या 'मक्डॉनल्ड' का हैमबर्गर माँगता है। दूध की जगह 'काम्प्लान' जैसे पेय पीने के लिए विवश किया जाता है या फिर ऐसा ही कोई अन्य पेय पीने की फ़रमाइश करता है। वह अबोध होते हुए भी जब ऐसी ग़ैर पौष्टिक चीज़ों को टेलीविज़न पर देखता है तो इन्हीं सबकी माँग करता है। ऐसे प्रगतिशील विज्ञापन की इबारत लिखने वाले अपनी प्रतिभा का प्रयोग करते हुए 'टेढ़ा है पर मेरा है' जैसी व्यंजनापूर्ण इबारत लिखने में माहिर होते हैं।

हम सभी शायद इस तथ्य से अवगत होंगे कि बच्चों को पहनायी जाने वाली 'हगीज़' का जो विज्ञापन मीडिया पर छाया हुआ है वह नितान्त घातक है। यूरोप के एक दो देशों ने तो इसे हानिकारक मानकर इस पर प्रतिबन्ध भी लगा दिया है। मीडिया और उस पर दिखाये जाने वाले विज्ञापनों का विरोध करने के लिए वर्षों पूर्व अमरीका के कई समझदार और संवेदनशील पत्रकार सम्पादकों ने एक पत्रिका का प्रकाशन करना शुरू किया था। इस पत्रिका में छपने वाले चित्र और देश-विदेश में व्याप्त विसंगतियों के ऐसे विविक्त समाचार होते हैं जिन्हें पढ़कर मन अवसन्न हो जाता है। इस पत्रिका का नाम है 'ऐडबस्टर्स' (Adbusters)। इसी पत्रिका ने पिछले दिनों भारत जैसे ग़रीब देश के एक धनपति मुकेश अम्बानी के नये आवास का चित्र छापा था। इस घर की ऊँचाई एक सौ तिहत्तर मीटर है जिसमें सत्ताइस तल हैं। इनमें से छः तल मुकेश अम्बानी की एक सौ अड़सठ कारों को पार्क करने के लिए हैं और तीन तल हैलीकॉप्टर उतारने के लिए। एक तल मनोरंजन के लिए है जिसमें पैंसठ मेहमानों के बैठने की जगह है। तीन तल ऐसे हैं जहाँ छत वाटिकाएँ हैं। दो तल मेहमानों के लिए हैं। इस वास्तु-सम्मत महल में छः सौ कर्मचारी काम करते हैं और इस महल का नाम है 'एंटीलिया'। जो एटलांटिक समुद्र में कभी एक मिथकीय द्वीप हुआ करता था। मुम्बई जैसे शहर में जहाँ लगभग साठ करोड़ लोगों की औसत आय पचास हज़ार रुपए सालाना से अधिक नहीं, ऐसा घर बनवाकर वह कहना क्या चाहता है।

कार्ल मार्क्स ने कभी कहा था, मुनाफ़ाख़ोरी काले जादू की तरह काम करती

है। मुनाफ़ाख़ोर धीरे-धीरे आम जन जीवन से कटता चला जाता है। रूपर्ट के बेटे जेम्स ने पिछले वर्ष लगभग इसी से मिलती-जुलती भाषा में कहा था, 'व्यापार घाटा कमाने के लिए नहीं होता। लोगों को उत्तेजना चाहिए और विज्ञापन जितने कामोद्दीपक होंगे मीडिया के कार्यक्रम उतने ही लोकप्रिय होंगे।'

स्वयं को प्रगतिशील विज्ञापनकर्ता कहने वालों को पता है कि बच्चों की 'पोस्टर पावर' का किस तरह दुरुपयोग किया जाए। उद्योगपतियों को पता है कि वे अपनी कमाई का कितना अंश विज्ञापनों में ख़र्च करने के लिए स्वतन्त्र हैं।

'ऐडबस्टर्स' पत्रिका हमारे आसपास फैली इन्हीं सारी विसंगति को उजागर करने में लगी है। इसी पत्रिका के हवाले से, अभी हाल में ही पता चला कि ब्राजील में एक छोटा-सा नगर है साओ पाओलो जहाँ विज्ञापन के बिल बोर्ड लगाना निषिद्ध है। इसी पत्रिका के विज्ञापन से पता चलता है कि 'हैमबर्गर' खाना कितना घातक है और क्यों न एक सप्ताह के लिए सभी चैनल्स को बन्द कर दिया जाए।

चुनौतियों से घिरा टेलीविज़न पत्रकार

प्रांजल धर

मेल्विन डी फ्लूअर और सान्द्रा बाल-रोकीच ने 'इंटरपर्सनल कम्युनिकेशन इन द मीडिया (1979)' नामक अपनी बेहतरीन पुस्तक में एक लेख लिखा है— 'ए डिपेंडेंसी मॉडल ऑव मास मीडिया इफ़ेक्ट्स'। इसमें उन विभिन्न सामाजिक और मनोवैज्ञानिक कारकों की चर्चा की गयी है, जो मीडिया को आडियंस पर अत्यधिक और मनमाना प्रभाव डालने से रोकते हैं। दूसरे शब्दों में, मीडिया न सिर्फ़ मनमाना प्रभाव नहीं रखता है, बल्कि उसके पास यह स्वतन्त्रता भी नहीं होती है कि वह जो चाहे, वह करे। समाज में मौजूद सामाजिक-सांस्कृतिक सन्दर्भ मीडिया के सन्देशों की प्रकृति पर ही नहीं, बल्कि श्रोता, दर्शक या पाठक पर उसके प्रभावों को भी नियन्त्रित और बाधित करते हैं। नियन्त्रित और बाधित करने की यह चुनौती सबसे ज़्यादा इलेक्ट्रॉनिक मीडिया और उसके पत्रकारों के ही सामने आती है, क्योंकि इलेक्ट्रॉनिक मीडिया एक द्रुत माध्यम है और इसके ज़रिये प्रसारित सन्देश अपनी तात्कालिकता के सन्दर्भ में बहुत अधिक प्रभावशाली माने जाते हैं।

इलेक्ट्रॉनिक मीडिया के पत्रकारों के समक्ष आज पहले से कहीं अधिक चुनौतियाँ हैं। टेलीविज़न एक दृश्य-श्रव्य माध्यम है और चौबीसों घंटे के ख़बरिया चैनलों के उदय के चलते पिछले एक-दो दशकों से पत्रकारिता और पत्रकारों की प्रकृति बदली है। अब अख़बारों का समय नहीं रहा कि रिपोर्टर, फ़ुरसत में, घटना की व्यापक जाँच करे। जहाँ अख़बारों में ख़बरें अगले दिन के लिए लिखी जाती हैं, वही इलेक्ट्रॉनिक मीडिया में ख़बरें हर क्षण के लिए लिखी जाती हैं। अनेक ख़बरिया चैनलों के, न्यूज़ इंडस्ट्री में, होने के कारण उनके बीच किसी भी समाचार को सबसे पहले दिखाने की इतनी गम्भीर उत्कटता है कि समय का दबाव इलेक्ट्रॉनिक मीडिया के पत्रकारों को ख़ासा परेशान किये रहता है। डेडलाइन की समस्या इसलिए भी महत्त्वपूर्ण है, क्योंकि यह टी.आर.पी. बढ़ाने से जुड़ी हुई है।

समय के इसी दबाव से इलेक्ट्रॉनिक मीडिया के सामने अक्सर साख या विश्वसनीयता का संकट खड़ा हो जाता है। विश्वसनीयता समाचार माध्यमों की

जान है, किन्तु समय के भयंकर दबाव और सभी चैनलों में गलाकाट प्रतिस्पर्धा के चलते इलेक्ट्रॉनिक मीडिया के रिपोर्टर को समाचारों की पुष्टि के लिए या बैकग्राउंडर के निर्माण के लिए पर्याप्त समय नहीं मिल पाता। इलेक्ट्रॉनिक मीडिया में अभी भी उम्दा प्रोफ़ेशनल्स का अभाव है और मीडिया का प्रसार तो बढ़ा है, किन्तु मीडिया की साख या पत्रकारों की प्रतिबद्धता में कमी आयी है। हमेशा कुछ-न-कुछ दिखाते रहने की मजबूरी ने कथ्य या अन्तर्वस्तु के संकट को जन्म दिया है, ख़बरों की पुनरावृत्तियाँ बढ़ी हैं और मीडिया के लिए नैतिकता का प्रश्न भी महत्त्वपूर्ण हुआ है। कई बार पत्रकार 'वास्तविक' और 'मनोरंजक' में अन्तर नहीं कर पाते और मनोरंजक ख़बरों को वास्तविक ख़बरें बनाकर दिखाया जाता है या फिर वास्तविक ख़बरों में मनोरंजकता के तत्त्व खोजे और ठूँसे जाते हैं। सनसनी, विज्ञापनबाजी या यशलोलुपता से बचना पत्रकारों के सामने आज प्रमुख चुनौती है।

इलेक्ट्रॉनिक मीडिया के रिपोर्टरों की चुनौती का दायरा बहुत बड़ा है। यह तब से शुरू होती है जब वह ई.एन.जी. (इलेक्ट्रॉनिक न्यूज़ गैदरिंग) कैमरे अथवा ई.एफ.पी. (इलेक्ट्रॉनिक फ़ील्ड प्रोडक्शन) कैमरे के साथ न्यूज़ स्टोरी की तलाश में चैनलों के दफ़्तरों से बाहर निकलता है। उसके साथ होता है एक कैमरामैन और पत्रकारीय विवेक। आज पत्रकारीय विवेक बहुत महत्त्वपूर्ण हो गया है, क्योंकि हर सूचना या घटना समाचार नहीं होती। कहा भी गया है कि जो वास्तविक समाचार है, वह लोगों की ज़रूरत है और जो लोगों की ज़रूरत है, वह वास्तविक समाचार है। पत्रकार के लिए माइंड मैपिंग, न्यूज़ पेग और स्टोरी आइडिया के सवाल बिल्कुल बुनियादी सवाल हैं। न्यूज़ पेग में यह देखा जाता है कि क्या घट रहा है; और घटने वाली घटना के तात्कालिक आयाम क्या हैं। जिसे पत्रकार ख़बर के रूप में स्क्रीन पर दिखा रहा है, क्या उसका कोई तात्कालिक व सामायिक सन्दर्भ है? यही तात्कालिक सन्दर्भ न्यूज़ पेग है। फिर समाचारीय समझ का बारीक़ इस्तेमाल करते हुए यह जानना ज़रूरी होता है कि स्टोरी में क्या याचित है कि और क्या अयाचित। यदि कोई चैनल याचित सामग्री को छोड़ अयाचित सामग्री दिखाएगा, तो दर्शक अपने रिमोट को क्लिक करके तुरन्त चैनल बदल देगा।

स्टोरी आइडिया हार्ड न्यूज़ के लिए भी महत्त्वपूर्ण है तथा सॉफ्ट न्यूज़ और फ़ीचर के लिए भी। स्टोरी का आइडिया किसी विषय का वह कोण होता है, जिसके बारे में रिपोर्टर मानता है कि वह उसके चैनल के दर्शकों को पसन्द आएगा। उदाहरण के लिए इंडिया टीवी में ज्योतिष और भविष्यवाणियों से सम्बन्धित फीचर अधिक पसन्द किये जाते हैं। एक ही ख़बर को देखने के अनेक तरीके हैं, जिन्हें हम न्यूज़ एंगल के नाम से जानते हैं। जहाँ एक चैनल का न्यूज़ एंगल, कई बार, दूसरे चैनल के न्यूज़ एंगल से भिन्न हो सकता है, वहीं एक रिपोर्टर का न्यूज़ एंगल

भी बाक़ी रिपोर्टरों से अलग हो सकता है। फिर भी किसी बहुत बड़ी घटना, मसलन मुम्बई पर हुए आतंकवादी हमले, को लेकर सभी रिपोर्टरों व चैनलों के न्यूज़ एंगल एक ही तरह के होते हैं।

टेलीविज़न पत्रकारों के बारे में कहा जाता है : 'वन हैज़ टू बी ए जैक ऑफ़ ऑल ट्रेड्स एंड मास्टर आव (ऐट लीस्ट) वन'। हमारे देश में जो मीडिया साक्षरता के प्रयास हैं, उन्हें और अधिक व्यावहारिक और पेशेवराना बनाने की ज़रूरत है ताकि वे समय की माँग के मुताबिक संगत साबित हो सकें। भारतीय संसद पर हमले की दास्तान हो या दाऊद की बेटी के रिसेप्शन की घटना, टेलीविज़न पत्रकारों को बेहद समझदारी से काम लेना होता है। इधर मुम्बई पर हुए हालिया आतंकवादी हमले के दौरान अनेक टेलीविज़न पत्रकारों को पत्रकारीय समझ, राष्ट्रहित और समाचारीय बोध की कठिन परीक्षाओं से गुज़रना पड़ा। जाहिर है कि अच्छे व प्रशिक्षित पत्रकार ही ऐसी गम्भीर घटना का फुटेज ला सकते हैं।

टीवी पत्रकार को ध्यान रखना पड़ता है कि वह एक पब्लिक मीडियम है, चैनल या ख़बरें उसकी निजी अभिव्यक्ति का माध्यम नहीं हैं। टेलीविज़न सभी दृश्य-श्रव्य माध्यमों में सर्वाधिक गतिशील प्लेटफार्म वाला माध्यम है, इसीलिए इसमें एक पत्रकार के लिए ज़रूरी है कि वह ख़बरों की प्रस्तुति पर भी विशेष ध्यान दे। ख़बर कहने का पत्रकार का तरीका भी महत्त्वपूर्ण है और कई बार यह तरीका ऐसा होना चाहिए, जो ख़बरों के स्वभाव के अनुकूल हो। कई बार चैनलों को देखकर ऐसा लगता है मानो एंकर कोई समाचारपत्र छाप या बाँच रहा है। यहाँ घटना की रिपोर्टिंग दृश्यात्मक रूप से यानी विज़ुअली होनी चाहिए, स्टोरी का लेखन भी विज़ुअली होना चाहिए और उस स्टोरी की प्रस्तुति भी विज़ुअली होनी चाहिए। तात्पर्य यह है कि फुटेज या विज़ुअल्स में स्क्रीन पर जो कुछ दिखाया जा रहा है, उसे ही बोलकर दुहराने की ज़रूरत बिल्कुल नहीं है वरना पुनरावृत्ति का दोष आ जाता है। एक माध्यम के रूप में टेलीविज़न के स्वभाव को समझाते हुए एंकर या रिपोर्टर को वह सब कुछ बोलना होता है, जो स्क्रीन पर नहीं दिख रहा है और जो स्क्रीन पर दिखाये जा रहे दृश्यों का पूरक हो।

टेलीविज़न के न्यूज़रूम में, ब्रेकिंग न्यूज़ की दशा में, हर सेकंड महत्त्वपूर्ण होता है। पत्रकार की देहभाषा और संचार की उसकी मुद्रा पर विचार करते हुए डेसमंट मोरिस ने काफ़ी कुछ लिखा है। "मैनवाचिंग : ए ब्रीफ़ गाइड टू ह्यूमन बिहेवियर (1977)" नामक पुस्तक में डेसमंट मारिस ने न्यूज़ रूम की भाषा को तकनीकी देहभाषा कहा है। इसके तहत ख़बर पढ़ रहे एंकर को इशारे से मार्गदर्शन देना आदि शामिल हैं। आजकल तो टेलीविज़न नकल उतारने या मिमिक्री में काफ़ी रोचक हो गया है। नेताओं, अभिनेताओं, अभिनेत्रियों या किसी प्रसिद्ध व्यक्ति की नकल

उतारता एंकर आपको किसी भी चैनल पर कभी भी दिख सकता है। यह देहभाषा सोशल मिमिक्री के रूप में हो सकती है, जैसे किसी पुरस्कार समारोह में जाते समय प्रसन्न दिखना। यह हवाई भी हो सकती है, जैसे हाथ को मुँह के पास ले जाकर यह अभिव्यक्त करना कि मुझे भूख लगी है। टेलीविज़न पत्रकारों के लिए देहभाषा का यह प्रारूप समझना दक्षता व द्रुतता की दृष्टि से बहुत आवश्यक है।

हमारे देश का सार्वजनिक सेवा प्रसारक 'दूरदर्शन' विश्व के सबसे बड़े टेलीविज़न नेटवर्कों में से एक है। 15 सितम्बर 1959 से लेकर, जब इसका पहला प्रसारण हुआ था, आजतक हम बहुत प्रगति कर चुके हैं। आज अन्तरराष्ट्रीय चैनल डीडी इंडिया (1995 से), खेल चैनल डी डी स्पोर्ट्स (1999 से), चौबीस घंटे का समाचार चैनल डी डी न्यूज़ (2003 से) और डायरेक्ट टू होम सेवा डी डी डायरेक्ट (2004 से) जैसे चैनलों ने टेलीविज़न पत्रकारों के लिए अनेक अवसर उपलब्ध कराये हैं। पर पत्रकारीय कौशल, प्रोफेशनल प्रशिक्षण व संचार के दक्ष हुनर की चुनौती भी सामने है। डी डी पोधिगई (तमिल), डी डी सप्तगिरि (तेलुगु), डी डी चन्दन (कन्नड़) व डी डी सह्याद्रि (मराठी) जैसे चैनल क्षेत्रीय स्तर पर समझदार, संवेदनशील व हुनरमन्द प्रशिक्षित पत्रकारों की कमी से जूझते नज़र आते हैं। सोचने वाली बात है कि पत्रकारों का हुनर, उनका ज्ञान व प्रस्तुति की उनकी ख़ास संवेदनामूलक शैली आदि महत्त्वपूर्ण न होती, तो आख़िर क्यों कुछ एंकरों व रिपोर्टरों के नाम आम दर्शकों की ज़ुबान पर चढ़ जाते हैं? क्यों नहीं प्रत्येक पत्रकार समान प्रसिद्धि हासिल कर पाता?

श्रोता, पाठक या दर्शक की सक्रियता पर विचार करते हुए प्रसिद्ध मीडियाविद एलिहू काट्ज़ ने लिखा है कि लोगों का यह मानना ग़लत है कि सिर्फ़ मीडिया ही सक्रिय होता है और दर्शक अक्रिय होता है। एलिहू काट्ज कहते हैं कि दर्शक माध्यम से सन्तुष्टि चाहता है और इसी सन्तुष्टि की खोज दर्शक को सक्रिय बनाये रखती है। इलेक्ट्रॉनिक मीडिया और टेलीविज़न पत्रकारों के समक्ष आने वाली चुनौतियों का ज़िक्र करते हुए विल्बर स्रैम का नाम अनिवार्य रूप से हमारे सामने आता है। स्रैम ने माध्यमों की बहुलता के बीच यह जानने के लिए एक गणितीय समीकरण प्रस्तुत किया कि किस चैनल या किस माध्यम के, दर्शकों द्वारा, चुने जाने की सम्भावना सबसे अधिक होती है। यह बात इसलिए महत्त्वपूर्ण है क्योंकि एक-एक स्टोरी के लिए ख़बरिया चैनलों के पत्रकार, कैमरामैन और डेस्क पर कार्यरत मीडियाकर्मी जी-तोड़ परिश्रम करते हैं। इसलिए वे न सिर्फ़ यह चाहते हैं कि दर्शक उनकी स्टोरी को देखे, बल्कि सराहें भी; और यदि सम्भव हो तो एस.एम.एस. या टेलीफोन के ज़रिये फ़ीडबैक भी दें। इसीलिए स्रैम का अध्ययन हमारे लिए महत्त्वपूर्ण है। स्रैम ने कहा कि उस चैनल के, दर्शकों द्वारा, देखे जाने की सम्भावना

अधिकतम होती है जिस चैनल में उन्हें सन्तुष्टि का वायदा अधिकतम मिलता है और जिस चैनल को देखने के लिए उन्हें ज़रूरी प्रयास कम-से-कम करने पड़ते हैं। ज़ाहिर है कि यदि किसी चैनल को देखने के लिए दर्शक को अधिक प्रयास करने पड़ेंगे, तो वह उन्हें नहीं देखेगा। इसी तर्क के अनुसरण में लोग कम पृष्ठों वाले अख़बारों को अधिक पसन्द करते हैं क्योंकि उन्हें पढ़ने के लिए कम प्रयास करना पड़ता है। इसी प्रकार लोगों को अख़बार पढ़ने की तुलना में चैनल (दृश्य-श्रव्य माध्यम) देखना अधिक अच्छा लगता है।

इलेक्ट्रॉनिक मीडिया के पत्रकारों को अध्ययन बहुत करना चाहिए। यह बात प्रशिक्षुओं या नौसिखिये रिपोर्टरों के लिए जितनी सही है, उतनी ही वरिष्ठ मीडियाकर्मियों के लिए भी। आज ज़्यादातर युवा मीडियाकर्मी या तो न्यूज़ रिपोर्टर बनना चाहते हैं या फिर एंकर बनकर रातों-रात स्क्रीन पर छा जाना चाहते हैं, प्रसिद्धि का समुद्र इकट्ठा कर लेना चाहते हैं। पर यह जानना ज़रूरी है कि टेलीविज़न का मतलब सिर्फ़ एंकरिंग और रिपोर्टिंग नहीं है। इसमें तकनीकी जानकारी, फोटोग्राफिक सेंस और मीडिया प्रोडक्शन से जुड़ी तमाम बातें और भी शामिल हैं। सर्वोपरि तो अपने पेशे के प्रति ईमानदारी, समर्पण, कटिबद्धता व जुनून है। कई बार मेरी मुलाकात ऐसे लोगों से होती है, जो मजबूरी में पत्रकार बने हैं। जिन्हें कहीं किसी प्रतियोगिता परीक्षा में सफलता नहीं मिली, वे हताश होकर पैसा और शोहरत के लिए मीडिया का क्षेत्र चुनते हैं और मीडिया में भी इलेक्ट्रॉनिक मीडिया मात्र इसलिए चुनते हैं कि वे किसी फ़िल्मी हीरो की तरह स्टार बन जाएँ! ज़ाहिर है कि पत्रकारिता जैसी गम्भीर चीज़ ऐसे हतदर्प या पराजित लोगों के ही भरोसे नहीं छोड़ी जा सकती। इसमें एक स्वत:स्फूर्त समर्पण व जुनून आवश्यक होता है क्योंकि कई बार कहा भी जाता है कि पत्रकारिता प्रोफ़ेशन है, जॉब नहीं।

अगर कई घटनाएँ एक साथ घट रही हों, तो टेलीविज़न पत्रकार को सोच-विचार कर निर्णय लेना पड़ता है कि वह किस घटना को कितना कवरेज दे; किस घटना को कवरेज दे या दे ही नहीं। निर्णय के ये क्षण रिपोर्टर के लिए बहुत महत्त्वपूर्ण होते हैं कि क्या-क्या छोड़ना है, क्या-क्या दिखाना है और सबसे ज़रूरी बात तो यह कि जिसे दिखाना भी है, उसे किस तरह दिखाना है! ख़बर का ग़लत चयन यदि व्यर्थ है तो यहाँ तक कि सही-सही ख़बर का ग़लत तरीके से प्रस्तुतीकरण भी उतना ही बेकार है। सही ख़बर को सही तरीके से दिखाने के लिए आवश्यक है कि रिपोर्टर को टीवी प्रोडक्शन या वीडियो एडिटिंग जैसी चीज़ों का ज्ञान हो। प्रोडक्शन एक ऐसी बड़ी छतरी के समान है, जिसके नीचे इनपुट और आउटपुट समेत न्यूज़ या फीचर स्टोरी के सारे आयाम आ जाते हैं। विजुअल एडिटिंग का गहरा ज्ञान बहुत मामूली-सी स्टोरी को शक्तिशाली या सूचनापरक

बना सकता है जबकि इसके अभाव में रिपोर्टर की स्टोरी मीडिया के गुमनाम महासागर में कहीं खो जाएगी। रनडाउन के लिए न्यूज़ स्टोरी की आकर्षक पैकेजिंग की चुनौती भी कम महत्त्वपूर्ण नहीं। फ़िल्मों के निर्माण में भी देखा गया है कि प्रभावी और सफ़ल निर्देशन वही लोग रहे हैं जिन्हें तकनीक और उपकरणों का ज्ञान है, मसलन ऐसे सफल निर्देशक अच्छे सिनेमैटोग्राफर भी होते हैं, अच्छे तकनीकी सम्पादक भी होते हैं और अच्छे साउंड डिज़ाइनर भी होते हैं। तकनीकी ज्ञान से लैस होने पर पत्रकार अपना सर्वोत्तम योगदान दे पाने में सक्षम हो सकता है।

प्रोडक्शन या तकनीकी ज्ञान के बिना रिपोर्टर का बसर प्रिंट मीडिया में तो हो सकता है, पर टेलीविज़न चैनलों में बिल्कुल नहीं। घटनास्थल पर जाना टेलीविज़न रिपोर्टरों के लिए अनिवार्य होता है ताकि वे फुटेज़ ला सकें। इतना ही नहीं, अनेक निजी चैनलों के मध्य कड़ी प्रतिस्पर्धा के चलते वही रिपोर्टर बाजी मार पाएगा, जो घटनास्थल पर पहले पहुँचकर ख़बर का ब्यौरा अपने चैनल पर सबसे पहले, एक्सक्लूसिव तरीके से, प्रसारित कर सके। प्रिंट मीडिया में कई बार घटनास्थल पर गये बिना ही काम चल जाता है। प्रिंट मीडिया का रिपोर्टर फोन से सूचनाएँ एकत्रित करके या समाचार एजेंसियों से प्राप्त समाचारों का अनुवाद करके भी काम चला सकता है, लेकिन टेलीविज़न के रिपोर्टर को ऐसी सुविधा हासिल नहीं है। इसीलिए इलेक्ट्रॉनिक मीडिया के पत्रकारों की चुनौतियाँ अधिक जटिल हैं। रिपोर्टरों को ध्यान रखना चाहिए कि वे जनता के लिए बोल रहे हैं, जनता के मुद्दों को उठा रहे हैं। इसके लिए ज़बरदस्त तर्कशक्ति, विश्लेषणात्मक दृष्टिकोण, संवेदनशीलता और उच्च स्तर की कटिबद्धता आवश्यक है।

टेलीविज़न पत्रकारों के लिए भाषा भी एक बड़ी चुनौती है। यह चुनौती मौखिक व लिखित— भाषा के दोनों स्तरों पर सामने आती है। कई बार मौखिक स्तर पर पत्रकार हकलाने लगते हैं, एक ही बात को पाँच-पाँच बार कहते रहते हैं, जिससे ख़बर ख़बर न होकर तोतारटन्त लगने लगती है। उच्चारण के स्तर पर टेलीविज़न में आधे से अधिक पत्रकार त्रुटिपूर्ण हैं। हिन्दी और अँग्रेजी शब्दों का घालमेल ऐसा बन पड़ता है कि हिंग्लिश से दर्शक ऊबकर चैनल बदल देता है। लिखित भाषा के स्तर पर देखा गया है कि कुछ वरिष्ठ टेलीविज़न-कर्मियों को छोड़कर बाक़ी लोग बेहद कमज़ोर हैं, वे सिर्फ़ साक्षर हैं, शिक्षित नहीं। कई बार कुछ पत्रकार इतनी अजीबोग़रीब रिपोर्ट बनाते हैं कि उसके हज़ार शब्दों को पढ़कर भी आप यह नहीं समझ पाएँगे कि रिपोर्ट के उस गद्यात्मक पाठ में ख़बर कहाँ है या ख़बर क्या है! समाचारीय कोण का ऐसा अभाव बेहद आम बात है। कई एंकर तो देखकर भी टेलीप्रॉम्प्टर के शब्दों को पढ़ नहीं पाते— लिखा रहेगा 'सुपरफिट हो गये हैं सचिन तेंदुलकर', पर एंकर पढ़ देता/देती है 'सुपरहिट हो गये हैं सचिन

तेंदुलकर'। कॉग्निटिव डिज़ोनेन्स की ऐसी मनोवैज्ञानिक समस्या कई एंकरों को झेलनी पड़ती है, क्योंकि वे वही पढ़ेंगे जो पढ़ना चाहते हैं, वह नहीं जो सामने स्क्रीन पर लिखा हुआ है। इसीलिए कहा जाता है कि रिपोर्टर को अक्सर पुस्तकालयों में बैठना चाहिए, बहुत अधिक पढ़ना और बहुत अधिक लिखना चाहिए।

यदि कोई घटना घटती है, तो टेलीविज़न पत्रकार को देखना पड़ता है कि निकट या सुदूर अतीत में क्या उससे मिलती-जुलती घटनाएँ भी घटी हैं। इसी प्रकार एक जानकारीपरक बैकग्राउंडर तैयार हो सकता है। बैकग्राउंडर की प्रस्तुति रोचक होनी चाहिए ताकि प्रत्येक दर्शक प्रस्तोता के साथ तादात्म्य व जुड़ाव महसूस कर सके। घटने वाली घटना में न्यूज़ वैल्यू कितनी है, घटना से क्या-क्या परिवर्तन आ गये और घटना किस प्रकार दर्शक से सम्बन्धित है— ऐसे प्रश्नों के लिए सेतुरूपी सूत्र खोजने पड़ते हैं। जब कोई बड़ी घटना घटती है, तो बाहरी जनता की राय जानने के लिए स्टूडियो में फोन-इन भी किया जाता है। इसे पत्रकार 'बाक्स पॉप' के रूप में स्क्रीन पर पेश करता है। जहाँ तक एंकर की बात है, तो यह न्यूज़रीडर से अलग होता है। 'न्यूज़ रीडर' लिखे हुए समाचार को पढ़ता भर है, यह एक पुराना शब्द है। इसमें स्क्रिप्ट की भूमिका महत्त्वपूर्ण होती है। एंकरिंग अपेक्षाकृत एक व्यापक शब्द है। इसमें कार्यक्रम-प्रस्तोता ख़बरों को सिर्फ़ पढ़ता ही नहीं, बल्कि ख़बरों के ही अनुरूप चेहरे के भावों को भी रखना पड़ता है, आत्मविश्वास और संचार कौशल का परिचय देना पड़ता है। टेलीविज़न में एक-एक चीज़ महत्त्वपूर्ण होती है। एंकर को स्टूडियो में उस स्थान का चुनाव बड़ी समझदारी से करना पड़ता है, जहाँ उसे खड़े होना है।

टेलीविज़न के पत्रकार को प्रेस कान्फ्रेंस के दौरान बहुत सजग रहना पड़ता है। टेलीविज़न के लिए शूट कर रहे पत्रकार आमतौर पर प्रेस कॉन्फ्रेंस के बाद दुबारा बाइट लेना पसन्द करते हैं, ताकि साजसज्जा, प्रवाह और समयसीमा का ध्यान रखते हुए रिपोर्टिंग को प्रभावशाली बनाया जा सके। दुबारा बाइट लेना कट अवेज़ कहलाता है। कट अवेज़ को नोडीज़ भी कहते हैं। इन कट अवेज़ या नोडीज़ का न्यूज़ स्टोरी की प्रस्तुति और रनडाउन के साथ तालमेल बैठाना ज़रा कठिन होता है। इलेक्ट्रॉनिक मीडिया आज खोजी पत्रकारिता और स्टिंग ऑपरेशनों पर भी बल देता है। जैसा कि हाल ही में सम्पन्न यूरोप और भारत के प्रख्यात मीडियाविदों के एक संयुक्त सम्मेलन के दौरान नयी दिल्ली में कहा भी गया कि आज मीडियाकर्मियों को आपस में मिल-जुलकर कार्य करना चाहिए ताकि पत्रकारिता के मिशन व सच्चे उद्देश्यों की पुनः तलाश की जा सके, उसकी वाचडॉग भूमिका को फिर से सकारात्मक रूप से ज़िन्दा रखा जा सके। सम्पादकों की नयी नस्ल की खामियों पर

प्रकाश डालते हुए उन्हें विज्ञापन प्रबन्धकों और ब्रांड एम्बेसडरों के रूप में देखा गया। 'फाइनेंशियल टाइम्स' के ड्यूशलैंड संवाददाता फिडेलियस शिमड ने कहा है कि इनवेस्टीगेटिव पत्रकारिता के बारे में व्याप्त भ्रमों व भ्रान्त धारणाओं का निराकरण अनिवार्य हो गया है। टेलीविज़न पत्रकारों के सामने अन्तरराष्ट्रीय स्तर पर भी अनेक चुनौतियाँ मौजूद हैं।

आज टेलीविज़न के खोजी पत्रकारों के सामने बहुत अधिक चुनौतियाँ हैं। इन्हें भीतरी व बाहरी दोनों प्रकार की समस्याओं का सामना करना पड़ता है। कसा हुआ सम्पादकीय बजट और कम तनख्वाह जैसी चीज़ों ने पत्रकारों में भ्रष्टाचार को बढ़ावा दिया है और उनकी पत्रकारिता में अगम्भीरता या तुच्छता (ट्रिवियलिटी) का समावेश हुआ है। इंटरनेशनल फेडरेशन ऑव जर्नलिस्ट के महासचिव एडियन व्हाइट का मानना है कि आज टेलीविज़न पत्रकारों को अपने भीतर झाँकने की सबसे ज़्यादा ज़रूरत है क्योंकि उन्हें प्रायः इसका अवकाश ही नहीं मिलता। उन्होंने कहा है कि पत्रकार आज ख़बरों की छानबीन व स्टोरी के रिसर्च में समय ही नहीं देना चाहते, व्यवसायीकरण व वाणिज्यीकरण चैनलों पर इतने हावी हो गये हैं कि जनसाधारण के सरोकार हमेशा भटक जाते हैं या भटका दिये जाते हैं, सत्य के प्रति कटिबद्धतापूर्ण दृष्टिकोण का अकाल-सा पड़ता जा रहा है और निष्पक्ष, शुद्ध, यथातथ्य व सन्तुलित रिपोर्टिंग के तो दर्शन ही दुर्लभ हो गये हैं! कॉर्पोरेटीये दबाव, निजी जीवन के षड्यन्त्र और नौकरी के प्रति अगम्भीरता के चलते आज चैनलों के सम्पादकों के लिए ख़ुद को प्रबन्धक की बजाय एक पत्रकार मानना मुश्किल होता जा रहा है। गाँव-देहात की, खेती-किसानी की और लोक संस्कृति से जुड़ी घटनाओं की रिपोर्टिंग आज, कम-से-कम टेलीविज़न में तो बहुत ही कम दिखती है। अभी हाल ही में साहित्य अकादेमी में सम्पन्न दो दिवसीय अवधी भाषा सम्मेलन को किसी भी चैनल ने कवर नहीं किया। सोचा जा सकता है कि जब दिल्ली में सम्पन्न सम्मेलनों का टेलीविज़न में यह हाल है तो गाँव-देहात का तो कहना ही क्या! जब 'रामचरितमानस' और तुलसी की भाषा व संस्कृति अवधी को कवरेज नहीं मिल पाता तो अपेक्षाकृत लघु संस्कृतियों के बारे में क्या कहा जाए? हाँ, टेलीविज़न ऐसे मुद्दों को ज़रूर प्रसारित करता है जो 'स्पिन डॉक्टर्स' द्वारा उछाले जाते हैं। चाहे वह चुनाव के समय की रिपोर्टिंग हो या भाषा-संस्कृति के सवाल, स्पिन डॉक्टर्स कुछ ख़ास विषयों के साथ कुछ ख़ास ढंग से पक्षपात करके मुद्दों को उछालते हैं या मुद्दों को मैन्युफैक्चर भी करते हैं। इसीलिए कहा जाता है कि यह ज़माना 'प्रेटी जर्नलिज़्म' का ज़माना है।

टेलीविज़न पर प्रसारित साक्षात्कारों को जनता बड़े ध्यान से देखती-सुनती है। पर साक्षात्कार के लिए जिस शोध की या जिन गम्भीर प्रश्नों की आवश्यकता होती

है, कई बार उसका घोर अभाव दिखता है। अगर कुछ दिखता है तो सिर्फ़ यह कि इंटरव्यू में प्रश्न पूछनेवाला पत्रकार जबरन हावी-सा हुआ चला जा रहा है। लोगों को याद होगा कि साक्षात्कार देने वाले शख़्स को 'कौन बनेगा करोड़पति' नामक कार्यक्रम में अमिताभ बच्चन कैसे ढाँढ़स बँधाते थे, किस प्रकार वे अनौपचारिक माहौल का सृजन किया करते थे। 'कहाँ से आये हैं भई', 'कोई बात नहीं, मौक़े और भी आएँगे' या 'माता जी प्रणाम' कहकर अमिताभ माहौल में अपनापा या तादात्म्य का पुट भर दिया करते थे ताकि साक्षात्कार अर्थपूर्ण व गुणवत्तापरक हो। आज अक्सर इंटरव्यू के समय टेलीविज़न पत्रकार सिर्फ़ अपने ही प्रश्नों पर ध्यान देते हैं, जवाब सुनते ही नहीं। विचारपरक या भावनात्मक साक्षात्कार को भी टकरावपूर्ण साक्षात्कार के रूप में प्रस्तुत करना क्या दोष नहीं है।

विज़ुअल यानी दृश्य टेलीविज़न की आत्मा है। विज़ुअल्स प्रमुख हैं, शब्द उसके सहयोगी हैं पर ध्यान रखना चाहिए कि शब्दों के ज़रिये ही दृश्यों को अर्थ मिलता है। बेहतरीन वॉयस ओवर, बढ़िया एंकर लिंक और प्रासंगिक बाइट का संकलन करना आसान नहीं होता। पता चला कि घटनास्थल से जो बातें रिपोर्टर बोल रहा है, वही स्टूडियो में एंकर बोल रहा है, वहीं बातें फुटेज़ में सक्षम स्रोत बोल रहा है। और बिल्कुल वही बातें बाक्स पॉप में भी पुनरुक्त हो रही हैं। इको चैम्बर इफ़ेक्ट के इस दोष से बचना टेलीविज़न में बहुत ज़रूरी होता है। अच्छा व आकर्षक पी टू सी (पीस टू कैमरा) भी कम ही पत्रकार दे पाते हैं। कहाँ लॉन्ग शॉट लेना है, कहाँ मिड शॉट और कहाँ क्लोज-अप, इसकी न्यूज़ के साथ-साथ फीचरों में भी बड़ी महत्त्वपूर्ण भूमिका है। दिनकर ने लिखा है, ''सिंहासन खाली करो कि जनता आती है''; पर आज के चैनल सिंहासन को तो बार-बार दिखाते हैं, किन्तु जनता की तस्वीरें नदारद रहती हैं। पेज थ्री पत्रकारिता के दुष्प्रभावों से बचना पत्रकारों के लिए सदैव से आवश्यक रहा है।

अच्छी रिपोर्टिंग वह होती है, जिसमें वस्तुनिष्ठता का तत्त्व हो और रिपोर्टर के व्यक्तित्व की छाप उस पर न हो। दूसरे शब्दों में ख़बर-को-ख़बर की ही तरह प्रस्तुत किया जाना चाहिए, पत्रकार के निजी विचार के रूप में नहीं। पर, निर्वैयक्तिकता का तत्त्व टेलीविज़न में कम ही दिखता है और रिपोर्टरों की निजी मान्यताएँ, धारणाएँ व निजी विश्वास अनचाहे रूप से दर्शकों के सामने आ जाते हैं। कुछ रिपोर्टर तो किसी भी सभा-सम्मलेन की रिपोर्टिंग करते समय कैमरा सिर्फ़ लड़कियों या महिलाओं की ओर ही घुमाते हैं। ऐसा बचकानापन रिपोर्टर के साथ-साथ चैनल की साख या प्रामाणिकता को भी धक्का पहुँचाता है।

टेलीविज़न पत्रकारों को छुट्टी की समस्या भी ख़ूब झेलनी पड़ती है, क्योंकि उन्हें छुट्टी जल्दी नहीं मिल पाती। शिफ़्ट इंचार्ज कहता है कि एच आर डिपार्टमेंट

में जाओ तब छुट्टी पास होगी और एच आर वाले कहेंगे कि चैनल एडिडर के पास जाना पड़ेगा... आदि-आदि। इस मेज़ से उस मेज़ तक चक्कर काटते-काटते टेलीविज़न पत्रकार थक ज़रूर जाता है, किन्तु उसे छुट्टी नहीं मिलती। कुल मिलाकर इलेक्ट्रॉनिक मीडिया के पत्रकारों के सामने चुनौतियाँ बहुत हैं, किन्तु यदि 'सच' के प्रति उसकी निष्ठा अगाध है और पेशे के प्रति जुनून है तो सारी चुनौतियों पर विजय पायी जा सकती है। 'सबके दावेदार' के विद्वान सम्पादक पंकज गौतम ने लिखा है : "सबके हिस्से का सच कहना/साथी तुम कहते रहना/सधे हुए पाँवों वाले दिन फिर आएँगे/किरणों के संग विजय पताका फहराएँगे/षड्यन्त्रों के देश चुनौती बारूदों की/टूटेगी दीवार, क़िले-गढ़ ढह जाएँगे/उजली हँसी अँजोरिया भीनी/तुम हँसते रहना/साथी सच कहते रहना।" सच को देखने-समझने और कहने के प्रति यही दृष्टिकोण प्रसिद्ध अमरीकी विद्वान नोम चोम्स्की का भी है। अमरीका के बहुत बड़े पत्रकार पीटर जेनिंग्स जब बिल क्लिंटन के साथ भारत आये थे, तो उन्होंने ख़बरों की भाषा पर और टेलीविज़न में एंकरिंग-रिपोर्टिंग की मुद्राओं या देहभाषा पर बहुत ज़ोर दिया था। एबीसी चैनल के पत्रकार और 'अमरीकी मीडिया का चेहरा' कहे जाने वाले पीटर जेनिंग्स आज भले हमारे बीच, इस दुनिया में, नहीं रहे, किन्तु उनकी यह बात टेलीविज़न पत्रकारों या रिपोर्टरों को सदैव रास्ता दिखाती रहेगी कि टेलीविज़न की राह ख़तरों से भरी है, पत्रकारों को सदैव पूरे मन से काम करना चाहिए। आज टेलीविज़न चैनल द्रुतता में भले ही समाचारपत्रों को पीछे छोड़ दें किन्तु वैचारिकता, गम्भीरता या विश्वसनीयता के मामले में वे अख़बारों से पीछे क्यों हैं? क्या सिर्फ़ इसलिए कि अख़बारों के रिपोर्टरों को कई सदियों का अनुभव है जबकि टेलीविज़न चैनल पूरे विकासशील विश्व में अभी शैशवावस्था में ही हैं? प्रसिद्ध पत्रकार प्रभाष जोशी जी कहा करते थे कि मीडिया का विस्तार अचानक हुआ है और बहुत तेज़ी से हुआ है, तेज़ी से इस क्षेत्र में काफ़ी पैसा आया है, इसीलिए भ्रष्टाचार फैला है, किन्तु वह दिन दूर नहीं जब, जोशी जी के ही शब्दों में, अपन का कार्यक्षेत्र मीडिया समाज को सही दिशा दिखाएगा।

कैसा दिखता है इलेक्ट्रॉनिक मीडिया में भारतीय समाज

सुभार्ष शर्मा

यह बात अब प्राय: सभी हलकों में स्वीकार कर ली गयी है कि प्रौद्योगिकी न तो मूल्य-निपरेक्ष होती है, न अराजनैतिक होती है और न तटस्थ शोधशालाओं/संस्थाओं में विकसित होती है। अर्थात् किसी नयी तकनीकी के सोचे-विचारे सामाजिक, सांस्कृतिक, राजनैतिक और आर्थिक उद्देश्य होते हैं और उनके उपयोग से कई चाहे-अनचाहे परिणाम भी निकलते हैं। ज्ञातव्य है कि समय-समय पर बाज़ार-सर्वेक्षण विभिन्न उद्योगों द्वारा किये जाते हैं, जिनमें उपभोक्ताओं की इच्छाओं, पसन्दों, प्राथमिकताओं, ज़रूरतों आदि के आलोक में पुरानी तकनीकी में संशोधन किया जाता है। जहाँ संशोधन से काम नहीं चलता, वहाँ नयी तकनीकी ईजाद की जाती है जिससे लोगों को और ज़्यादा सन्तोष मिले और दूसरी ओर उद्योगों को नये निवेश के बावजूद ज़्यादा लाभ मिले। और इससे चीज़ों के दाम बढ़ सकते हैं, और लागत में कमी भी करने का प्रयास होता है। इस प्रकार नई तकनीकी का विकास वैज्ञानिकों, उद्योगपतियों, वित्तीय संस्थाओं, शासन-व्यवस्था, बाज़ारीकरण तथा उपभोक्ता के बीच हुए अघोषित समझौते का परिणाम होता है। इस सन्दर्भ में सम्प्रेषण/संचार तकनीकी कोई अपवाद नहीं होती। ऐसा भी होता है कि कतिपय सैद्धान्तिक ज्ञान सूत्रों के सहारे पहले उपभोक्ताओं की कल्पना की जाती है अर्थात् उपभोक्ताओं की पसन्द-नापसन्द, इच्छा, प्राथमिकता आदि का ख़याल तकनीकी के विकास के समय वैज्ञानिक अपने दिमाग़ में रखते हैं और फिर विभिन्न प्रचारों के जरिये उपभोक्ताओं को उस तकनीकी के इस्तेमाल के लिए प्रेरित किया जाता है। किसी तकनीकी की जब डिजाइन तैयार की जाती है, तो विशेषज्ञों द्वारा यह अन्दाजा लगाया जाता है कि उपभोक्ता किन-किन सम्भावित परिवेशों/सन्दर्भों में उसका इस्तेमाल करेगा (शक्ति) और किस हद तक उस तकनीकी का उपयोग (सीमा) किया जा सकेगा। कहने का आशय यह है कि एक हद तक किसी तकनीकी का विकास उपभोक्ता की सामाजिक निर्मिति पर टिका होता है। ज़ाहिर है कि इलेक्ट्रॉनिक माध्यम तटस्थ नहीं होते, जैसे टीवी स्वयं पर निर्धारित करता है कि

उसका उपयोग कौन-कौन करेंगे, वे इसका उपयोग कैसे करेंगे, इसका क्या प्रभाव व्यक्तिगत ज़िन्दगी पर पड़ेगा और लगातार इसके उपयोग से किस प्रकार के राजनैतिक रूप उभरेंगे आदि। उदाहरण के तौर पर, जब टेलीविजन का आविष्कार किया गया, तो शोधकर्ताओं की मंशा थी कि पत्र-पत्रिकाओं की दैनिक ख़बरों का प्रकाशन/प्रसारण चाक्षुष विधि (जैसे सिनेमा) से किया जाए तो दर्शकों/श्रोताओं में घटनाओं के प्रति ज़्यादा विश्वास पैदा होगा क्योंकि सामान्यतः लोग देखी हुई चीजों पर ज़्यादा विश्वास करते हैं (टू सी इज टू विलीव)। दूसरा उद्देश्य यह था कि मध्यम-उच्च वर्ग की गृहणियों, जो घर के बाहर व्यवसाय के रूप में कोई काम करने नहीं जाती और घर में ऊबती रहती हैं, ऊब मिटाने और फुर्सत के लमहों का इस्तेमाल करने के लिए कोई संचार माध्यम होना चाहिए। तीसरा उद्देश्य यह था कि जो लोग घर के बाहर काम करने जाते हैं, उन्हें घर लौटने पर कुछ-न-कुछ मनोरंजन मिलना चाहिए, जो कार्यस्थलों के काग़ज़ात-फाइल आदि की दुनिया से भिन्न हो।

द्वितीय विश्वयुद्ध के बाद विकसित देशों तथा संयुक्त राज्य अमेरिका, ब्रिटेन, जर्मनी, फ्रांस, जापान, इटली, स्पेन आदि में तेज़ी से टीवी का प्रचलन हुआ और औसत घरों में लोग छह घंटे टीवी देखने लगे। वैसे बच्चों में यह अवधि आठ घंटे से अधिक रही है। यदि यह अनुमान लगाया जाए कि औसतन एक कामकाजी वयस्क आठ घंटे अपने रोजगार में लगाता है और आठ घंटे सोता है, तो शेष आठ घंटों में से आधा समय (चार घंटे) वह टीवी देखने में बिताने लगा। अब लोग अपने अड़ोस-पड़ोस के परिवेश से कई गुना ज़्यादा नयी और भिन्न चीज़ें देखने लगे। वे द्रेश-दुनिया की नयी-नयी घटनाओं से अवगत होने लगे और 'सूचना ही शक्ति है' जैसे मुहावरे ने 'ज्ञान ही शक्ति है' का स्थान ले लिया।

दूसरी ओर, यह तथ्य भी उतना ही महत्त्वपूर्ण है कि तकनीकी का विस्तार कई सामाजिक-आर्थिक-राजनैतिक-सांस्कृतिक प्रभाव डालते हैं। वे हमारी दिनचर्या को प्रत्यक्ष-अप्रत्यक्ष रूप से प्रभावित करते हैं; उनसे हमारी सामाजिक अन्तःक्रिया की दशा और दिशा बदल जाती है; हमारे खाने-पीने, पहनने-ओढ़ने, बात करने, उत्सव मनाने, पड़ोस से सम्बन्ध बनाने आदि जैसे व्यवहार भी बदल जाते हैं क्योंकि हम कुछ नयी चीज़ों पर ज़्यादा समय देते हैं; पुरानी चीज़ों पर समय नहीं देते; हमारे आर्थिक क्रिया-कलाप भी प्रभावित होते हैं क्योंकि हम समय, श्रम, धन के खर्च के अनुपात में परिवर्तन लाते हैं और अन्ततः हमारी राजनैतिक संस्कृति भी प्रभावित होती है। वास्तव में, किसी वस्तु का उपभोग 'पालतूकरण' (डोमेस्टिकेशन) की एक प्रक्रिया होती है अर्थात् किसी अजनबी को परिचित कराने की यह प्रक्रिया होती है। रोजर सिल्वरस्टोन एवं लेस्ली हैडन के अनुसार, यह 'पालतूकरण' मौजूदा तकनीकी के अतिरिक्त नयी तकनीकी को पेश करना हो सकता है अथवा पुरानी

तकनीकी की जगह लेना हो सकता है। उदाहरणार्थ, मोबाइल फोन ने भूमि की सतह के फोन (लैंडलाइन) की जगह ले ली (यूँ कुछ लोग दोनों का इस्तेमाल साथ-साथ करते हैं)। फिर मोबाइल फोन में ही नये मॉडल पुराने मॉडलों की जगह ले लेते हैं। कहने का आशय यह है कि पालतूकरण की प्रक्रिया यह सुनिश्चित करती है कि नयी तकनीक दैनिक जीवन की संरचनाओं के अनुकूल है। नयी तकनीक परिवार, शिक्षा, स्वास्थ्य, अवकाश, कार्य, सामाजिक अन्तःक्रिया, आधारभूत संरचनाओं आदि की मौजूदा स्थितियों में धीरे-धीरे घुसपैठ करती है और यदि अचानक बड़े पैमाने पर नयी तकनीक धावा बोल देती है, तो लोगों को 'सांस्कृतिक धक्का' लगना स्वाभाविक है। पालतूकरण में मुख्यतः तीन चरण होते हैं : उत्पादीकरण (कॉमोडिफिकेशन), विनियोग (एप्रोप्रियेशन) तथा मन-परिवर्तन (कन्वर्सन)। प्रथम चरण (उत्पादीकरण) में उत्पादक उत्पाद के लिए एक निश्चित पहचान का दावा करता है। किसी उत्पाद को इच्छित वस्तु या विशिष्ट प्रतीकात्मक-मूल्य के स्वामित्व के रूप में दिखाया जाता है। वास्तव में, उत्पादीकरण डिजाइन और पालतूकरण के बीच की कड़ी होती है। अर्थात् डिजाइन की गयी वस्तु को ख़ास अर्थ दिया जाता है, जो बाद में सम्भावित उपभोक्ताओं के बीच परिचालित किया जाता है। दूसरे चरण-विनियोग में उपभोक्ता उस ख़ास अर्थ को स्वीकार कर लेते हैं और उत्पाद को ख़रीद लेते हैं। धीरे-धीरे वह वस्तु उपभोक्ताओं की संस्कृति का अंग बन जाता है। चूँकि मनुष्य नयी चीज़ों को अपनाने में समय लगाता है और पुरानी चीज़ों को एक झटके से नहीं छोड़ पाता, इसलिए विनियोग के चरण में यह ज़रूरी होता है कि उपभोक्ता नयी तकनीकी को पुरानी मौजूदा तकनीकी से (कुछ हद तक ही सही) जोड़ सके। उदाहरण के तौर पर, मोबाइल फोन को संगीत/फ़िल्म जैसी फुर्सत की तकनीक से जोड़ना, उसे ई-मेल से जोड़ना, उसे वाकमैन, आइपॉड, निजी डायरी से जोड़ना, उसे बेसिक फोन तथा पारिवारिक फोटो से जोड़ना। तीसरे चरण— मन-परिवर्तन— में तकनीकी किसी घर-परिवार को साझे अर्थों की सार्वजनिक दुनिया से जोड़ती है। कहने का आशय यह है कि उपभोग के रूप में यह एक ऐसी प्रक्रिया तैयार करती है जिसके जरिये कोई व्यक्ति उन्हीं अर्थों (उत्पाद के बारास्ता) के स्वामित्व के द्वारा किसी संस्कृति में स्वीकृति पाता है। इन चरणों की तुलना सरसरी तौर पर कबीर द्वारा बताये गये आध्यात्मिक साधना के तीन चरणों से दी जा सकती है : "मेरा मन सुमिरै राम कूँ, मेरा मन रामाहि आहि/अब मन रामहि होइ रह्मा, सो मैं बुलाऊँ काहि।" दूसरे शब्दों में कहा जा सकता है कि तथाकथित आधुनिक समाज में इलेक्ट्रॉनिक माध्यमों के ज़रिये लोग वैसी ही सूचनाएँ पाते हैं जो इलेक्ट्रॉनिक माध्यम उन्हें उपलब्ध कराते हैं। इसके अलावा यह भी रेखांकित करने योग्य है कि लोग अनुभव का गौण (या द्वितीयक)

'मध्यस्थीय' (मीडियेटेड) रूप ही प्राप्त कर पाते हैं, जिसके कारण उनकी विश्व की समझ एकांगी और अधूरी रह जाती है। इस प्रकार विश्व की व्याख्याओं और प्रतिनिधित्वों को ही अनुभव के रूप में स्वीकृत कर लिया जाता है। यानी हम टीवी के द्वारा प्रदत्त गौण अनुभव को ही प्रत्यक्ष अनुभव मान लेते हैं।

मार्शल मैकलुहान ने टीवी के बाबत यह सिद्धान्त प्रतिपादित किया है : 'माध्यम ही सन्देश है' (मीडिया इज द मेसेज)। उन्होंने धार्मिक पुरोहितों की तरह वैश्विक स्तर पर (वैश्विक गाँव) 'एक-दिमाग़ अनुभव' या दिमाग़ों के एकीकरण की बात की और साधन (रूप) को ही साध्य (अन्तर्वस्तु) बता दिया क्योंकि टीवी से प्रसारित समाचार या अन्य कार्यक्रम इतना आकर्षक और प्रत्यक्षवेधी होता है कि उसकी शैली ही सन्देश बन जाती है। उदाहरण के तौर पर, अमेरिका के राष्ट्रपति के चुनाव में टीवी पर वाद-विवाद शैली के कारण चुनाव निर्णायक मोड़ लेता है। अन्तर्वस्तु (घोषणापत्र) की परवाह किये बिना जो उम्मीदवार जितना प्रभावशाली शैली में भाषण देता है, उतना ही उसे ज़्यादा जन-समर्थन मिलता है। मैकलुहान ने सम्प्रेषण-यातायात-तकनीकी को काफ़ी महत्त्व देते हुए यहाँ तक कह दिया कि मोटरकारों ने मानव पैरों को विस्तार दिया है, जबकि सच्चाई इसके विपरीत है। वास्तव में, मोटरकारों ने मानव पैरों की जगह ले ली है। लोग थोड़ी दूर जाने के लिए भी मोटरगाड़ियों का इस्तेमाल करते हैं और पैदल चलना अपनी इज्जत के ख़िलाफ़ समझते हैं, जबकि पैदल न चलने के कारण मनुष्यों का स्वास्थ्य बुरी तरह प्रभावित हुआ है। मगर ऐसे जोश में वह (मैकलुहान) होश खो बैठे तथा तीन महत्त्वपूर्ण तथ्यों को उन्होंने नज़रअन्दाज कर दिया : पहला, यह मात्र एक इलेक्ट्रॉनिक ढमढम था। दूसरा, यह ढोल केवल कुछ खिलाड़ियों द्वारा बजायी जा सकती थी। तीसरा, खिलाड़ियों की पहचान सिर्फ़ प्रौद्योगिकी द्वारा निर्धारित की गयी थी। सो धार्मिक नेताओं की तरह मैकलुहान ने भी विभिन्न एकीकरणों (दिमाग़ों के) के बीच भेद नहीं किया।

सो इलेक्ट्रॉनिक माध्यमों पर एकाधिकार जमाने की प्रवृत्ति सत्ता हथियाने के लिए हुई और सत्ताधारी दल ने अपने घोषणापत्रों और कार्यक्रमों को ज़्यादा तरजीह दी। भारत जैसे तमाम देशों में (जहाँ लोकतान्त्रिक शासन-व्यवस्था क़ायम थी) टीवी समाचार बुलेटिन की शुरुआत इस प्रकार होने लगी : 'आज के प्रमुख समाचारों में : प्रधानमन्त्री ने कहा है कि...' इतना ही नहीं, विपक्षी दलों के सकारात्मक समाचारों को दबा दिया जाता था या चलताऊ ढंग से सतही उल्लेख मात्र किया जाता था और उनके नकारात्मक कार्यों को ज़्यादा समय, ध्यान तथा पुनरावृत्तिमूलक कवरेज मिलता था। बीसवीं सदी के अन्तिम दशक से भारत में विभिन्न निजी चैनलों को स्वीकृति मिली जिसके, कारण समाचार प्रसारण का जनतन्त्रीकरण हुआ और

सत्ताधारी दल की एकाधिकारी प्रवृत्ति ख़त्म हो गयी। मगर तथाकथित मुक्त बाज़ार में स्थित टीवी जैसे जनमाध्यमों ने सूचना प्रसारण में एक तरह का सोपानक्रम क़ायम कर दिया। जेरी मैंडर के शब्दों में, "प्रेसोन्मुखी कार्यों का एक सोपानक्रम विकसित हुआ। प्रेस सम्मेलनों को एक बार प्रसारित किया गया। रैलियों ने प्रेस सम्मेलनों से ज़्यादा ध्यान खींचा। जुलूस को रैलियों से ज़्यादा (ध्यान मिला)। धरनों को जुलूसों से ज़्यादा (ध्यान मिला)। हिंसा को धरनों से ज़्यादा (ध्यान मिला)।" इससे यह निष्कर्ष निकला कि टीवी प्रसारण में समुचित कवरेज पाने के लिए लोगों को ज़्यादा आक्रामक होना पड़ेगा। सो कई विकसित देशों में उपहरण, जहाज़ों को कब्जे में लेने, बमबारी जैसी घटनाएँ मीडिया में ज़्यादा कवरेज पाने के लिए ज़्यादा घटीं। भारत के सन्दर्भ में कहा जा सकता है कि इलेक्ट्रॉनिक मीडिया ने बलात्कार की बजाय सामूहिक बलात्कार, एकल हत्या की बजाय सामूहिक नरसंहार, ग्रामीण घटनाओं की बजाय शहरी घटनाओं को ज़्यादा कवरेज किया। दूसरी ओर यदि कोई चैनल एक छोटी घटना (गड्ढे में बच्चे का गिरना) को पहले प्रसारित कर देता है, तो दूसरा चैनल इस समाचार को 'लोक' लेता है और ज़्यादा मसालेदार ढंग से पेश करता है, जिससे लोगों को यह आभास हो कि इस चैनल ने खोजी पत्रकारिता की है, जबकि वास्तव में उसने तथ्यों की गहराई, विस्तार और गुणवत्ता पर ध्यान न देकर उसके सतही आयामों को नायाब तरीके से दर्शकों के समक्ष परोसा है। ज्याँ बाद्रिलॉ के शब्दों में कहें, तो सम्पूर्ण पुनरुत्पादन तथा छवियों की असीम पुनरावृत्ति के जमाने में (फोटो कॉपी, डिजिटल कॉपी) वास्तविक तथा काल्पनिक के बीच, मूल तथा 'प्रतिलिपि' के बीच, गहराई और सतहीपन के बीच का अन्तर मिट गया है। इसके फलस्वरूप हमारे पास 'अति वास्तविकता' (हाइपररियलिटी) की संस्कृति फल फूल रही है। बाद्रिलॉ के अनुसार, एक चिह्न सिर्फ़ दूसरे चिह्न का बोध कराता है और इन चिह्नों की पूरी व्यवस्था अन्ततः रिक्त होती है क्योंकि वे अन्य समान चिह्नों का बोध कराते हैं न कि 'सत्य' का। सत्य अन्ततः वास्तविक हो जाता है। आभासी वास्तविकता, वैश्विक सम्प्रेषण, आँकड़ों और होलोग्रामों का अनन्त पुनरुत्पादन आदि वास्तविक तथा काल्पनिक के बीच, 'सत्य' तथा प्रतिलिपि के बीच के अन्तर की व्यर्थता के उदाहरण हैं। ज्ञातव्य है कि आज के उपभोक्तावादी समाज में अधिकतर वस्तुओं का उपभोग हैसियत का सूचक ज़्यादा होता है, न कि ज़रूरत का। यहाँ वस्तुएँ महज चिह्न हो जाती हैं अर्थात् उनका मूल्य महज चिह्न का होता है। दूसरे शब्दों में, हम छवियों का उपभोग करते हैं और विनिमय-मूल्य चिह्न-मूल्य में बदल दिया जाता है। इस उपभोक्तावादी जमाने में इलेक्ट्रॉनिक माध्यमों ने निजता का अतिक्रमण इतना अधिक किया है कि निजी और सार्वजनिक का भेद मिट गया है। पहले घर तथा कार्यालय (या कार्यस्थल) अलग-अलग

स्थानों पर भिन्न-भिन्न पैमानों पर अपनी भूमिका निभाते थे, मगर आजकल घर ही कार्यालय हो गया है जिसके कारण निजता (गोपनीयता) सार्वजनिकता में बदल गयी हैं। यह मीडिया में अर्थ का 'अन्त:स्फोट' है— जहाँ चिह्न बिना निर्देश्यों (रिफरेंट्स) के हमें मोह लेते हैं।

मगर मिशेल फूको एक क़दम आगे जाते हैं और स्पष्ट करते हैं कि ज्ञान की संरचना (जिसमें मीडिया भी शामिल है) सत्ता की संरचना पर निर्भर करती है। इसे ही 'विमर्श' कहा जाता है। ज्ञान की संरचना ने मानव आबादी के बड़े हिस्से को अपराधी, पागल, मरीज, आवारा और अनैतिक घोषित कर दिया है। जिनके पास सत्ता है उन्होंने ही सत्ताहीनों का ऐसा सामाजिक बहिराव किया है। जैसे, पुरोहित ने धर्म के क्षेत्र में किसी को अनैतिक घोषित कर दिया, अर्थशास्त्री ने अर्थशास्त्र के क्षेत्र में किसी को आवारा घोषित कर दिया, पुलिस और न्याय तन्त्र ने क़ानून के क्षेत्र में किसी को अपराधी घोषित कर दिया और चिकित्सक ने चिकित्सा के क्षेत्र में किसी को रोगी घोषित कर दिया। फिर रोगी के सुधार के लिए अस्पताल, पागल के सुधार के लिए पागलखाना, अपराधी के सुधार के लिए कारागार, आवारा के सुधार के लिए बँधुआ रोजगार, और अनैतिक के सुधार के लिए प्रायश्चित का प्रावधान कर दिया गया। इस प्रकार यह सत्ता द्वारा विपथगामी को सुधारने का तरीका उनके चिन्तन में 'सही' पर आधारित है। नि:सन्देह, ज्ञान तथा इसकी वर्गीकरण-व्यवस्था नियन्त्रण की पद्धतियाँ हैं। ज्ञान के विभिन्न अनुशासन विज्ञान, कला, धर्म, क़ानून आदि विभिन्न विमर्श हैं, जो विशिष्ट कर्ता (लोग) पैदा करते हैं। कहने का आशय यह है कि सत्ता वाले लोग सत्ताहीन लोगों के लिए ज्ञान पैदा करते हैं। इस प्रकार तटस्थ या वस्तुगत ज्ञान जैसी कोई चीज़ नहीं होती क्योंकि ज्ञान हमेशा आधिपत्यकारी समूहों के हितों को पूरा करता है। अपने पक्ष में सत्ता सम्बन्धों को क़ायम रखने के लिए वे विचारधारा का उपयोग करते हैं, जो अत्याचार और सामाजिक विषमता को उचित ठहराती है— विचारधारा प्रतिनिधित्व एवं छवियों की व्यवस्था के रूप में परिचालित होती है, जो अत्याचार को स्वाभाविक बना देती है और ऐसा भ्रम पैदा करती है कि अत्याचार प्राकृतिक है। ऐसी विचारधारा एवं प्रवृति का पुनरुत्पादन इलेक्ट्रॉनिक मीडिया ज़्यादातर करती है। भारतीय सन्दर्भ में कहा जा सकता है कि एकता कपूर द्वारा बनाये गये सारे पारिवारिक धारावाहिक ('कहानी घर-घर की', 'कसौटी ज़िन्दगी की', 'क्योंकि सास भी कभी बहू थी') स्त्रियों की पारम्परिक नकारात्मक छवियों को ज़्यादा पेश करते हैं, जहाँ वे ईर्ष्या, स्पर्धा, चुगली, अधीनता आदि का पुनरुत्पादन करते हैं। इसके अलावा इन धारावाहिकों में बड़े स्थूल एवं भोंड़े ढंग से दिखाया गया है कि धार्मिक कर्मकांडों, मन्दिर में पूजा, मनौती आदि से जटिलतम समस्याओं का निदान हो सकता है।

तीसरे, इन धारावाहिकों में जो पारिवारिक सम्पदा, घर की विशालता एवं सजावट, पोशाक, गाड़ी आदि दिखाये गये हैं, वे अत्यन्त महँगे और उच्चवर्गीय हैसियत के प्रतीक हैं, जिनका आम आदमी की ज़िन्दगी से कोई लेना-देना नहीं है और घाव पर नमक यह कि उन्हें घर-घर की कहानी कहा गया है।

सो टेलीविज़न के विरुद्ध जेरी मैंडर ने चार दलीलें दी हैं : पहली दलील यह है कि टीवी अनुभव की मध्यस्थता (मीडिएशन ऑव एक्सपीरियंस) करता है अर्थात् आज मनुष्य एक कृत्रिम वातावरण में रहता है। हमारा इस पृथ्वी से सीधा सम्बन्ध एवं उसका ज्ञान तोड़ दिया गया है, इसलिए हम सत्य को गल्प से हिगरा नहीं सकते। कृत्रिम वातावरण बनाने वाले तकनीकी उपकरण इन्द्रियों को एकल, अखंड चीज़ें मानते हैं, न कि तर्क की क्षमताओं के रूप में। हमारा पर्यावरण अपने समय में स्वतः नहीं बढ़ता, बल्कि इसे मानव इरादों और सृजन द्वारा निर्मित किया गया है। यह अन्य मानवों की मानसिक प्रक्रियाओं का प्रकटीकरण है, उनकी अभिव्यक्ति है। हमारा पर्यावरण स्वयं हमारे और एक वैकल्पिक, गैर-मानव, असम्पादित, जैविक ग्रहीय वास्तविकता के बीच एक सम्पादक, छननी एवं माध्यम बन गया है। इसलिए ऐसे कृत्रिम, पुनर्निर्मित एवं स्वेच्छाचारी वातावरण में सत्य और असत्य में अन्तर करने का कोई रास्ता ही नहीं बचा है। हम सन्दर्भ और दृष्टिकोण खो चुके हैं, सो हम सिर्फ़ वही जानते हैं, जो अन्य लोग हमें बताते हैं। इलेक्ट्रॉनिक माध्यम स्वेच्छाचारी दुनिया की वैधता को सम्पुष्ट करते हैं। टीवी की भूमिका, छवियों के जरिये, इस दुनिया को हमारे दिमाग़ों में एक साथ घुसाना है। उनकी दूसरी दलील यह है कि यह कोई संयोग नहीं है कि कुछ निगमित शक्तियों का टीवी पर आधिपत्य है और टीवी का इस्तेमाल एक नये रूप में मनुष्यों को पुनर्सृजित करने हेतु किया गया है, जो कृत्रिम, वाणिज्यिक पर्यावरण से मेल खाता है। विश्व में रूपर्ट मर्डोक का अख़बारों और टीवी चैनलों पर काफ़ी हद तक एकाधिकार है। वास्तव में, कोई ज़मीन, सामग्री, समय, जगह आदि जो अपने मूल रूप से मौजूद है, वह पूँजीवादी दिमाग़ को अपमान-सी लगती है। जो प्राकृतिक अनुभव से सन्तुष्ट होते हैं, उन्हें, पूँजीवादी व्यवस्था उतना उत्पादनशील नहीं मानती जितना उन्हें जो प्राकृतिक अनुभव से असन्तुष्ट रहते हैं और कृत्रिम आनन्द के लिए (यौन-सम्बन्ध से लेकर कृत्रिम दूध तक) रासायनिक चीज़ों या उपकरणों का इस्तेमाल बख़ूबी करते हैं। फिर विज्ञापन हमें नये उपभोक्तावादी पर्यावरण में ज़बर्दस्ती प्रवेश करा देता है। यह विविधता की अवधारणा को संकुचित कर देता है, जिससे उत्पादों का ढाँचा सध जाये, जबकि उस अवधारणा में लोगों का एकीकरण होता है। सभी प्रकार के विज्ञापनों का लक्ष्य असन्तोष (या सन्तोष की आन्तरिक कमी) होता है। यह असन्तोष लगातार सृजित किया जाता है, भले कोई चीज़ ख़रीद ली जाए, 'नयी

ज़रूरत' पैदा करने की ज़रूरत होती है। सो टीवी अनुभव-विरोधी होता है, यह मानवीय अनुभवगम्यता को कुन्द करता है और विश्व की चेतना को धुँधला बनाता है। उनकी ज़िन्दगी के बाहर की घटनाओं पर लोगों का ध्यान आकृष्ट करके टीवी निष्क्रियता और कर्महीनता को प्रोत्साहित करता है तथा आत्मचेतना को हतोत्साहित करता है। अन्ततः टीवी अलगाव बढ़ाता है— समुदाय से जनता का, जनता का एक-दूसरे से, जनता का अपने आपसे तथा यह व्यवस्था का संगठित विरोध करने से रोकता है। यह व्यवहार एवं चेतना का विनियोग करने के लिए प्रत्येक का अन्तरंग परामर्शी, शिक्षक और निर्देशक बन जाता है। इस प्रकार यह अपनी पुष्टिकारक व्यवस्था ख़ुद बन जाता है। यह कुछ लोगों को विशिष्ट हद तक सत्ता हथियाने के योग्य बना देता है। टीवी पर हम वही देख पाते हैं, जो चुनिन्दा निगमों की मानसिकता और उद्देश्यों को साधता है। इस प्रकार टीवी अनुभव का उपनिवेशन करता है। इस प्रकार प्रत्यक्ष अनुभव का अभाव होने से वह अनुभव नहीं रह जाता।

उनकी तीसरी दलील है कि टीवी का प्रभाव लोगों पर स्नायु-कायिक (न्यूरो-फिजिओलॉजिकल) होता है। इससे बीमारी पैदा हो सकती है, यह निःसन्देह भ्रम पैदा करता है तथा बाहरी बिम्बविधान की अधीनता पैदा करता है। टीवी का प्रभाव निरंकुश नियन्त्रण के लिए अनुकूल करना होता है। टीवी चार प्रकार से मतारोपण करता है : इसे देखते रहो; छवियों को अपने दिमाग़ में हमेशा रखो; कुछ ख़रीदो; तथा आने वाले कल में ताल-से-ताल मिलाओ। दूसरी ओर टीवी सेट का प्रकाश हमारी कोशिकाओं को प्रभावित करता है। फिर अँधेरे कमरे में शान्तिपूर्वक बैठना, निष्क्रियता से प्रकाश की ओर कुछ दूर तक देखना, सामान्य वास्तविकता से दूर करना है। टीवी की सूचनाएँ चेतनावस्था की बजाय अचेतनावस्था में ज़्यादा प्राप्त होती हैं। टीवी देखते समय मानसिक रूप से सतर्क रहना कठिन होता है। जहाँ साधना में मनुष्य अपनी आन्तरिक रूप से सृजित छवि पैदा करता है, वहीं दूसरी ओर टीवी में छवियाँ ऊपर से थोपी जाती हैं। टीवी हमारी कल्पना शक्ति को दबा देता है। टीवी पर दिखाये जाने वाले ऐतिहासिक कार्यक्रम सच नहीं होते, वे सच्ची घटनाओं के पुनर्सृजित रूप होते हैं; कलाकार उन शब्दों को नहीं बोल रहे होते हैं जो मूल व्यक्तियों ने कहा था; कुछ घटनाएँ हटा दी जाती हैं और कुछ दूसरी जोड़ दी जाती हैं। जेरी मैंडर के शब्दों में, ''कल्पना और वास्तवकिता घुल-मिल गयी हैं। हम अपनी छवियों का नियन्त्रण खो बैठे हैं। हम अपने दिमाग़ों का नियन्त्रण खो बेठे हैं।''

उनकी चौथी दलील है कि टीवी की प्रौद्योगिकी इसकी अन्तर्वस्तु की सीमाएँ पूर्व में तय कर देती है। कुछ सूचनाएँ पूरी तरह सम्प्रेषित की जा सकती हैं, कुछ आंशिक रूप से और कुछ कभी नहीं। टीवी का विज्ञापन के प्रति पूर्वाग्रह इसकी

तकनीकी में अन्तर्निहित है। टीवी पर नियन्त्रण रखने वाले हमारी आन्तरिक चेतना के नृत्यसर्जक (कोरियोग्राफर) बन जाते हैं। हम उनके द्वारा सूचना चुनने की प्रक्रिया को मान लेते हैं; उनके द्वारा चुने गये स्थानों तक हम यात्रा करते हैं; जो वे जानते हैं, वही हम जान सकते हैं, और वे अपने ढंग से टीवी पर प्रसारण हेतु उसमें से कुछ अंश ही चुनते हैं। टीवी अतिसूक्ष्मता, प्रखरता, अर्थभेद, गूढ़ता आदि के विरुद्ध होता है, जबकि स्थूल, प्रकट, निधड़क को यह ज़्यादा तरजीह देता है। घिसे-पिटे, बने-बनाये सूत्रों पर आधारित हिंसाजनक घटनाओं को बख़ूबी दिखाता है टीवी—सैनिक नागरिकों से लड़ते हुए, अश्वेत बनाम श्वेत विद्यार्थी कामगारों द्वारा शन्तिपूर्ण जुलूसों के साथ दुर्व्यवहार आदि। टीवी पर प्रायः गहराई को सपाट कर दिया जाता है, रिक्त स्थानों को सम्पादित कर दिया जाता है, आन्दोलनों को विद्रूपित दिखाया जाता है, संगीत को हल्का कर दिया जाात है और गुणवत्ता का पैमाना घटा दिया जाता है। छवियों का यान्त्रिक पुनरुत्पादन बहुत बड़ा समानताकारक होता है, मगर उससे उन छवियों की चमक-दमक या सुगन्ध नष्ट हो जाती है। जैसे ही हम छवियों को तात्कालिक अनुभव से दूर कर देते हैं और एक मशीन से उन्हें गुज़ारते हैं, वैसे ही मनुष्य उस तत्व को खो देता है जो उसे वस्तुओं से अलग करता है। टीवी असम्भव चीज़ कर दिखाता है। वह उत्पादों को मनुष्य से ज़्यादा 'जीवित' दिखाता है। टीवी मृत्यु को जीवन से ज़्यादा बढ़िया तरीके से दिखाता है। जीवन ज़्यादा जटिल और मार्मिक होता है, उसमें सुगन्ध और चमक होती है, सो टीवी उसे दिखाने की कोशिश नहीं करता। शायद उसे दिखाने में असमर्थ भी होता है। चूँकि टीवी किसी घटना को पूर्णतः नहीं दिखा पाता, सो उसे लघु किया जाता है, जिससे विद्रूपता पैदा होती है।

मगर दूसरी तरफ़ यह भी सच है कि टीवी ने भारतीय समाज के एक बड़े तबके को न सिर्फ़ जागरुक दर्शक बनाया है, बल्कि उन्हें अपनी प्रतिभा दिखाने का अद्भुत मंच भी दिया है। जैसे 'इंडियन आइडल', 'कौन बनेगा करोड़पति?', 'सा रे गा मा', 'नच बल्लिए', 'लिटिल चैम्प्स' आदि में कतिपय कमियों के बावजूद समाज के कमजोर वर्गों के प्रतिभावान व्यक्तियों को तरजीह मिली है अर्थात् वे अपने गीत-नृत्य आदि के ज़रिये आर्थिक रूप से तो सुदृढ़ हुए ही हैं, उन्हें सामाजिक-सांस्कृतिक पहचान एवं मान्यता भी मिली है। 'कौन बनेगा करोड़पति?' के आधार पर 'स्लमडॉग मिलियनेयर' जैसी महत्त्वपूर्ण फ़िल्म चर्चित हुई है, जिसे आठ ऑस्कर पुरस्कार भी मिले हैं। 'आपकी कचहरी' नामक कार्यक्रम में किरन बेदी पारिवारिक मुद्दों पर दोनों पक्षों को सुनकर एक मान्य समझौता कराती हैं, जिससे मुकदमेबाजी में फिलूजखर्ची न हो। यह एक लोकप्रिय कार्यक्रम है। इसी तरह भोजपुरी चैनल 'महुआ' पर 'सुर संग्राम' नामक गीत का कार्यक्रम अत्यन्त लोकप्रिय

रहा है, जिसमें अत्यन्त सामान्य परिवारों के नये गायकों ने अपनी प्रतिभा को समूची भोजपुरी दुनिया के समक्ष पेश किया, जिसका अन्तिम भाग जीवन्त देखने के लिए पटना के गाँधी मैदान में एक लाख दर्शक उपस्थित हुए। इसके अलावा 'एनडीटीवी इंडिया' पर 'हम लोग' कार्यक्रम संवादधर्मिता का सूचक है, यद्यपि बुलाये गये प्रतिभागियों, विशेषज्ञों, जन प्रतिनिधियों आदि का चयन उसे सीमित दायरे में लाता है। मगर इस सकारात्मक पहलू की सीमा यह है कि ऐसे कार्यक्रम संख्या में बहुत कम होते हैं, जबकि धार्मिक, पारिवारिक, हँसाने वाले कार्यक्रमों की बाढ़ होती है जिनकी गुणवत्ता का स्तर स्थूलता, बड़बोलेपन, घिसी-पिटी शैली-अन्तर्वस्तु आदि से पटा होता है अर्थात् उनमें चेतना, सामूहिकता, सूक्ष्मता और प्रतिभा का प्रायः अभाव होता है। यूँ भी टीवी की सीमा होती है एकतरफ़ा प्रदर्शन, जिसमें दर्शकों-श्रोताओं से संवाद की स्थिति नगण्य होती है, जिसके कारण आम दर्शकों के दिमाग़ में वे चीज़ें प्रत्यक्ष और अप्रत्यक्ष रूप से भर दी जाती हैं जिनसे उनका स्वार्थ सिद्ध होता है, जिनसे लोग वर्चस्व और उपभोक्तावाद की संस्कृति सहज रूप से स्वीकार कर लें, मगर कुछ भी न सोचे-समझें और न उन पर उँगली उठायें। ज़रूरत है टीवी को दोतरफ़ा संवाद का माध्यम बनाने की, ज़रूरी मुद्दों पर सवाल उठाने की और आम लोगों की सहभागिता की। यदि सही दिशा में इस प्रकार का जन-दबाव बने तथा राज के अलावा बाज़ार इसे स्वीकार कर ले, तो वह दिन दूर नहीं जब टीवी जैसे इलेक्ट्रॉनिक माध्यमों को दोतरफ़ा संवाद का जनमाध्यम बना लिया जाएगा।

मौत के पंजों से छुड़ाकर लायी सेना

रवीश रंजन शुक्ला

अगस्त का महीना था... तेज़ हवा के साथ हल्की बूँदाबाँदी दिन भर से चल रही थी। शाम छह बजे मैंने मोटर साइकिल झाँसी के इलाइट चौराहे पर खड़ी की और सिगरेट के तलब के साथ प्रेम की गुमटी की तरफ़ बढ़ गया था। मूड ऑफ था, पुलिस की प्रेस कॉन्फ्रेंस में गया था और कैमरामैन गिरीश ने बताया कि बारिश के चलते कैमरा की रिकॉर्डिंग सिस्टम में गड़बड़ी आ गयी है। कैमरामैन को ईटीवी के ऑफ़िस छोड़कर मैं प्रेम की गुमटी के सामने खड़ा होकर सिगरेट पीने लगा। अचानक मोबाइल की घंटी बजी। उधर से सन्दीप पौराणिक की आवाज़ थी "कहाँ हो बॉस?" मैंने कहा, "इलाइट चौराहे पर।" जवाब मिला, ठीक है। ठीक पाँच मिनट के बाद वो इलाइट पर आ गये थे। तब तक मैं सिगरेट बुझाकर मोटरसाइकिल को डबल स्टैंड पर लगाकर बैठ चुका था। सन्दीप अपनी बाइक खड़ी करते हुए बोले, "सुना है बेतवा नदी की बाढ़ में दो लोग फँस गये हैं।" इतना सुनते ही मेरी आँखों के सामने उस घटना के विजुअल घूम गये, जब राजस्थान में नदी की मझधार में दो लोग फँस गये थे और उसके फुटेज बार-बार टीवी पर दिखाये जा रहे थे। मैं बोला, "सन्दीप भाई, बड़ी ख़बर है... चलो पता करें।" हम दोनों बाइक से डीएम ऑफ़िस आ गये थे। कंट्रोल रूम से पता चला कि बरुवा सागर के पास के गाँव के प्रधान का फोन आया था कि सहरिया जनजाति का एक बुजुर्ग दम्पती लकड़ी बीनने गया था। तभी बाढ़ का पानी राजघाट डैम से छोड़े जाने के चलते बाढ़ आ गयी और वह वहीं फँस गया। कंट्रोल रूम का बाबू बोला, "वो मध्यप्रदेश का इलाक़ा है, लेकिन फोन बार-बार यहाँ कर रहा है। डीएम साहब मीटिंग में हैं।"

हमने प्रधान का मोबाइल नम्बर लेकर उससे बात करनी शुरू की। उसने बताया कि हमने पास के गाँव से तैराक और गोताखोर बुलवाया था, लेकिन बेतवा का पानी और बहाव देखकर उनकी हिम्मत टूट गयी। कोई सुनने वाला नहीं है। टीकमगढ़ भी फोन किया था, लेकिन कुछ नहीं हो रहा है। उनके घरवालों का रो...रोकर बुरा

हाल है। मैंने उससे पूछा, "दोनों दिख रहे हैं।" उसने जवाब दिया, "हाँ साहब जब हम इधर से आवाज़ लगाते हैं, तो उसका जवाब आता है, लेकिन अगर समय रहते बचाया नहीं गया, तो पानी बढ़ रहा है। डूब जाएँगे।" प्रधान की आवाज़ में चिन्ता और घबराहट बराबर झलक रही थी। मुझे लगा कि ये बड़ी ख़बर है। मेरी आँखों के सामने मझधार में फँसे दो लोगों का विज़ुअल घूम गया, जो मदद के लिए चिल्ला रहे थे।

इन सबके बीच सात बज गये। रात घिर आयी थी। रह रहकर बिजली कौंधती और हवा के साथ ठंडे पानी की बौछार शरीर में सिहरन पैदा कर देती। झाँसी से बरुवासागर क़रीब पन्द्रह किमी. दूर था, लेकिन बड़ी ख़बर के उत्साह ने उस सिहरन को कहीं गुम-सा कर दिया था। मैंने अपने दूसरे साथी सत्ता को भी फोन से पूरी ख़बर बतायी उन्होंने उत्सुकता दिखाते हुए कहा, "तुरन्त चलो।" मैं भीगता हुआ अपने ऑफ़िस पहुँचा। गिरीश को तुरन्त शूट पर चलने को बोला, तो उसने भी अच्छी ख़बर सुनाते कहा कि सर कैमरा तो बल्ब के नीचे रख दिया था। अब वो ठीक हो गया है। लेकिन इतनी रात को वहाँ चलना ठीक रहेगा? मैंने कहा, "सन्दीप और सत्तार भी आ रहे हैं। डरने की कोई बात नहीं है।"

झाँसी से बरुवासागर या ओरछा जाना खतरनाक होता है, क्योंकि अक्सर हमें लूटपाट की ख़बरें सुनाई पड़ती थीं। इसी दौरान दोनों अपनी बाइक से पहुँच गये। हमारा इरादा गाँव जाकर ख़बर को और पुख्ता करने का था।

आधे घंटे के सफर और फिसलन भरी कच्ची पगडंडियों से होते हुए हम प्रधान के घर के सामने थे। चन्द क़दमों की दूरी पर एक कच्चे बड़े मकान से लालटेन या ढिबरी की मद्धम रोशनी दिख रही थी। अचानक गाँव के कुछ लोग हमें मिले—साहब आप लोग पत्रकार हो? प्रधान जी इन्तजार कर रहे हैं।

घर के अन्दर हम बामुश्किल दाख़िल हुए। दरम्याना क़द... सफ़ेद बड़ी मूँछें और सिर पर साफा बाँधे गाँव के प्रधान मिले। "आओ साहब...," चारपाई पर हमें बिठाते उन्होंने एक दुबले-पतले युवक की ओर इशारा किया। साहब ये दूबर सहरिया का लड़का है। दोपहर से ही घर बैठा है। कहता है कि किसी तरह से माँ-बाप को बचा लो। मैंने पूछा, "माँ भी तुम्हारे पिता जी के साथ हैं।" "हाँ साहब" कहकर उसने हाथ जोड़ लिये। हमने पूरी घटना सुनी, फिर मैंने सोचा ख़बर ब्रेक करवायी जाए। लेकिन अचानक मैंने डीएम से मोबाइल पर बात करने की सोची। मोबाइल मिलाया तो उधर से रत्नम डीएम की आवाज आयी, "क्या हाल है शुक्ला?" मैंने कहा, "अच्छा हूँ। बेतवा में दो लोगों के फँसने की ख़बर है आपके पास।" उन्होंने कहा कि पीए बता रहा था कि कई लकड़हारे फँस गये हैं। देखते हैं रात हो गयी है। ख़बर पुख़्ता करने के बाद मैंने हैदराबाद फोन करके

ख़बर ब्रेक करवायी कि बेतवा की बाढ़ में दो लोग फँसे हैं। तब तक मेरे दोनों साथियों ने भी अपने-अपने चैनल पर ख़बर ब्रेक करवायी। ख़बर लिखवाने के बाद हम चाय पीने लगे। प्रधान जी बोले, "साहब अब तो पानी ज़्यादा बढ़ गया है। जाना भी मुश्किल हो रहा है।" इसी बीच हमने गाँव के शाट्स और बाइट ले लिये। ख़बर ब्रेक करवाने के आधे घंटे बाद ही दूसरे चैनल और अख़बारों से फोन आने शुरू हो गये। हम ख़ुश थे कि सबसे पहले हमने ब्रेक करवा के विजुअल भी ले लिये। 20 मिनट बाद डीएम ऑफ़िस से फोन आया। पीए बोला, "साहब बात करना चाहते हैं।" दूसरी ओर से डीएम बोले, "क्या शुक्ला, तुम लोग गाँव पहुँच गये।" मैंने कहा, "जी सर, आप आ रहे हैं क्या?" उन्होंने कहा, "एडीएम उदयी राम को भेज रहा हूँ। सेना से भी मदद माँगी है।" मैंने फिर डेस्क को ख़बर लिखवायी— प्रशासन जागा सेना की सहायता से शुरू होगा रेस्क्यू ऑपरेशन। क़रीब दस बजे के आसपास लेखपाल रेनकोट पहनकर अपने लड़के के साथ बाइक से गाँव पहुँचा। भन्नाते हुए कहा, "अरे प्रधान जी चलो जगह दिखाओ, कहाँ से वो टीला दिखेगा। जहाँ वो फँसे हैं।" प्रधान ने ट्रैक्टर स्टार्ट करवाया। चार लोग उस पर सवार हो गये हम भी उसी के पीछे-पीछे बाइक से चल रहे थे। हवा रुकने का नाम नहीं ले रही थी। हल्की बूँदाबाँदी चल रही थी। चारों तरफ़ घुप्प अँधेरा और अँधेरे को चीरती झिंगुर की तेज़ आवाज़। हमें ये मालूम चल चुका था कि ट्रैक्टर बरुवा सागर से ओरछा के नोट घाट रेलवे पुल की ओर जा रहा था। पहले पक्की फिर कच्ची सड़क पर ट्रैक्टर उतर गया। थोड़ी दूर चलकर ट्रैक्टर एक आश्रम के आगे रुका। हमने अपनी बाइक खड़ी की और ऊँचे चबूतरे पर तीन साधू बैठे दिखाई पड़े। लालटेन लाकर एक साधू हमारी ओर आया। "प्रधानजी तुम हो" चरण स्पर्श करके प्रधान बोले, "हाँ महात्माजी।" महात्माजी ने बताया कि पानी लगातार बढ़ रहा है। और चिन्ता के साथ बुदबुदाये "प्रलय आएगा क्या?" आश्रम के थोड़ी दूर से नोट घाट का लोहे का पुराना पुल दिखाई पड़ा। लेखपाल ने पूछा, "कितनी दूर है यहाँ से।" प्रधान बोले, "दो किमी. दूर है। जंगल के अन्दर पैदल चलना पड़ेगा तब वो टीला दिखेगा जहाँ वो लोग फँसे हैं।" थोड़ी देर तक लेखपाल प्रधान से बात करता रहा। फिर मोबाइल पर उसने एडीएम को पूरी लोकेशन समझायी तब तक 11 बजे के लिए मेरा फोनो भी हो चुका था। आश्रम से हल्की रोशन में पानी की थाह नहीं मिल रही थी, लेकिन बेतवा की तेज़ लहरें जब रेलवे पुल के खम्भों से टकरातीं, तो एक अजीब भन्नाती आवाज़ गूँजती। तब अन्दर तक बेचैनी पैदा कर देती थी। क़रीब 40 मिनट तक हम आपस में बातचीत करते रहे। तभी तेज़ रोशनी दिखाई पड़ी। तीन ट्रक, एक अम्बेसडर समेत क़रीब आधा दर्जन गाड़ियों का लम्बा काफ़िल आश्रम के पास आकर रुका। ट्रक से दर्जन भर जवान उतरे। उनके साथ

जिप्सी में तीन कैप्टन भी थे। अम्बेसडर से उतरते एडीएम हमारी ओर देखकर मुस्कराये फिर कैप्टन से बात करने लगे, इसके बाद लेखपाल की ओर देखकर गम्भीर आवाज़ में बोले, "किधर चलना है?" सेना के एक जवान ने हाथ में बड़ी-सी सर्च लाइट और दूसरे हाथ में वाकी-टाकी था। उसने लाइट जलाकर थोड़ी दूर पर बने रेलवे के खम्भे की ओर रोशनी फेंकी। चारों तरफ़ मटमैला पानी ही दिख रहा था। लेखपाल ने एडीएम के सिर पर छतरी तानते हुए प्रधान से कहा, "सेना के साथ आगे चलो। एक काफिला उस सघन जंगल में घुसने लगा। सेना का जवान सर्च लाइट से रास्ता दिखा रहा था। हमने भी अपने कैमरे की रोशनी जला दी थी। लेकिन तभी गिरीश बोला कि सर कैमरा की एक बैटरी और लेकर चलनी पड़ेगी। हम वापस आकर जब तक बैटरी उठाते उस जंगल में काफिला नामालूम किस दिशा में खो गया था। चारों तरफ़ अँधेरा, गीली पत्तियाँ और मेढ़क के टर्राने की कानफोड़ू आवाज़ ने मेरे मन में एक अजीब-सी झुँझलाहट पैदा कर दी थी। मैं उस काफ़िले के बारे में सोच रहा था। तभी गिरीश कैमरामैन ने मुझे झकझोरा, "सर ये देखिए" इतना कहकर उसने कैमरा की लाइट का रुख पगडंडी से किनारे, किया तो एक बड़े से पनियल साँप ने मेंढक को मुँह में दबा रखा था। कैमरा की लाइट पड़ने पर मेढ़क का छूटने के लिए कसमसाता शरीर और खामोशी से अपनी पकड़ को मजबूत बनाता साँप-अन्दर तक कँपकँपी छूट गयी। थोड़ी दूर और जंगल में चलने के बाद हम एक मैदान में आ गये, जहाँ पेड़ कम थे और चट्टानें नज़र आ रही थीं। कैमरे की लाइट में हल्की बौछारें दिखाई दे रही थीं। यहाँ से किस दिशा में जाना है कुछ समझ में नहीं आ रहा था। मैं बार-बार सन्दीप को मोबाइल मिलाता लेकिन नेटवर्क कमज़ोर होने के चलते उनकी बात सुनाई नहीं दे रही थी। तभी 12 बजे के लिए एक और फोनो मैंने वहीं से दिया। हमने यहाँ इन्तज़ार करना मुनासिब समझा। मुझे बेचैनी भी हो रही थी कि सभी विजुअल ले रहे होंगे और हम यहाँ फँसे हैं। कुछ ही देर में दो लोग एक छोटी टार्च लिये आते दिखे। हमने कैमरे की रोशनी उनकी तरफ़ करके कहा, "अरे भाई हम प्रेस से हैं। हमें उस जगह तक जाना है जहाँ दो लोग फँसे हैं।" उन्होंने अपने पीछे आने का इशारा किया। उमड़ते-घुमड़ते सवालों के साथ हम उनके पीछे हो लिए। क़रीब पन्द्रह मिनट चलने के बाद हमें रोशनी दिखाई देने लगी थी। हम लगभग दौड़ लगाते हुए उस काफिले तक पहुँचने की कोशिश करने लगे। मैंने गिरीश से कहा "अच्छे विजुअल लेना।" चट्टानें बारिश के चलते गीली हो चुकी थीं और फिसलने का डर बराबर बना रहता, लेकिन मुझे सबसे ऊँची जगह पर सन्दीप और सत्तार शाट्स लेते दिखे। एडीएम ने चमड़े के जूते पहन रखे थे जिसके चलते एक हाथ में लेखपाल छतरी लिए दूसरे हाथ से उन्हें चट्टान पर धीरे-धीरे चढ़वा रहा था। जबकि ऊँचे टीले पर

कैप्टन अपने कुछ साथियों से बातें कर रहा था कि तभी बड़ी-सी सर्च टार्च से लाइट नदी में फेंकी गयी, लेकिन उस टीले तक वह नहीं पहुँच पा रही थी। रोशनी में बेतवा नदी का विशाल जल सैलाब दिख रहा था और डूबे पेड़ जलकुम्भी की तरह पानी में तैरते मालूम पड़ रहे थे। तभी चट्टान से प्रधान ने दो-तीन बार ज़ोर-ज़ोर से आवाज़ दी। लेकिन कोई फ़ायदा न हुआ। पानी के बहाव के शोर के सामने प्रधान की आवाज़ दब कर रह गयी थी। अब एडीएम ऊँचे टीले पर पहुँच चुके थे। पानी का बहाव देखकर वे भी हैरान रह गये। कैप्टन ने बातचीत में बताया कि अब सुबह का इन्तज़ार करना पड़ेगा। एडीएम ने डीएम को फोन मिलाया। थोड़ी देर बातचीत के बाद वे हम लोगों के पास आये। उनके चेहरे पर बेचारगी साफ़ झलक रही थी। हम सबकी ओर मुखातिब होकर बोले, "क्या शुक्ला, तुम लोग कितनी देर यहाँ रुकोगे?" मैंने कहा, "ऑपरेशन अगर शुरू होगा, तो यहीं रहेंगे।" इस पर एडीएम ने बताया कि ऑपरेशन सुबह शुरू होगा, लेकिन डीएम साहब बोल रहे हैं कि अगर मीडिया वहाँ रुकती हैं, तो तुम भी तम्बू लगाकर वहीं रुको... इतना सुनते ही हम सब हँसने लगे। एडीएम, अपनी झेंप मिटाते कैप्टन की ओर रुख करते हुए पूछा "क्या करें... चलें..." कैप्टन ने कहा, "कि रात को बोट से जाना ख़तरनाक है। मौसम इतना ख़राब है कि हेलीकॉप्टर भी नहीं बुलाया जा सकता है।" एडीएम ने कहा, "तब तो सुबह पाँच-छह बजे ही रेस्क्यू ऑपरेशन शुरू करना पड़ेगा।" "जी, बिल्कुल।" कैप्टन का जवाब आया। यह कहकर एडीएम ने हम सबसे कहा, "चलते हैं झाँसी, सुबह जल्दी आना है।" हम लोग लौटने लगे, लेकिन जिन रास्तों से हम आये थे अब वहाँ भी पानी भरना शुरू हो गया था। लौटते वक़्त हमारे जूते पानी-पानी हो गये। अगर एक-दो घंटे और वहाँ रुक जाते, तो उस रास्ते से लौटना भी मुमकिन नहीं होता। आश्रम पहुँचकर हमारी जान-में-जान आयी। पानी अब आश्रम के मुहाने पर आ गया था। रात को जैसे काफ़िला आया था, वैसे ही चला गया। मैं अपने फ़्लैट पर रात को दो बजे पहुँचा।

दूसरे दिन सुबह साढ़े पाँच बजे सन्दीप मेरे मोबाइल पर था। "चलो बॉस, ऑपरेशन छह बजे शुरू होना है।" मैं उनीन्दी आँखों से किसी तरह से तैयार होकर सन्दीप, सत्तार और गिरीश के साथ 6:45 तक आश्रम पहुँच गया, लेकिन रेस्क्यू ऑपरेशन का नामोनिशान तक नहीं था। मैंने एडीएम के मोबाइल पर फोन मिलाया, तो वह स्विच ऑफ था। 7 बजे फिर मैंने अपने चैनल के लिए फोनो किया और नज़र डाली तो नोट घाट पुल के खम्भे के पाँच फुट तक पानी भर चुका था। जहाँ कल रात नाममात्र का पानी था। आसमान अभी साफ़ नहीं था। बदली छायी हुई थी। पहली बार मैंने उस टीले को देखा। दोनों तरफ़ पानी का सैलाब बीच में क़रीब दो किमी. के दायरे का टापू, जिसके आधे भाग को बेतवा ने अपनी चपेट

में ले लिया था।

लेकिन उस बुजुर्ग दम्पती की मौजूदगी के कोई निशान नहीं दिख रहे थे। क़रीब आठ बजे एक शक्तिमान ट्रक और जिप्सी आयी। ट्रक से एक दर्ज़न जवान उतरे। मन्दिर के सामने एक-एक करके सामान उतारना शुरू कर दिया। पहले भगोना निकला। फिर चाय की टंकी। सभी जवानों के हाथों में थाली आ गयी। नाश्ता बँटने लगा। सन्दीप ये सब देख बोल पड़े, "रवीश भाई ऑपरेशन तो छह बजे शुरू होने वाला था। अब जब आ गये हैं तो सालों को खाने की पड़ी है।" मैंने कहा, "सरकारी काम है भाई।" रात को जो विजुअल हमने भेजा था, सुबह से वही चल रहे थे। दर्जन भर प्रेस के लोग और भी सुबह-सुबह पहुँच चुके थे। हर बुलेटिन में मेरा फोनो चल रहा था। क़रीब नौ बजे एडीएम आश्रम पहुँचे। बोले, "ऑपरेशन अब ओरछा के बुन्देलखंड होटल से चलेगा, क्योंकि नदी की गहराई वहाँ से ज़्यादा है और वहाँ टापू की दूरी भी कम है। उधर ही चलते हैं।" हम लोग ओरछा की तरफ़ चल पड़े। कई एकड़ में फैला बुन्देलखंड होटल किसी समय में राजा टीकमगढ़ की सैरगाह होती थी। हम चारों होटल की छत पर पहुँचे, तो देखा, उससे ठीक पीछे बेतवा बह रही थी। जिन बेतवा की चट्टानों पर बैठकर हम बीयर पीते थे। वहाँ जगह-जगह विशाल जलराशि के घूमते चक्र और तेज़ बहाव देखकर हम हैरान हो गये थे। कैमरामैन विजुअल लेने में मशगूल हो गया। बाद में एडीएम की बाइट लेकर मैंने उसी बैकग्राउंड से पीटीसी करके टेप झाँसी भिजवा दी थी। होटल की दूसरी तरफ़ दर्जन भर जवान पेड़ की डाल और झाड़ियों का सफाया कर रहे थे। उस टापू को देखकर मैं सोचने लगा इतने बड़े टापू पर वह सहरिया दम्पती किस ओर हों कुछ कहा नहीं जा सकता। ग्यारह बजे फोनो देकर मैं नीचे उतर आया। भूख से पेट में हल्का दर्द होने लगा था। नीचे आया, तो पता चला कि कई चौकी इंचार्ज भी यहाँ ड्यूटी कर रहे हैं। इसी में से एक सिविल लाइन चौकी इंचार्ज करिया पंडित भी थे। उन्हें देखते ही मैंने पूछा, "क्या हाल है दरोगा जी?" करिया पंडित ने पेट पर हाथ रखते हुए कहा, "सुबह से फँसे हैं... मप्र में खाने की भी कोई व्यवस्था नहीं है... कहाँ इन सालों के चक्कर में फँस गये।" बाहर तेज़ धूप हो रही थी। सिर के ऊपर तेज़-तीखी धूप से मुझे करिया पंडिता का चेहरा और काला नज़र आने लगा। मैं इन बातों को अनसुना कर वहाँ से सौ मीटर की दूरी पर मौजूद जवानों के पास जाने लगा। वहाँ स्टाइलिश काला चश्मा, सफ़ेद टोपी, सफ़ेद टी-शर्ट और ब्लू जींस में कैप्टन राजीव भी मौजूद थे। उनके हाथों में इस ऑपरेशन की कमान थी। काला चश्मा उतार कर उन्होंने विल्स की सिगरेट सुलगायी। सिगरेट का लम्बा कश खींचते हुए वे बेतवा नदी की ओर देख रहे थे, शायद वे कुछ थाह लेने की कोशिश कर रहे थे। मैंने बात करने की

कोशिश की, तो मेरे हाथ में माइक आई डी देखते ही तपाक से बोल पड़े, ''पहली प्राथमिकता जल्दी-से-जल्दी उन्हें इस पार लाना है। ऑपरेशन के बाद विस्तार से बात करूँगा।'' यहाँ से रेलवे का नोट घाट का पुल भी दिखाई दे रहा था। पुल पर भी तीन सेना के जवान मौजूद थे। साथ ही एक जाल भी डलवा दिया गया था। तब तक चार जवान एक-एक मोटरबोट कन्धे पर उठाये वहाँ पहुँचे। थोड़ी देर बाद दो जवान उसका इंजन लेकर आये और फिर मोटरबोट को जोड़ने का काम शुरू हो गया। इसी के साथ पतवार और लाइफ जैकेट भी आ गयी थी। कैप्टन राजीव पेड़ की छाँव में खड़े मोबाइल से बात कर रहे थे। तभी जिप्सी से एक जवान, जिसने हाथों में सफ़ेद दस्ताने पहन रखे थे, एक ट्रे में तीन पराठे, अंडे की भुजिया, एक बोतलबन्द पानी और थर्मस में कॉफी लेकर कैप्टन राजीव के पास आया। बड़े सलीके से पहले उसने कैप्टन को प्लेट पकड़ायी फिर बोतलबन्द पानी। थोड़ी देर बाद थर्मस के ढक्कन में कॉफी डाल कर दिया। सेना का यह अनुशासित सलीका इस जटिल समय में देखकर मुझे हल्की-सी हँसी आ गयी थी। नाश्ता करने के बाद कैप्टन ने सिगरेट सुलगाते हुए नदी के किनारे के जवान से कहा, ''एक बड़ा पत्थर यहाँ डालो।'' पत्थर फेंकते ही डम-डम की आवाज़ के साथ वो डूब गया। कुछ थाह पाते हुए उन्होंने आदेश दिया, ''बोट यहीं उतारना।'' फिर मेरी तरफ़ मुखातिब होकर बोले, ''इसके लिए गहराई ज़रूरी है। अगर नदी की कोई चट्टान बोट के नीचे आ गयी, तो इंजन ख़राब हो सकता है और बोट नदी के बहाव में बह जाएगी।'' उफनती नदी के बहाव पर नज़र डालते ही इस बात के खतरे का अन्देशा और गहरा हो गया। बोट लगभग तैयार हो चुकी थी। कई बार इंजन की रस्सी खींचने के बाद अन्ततः वह स्टार्ट हो गयी। पहले ख़ूब सारा धुँआ फेंका, फिर उसकी आवाज़ में एकरसता आ गयी। एक मजबूत कदकाठी का जवान उसकी बारीकी से जाँच रहा था। क़रीब पन्द्रह मिनट इंजन स्टार्ट रहने के बाद उसे बन्द कर दिया गया था। उस बोट पर, जिन चार जवानों को जाना था उन्होंने बातचीत करने के साथ लाइफ जैकेट पहननी शुरू कर दी। सभी की उत्सुकता बढ़ गयी थी। कैप्टन राजीव अब एडीएम से बातचीत करने लगे थे। एक जवान उन्हें लाइफ जैकेट पहना रहा था। वो सिगरेट पीने के अलावा इस तरह से एडीएम से बात कर रहे थे, जैसे लाइफ जैकेट उनके शरीर पर नहीं बाँधा जा रहा हो। तभी पीठ की ओर बेल्ट को जवान ने ज़ोर से खींच कर बाँधना शुरू किया, तो वो तमतमा उठे ''हल्का ढीला करो।'' नाराज़गी उनकी आवाज़ में जाहिर हो रही थी। कुछ दूरी पर ग्रामीणों के साथ सहरिया दम्पती का लड़का उकडूँ बैठा था। मानो बेतवा नदी से अपने माँ-बाप की कुशलता की ख़ैर माँग रहा हो। मैं लगभग हर बुलेटिन में फोनो दे रहा था। हरबार एंकर एक ही सवाल पूछती, ''आख़िर ऑपरेशन में इतनी देर क्यों लग

रही है?''

सारी तैयारियाँ लगभग पूरी हो चुकी थीं। बोट के चारों कोनों पर एक-एक जवान मौजूद था। कैप्टन राजीव पास गये और कड़कती आवाज़ में बोले, ''बोट अप... तुरन्त उन चारों ने बोट को कन्धे पर उठा लिया। बेतवा के मुहाने पर बोट को आधा पानी और आधा ज़मीन पर बड़ी सतर्कता से रख दिया गया। तभी कैप्टन राजीव को अचानक जैसे कुछ याद आया। अपनी जिप्सी के पास खड़े जवान से बोले, ''दो सेब, दो जूस, एक बिस्कुट का पैकेट और पानी पैक करके लाओ।'' ग्रामीणों का झुंड अब कुछ नजदीक आ गया था। सभी जवानों ने कैप्टन के साथ 'भारत माता की जय' के नारे लगाये। फिर बोट में कैप्टन बैठ गये। उनके पीछे तीन जवान बैठे। दो ने पतवार सँभाली और तीसरा इंजन को स्टार्ट करने लगा। चौथे जवान ने बोट को पानी में ढकेला फिर उछलकर बैठ गया। बोट को सीधे उस टापू की ओर जाना था। लेकिन बहाव ज़्यादा होने के चलते बोट की दिशा कुछ तिरछी हो गयी। दो जवान लगातार चप्पू चला रहे थे। इंजन की जैसे जान निकली जा रही हो, वह ढेर सारा धुँआ फेंक रहा था। बोट हमें जाते हुए दिख रही थी। दूर नोट घाट पुल पर खड़े जवान में से एक दूरबीन पर लगातार उस बोट पर नज़र रख रहा था। नदी के किनारे लगभग पाँच सौ लोगों का मजमा लग चुका था। गिरिश ने कहा, ''सर छत पर चलते विजुअल अच्छा मिलेगा।'' हम होटल की तरफ़ जाने लगे, तभी करिया पंडित हमें रिसेप्शन के सोफ़े पर सोते मिले। गिरीश ने कहा, ''विजुअल ले लूँ क्या।'' मैंने टाल दिया। होटल की छत पर मीडिया का जमावड़ा लगा था। कैमरे को जूम करके मैंने बोट को देखने की कोशिश की। लेकिन टापू पर लगे पेड़ और झाड़ियों में बोट न जाने कहाँ गुम हो गयी थी। मुझे अब भूख के साथ थकान का अहसास होने लगा था। मैंने सोचा, मैं भी जाकर रिसेप्शन पर थोड़ा आराम कर लूँ। लेकिन यहाँ सोफे पर पूरी तरह से लोग पसरे थे। कुछ नीचे कालीन पर कैमरामैन विजुअल ट्रांसफर ले रहे थे। मैं थोड़ी देर तक वहीं खड़ा रहा। तभी एक दुबले-पतले युवक ने उठते हुए, ''बैठ जाइए भाई साहब।'' क़रीब तीन बज गये। इन्तजार की घड़ियाँ अब लम्बी होती दिख रही थीं। मुझे जल्दी हो रही थी। नींद और भूख के चलते मेरे सोचने की ताकत कुन्द हो गयी थी। होटल में घूमने की सोची, तो पाया कि एडीएम एक कमरा खुलवाकर आराम फरमा रहे हैं। आधे घंटे और इन्तज़ार करके मैंने गिरीश को जगाया और वहीं दोबारा जाने का मन बनाया है, जहाँ से बोट रवाना हुई थी। धूप के बीच-बीच में बदली भी हो रही थी। लेकिन मौसम साफ़ था। वहाँ पहुँचते ही गाँववालों ने बताया कि सेना के लोग खोज रहे हैं, लेकिन उनका कोई सुराग नहीं मिल रहा है। अब किसी ग्रामीण को टापू पर ले जाने की बात चल रही थी। सेना के एक जवान से वाकीटाकी से कैप्टन

राजीव सम्पर्क में थे। इन सब बातों के बीच सहरिया दम्पती का लड़का गुमसुम-सा नदी के किनारे बैठा था। लोग उसे समझा रहे थे, सबकी बेसब्री बढ़ती जा रही थी। सेना को टापू पर गये डेढ़ घंटे से ज़्याद बीत चुके थे। तभी एडीएम दौड़ते आये और उसके लड़के से बोले कैप्टन का फोन आया था। दोनों लोग सकुशल हैं और सेना उन्हें ला रही है। इतना सुनते ही ग्रामीणों ने ज़ोरदार तालियाँ बजायीं, वे सेना और भारत माता की जय के नारे लगने लगे थे। मीडिया के कैमरे लग गये। बीस मिनट बाद एक बच्चा अचानक चिल्लाया, ''बोट आ रही है। बोट आ रही है।'' हमने ध्यान से देखा तो बोट टापू से रवाना हो गयी थी। मैंने भी तुरन्त ख़बर ब्रेक करवायी बोट अब लगातार क़रीब-और-क़रीब आती जा रही थी। तभी सेना और पुलिस के लोगों ने पहुँच कर भीड़ को अलग हटाकर रस्सी से एक घेरा बना दिया। घेरे के अन्दर मीडिया, प्रधान, सहरिया दम्पती का लड़का और एडीएम मौजूद थे। बाक़ी को किनारे कर दिया गया था। दूर से कैप्टन ने हाथ हिलाया तो ग्रामीण उत्साह और ख़ुशी में चिल्लाने लगे। बोट नज़दीक आयी, तो एक जवान ने बोट को खींच कर ज़मीन पर ला दिया। इंजन को पहले ही बन्द कर दिया गया था। पहले कैप्टन उतरे, फिर उन्होंने साठ साल के एक बुज़ुर्ग को उतारा। क़रीब पाँच फुट कद, एक निकर और ऊपर गन्दा-सा शर्ट पहने उस बुज़ुर्ग के पीछे की मैली-सी धोती पहने कमजोर शरीर पचास साल की एक महिला भी उतरी, जिसकी नाक में एक बड़ा-सा गिलट का बुन्दा भी था। उतरते ही वे अपने लड़के को देखकर रोने लगे। लड़का भी रोने लगा। महिला के झुर्रियों से भरे चेहरे पर ममता की लक़ीरें खिंच आयी थीं। तीनों रो रहे थे, लेकिन संयत और सकुचाहट से मीडिया के घूरते कैमरे हुए। बड़े अफसरों की मौजूदगी उन्हें शायद खुलकर रोने का मौक़ा नहीं दे रही थी। मैंने गम्भीरता से बुज़ुर्ग के हाथ और पैर को देखा। लाल बड़े चकत्ते पड़े। शायद कीड़ों ने काटा था। कैप्टन ने बाइट में बताया कि एक ऊँची चट्टान में पत्तों की छत बनाकर दोनों बैठे थे। जब इन्हें पुकार लगाकर हम खोज रहे थे तो इन्होंने कोई जवाब नहीं दिया। इसी के कारण दो बार पूरे टापू को सर्च करना पड़ा। हमने सहरिया दम्पती की बाइट लेनी चाही, तो उन्होंने डबडबाते आँखों से कैप्टन की ओर इशारा किया और बोले, ''ये ना होते तो हम ज़िन्दा नहीं होते।'' कहकर दोनों कैप्टन के घुटनों की ओर झुक गये। कैप्टन ने उन्हें अपने कन्धों से सटाकर खींच लिया, ''बचाने वाला ऊपर वाला है, हम क्या हैं।'' कैप्टन की आवाज़ में भी भावुकता का पुट आ गया था। लोग ध्यान से सहरिया दम्पती को देख रहे थे। थोड़ी ही देर में सेना की वाहवाही की बातें करते हुए भीड़ अब छँटने लगी थी। कोई भगवान का शुक्रिया अदा करता, तो कोई मीडिया का। सूरज की तीखी धूप हम सभी पर पड़ रही थी। उस बुज़ुर्ग के चेहरे पर पसीने की बूँदें चमक आयी थीं।

अचानक मेरी नज़र उसके गन्दे झोले पर गयी, जो उसने बड़ी मजबूती से पकड़ रखा था। मेरी नज़रों को भाँप कर उसने झोला खोलते हुए कहा, ''कुछ नहीं है साहब।'' इसी के साथ उसने एक हाथ से लुंगी निकाली, तो दूसरे हाथ से सेब। मैंने देखा कि बिस्कुट का पैकेट, दो टेटा पैक जूस और एक सेब रखा था। मैंने पूछा, ''अरे आप लोगों ने इसे खाया नहीं।'' उसने लगभग भर्राते गले से कहा, ''साहब दो दिन घर से निकले हो गये। मौड़ी-मोड़ा राह तकत है। पूछेंगे बाबा हमारे लिए क्या लाये हो।'' मैंने उसकी पनियल पीली आँखों को देखा। धूप में उसकी काली परछाईं उससे बड़ी होती दिख रही थी। मैंने भारी मन से गिरीश से कहा चलो पैकअप करो। झाँसी चलते हैं। भूख लगी है।

कारगिल—उस हौसले की कोई मिसाल नहीं थी

अखिलेश शर्मा

दस साल बाद मैं अपने जीवन की सबसे कठिन रिपोर्टिंग के बारे में लिखने बैठा हूँ लेकिन इतने लम्बे समय ने कई चीज़ों को भुला भी दिया है। कारगिल संघर्ष के दौरान उस इलाक़े में मैं क़रीब एक महीने रहा। वहाँ से रोज़ रिपोर्ट भेजता रहा। लेकिन जितना रोमांचक अनुभव कारगिल संघर्ष का था उतना ही रोमांचक था ये संघर्ष ख़त्म होने के बाद उसी साल दिसम्बर में सियाचिन और कारगिल के इलाक़ों में शून्य से कई डिग्री कम तापमान में मोर्चा जमाए बैठे जवानों के हालात पर रिपोर्टिंग।

ये अनुभव तब के हैं मैं आज तक में विशेष संवाददाता था। उन दिनों आज तक दूरदर्शन पर आधे घंटे का समाचार कार्यक्रम था और तब तक दो दूसरे न्यूज़ चैनल शुरू हो चुके थे। शायद यही वजह रही है कि जब टेलीविज़न पर कारगिल की रिपोर्टिंग के बारे में याद किया जाता है तो आज तक के तब के संवाददाताओं को भुला दिया जाता है। लेकिन ये ज़रूर है कि आज तक में ही मेरे सहयोगी रहे प्रभात शुंगलू की शानदार रिपोर्टिंग की आज भी मिसाल दी जाती है।

वो जून का महीना था। दूसरा या तीसरा सप्ताह। प्रभात लगातार एक महीने से कारगिल में मोर्चा जमाए बैठे थे। इसी बीच, मुझे भी कारगिल जाने का आदेश मिला। चूँकि मैं एनडीए बीट कवर करता था इस लिहाज से तत्कालीन रक्षा मन्त्री जॉर्ज फ़र्नांडिस से रोज़ संघर्ष के बारे में अपडेट लेने की जिम्मेदारी भी मुझे ही सौंपी गयी थी। ये ज़रूर है कि दिल्ली में बैठकर कारगिल के फुटेज का इस्तेमाल कर स्टोरी करने में कोई तुक नहीं थी। इसीलिए जब मुझे कारगिल जाने को कहा गया तो मेरी ख़ुशी का ठिकाना नहीं रहा।

मैंने कैमरामैन सतेन्दर नेगी के साथ श्रीनगर की उड़ान भरी और वहाँ एयरपोर्ट से टैक्सी लेकर सीधे कारगिल के लिए निकल पड़े। मुझे याद है पहले ही दिन संयोग से एक बड़ी स्टोरी हाथ लगी। उन दिनों कारगिल जाने वाली सड़कों पर सिवाए सेना के काफ़िले और मीडिया की गाड़ियों के कोई दूसरी गाड़ियों की

आवाजाही न के बराबर थी। द्रास पार करते ही हमने गुज़ारिश की कि हमें किसी फॉरवर्ड पोस्ट पर जाने दिया जाए। वहाँ तैनात सेना के वरिष्ठ अधिकारी से पहले ही इंटरव्यू में ये बात निकल आयी कि संघर्ष ख़त्म होने में अब ज़्यादा दिन नहीं बचे हैं और इन घटनाओं से सबक लेते हुए ये तय किया गया है कि इस बार सर्दियों में भी सेना अपनी फॉरवर्ड पोस्ट पर तैनात रहेंगी। पाकिस्तान और भारत के बीच एक अघोषित सहमति यही थी कि सर्दियों में फौज़ पीछे आ जाये। 1999 में भी ऐसा ही हुआ था लेकिन इसी का फायदा उठाते हुए पाकिस्तान ने घुसपैठियों को भारत की अग्रिम चौंकियों पर कब्ज़े के लिए भेज दिया था और इस तरह कारगिल संघर्ष की शुरुआत हुई थी।

उन दिनों आज की तरह सीधे प्रसारण के लिए बड़ी-बड़ी ओबी वैन नहीं हुआ करती थीं। चूँकि आज तक दूरदर्शन के लिए कार्यक्रम बनाता था लिहाज़ा कई जगहों पर उसे दूरदर्शन के केन्द्रों से अपलिंक की सुविधा भी मिलती थी। लेकिन ऐसा हर बार नहीं होता था। जब मैं शाम को कारगिल पहुँचा तो प्रभात से गर्मजोशी से मुलाकात हुई। दिल्ली के सारे पत्रकार होटल सियाचिन में अड्डा जमाए बैठे थे। मैंने प्रभाव को अपनी स्टोरी के बारे में ब्रीफ़ किया और तुरन्त टेप लेह भेजने का इन्तज़ाम हुआ।

रात को एक टैक्सी किराए पर लेकर लेह भेजी जाती थी ताकि वहाँ सुबह दिल्ली जाने वाली फ्लाइट के ज़रिए उसे दिल्ली ऑफ़िस भेजा जा सके। यानी एक दिन पुरानी स्टोरी ही ऑन एयर होती थी। ऐसा सभी टेलीविज़न संवाददाताओं के साथ था। लेकिन सीधे प्रसारण के नाम पर फोन इन कर सकते थे। इसके लिए एक सेटेलाइट फोन भी हमें दफ़्तर की ओर से उपलब्ध कराया गया था।

कारगिल में मेरे क़रीब एक महीने रहने के दौरान ऐसा कई बार हुआ भी। कई बार हम सीधे पाकिस्तानी सेना की गोलाबारी की जद में आए और सेटेलाइट फोन से सीधे दफ़्तर फोन कर इसे रिकॉर्ड भी कराया। इन फोन इन्स में पीछे रह-रहकर फट रहे गोलों की आवाज़ें भी सुनाई देती थीं।

प्रभात से बातचीत करने के बाद मैंने रुख़ किया बटालिक सेक्टर का। तब तक कारगिल से रिपोटिंग कर रहे पत्रकारों का अधिक फोकस द्रास और कारगिल के इलाक़ों पर ज़्यादा था। बटालिक कारगिल से दूर था और वहाँ से रोज़ कारगिल आकर लेह टेप भेज पाना सम्भव नहीं था।

रास्ते भर गोलों की आवाज़ें शान्त वादियों को हिलाती रहीं। बटालिक के हालात भी कारगिल या द्रास जैसे ही थी। बेस कैंप का इन्तज़ार करना ही ऊपर से क्या ख़बर आ रही है। धीरे-धीरे कर तस्वीर साफ़ होती गयी। घंटों-घंटों पाकिस्तानी सेना और घुसपैठियों से भारतीय सेना के बहादुर जवान मोर्चा लेते रहे।

कई बार आमने-सामने से फायरिंग हुई। नीचे से बोफोर्स का सपोर्ट और बीच-बीच में वायुसेना की भी सहायता।

कुछ दिन बटालिक में रूकने के बाद समझ में आ गया कि अब युद्ध समाप्ति की ओर है। चोटियों से जवान नीचे उतरने लगे थे। कुछ घायल कुछ मरणासन्न। लेकिन सबके चेहरे पर विजय का भाव साफ़ दिखता था। यहीं पर हमने पहली बार उस फोटो को देखा जिसमें प्वाइंट 4812 पर भारतीय तिरंगा लहरा रहा है। इस फोटो ने भारतीय फौज़ की जीत का ऐलान भी कर दिया था।

कारगिल के एक महीने के दौरान मौत कई बार नज़दीक से छूकर गुज़री। ऐसा तीन बार हुआ जब मैं और कैमरामैन सतेन्दर नेगी मरते-मरते बचे। पहली बार द्रास से कारगिल जाते वक़्त पाकिस्तानी फौज़ के हम सीधे निशाने पर आये। दरअसल, कारगिल में घुसने से पहले सामने की ओर एक ऐसी चोटी आती थी जहाँ पाकिस्तानियों ने अपनी गन लगा रखी थी। वो वहाँ से अक्सर कारगिल जाने वाली गाड़ियों पर गोलीबारी करते थे। इसीलिए वहाँ बोर्ड भी लगाया गया था 'सावधान दुश्मन आपको देख रहा है।' लेकिन सबसे ख़तरनाक अनुभव था द्रास से कुछ दूरी पर। एक दिन हम फील्ड हॉस्पिटल में घायलों के हालात पर स्टोरी कर वापस कारगिल की ओर आ रहे थे। अचानक हमने द्रास के नज़दीक भारतीय सेना के एक कैंप में तेज़ हलचल देखी। हमें बताया गया कि यहाँ से जल्दी ही एक बड़ा हमला होने वाला है ताकि चोटियों पर तैनात भारतीय जवानों को आगे बढ़ने और घुसपैठियों से सीधे मोर्चा लेने में मदद मिल सके। हम तुरन्त अपने कैमरों के साथ तैयार हो गये। इसी बीच, हमारे साथ चल रहे कुछ पत्रकार मित्रों ने सैटेलाइट फोन से ये जानकारी अपने दफ़्तरों में भी दे दी। अब ये पता नहीं कि ये ख़बर चलने की वजह से हुआ या फिर सेटेलाइट फोन के इंटरसेप्ट से या फिर किसी अन्य वज़ह से। सिर्फ़ आधे घंटे के भीतर जब हम हमले की तैयारी करती बोफोर्स तोपों की तस्वीरें खींच रहे थे तभी अचानक तेज़ धमाकों के साथ पूरे इलाक़े में पाकिस्तान की ओर ज़बर्दस्त गोलाबारी शुरू हो गयी। हमें सँभलने का मौक़ा तक नहीं मिल पाया। गोले बेहद नज़दीक आकर गिर रहे थे। वहाँ मौजूद सेना के एक वरिष्ठ अधिकारी ने हमें लगभग खींचते हुए बंकरों की दीवारों से सटा कर बैठा दिया। ये गोलाबारी क़रीब आधे घंटे तक चलती रही और ये गोले आस-पास ही गिरते रहे। लेकिन सबकी क़िस्मत अच्छी थी कि कोई बड़ा नुकसान नहीं हुआ।

कारगिल संघर्ष को कवर करना बेहद कठिन या मैं कहूँगा कि सबसे कठिन अनुभव था। उन दिनों आज जैसी सुविधाएँ नहीं थीं। टेलीविज़न शैशव अवस्था में था और उसके लिए ये एक बहुत बड़ी स्टोरी थी। हम भी अधिक अनुभवी नहीं थे। मौत से गुज़रने के जैसे अनुभव मेरे साथ हुए वैसे ही क़रीब-क़रीब सभी पत्रकारों

के साथ हुए जो एक-एक डेढ़-डेढ़ महीने तक कारगिल में डेरा जमा कर बैठे रहे।

लेकिन तीसरा मौक़ा तब आया जब कारगिल युद्ध की समाप्ति की औपचारिक घोषणा से पहले ही हमने दिल्ली वापस जाने का फैसला किया। तब हम कारगिल से श्रीनगर वापस आ रहे थे और जोजिला पास पार करने के बाद जब हमारी एम्बेसडर कार रफ़्तार पकड़ ही रही थी कि उसकी सीधी टक्कर सेना की डेढ़ टन गाड़ी में हो गयी। मैं कार में आगे बैठा हुआ था और मेरे सिर में गहरी चोट आयी। थोड़ी दूर जा कर फर्स्ट ऐड कराया और श्रीनगर पहुँचने के बाद डॉक्टर से मरहम पट्टी करायी। ऐसा लगा जैसे कारगिल के उस एक महीने में मेरा कोई इम्तहान चल रहा था। या एक दौड़ थी मौत के साथ। जिसने जाते-जाते तक मेरा पीछा किया।

दिल्ली पहुँचने के बाद भी मेरे दिमाग़ में कारगिल से की गयी वो पहली स्टोरी छायी रही जिसमें कहा गया था कि इस बार सेना सर्दियों में भी चोटियों पर तैनात रहेगी। इन्हीं दिनों मेरी मुलाक़ात रक्षा मन्त्री जॉर्ज फर्नांडिस से हुई जिन्होंने मेरी रिपोर्टिंग के लिए मुझे बधाई दी। तब मैंने उनसे पूछा कि क्या मेरे लिए दिसम्बर में कारगिल और सियाचिन ग्लेशियर का दौरा कर पाना मुमकिन हो पाएगा। उन्होंने कारण जानना चाहा तो मैंने बताया कि कारगिल संघर्ष के दौरान मैंने देखा है कि किस तरह जवान बेहद कठिन परिस्थितियों के बावजूद पूरे हौसले के साथ मैदान में टिके रहते हैं। मैं ये देखना चाहता हूँ कि सर्दियों में जबकि तापमान शून्य से चालीस डिग्री से भी नीचे चला जाता है और उन्हें जबकि इसकी आदत भी नहीं है तो वो कैसे पहली बार कारगिल, द्रास और बटालिक की चोटियों पर तैनात रहेंगे। उन्होंने पूछा कि सियाचिन किसलिए तो मैंने कहा कि वो तो दुनिया का सबसे ऊँचा युद्ध का मैदान है। गर्मियों में तो अक्सर पत्रकार वहाँ जाते रहते हैं। लेकिन सर्दियों में शायद कोई न गया हो कि वहाँ जवानों की क्या हालत और क्या हौसला है इसीलिए मैं कारगिल के साथ सियाचिन भी जाना चाहता हूँ।

उन्होंने पूरे सहयोग का वादा किया। जल्दी ही मुझे रक्षा मन्त्रालय की ओर से अग्रिम चौकियों पर जाने की और वहाँ आने-जाने के लिए वायु सेना के एक चेतन हेलीकॉप्टर का इस्तेमाल करने की अनुमति भी मिल गयी। इस बार मेरे साथ थे कैमरामैन प्रासिल और हमने दिल्ली से श्रीनगर के बजाए लेह के लिए उड़ान भरी।

दिसम्बर का महीना। लेह में विमान उतरते ही घोषणा हुई "लेह में आपका स्वागत है। बाहर का तापमान शून्य से 13 डिग्री नीचे है। हम आपके सुखद प्रवास की कामना करते हैं।" एयरपोर्ट से होटल पहुँचते-पहुँचते ही ठंड से बुरा हाल हो चुका था। कमरे में आते ही कम्बलों में घुस गये जो बिजली से जुड़े होते हैं और सर्दियों में ज़रूरत के मुताबिक उनका तापमान कम या ज़्यादा किया जा सकता है।

अगले दिन वायु सेना के अधिकारियों से मुलाकात के बाद हमें आगे जाने की

अनुमति दे दी गयी। हमारा परिचय कराया गया एयर फोर्स के दो जाबांज पायलटों से जो अगले एक हफ़्ते तक हमें सियाचिन, द्रास और कारगिल में अग्रिम पंक्तियों पर मौजूद चोटियों तक ले जाने वाले थे। उन्होंने हमें आगाह किया कि ख़ासतौर से सियाचिन की कुछ चोटियों पर ऑक्सीजन बेहद कम होती है और सर्दी बेतहाशा। इसलिए वहाँ जाने से पहले सियाचिन के बेसकैंप से ऑक्सीजन सिलेंडर और ख़ास सियाचिन के लिए बनी पोशाकों और जूतों को लेना ठीक रहेगा। उनकी चेतावनी ये भी थी कि हर हाल में सूर्य ढलने से पहले लेह वापस आना बेहद ज़रूरी है और अगर ऐसा नहीं किया तो रात चोटियों पर बने किसी बंकर में गुजारनी होगी जिसके लिए न तो मैं और न ही मेरे कैमरामैन प्रासिल शारीरिक रूप से तैयार थे। दरअसल, ऊँचाई पर जवानों को तैनात होने से पहले बेस कैंप में कई दिनों तक रखा जाता है ताकि उनका शरीर वहाँ के तापमान और ऑक्सीनज के हिसाब से अपने-आपको ढाल सके। हम ऐसा नहीं कर सकते थे क्योंकि हमें तो सिर्फ़ एक हफ़्ते के भीतर ही अपना काम निपटा कर वापस दिल्ली जाना था।

सबसे पहले हमने रुख़ किया द्रास का। कारगिल संघर्ष के दौरान हमें कभी किसी चोटी पर जाने का मौक़ा नहीं मिल पाया था। न ही हम ऐसा कर सकते थे क्योंकि इतनी चढ़ाई चढ़ना हमारे बस के बाहर था। हेलीकॉप्टर से सुविधा यही थी कि ऊपर उन चौकियों तक जाया जा सकता था जहाँ हेलीकॉप्टर के उतरने के लिए जगह हो। पहली ही चौकी पर पहुँच कर वहाँ तैनात जवानों के हौसले को दाद देने की इच्छा हुई।

हड्डियों को कंपकपाने वाली सर्दी, दूर-दूर तक बर्फ़ की सफ़ेद चादर ओढ़े, ऊँची-ऊँची चोटियाँ। खाने के लिए राशन भी पर्याप्त नहीं। पानी पीने के लिए पहले बर्फ़ को पिघलाना ज़रूरी। फिर भी, दुश्मन पर नज़र रखने के लिए खुले में चौकसी ज़रूरी। वैसे तब तक भारतीय सेना ने अपनी ओर से पूरी कोशिश की थी कि सर्दियों में जलवानों के तैनात रहने के लिए ज़रूरी सामग्री जैसे शीतावरोधी तम्बू, जूते, जर्सियाँ वग़ैरह उपलब्ध कराए जाएँ। लेकिन ये काम धीरे-धीरे हो रहा था। लिहाज़ा पहली स्टोरी यही बनी कि विपरीत परिस्थितियों और कम संसाधनों के बावजूद जवान दुश्मन से मोर्चा लेने के लिए इस बार सर्दियों में भी तैनात हैं। द्रास, कारगिल और बटालिक की चोटियों पर जवानों से लगातार बातचीत करते हुए कारगिल संघर्ष के दिनों की याद ताज़ा करते हुए मैंने इन जवानों के हौसले को बार-बार सलाम किया। जो देश की सीमा की हिफ़ाजत के लिए अपने घर-बार से दूर ऐसे माहौल में हैं जहाँ रहने के लिए उनका शरीर आदी तक नहीं है।

यहीं इसी इलाक़े में एक दिन हो गयी गड़बड़। पायलट हमें पहले ही बता गये थे कि चार बजे तक हर हाल में हमें अपना शूट पूरा कर लेना है नहीं तो पाँच

बजे तक लेह नहीं पहुँच पाएँगे। उस दिन उन्हें आने में देरी हो गयी और हमें लेह पहुँचने में। पहले तो लगा कि शायद वो आएँगे ही नहीं और हमें रात बंकर में ही गुज़ारनी होगी। वो भी किसी जवान के हिस्से का बिस्तर और गर्म कपड़े लेकर। लेकिन संयोग से ऐसा नहीं हुआ। लेकिन लेह पहुँचते-पहुँचते रोशनी जा चुकी थी।

फिर नम्बर आया सियाचिन का। दुनिया का ये सबसे ऊँचा युद्ध का मैदान जहाँ भारतीय सेना की मजबूरी है कि वो सर्दियों में भी टिकी रहे नहीं तो दूसरी ओर तैनात पाकिस्तानी सेना आकर भारतीय चोटियों पर कब्ज़ा कर लेगी। हर साल भारत का करोड़ों रुपया इस कवायद में खर्च होता है। लेकिन चूँकि दुश्मन तो दुश्मन है उनका भरोसा नहीं किया जा सकता। इसलिए सियाचिन के इलाक़े से फौज़ों को पीछे खींचने का तो सवाल ही नहीं उठता।

सियाचिन बर्फीला रेगिस्तान है। जिसकी हिफाजत करना बेहद हिम्मत वालों का ही काम हो सकता है। हम सियाचिन में दो चौकियों पर गये। दोनों ही जगह जवानों ने बेहद गर्मजोशी से हमारा स्वागत किया। उन्हें ये जान कर बेहद ख़ुशी हुई कि वो जिन हालात में रह रहे हैं उनके बारे में हम आज तक के माध्यम से पूरे देश को बताने जा रहे हैं। यहीं एक जगह ऑक्सीनज की कमी की वजह से मैं हेलीकॉप्टर से उतरते ही गिर पड़ा। ख़ैर समय रहते ऑक्सीजन का सिलेंडर होने की वजह से कोई अनहोनी होने से बच गयी।

दिल्ली आने पर आज तक में जब ये स्टोरीज़ जब दिखाई गयी तो ज़बर्दस्त प्रतिक्रियायें मिलीं। ख़ासतौर से हिन्दी दर्शकों के लिए ये उस रोमांच का एक्सटेंशन था जो उन्होंने मई से लेकर जुलाई में कारगिल संघर्ष के दौरान देखा था। पहली बार हिन्दुस्तान में टीवी दर्शकों ने अपने ड्राइंग रूम में बैठकर भारत और पाकिस्तान को लड़ते हुए सीधे देखा था। सर्दियों में जवान किस तरह से सीमाओं की हिफ़ाज़त कर रहे हैं और भारत सरकार उन्हें पूरी सुविधाएँ उपलब्ध कराने में किस तरह नाकाम रही है इसे लेकर भी बाद में कई अख़बारों और टेलीविज़न चैनलों में फॉलो-अप किया गया। तब पूर्व कांग्रेस अध्यक्ष सीताराम केसरी से जब मैं मिला था उन्होंने ये सवाल पूछा भी कि आख़िर इतनी सर्दी में मैं इतने दिनों तक सियाचिन और कारगिल जैसे इलाक़ों में कैसे रह पाया। मैंने उन्हें भी इस बात की जानकारी दी कि वहाँ जवानों की सुविधाओं के लिए अभी कई क़दम और उठाये जाने चाहिये ताकि ऐसा न हो कि दुश्मन की गोली से कम और ठंड की वजह से हमारे अधिक जवान मारे जाएँ।

मुझे लगता है कि कारगिल संघर्ष के कुछ महीनों बाद सर्दियों में इन इलाक़ों का जायजा लेना बेहद ज़रूरी था। ऐसा लम्बे समय बाद हो रहा था जब सर्दियों में भी भारतीय फौज़ की तैनाती वहाँ हो रही थी। हालाँकि इस बात की सम्भावना

बेहद कम थी कि कुछ महीनों पहले ही युद्ध में मार खाने के बाद पाकिस्तान फिर कोई नाजायज हरक़त कर पाएगा। लेकिन जवानों के हालात के बारे में देश को बताना बतौर पत्रकार मेरा धर्म था और मुझे इस बात की बहुत ख़ुशी भी हुई कि मैं ऐसा कर पाने में क़ामयाब रहा।

कुल मिला कर पहले कारगिल संघर्ष और उसी साल दिसम्बर में सियाचिन और कारगिल की चोटियों से रिपोर्टिंग एक ऐसा अनुभव रहा जो मैं अपने जीवन में कभी भुला नहीं सकता। एक रिपोर्टर कभी भी अपनी पुरानी स्टोरी को बेहतरीन नहीं बता सकता क्योंकि उसके कैरियत में सबसे अच्छी स्टोरी आनी हमेशा बाक़ी होती है। लेकिन ये एक ऐसा मुकाम था जिसने मुझे जीवन के आगे बढ़ने में बेहद मदद की।

कारगिल के दस साल पूरे होने वाली दिन यानी विजय दिवस पर मैं दफ़्तर में काम कर रहा था। अचानक न्यूज़ रूम में लगे अनगिनत टेलीविज़न सेट में से किसी एक से आती मेरी ही अपनी आवाज़ ने मुझे चौंका दिया। ये आज तक था जिसे 24 घंटे का न्यूज़ चैनल बने नौ साल हो चुके हैं। ये कारगिल के दस साल पर ख़ास पेशकश कर रहा था और मुझे आश्चर्य के साथ प्रसन्नता भी हुई कि उसमें मेरी स्टोरीज़ को भी शामिल किया गया। कारगिल के वो तीन महीने पूरी टेलीविज़न पत्रकारिता के लिए बेहद कड़ी चुनौती थे। उसके बाद टीवी रिपोर्टरों के बारे में काफ़ी कुछ कहा गया और लिखा गया। मेरे जीवन में ये पहला मौक़ा है जब दस साल बाद मैं अपनी रिपोर्टिंग को इस तरह याद कर रहा हूँ, ताकि सनद रहे।

आस्था का बाज़ारीकरण

सुशील सिद्धार्थ

यह लेख आस्था शब्द के औचित्य-अनौचित्य पर कोई बहस नहीं है। भारतीय समाज में 'आस्था' से सामान्यतया जो यथासम्भव अर्थ लिया जाता है उसको ध्यान में रखकर तमाम चैनलों पर उसके साथ हो रहे सुलूक को रेखांकित करने की कोशिश की जा रही है। वैसे उम्मीद तो यह थी कि तमाम वैज्ञानिक प्रगति के बाद उन बातों पर ज़्यादा सार्थक बातचीत हो सकेगी जो हमारे समाज में अरसे से वाद-विवाद-संवाद का कारण बनी हुई हैं। ऐसा हो नहीं रहा है। राहुल सांकृत्यायन ने 'तुम्हारी क्षय' पुस्तक में जिन मुद्दों पर हल्ला बोला था, मीडिया उन्हीं की जय बोल रहा है। ब्राह्मणवादी तौर तरीकों को एक व्यापक मंच मिल गया है। यह एक नये कर्मकांड-युग का अवतरण है, जो चैनलों के माध्यम से सम्भव हुआ है।

चैनलों पर इस तरह के जो कार्यक्रम चल रहे हैं वे प्राय: राशिफल (दैनिक, साप्ताहिक और वार्षिक), ग्रह योगायोग, तन्त्र-मन्त्र-यन्त्र, टोना-टोटका, धर्म और अध्यात्म से जुड़े प्रवचन, पुनर्जन्म और पौराणिक प्रसंगों आदि से सम्बन्धित हैं। चैनलों की पंडापन्थी प्रवृत्ति ने इस क्षेत्र की सकारात्मक सम्भावनाओं का जमकर संहार किया है। उदाहरण के लिए ज्योतिष। ज्योतिष (इसमें भी विशेषकर गणित पक्ष) एक ऐसी विधा है जो कई विश्वविद्यालयों में पढ़ी-पढ़ाई जा रही है। यदि इस पर केन्द्रित कार्यक्रम कुछ ऐसे होते कि ज्योतिष में रुचि लेने वाले बहुत सारे लोगों के लिए इसे जानना, इस पर बात करना सुगम होता तब बात बनती। इसके तार्किक और यथासम्भव वैज्ञानिक पक्ष पर पूरी दुनिया में तरह-तरह से इतना अनुसन्धान हुआ है कि चैनल बरसों तक अपने कार्यक्रम डिजाइन करते रहें। लेकिन चैनलों पर ज़्यादातर चोगाधारी पोंगा पंडितों की मौज है। हर चैनल पर सुबह कोई-न-कोई आज का राशिफल, राहुकाल और विभिन्न राशि के जातकों को उपाय बता रहा है। विजुअल मामला है, इसलिए टीका-फटका, मणि मणक्का, हाव-भाव-प्रभाव, स्पेशल तकनीकी इफेक्ट सब चुस्त और दुरुस्त हैं। अवधी में कहावत है कि 'भेस से भीख मिलत है'। ये चैनल भेस बनाकर भीख माँग रहे हैं। हद तो

यह है कि किसी भी बड़ी घटना से पहले (क्रिकेट का विश्वकप, नया वर्ष आदि) चैनलों पर बाबाओं की बुकिंग बढ़ जाती है। बाबा मैं प्रवृत्तिवश कह रहा हूँ, अन्यथा युवा बाबाओं की बहार ज़्यादा है। और पता नहीं कौन इनको आचार्य, ऋषि, महाराज, पूज्यश्री, विश्वसन्त, 1008 और मंडलेश्वर की पदवियाँ/उपाधियाँ दे देता है। ज़्यादातर स्वयम्भू आचार्य और पूज्यश्री हैं। एकाध अपवाद छोड़ दें तो सभी अपनी बॉडी लैंग्वेज (और बॉडी पर्याप्त दुष्ट-पुष्ट होती है) से त्रिकालज्ञ होने का सन्देश देते हैं। क्योंकि तर्क, संशय या प्रश्न सबसे पहले इस बाज़ारीकरण की प्रक्रिया को ही रोकते हैं। ये सभी कम्प्यूटर वाले और लैपटापित होते हैं। इधर प्रश्न उधर विधाता का उत्तर। कुछ भी अज्ञेय नहीं, कुछ भी असम्भव नहीं। और समस्याएँ?

"बाबाजी मेरी कुंडली..."

"तुम सीधे प्रश्न पूछो बेटे... मैं सब कुछ स्पष्ट देख रहा हूँ।"

"बाबाजी मैं कम्प्यूटर इंजीनियर हूँ... दो साल से बेकार...।"

"मैं समझ गया। ऐसा करो बुध वाले दिन पाव भर पालक ले लो। आगे से आधी का साग बनाकर तुम खा लो और पीछे की आधी किसी साँड़ को खिला दो। तुम्हें जल्द कोई हाईटेक सर्विस मिल जाएगी।"

इन चैनलों पर कभी ज्योतिष की प्रामाणिक पुस्तकों और प्रामाणिक पत्रिकाओं का ज़िक्र नहीं होता। 'द एस्ट्रोलॉजिकल मैगज़ीन' (संस्थापक : डॉ. बी.वी.रमन) जैसी बहुपठित पत्रिका की चर्चा करके इन कार्यक्रमों को संगत बनाना सम्भव है, कुछ आधुनिक दृष्टि वाले ज्योतिर्विदों को लाकर सार्थकता बढ़ाई जा सकती है, लेकिन बाज़ारू सोच को इतना अवकाश कहाँ है। एक बार जब क्रिकेट विश्व कप में भारत बांग्लादेश के हाथों पिट कर बाहर हुआ था तब तो चैनलों ने इतिहास बना दिया था। कुंडली, चेहरा, प्रश्न, टैरो कार्ड, जादुई गोला, हस्तलिपि, स्वर विज्ञान—सबके महारथी चैनलों पर जमे थे। कोई बता रहा था कि सचिन सेमीफाइनल में सेंचुरी मारेगा, कोई कह रहा था कि अमुक गेंदबाज फलाँ टीम के ख़िलाफ़ सात विकेट लेगा। सब त्रिकालज्ञ थे। मुम्बई में बैठी एक महिला तो जादुई गोला सहला-सहला कर कह रही थी कि मैं इसमें वह फील्ड प्लेसिंग भी देख रही हूँ जो आस्ट्रेलिया भारत के विरुद्ध लगाएगा। जब बंटाधार हो गया तब चैनलों को चाहिए था कि पुरानी रिकार्डिंग दिखाकर इनकी ख़बर लेते। मगर 'सबकी ख़बर ले सबकी ख़बर दे' केवल एक वाक्य है, अपनी ख़बर चैनल कभी देते ही नहीं। यह सब एक विराट प्रहसन है। बहुत-से लोग तो इन कार्यक्रमों को 'लाफ़्टर चैलेंज' की तरह ही ट्रीट करते हैं। 'विदुष' को 'विदूषक' बना डालना चैनलों का पराक्रम है। यानी, ज्योतिष में जितना भी सच है, उसको मार्केटिंग का 'टच' देकर उन्होंने ठिकाने लगा

दिया। जबकि लोग (जो इन विषयों में रुचि लेते हैं) क़ायदे के कार्यक्रम देखना चाहते हैं। कुछ लोग ही जानते होंगे कि इन कार्यक्रमों का स्क्रिप्टीकरण भी होता है। पर्दे पर ज्ञान बूँकने वालों को 'फीड बैक' दिया जाता है। एक उदाहरण। पिछले वर्ष की मकर संक्रान्ति से एक सप्ताह पूर्व। कवि लीलाधर जगूड़ी की पत्नी का फोन आया कि 'तीन देवियों' वाले चैनल में उनकी बेटी काम कर रही है। उसे किसी देवी को मकर संक्रान्ति पर दो फुलस्केप लिखकर देना है, आप दे दीजिए। इन पंक्तियों के लेखक ने मैटर जुटाया और दे दिया, जिसे एक देवी ने पूरी गरिमा व गर्जना के साथ पेश किया। इस बाज़ारीकरण में स्त्रियाँ भी बराबर की शरीक हैं। एक चैनल पर दो-तीन महिलाएँ आती हैं, जिनमें एक अपने लुक से विदेशी लगती है। प्रसंगवश जानना ज़रूरी है कि इस धन्धे में विदेशी ज्ञान, विदेशी लुक और पटपटिया अँग्रेज़ी का ज्ञान एक नया पैसा घसीटू रंग भर देता है। तो ये महिलाएँ 'लाइव शो' करती हैं। बार-बार कहती हैं कि मेरी बरसों की तपस्या का फल एक बार चखिये तो सही। मुझे न धन चाहिए न मान, मैं तो आपकी सेवा के लिए ही आई हूँ। अन्दाज़ ऐसा कि ''मैं अब से पहले सितारों में बस रही थी कहीं, मुझे चैनल पे उतारा गया है तेरे लिए।'' इनका सतही ज्ञान और ठग विद्या का जलवा देखकर एक विज्ञापन याद आता है, ''ऐसा कोई सगा नहीं, जिसको हमने ठगा नहीं।'' चैनल पर चल रहे भविष्य बाँचू प्रोग्राम पहले सगते (सगा बनाते) हैं फिर ठगते हैं।

हाल ही में पिछले जन्मों की यात्रा कराने वाला एक कार्यक्रम शुरू हुआ है। पुनर्ज़न्म, पाप, पुण्य, दंड, प्रायश्चित्त आदि शब्दों पर कर्मकांडियों ने जो साम्राज्य खड़ा किया था, वह धीरे-धीरे ढह रहा था। चैनलों की कृपा से वह फिर खड़ा हो रहा है। इस कार्यक्रम से साबित किया जा रहा है कि इस जन्म में तुम्हारे साथ जो कुछ ग़लत हो रहा है उसके कारण पिछले जन्मों में हैं। यह पुराना सवर्णवादी हथकंडा है, जिसके विरुद्ध कबीर, रैदास, ज्योतिबा फुले और बाबासाहब आम्बेडकर जैसों ने अपना पूरा जीवन लगा दिया। हिन्दी और तमाम भारतीय भाषाओं के अनेक रचनाकारों ने इस सोच को बार-बार ध्वस्त किया। चैनल ने मनुवादियों को नया चमचमाता मंच दे दिया है। इसकी देखादेखी कर्मकांडी कार्यक्रमों के रजत-पथ पर चलने वाले चैनल ने कई दिन तक एक प्रोग्राम दिखाया। सेना के एक रिटायर्ड ऑफ़िसर भी पिछले जन्म के साथ परमात्मा से आमना-सामना करवाने का दावा कर रहे थे। उनके साथ की एक महिला ने बताया कि ऑफ़िसर की कृपा से वे जीसस, राम और कई सिद्धपुरुषों से मिलीं। एक पुरुष ने गद्‌गद् होकर बताया कि उन्होंने श्रीराम से काफी देर तक बात की। बताते हैं प्रोग्राम की टीआरपी काफ़ी हाई गयी। पुनर्जन्म और पाप-पुण्य की थ्योरी पर कई चैनल कार्यरत

बताये जाते हैं। ज़ाहिर है बाज़ार में एक चैनल कोई नया माल लाया है तो औरों को लाना ही है। ...मतलब मान लिया जाए कि यदि कोई वंचित, पीड़ित और दमित है तो इसका कारण सामाजिक व्यवस्था नहीं, इसका कारण पूर्वजन्म और उनके पाप हैं। बहुत पहले उदयप्रकाश ने नामवर सिंह का एक इंटरव्यू लिया था जो 'सारिका' में कई क़िस्तों में छपा था, उसमें नामवर सिंह ने किसी बात पर कहा था कि यह निर्मल का बाबावाद है। 'बाबावाद' शब्द चैनलों की इस प्रवृत्ति पर ज़्यादा सटीक है।

चैनलों पर धर्म और अध्यात्म से जुड़े प्रवचनवादी कार्यक्रमों की धूम मची हुई है। कुछेक को छोड़कर बाक़ी का स्वांग देखने लायक है। एक सज्जन का दावा है कि वे दुनिया के सारे धर्माचार्यों से मिल चुके हैं। यह भी कि उनके द्वारा दिये जा रहे बीज मन्त्रों के जप से ऐसा कोई कष्ट नहीं जिसका शमन न हो जाए। वे अपने समर्थन में अरुण गोविल और 'महाभारत' धारावाहिक के कुछ अभिनेताओं को लाते रहते हैं, ताकि जनता का भावनात्मक शोषण किया जा सके। लगभग पाँच ऐसे प्रवचनकर्ता हैं जो अपने-अपने दरबार में हाज़िरी लगाने का आग्रह कर रहे हैं। इन सबसे तो वे प्रवचनकर्ता बेहतर हैं जो भगवत कथा या रामकथा सुनाते रहते हैं। पता नहीं कहाँ से आकर ये तथाकथित 'आध्यात्मिक व्यक्तित्व' अपूर्व घोषणाएँ करते हैं। यदि इनके व्यवहार और इनकी शैली (जो चैनल पर दिखती है) की पड़ताल करें तो ये स्त्री विरोधी वाक्यों/भंगिमाओं से भरे रहते हैं। नारी की निन्दा करने के लिए ये 'माया' की शब्दावली अपनाते हैं और 'नारी नरक का द्वार' इसकी व्याख्या करते हैं। दम्भ, पाखंड और वाग्विलास से भरे प्रवचन कर्ता अलबत्ता इतना जानते हैं कि कौन-सी चीज़ हिसार में बिकेगी कौन-सी बदायूँ में। कहाँ 'राधे राधे' कहने से लाभ है, कहाँ 'जयश्रीराम' बोलना है। यहाँ पर्व त्यौहार पर होने वाले आयोजनों को शामिल नहीं किया जा रहा है, जोकि चैनलों के चलते यहाँ प्रदर्शन प्रमुख है, श्रद्धा गौण। सिर पर कलश उठाये स्त्री-पुरुष और धर्मध्वजाएँ फहराता जनसमुदाय—एक भावुक बिम्ब तो बनाते ही हैं। बाज़ार इसी भावुकता से लाभ उठाती है। कहा गया है कि 'रमैया की दुलहिन लूटै बजार।' सच्चाई यह है कि आज चैनल बाज़ार लूट रहे हैं।

एक काम तो और भी अद्‌भुत हो रहा है। कई चैनलों पर नज़र रक्षायन्त्र बेचे जा रहे हैं। टेलीशॉपिंग की पद्धति भी आस्था के बाज़ारीकरण का मज़बूत हथियार है। इस 'नज़र रक्षा यन्त्र' कार्यक्रम में कई तरह के उदाहरण आते हैं। दोस्त, चाची सा, पड़ोसन, चाची, भाभी आदि आते हैं और नज़र लगाते हैं अर्थात् सब चौपट कर देते हैं। विज़ुअल ऐसा बनाया है कि नज़र मारू चरित्र नज़र खाऊ चरित्र पर अपनी आँखों से 'लेज़र बीम' जैसी डालते हैं। काम बिगड़ता है और एंकर आग्रह

करती है कि 'मेरी बात मानकर एक बार नज़र रक्षा यन्त्र पहन कर तो देखिए।' एक युवा आकर्षक महिला एंकर तो इतना इठलाकर इसरार करती है कि कई बाज़ारू अदाएँ भी बौनी हो जाती हैं। आस्था के बाज़ारीकरण में चैनल स्त्रियों का भाँति-भाँति से इस्तेमाल कर रहे हैं। 'विज्ञापनों में स्त्री देह के प्रयोग' पर अक्सर बहस चलती ही रहती है।

तो क्या केवल चैनल ही दोषी हैं! क्या इस जनसमूह का कोई पक्ष नहीं बनता जो ऐसे कार्यक्रमों को देखता है, चर्चा करता है, लाइव शो में प्रश्न पूछता है और पाखंड की एक 'आधुनिक सुरंग' में आगे बढ़ता रहता है। अगर इन कार्यक्रमों को कोई देखता ही नहीं, तब इनकी टीआरपी कैसे बढ़ती है। यशपाल ने 'झूठा सच' उपन्यास में एक स्थान पर कहा है कि 'फूट डालो और राज करो' का जुमला उछालकर देश की दुर्दशा के लिए केवल अँग्रेजों को दोषी ठहराना पूरी तरह सही नहीं है। अगर हममें फूट के मौक़े नहीं हैं और हममें ग़ुलामी की मनोवृत्ति नहीं है तो कोई क्या तो फोड़ेगा और क्या राज करेगा। दीवाल में जहाँ स्पेस होता है वहीं कील ठुकती है। ...यह कड़वा सच है कि भारतीय जनता का बहुत बड़ा हिस्सा ऐसे कार्यक्रमों को 'फॉलो' करता है। उसकी ओर से कभी यह दबाव नहीं बनता दिखता कि बाज़ारीकरण की इस प्रवृत्ति पर रोक लगाई जाए। अभी तो स्थिति बाज़ारीकरण से भी आगे बढ़ चुकी है। अभी 'मदारीकरण' की स्थिति है। चैनल कार्यक्रमों की डुगडुगी बजाकर बन्दर-बन्दरिया की तरह आस्था-विश्वास को नचा रहे हैं। तुलसीदास ठीक कह गये है, 'झूठइ लेना झूठइ देना/झूठइ भोजन झूठ चबेना।'

आतंक और डर भी फैलाता है मीडिया

राजीव रंजन

मुम्बई हमले के एक साल हो गये, हर जगह एक ही चर्चा 26/11 से क्या सीखा... क्या खोया क्या पाया... कहाँ-कहाँ चूक हुई।

अगर दोबारा ऐसी नौबत आती है, तो उससे कैसे निबटेंगे।

क्या वजह है कि मुम्बई के बाद देश में कोई बड़ा हमला नहीं हुआ... लेकिन इन सबके बीच एक बड़ा सवाल ये भी है कि सुरक्षा से जुड़े मुद्दे पर मीडिया को हिस्टीरियाई दौरे क्यों आने लगते हैं? क्या इस पर सोचने समझने की ज़रूरत नहीं है? क्या हम क़ाबिल लोग इतने नादान हैं? वजह इसे लेकर किसी सरकारी सिस्टम की कमी है या फिर ख़बरों को सनसनीखेज तरीके से परोसना ताकि ज़्यादा-से-ज़्यादा लोगों का ध्यान खींचा जा सके।

पहले बात करते हैं मुम्बई पर हमले की... पहली बार देश पर ऐसा आतंकी हमला हुआ, जिसने हर किसी को झकझोर दिया।

हमले के दौरान एक चैनल आतंकवादी का लाइव फोन-इन चलाता है, ताकि आतंकियों को भोंपू मिल जाए राष्ट्र के नाम सन्देश देने का। एक सांसद मीडिया चैनल को फोन करके बताता है कि उनके अलावा और भी कई लोग वहाँ फँसे हुए हैं। एक चैनल का रिपोर्टर दावा करता है कि फलाँ होटल के एक हिस्से में सैकड़ों लोग फँसे हुए हैं। एनएसजी कमांडो नरीमन हाउस पर हेलीकॉप्टर से उतर रहे हैं, लोगों को अपडेट करने के लिए इन्हें दिखाया जाना कितना ज़रूरी था। ताज होटल के बिल्कुल नजदीक जाकर मीडिया वाले आतंकी हमले का लाइव ब्यौरा दे रहे थे। बकौल एक रिपोर्टर, वो होटल के एक कोने में जाकर भविष्यवाणी कर रहा था कि यहाँ थोड़ा अँधेरा है लिहाजा रात ढलते ही सुरक्षाबल यहीं से अपनी कार्रवाई शुरू कर सकते हैं। दूसरा कोई मोर्चा नहीं दिख रहा। ऐसा लगा, मानो सुरक्षा बलों की जगह मीडिया को ही आतंकवादियों के ख़िलाफ़ जंग लड़नी है। ऐसा इसलिए हुआ, क्योंकि कोई तय करने वाला नहीं था कि मीडिया की हदें क्या हों... और मीडिया ख़ुद अपनी हदें तय नहीं करता, कभी करता भी है, तो अपने मतलब और मनमुताबिक। वहीं ओबराय में हालात दूसरे थे। सेना के अधिकारियों ने 500 मीटर

दूरी से मीडिया को कवरेज की इजाज़त दी। फायदा ये हुआ कि कौन किधर से आ रहा है और किस तरह ऑपरेशंस को अंजाम दिया जा रहा है, इस बारे में किसी को कानों कान खबर तक नहीं हुई। ये सारी घटनाएँ सीमा पार बैठा आतंकियों का आका टीवी में देख रहा होता है। फिर क्या था वो ये सारी बातें फोन पर होटल पर कब्जा जमाये आतंकी को बता देता है। आतंकी को तो मुँह माँगी मुराद मिल जाती है। इसके बाद ही वो अपनी रणनीति में बदलाव करता है, शुक्र मनाइए कि मुम्बई में आतंकियों को उतनी क़ामयाबी नहीं मिल सकी। सिर्फ़ एनडीटीवी इकलौता चैनल रहा, जो सुरक्षा बलों की कार्रवाई की तस्वीरें लाइव न दिखाकर रिकार्डेड दिखा रहा था। साथ में अपने दर्शकों को ये भी बता रहा था कि हम सुरक्षा वजहों से ऑपरेशन डिटेल्स नहीं दे रहे हैं।

मुम्बई हमले में 185 लोग मारे गये, जबकि अमेरिका में 9/11 हमले में 2,500 से 3,000 लोग मारे गये। लेकिन वहाँ मीडिया ने न तो ख़ून और न कोई शव दिखाया। जबकि अपने यहाँ तो हर शव का ब्यौरा ब्रेकिंग न्यूज़ बनाकर चलाया गया। ये समझने की ज़रूरत कतई नहीं महसूस की गयी कि ताज या फिर ओबराय पर हमले से आतंकी जो न हासिल कर पाये, उसे हमारे चैनलों ने पार बैठे दुश्मनों को हासिल करा दिया।

इसके बाद तो मीडिया ने आतंक की लड़ाई को ख़ुद की लड़ाई बना ली... ये मीडिया के दबाव का ही नतीजा था कि पहले महाराष्ट्र के होम मिनिस्टर आर.एस. पाटिल, फिर मुख्यमन्त्री विलास राव देशमुख और अन्ततः केन्द्रीय गृहमन्त्री शिवराज पाटिल को अपने पद से हाथ धोना पड़ा। हर अख़बार से लेकर चैनल में आतंकी खबरों को जगह की बात तो दूर, हेडलाइन मिलने लगी। ऐसा लगा कि मानो देश फिर से दहशतगर्दी से उबर ही नहीं पाएगा। चैनलों ने भी अपना एजेंडा बदल दिया। कभी स्वर्ग की सीढ़ी और धरती के विनाश की ख़बरें दिखाने के बाद लगा कि आतंकवाद ही टीआरपी देने का सबसे बढ़िया ज़रिया है।

फिर आया तालिबान का दौर। हर चैनल अपने हिसाब से तालिबान की ख़बरें देने लगा। इस्लामाबाद से कुछ दूर तालिबान... आगे बढ़ते-बढ़ते यहाँ तक कह दिया गया कि तालिबान से दिल्ली दूर नहीं है। ब्रेकिंग-पर-ब्रेकिंग न्यूज़, मानो अब तालिबान भारत को तबाह कर करके ही मानेगा... लेकिन अभी तक ऐसा कुछ भी नहीं हुआ। हाँ, पाकिस्तान पर ज़रूर तालिबान अपना कहर बरपा रहा है। बीच में ये भी ख़बर आयी कि कश्मीर में भी तालिबान दाखिल हो चुका है, लेकिन फिर बाद में सेना की ओर कहा गया कि इन ख़बरों में कोई दम नहीं है, ये महज कोरी कल्पना हैं।

फिर हौवा खड़ा किया गया चीन का। हद हुई चीनी घुसपैठ की ख़बरों को

लेकर। ऐसा लगा कि मानो चीनी ड्रैगन बस हमें निगलने वाला है। तकरीबन हर अख़बार से लेकर चैनलों में होड़ लग गयी कि आम दर्शकों को चीन रूपी विकराल दैत्य से कौन कितना डरा सकता है। तथ्य ये है कि 31 अगस्त को चीनी सेना लद्दाख इलाक़े में डेढ़ किलोमीटर तक घुस आयी थी। उस ख़बर को दो हफ़्ते बाद इस तरह पेश किया गया कि मानो ये आज की घटना है। इसके एक हफ़्ते पहले ही आर्मी चीफ दीपक कपूर बोल चुके थे कि कोई गम्भीर बात नहीं है, क्योंकि हमारा और चीन का सीमा को लेकर अलग-अलग नज़रिया है। विवाद के मुद्दे दोनों देशों के बीच होने वाली बार्डर पर्सनल मीटिंग में उठाये जाते हैं। लेकिन इस बात का न तो किसी अख़बार ने ज़िक्र किया और न ही किसी चैनल ने।

हद तो तब हो गयी जब अँग्रेजी के सबसे बड़े कहे जाने वाले अख़बार ने दावा किया कि चीन की ओर से हुई गोलाबारी में भारत तिब्बत सीमा पुलिस के दो जवान घायल हो गये हैं, वो भी फ्रंट पेज पर छपी ख़बर के जरिये। जबकि ऐसी कोई घटना हुई ही नहीं थी। बाद में जब दबाव पड़ा, तो अन्दर के पन्ने पर एक छोटी-सी ख़बर लगा दी गयी कि ऐसी घटना की कोई पुष्टि नहीं हो पायी है। मीडिया के साथ-साथ चीन मामलों के कई जानकारों के विचारों से भी ऐसा लगा कि दोनों देश एक-दूसरे की जान के दुश्मन बने हुए हैं।

इन चैनलों या विशेषज्ञों को भारत के विदेश मन्त्रालय, भारत तिब्बत सीमा पुलिस या फिर थलसेना और वायुसेना के भी इन बयानों का कोई मतलब नहीं था कि सीमा पर न तो कोई विवाद हो रहा है और न ही भारतीय वायुसीमा का उल्लंघन हो रहा है। उधर, चीनी मीडिया में लगातार इस तरह की कहानियाँ आयीं जिससे लगा कि भारत चीन को लेकर युद्दोन्माद से होकर गुज़र रहा है।

असलियत ये है कि भारत और चीन को बाँटने वाली वैसी कोई रेखा नहीं है जैसी भारत और पाकिस्तान के बीच है। भारत और चीन के बीच जो वास्तविक नियन्त्रण रेखा है, उसकी ठीक से पहचान नहीं हुई है। इसी वजह से दोनों देशों के अपने-अपने दावे हैं। हक़ीक़त ये है कि सीमा पर न केवल चीनी सैनिक कई बार भारतीय इलाक़े में आ जाते हैं, बल्कि भारतीय सैनिक भी पेट्रोलिंग करते हुए कई दफा चीनी इलाक़े में घुस जाते हैं, पर बार्डर पर इस बात को लेकर मोटी सहमति है कि अगर दोनों मुल्कों के पेट्रोल आमने-सामने दिखें तो मिल बैठकर मामले को सुलझा लें और दूसरे देश की सेना पीछे चली जाए। यही वजह है कि सीमा पर कोई बड़ी झड़प की बात सामने नहीं आयी है।

तथ्यों को लेकर भी काफ़ी अतिरंजना दिखी। अख़बार से लेकर चैनल तक। सेना प्रमुख कहते हैं पिछले साल चीन की ओर से 23 दफा घुसपैठ हुई, लेकिन सभी ने दावे किये कि चीन की ओर से 223 दफा घुसपैठ हुई, यानी 23 को 223

कर दिया गया। एक और बात, इसी दौरान साल भर पुरानी ख़बर को ऐसे पेश किया गया, मानो ये आज की ख़बर है और भारतीय सेना चीन पर हमला करने जा रही है। सिक्किम इलाक़े में टी-72 टैंक की मौजूदगी को ऐसे पेश किया गया, मानो ये टैंक चीन पर हमला करने जा रहे हैं। अपनी ख़बर को धारदार बनाने वाले सबसे तेज़ चैनल ने इसे भारत का सबसे बढ़िया टैंक तक करार दे दिया, जबकि सच्चाई ये है कि ये सेना का रेग्युलर मूवमेंट था, जिसमें सेना की तैयारियों को चेक किया जाता है। एक बात और आपको बता दें, टी-72 बहुत पुराना टैंक है और भारत का सबसे आधुनिक व बेहतर टैंक टी-90 है। ये ही नहीं कई चैनलों ने तो लद्दाख से ही चीनी सीमा से हो रही अवैध घुसपैठ को लेकर ऐसे रिपोर्टिंग की, मानो वो सीमा पर खड़े थे, जबकि यहाँ से चीन क़रीब तीन सौ से साढ़े तीन सौ किलोमीटर क़ी दूरी पर है।

कहने का मतलब ये है कि अगर चैनलों और अख़बार को चीन के बारे लिखना और दिखाना है, तो असली ख़बरें लिखें और दिखाएँ। वे बताएँ कि हमारी सीमा पर बुनियादी ढाँचा कितना कमजोर है कि हमारी सेना संख्या के साथ-साथ हथियारों के किस तरह पीछे हैं। ऐसी ख़बर लिखने से ऐसा लगता है कि सरकार के साथ सेना भी कमजोर पड़ गयी है, उसका मनोबल टूट चुका है उसके अन्दर इतनी हिम्मत नहीं है कि वो चीनी ड्रैगन से आर-पार की लड़ाई लड़ सके। ध्यान रहे हमारी सेना 1962 वाली सेना नहीं है और हार की बड़ी वजह सेना नहीं, नेता और ब्यूरोक्रेट्स थे, जो चीन की साजिश से अनजान बने रहे।

और ताजा मामला है हेडली और राणा का। ख़बरों में इसे इतना बढ़ा-चढ़ाकर पेश किया गया कि मानो यही 26/11 कर्ताधर्ता हैं ...कई चैनल ने तो अमेरिकी एफबीआई के हवाले से लम्बे चौड़े दावे किए जबकि अभी तक इस बारे में जो पुख्ता जानकारी आ रही है उसके मुताबिक ये लोग प्लानिंग में शामिल रहे हैं... वैसे इनका मेन टारगेट डेनमार्क का अख़बार था... तभी तो खुद एफबीआई ने अपनी पहली चार्जशीट में मुम्बई से जुड़ी एक भी घटना का ज़िक्र नहीं किया है। हाँ, इतना जरूर है कि अपने देश की नेशनल इनवेस्टिगेशन एजेंसी यानी एनआईए के हवाले से ये खबर आई है, हेडली ने मुम्बई के ताज ओबराय जैसे होटल के अलावे कई जगहों की रेकी की थी ताकि आतंकी को टारगेट बनाने में मदद मिले। ध्यान रहे...वैसे अभी तक अपनी किसी भी जाँच एजेंसी को हेडली या फिर राणा से पूछताछ की इजाजत नहीं मिली है, मिल पाएगी या नहीं कहना मुश्किल है क्योंकि अमेरिका जैसे देश पहले अपना मतलब निकालते हैं उसके बाद ही कुछ देखते हैं। ताजा खबर जो छनकर आ रही है उसके मुताबिक तो एफबीआई हेडली को गवाह बना सकती है ताकि राणा के खिलाफ सबूत जुटाया जा सके।

इसीलिए कोई हैरानी नहीं है कि मुम्बई हमलों के एक साल पूरे होने पर

सरकार को ही चैनलों को याद दिलाना पड़ा है कि वे इसके कवरेज में संयम बरतें। एक बार फिर मीडिया एडवाइजरी जारी की गयी है कि अदालत में चल रहे मुकदमे से जुड़ी बातें न दिखाएँ। ख़ून और शव न दिखाएँ ताकि मृतकों के परिजनों को पीड़ा न हो और आतंकवादियों के आकाओं को डर और आतंक फैलाने में मदद न मिले। जो काम ख़ुद मीडिया को करना चाहिए उसे कहने के लिए सरकार को मजबूर होना पड़ रहा है।

लेकिन ऐसा भी नहीं है कि हमारी मीडिया ने सबकुछ उल्टा-पुल्टा ही किया है। कई अच्छी चीज़ें भी की हैं जिनका श्रेय आज सरकार लेने में जुटी है। मसलन, अगर मुम्बई के बाद देश में कोई बड़ी आतंकी वारदात नहीं हुई, तो इसके पीछे कहीं-न-कहीं सरकार से लेकर सुरक्षाबलों पर मीडिया का दबाब भी बड़ी वजह है। जिसने हर मौक़े पर सरकार को एहसास दिलाया कि उसके तन्त्र में कितने छेद हैं, कहाँ व्यवस्था को दुरुस्त करने की ज़रूरत है। बधाई की पात्र तो पाक मीडिया है, जिसने जान पर खेलकर इस बात का पता लगाया कि मुम्बई हमले में पकड़ा गया आतंकी कसाब पाकिस्तानी है। ये अलग बात है इस मुद्दे को भारतीय मीडिया से लेकर अन्तरराष्ट्रीय मीडिया ने हाथों हाथ ले लिया। मीडिया के ही दबाव का नतीजा है कि हर महीने हमारे गृहमन्त्री को इस बात का जवाब देना पड़ता है कि इस महीने उन्होंने अपनी सुरक्षा व्यवस्था को दुरुस्त करने के क्या किया; मुम्बई हमले के दोषियों के ख़िलाफ़ कारवाई की उनकी कोशिश क्यों नहीं रंग दिखा रही है? सेना प्रमुख तक को कहना पड़ा कि ऐसे अगर पाकिस्तान सीज फायर का उल्लंघन करता है, तो उसे जवाबी कार्रवाई के लिए तैयार रहना चाहिए। मीडिया के ख़बरों के चलते ही कोस्टगार्ड, नेवी, सीआरपीएफ और एनएसजी जैसी बलों की माँग फटाफट मानी गयी। यही नहीं, पाक पर तालिबान के हमले की ख़बरों को दिखाते हुए सरकार को ये भी याद दिलाया कि ये ख़तरा भारत पर हो सकता है, इसके लिए कमर कस लेनी चाहिए।

इसमें कोई शक़ नहीं कि मीडिया ने इस पूरे साल में नकारात्मक के साथ सकारात्मक भूमिकाएँ भी निभायी हैं। मीडियावालों ने कई दफा जान पर खेलकर रिपोर्टिंग की है। बस ज़रूरत है जरा संयमित होकर काम करने की। साथ में ऐसे वक़्त में जब देश कई तरह की सुरक्षा से जुड़ी चुनौतियों का सामना कर रहा है। मीडिया से अधिक सार्थक भूमिका निभाने की उम्मीद की जाती है, तभी वो लोकतन्त्र का चौथा खम्भा होने का दावा कर पाएगा। हाँ, एक बात और, ये ख़ुद मीडिया को ही तय करना पड़ेगा कि उसकी भूमिका को किस तरह परिभाषित किया जाए। सिस्टम का काम सिर्फ़ सुझाव देने तक ही सीमित होना चाहिए।

क्या है टेलीविज़न का अर्थशास्त्र

विनीत कुमार

मुम्बई के जिमख़ाना क्लब में 26/11 के शहीदों की याद में लगायी गयी चित्र प्रदर्शनी को देखकर शहीद सन्तोष जादव की पत्नी फफक-फफककर रोने लग जाती है। अपनी माँ को रोती देखकर गोद में पड़ी बच्ची भी रोने लग जाती है। 'स्टार न्यूज़' की फुटेज (26 नवम्बर 09) में सन्तोष जादव की पत्नी बच्ची की आँखों के आँसू पोंछती नज़र आती है। लेकिन 'आजतक' की फुटेज (26 नवम्बर 09) में बच्ची अपनी माँ की आँखों के आँसू पोंछती नज़र आती है। इस 30-35 सेकेंड की फुटेज का असर आधे घंटे की किसी स्पेशल स्टोरी से कहीं ज़्यादा है। टीआरपी और संवेदना पैदा करने के लिहाज से दोनों में से 'आजतक' की फुटेज ज़्यादा असरकारी है। इस अर्थ में टीआरपी का सवाल मानवीय संवेदना के सवाल से अलग नहीं है। इस तरह जब टीआरपी और मानवीय संवेदना एकरेखीय होकर काम करते हैं तो फिर टेलीविज़न विश्लेषण के स्तर पर इसे लेकर इतना बवेला क्यों?

26/11 को लेकर चलनेवाले दिनभर के कार्यक्रम, पैकेज और स्पेशल स्टोरी जितनी हमें भावुक नहीं करती, उससे कहीं ज़्यादा सन्तोष जादव की पत्नी और उसकी बच्ची की फुटेज भावुक करती है। लेकिन अगले कुछ ही पलों में टीआरपी पैदा करनेवाली इस फुटेज का दोहन शुरू हो जाता है। चैनल उसकी लूप बार-बार दिखाते हैं और यहाँ तक आते-आते हम भावुक होने की बजाय झल्ला उठते हैं। यहीं से हमारी संवेदना और टीआरपी के एकरेखीय होने का भ्रम मसकने लग जाता है। टेलीविज़न के भीतर मानवीय संवेदना और भावनाओं के सेलेबुल इवेंट में तब्दील होते जाने की कहानी शायद इसी तरह से शुरू होती होगी। यहीं पर आकर हमें लगने लगता है कि टीआरपी का सवाल मानवीय संवेदना का सवाल नहीं है।

26/11 को लेकर न्यूज़ चैनल में मार्केटिंग का दबाव था कि अगर सालस्कर, कामटे और करकरे की विधवा एक साथ न्यूज़ चैनल पर आ जाएँ और उनके जरिये तीनों के पति की मौत की ख़बर मिलने पर उस पहली प्रतिक्रिया का रिक्रिएशन करें और फिर इन तीनों को सूत्रधार बनाकर कार्यक्रम बनाया जाए तो इसके ख़ासे

प्रायोजक मिल सकते हैं। अगर एक घंटे का प्रोग्राम बनेगा तो 20-25 मिनट का विज्ञापन तो मार्केटिंग वाले जुगाड़ कर ही लेंगे। यानी 10-15 लाख रुपये तो तय मानिये। एक न्यूज़ चैनल लीक से हटकर कार्यक्रम बनाना चाहता था, जिसमें बच्चों की कहानी कही जाये, वे बच्चे जिनके माँ-बाप 26/11 हादसे में मारे गये। उन बच्चों की रोती-बिलखती आँखों में भी उसे चैनल के लिए गाढ़ी कमाई नज़र आ रही थी। सुझाव यह भी था कि इस कार्यक्रम की सूत्रधार अगर देविका रोतावन हो जाए तो बात ही क्या है! देविका दस साल की वही लड़की है, जिसने कसाब को पहचाना और अदालत में जाकर गवाही भी दी। (पुण्य प्रसून वाजपेयी : हर आँख में आँसू... और दिल में दर्द के प्रायोजक हैं न्यूज़ चैनल 1.12.09, http://www.prayass.com)। पुण्य प्रसून वाजपेयी को इस तरह की बातचीत करनेवाले पत्रकार आतंकवादी कसाब से ज़्यादा ख़तरनाक लगते हैं।

लेकिन इन सबके बावजूद टेलीविज़न विमर्श के भीतर एक बड़ा ही दिलचस्प अन्तर्विरोध है। दिन-रात बाज़ार, विज्ञापन और टीआरपी के दबावों के भीतर सोचने और उसके खाँचे में रहकर ही काम करने के बावजूद टेलीविज़न के लोग सामाजिक सरोकार की टेक कुछ इस तरह से लगाये रहते हैं, आन्तरिक तौर पर टीआरपी का खँचा इतना मजबूत और जादुई क़िस्म का है कि उसके भीतर की सक्रियता और दबाव में बनने वाले कार्यक्रम भी हमारे सामने सामाजिक सरोकार की छतरी बनकर आते हैं। यह छतरी इतनी बड़ी होती है कि इसमें साँप-सँपेरे से लेकर भूत-प्रेत, चुड़ैल और मेलोड्रामा पैदा करनेवाली स्टोरी भी आसानी से समा जाती है। हर कार्यक्रम के पीछे ऑडिएंस की पसन्द और हित की छौंक आसानी से लग जाती है। दूसरी तरफ़ विमर्श के स्तर पर आप बात करें तो टीआरपी (टेलीविज़न रेटिंग प्वाइंट्स) जो कि टेलीविज़न के अर्थशास्त्र का हिस्सा है, को महज़ एक मुहावरे के तौर पर इस्तेमाल करके छोड़ दिया जाता है। अवधारणा के स्तर की समीक्षा इस अर्थशास्त्र को समझने की बजाय कंटेंट को लेकर उलझा देती है। इस क्रम में अर्थशास्त्र के बीच टेलीविज़न का बढ़ता आकार, उसका चरित्र और वर्किंग कल्चर विमर्श से बाहर चला जाता है।

टेलीविज़न को टीआरपी और उसके अर्थशास्त्र के जरिये समझने से पहले यहाँ यह बात स्पष्ट कर देना बेहतर होगा कि टेलीविज़न के विश्लेषण का एकमात्र आधार टीआरपी नहीं है, होना भी नहीं चाहिए। लेकिन टेलीविज़न विमर्श को लेकर इस ग़लतफहमी से भी बाहर निकलने की ज़रूरत है कि टेलीविज़न के भीतर जो कुछ भी बदलाव हो रहे हैं, वो खालिस अवधारणा के स्तर पर लिखने और असहमति ज़ाहिर करने का नतीजा है। हमें समझना होगा कि यह टीआरपी और बाज़ार की उन शर्तों का हिस्सा हैं जो कि किसी भी कार्यक्रम को आगे बने रहने और नहीं

बने रहने के आधार तय करते हैं। इस बात के हमें सैकड़ों उदाहरण मिल जाएँगे जहाँ अच्छे कंटेंट के बावजूद कार्यक्रम बुरी तरह पिट जाते हैं ('स्टार प्लस' के किरण की कचहरी को टीआरपी की शाबासी नहीं मिली) और जिस कार्यक्रम को हमलोग दिन-रात कोसते-फिरते हैं, वो चैनल के लिए कमाऊ पूत साबित होता है। इस क्रम में 'इंडिया टीवी' पर लगातार इस बात को लेकर आरोप लगते रहे हैं कि इसने कंटेंट के स्तर को गिरा दिया है। इस सवाल पर 'इंडिया टीवी' के सर्वेसर्वा रजत शर्मा का सीधा जवाब है— बिल्कुल नहीं। अगर हमारी सामग्री इतनी घटिया है तो फिर बाक़ी सात चैनल इसकी नक़ल क्यों कर रहे हैं? जब भी लोग मुझसे टीआरपी की दौड़ में शामिल होने के बारे में पूछते हैं तो मुझे बहुत आश्चर्य होता है। क्या आप सचिन तेंदुलकर से कभी पूछते हैं कि वो इतने सारे रन क्यों बनाते हैं? मेरा काम एक ऐसे चैनल की स्थापना है जो रेटिंग्स में शीर्ष पर हो। इस पर मुझे कोई शर्मिन्दगी नहीं है। (तहलका : हरिन्दर बवेजा के साथ रजत शर्मा से बातचीत : 15.07.08)।

रजत शर्मा के इस जवाब से भले ही ख़बरों की गुणवत्ता निर्धारित नहीं होती हो, लेकिन इतना तो ज़रूर साफ़ हो जाता है कि चैनलों की संख्या में बाढ़ आ जाने के बावजूद अगर कंटेंट के स्तर पर एकरसता दिखती है तो उसके पीछे कौन-सी रणनीति काम कर रही होती है? ऐसा क्यों है कि एक चैनल की ओर से 'जंगल का राजा अब शेर नहीं हिरण है' घोषित कर दिये जाने के बाद अधिकांश हिन्दी चैनलों के प्राइम टाइम में जंगलतन्त्रम की ख़बरें क़ाबिज हो जाती हैं! ('इंडिया टीवी' के शेर के बाड़े में हिरण के घुस आने और अपना बचाव कर लेने की घटना के दिखाए जाने के बाद 'आजतक' ने प्राइम टाइम में दिखाया शेर और हिरण की संघर्ष गाथा 'मौत के मुँह में 24 घंटे'। 'स्टार न्यूज़' ने दिखाया— 'जंगल में अजब जंग'। 17 नवम्बर 09)। इसके पहले 'एनडीटीवी इंडिया' से लेकर 'इंडिया टीवी' तक को सूर्यग्रहण को लेकर पैनिक होते देखा ही गया है। क्यों एक ख़ास मौक़े पर देशभर में हड्डी और रसायन से बननेवाली नक़ली घी का पर्दाफाश होता है? एक चैनल पर ऐसा दिखाए जाने के साथ ही घंटे-दो घंटे के भीतर बाक़ी चैनलों की ओर से न केवल घी में, बल्कि मावा, दूध, तेल और बाक़ी के खाद्य पदार्थों में भी मिलावटें खोल ली जाती हैं। अगर ऐसा दिखाया-बताया जाना सरोकार का हिस्सा है तो फिर इसकी वैलिडिटी महज़ सात-आठ दिनों के बाद अगले सालभर तक के लिए ख़त्म क्यों हो जाती है?

यह कहानी दरअसल चैनल के उस पैटर्न की ओर इशारा करती है जहाँ एक के एजेंडा सेंटर हो जाने के बाद बाक़ी चैनलों को उसके साथ चलने की मजबूरी बन जाती है। यह एक तरह का फीयर सिन्ड्रोम है जो टीआरपी की दौड़ में पिट

जाने के भय से पैदा होती है। टीआरपी का यह फीयर सिन्ड्रोम टेलीविज़न का एक शास्त्र निर्मित करता है जो ख़बरों की प्रमुखता, प्रस्तुति के अन्दाज़, विजुअल्स और भाषाई रणनीति को निर्धारित करता है। इस शास्त्र से बाहर जाकर शायद ही कोई चैनल अपना भविष्य लम्बे समय तक बचाये रख सकता है। यह उस शास्त्र की ही ताक़त है जो 'इंडिया टीवी' के भीतर कभी भी कॉम्प्लेक्स पैदा होने नहीं देता। 'कलर्स' के अकेले कार्यक्रम 'बालिका वधू' के नम्बर वन साबित किये जाने के बाद उसमें पेड चैनल (अप्रैल 2009 से) होने की हैसियत पैदा हो जाती है। (इंडियन इंटरटेंमेंट एंड मीडिया आउटलुक 2009, प्राइस वाटरहाउस कूपर्स की रिपोर्ट, पेज 32) यह उस शास्त्र की नाराज़गी ही रही कि सालों से सरोकार से जुड़ी ख़बरें दिखानेवाले चैनल 'एनडीटीवी इंडिया' को अन्त में हारकर बाक़ी के चैनलों की क़तार में खड़ा हो जाना पड़ा। अब इस तरह के उलट-फेर के बीच हमें कहीं सामाजिक सरोकार का मामला दिखायी देता है तो यह उसी तरह से है जैसे 'बालिका वधू' की सफलता बाक़ी चैनलों को सास-बहू सीरियलों को रिप्लेस करके सामाजिक मसलों से जुड़े सीरियलों की तरफ़ ले जाने के लिए मजबूर करती है। सचाई यही है कि 'स्टार प्लस' पर से एक-एक करके सास-बहू सीरियलों का जाना कोई स्त्रीवादी या सामाजिक आन्दोलन का नतीजा नहीं है।

टीआरपी के हिसाब से कार्यक्रम और ख़बरों की हैसियत तय किये जाने के पीछे बहुत झोल है। टीआरपी का कंटेंट के साथ कोई सम्बन्ध नहीं है। (देश के सांस्कृतिक मूल्यों के विरुद्ध विभिन्न चैनलों पर दिखाये जा रहे टीवी कार्यक्रमों में बढ़ती अश्लीलता और अशिष्टता पर अम्बिका सोनी का बयान, राज्य सभा, 27 जुलाई 09) लेकिन इसके भीतर से कई दिलचस्प नतीजे निकलकर सामने आते हैं। इसके विरोध में समय-समय पर काफ़ी कुछ लिखा-कहा गया है। यह कैसे सम्भव है कि देशभर में क़रीब 70-75 करोड़ लोग टेलीविज़न देखते हैं। 123 मिलियन घरों में टेलीविज़न हों और उसमें भी कि 86 मिलियन घरों में केबल और सेटेलाइट (C&S) कनेक्शन हैं। (फिक्की-केपीएमजी रिपोर्ट 09) ऐसे में महज़ 70-75 हज़ार लोगों की सैम्पलिंग को आधार मानकर कार्यक्रम और ख़बरों की अहमियत तय की जाती है। इसके अलावे तेज़ी से डीटीएच की तरफ़ बढ़ रही ऑडिएंस की इस टीआरपी में कोई हिस्सेदारी नहीं है। टैम ने अपने सारे बक्से (पीपल मीटर) गिने-चुने शहरों में ही लगाये हैं। लम्बे समय तक उड़ीसा और मध्यप्रदेश में इसके बक्से नहीं लगे। बिहार और उत्तर-प्रदेश में टेलीविज़न देखनेवालों की संख्या देश के बाक़ी राज्यों से कहीं ज़्यादा है। लेकिन वहाँ टीआरपी का कोई बक्सा नहीं है। बहुत हो-हंगामा किये जाने के बाद गिनती के कुछ बक्से लगाये गये। मणिपुर, असम और अरुणाचल प्रदेश इससे बाहर हैं। इसमें भी अगर डेमोग्राफी के स्तर पर इन

बक्सों का जायज़ा लें तो ज़्यादातर बक्से शहर के उन इलाक़ों में लगाये हैं जहाँ उच्च-मध्यवर्ग और मध्यवर्ग के लोग बसते हैं। ऐसे में टीआरपी के आँकड़े न केवल अधूरे और अपर्याप्त हैं, बल्कि टेलीविज़न पर जो कुछ भी दिखाया जा रहा है, वह दरअसल समाज के एक ख़ास वर्ग की थोपी हुई पसन्द का हिस्सा नज़र आता है। टेलीविज़न से जुड़े लोग अगर ये कहते हैं कि हम अपनी ऑडिएंस के प्रति ज़िम्मेवार हैं (तहलका: हरिन्दर बवेजा के साथ रजत शर्मा से बातचीत 15.07.08) तो हमें उस ऑडिएंस के चरित्र विश्लेषण के साथ चैनल की पक्षधरता को नये सिरे से समझने की ज़रूरत होगी। यहीं पर आकर हम ख़बरों की प्राथमिकता के प्रति समझ विकसित कर सकते हैं। हम असम बम विस्फोट को इग्नोर करते हुए शिल्पा सेट्टी की सगाई और शादी की धुँआधार ख़बर दिखाये जाने के प्रति असन्तोष ज़ाहिर करते हैं। लेकिन टीआरपी का शास्त्र पाँच टॉप स्टोरी में से दो शिल्पा पर बनी स्टोरी को करार देता है। (स्रोत: टैम वीक 48)

ऐसे में स्पष्ट है कि पेज थ्री, सिलेब्रेशन, पार्टी से जुड़ी ख़बरों और भूत-प्रेत, पाखंड और अन्धविश्वास की ख़बरें देखनेवाली ऑडिएंस कोई अलग-अलग नहीं है। यह वही उच्च-मध्यवर्ग और मध्यवर्ग के ऑडिएंस हैं जो दोनों तरह की चीज़ें साथ-साथ देखती हैं। टीआरपी के लिहाज से कमज़ोर तबके की ऑडिएंस इसमें शामिल नहीं है। इस तरह वर्गीय संरचना के आधार पर ख़बरों और कार्यक्रमों का निर्धारण टेलीविज़न का एक आम फार्मूला बनता है। यह फार्मूला विज्ञापन के स्तर पर भी सक्रिय होकर काम करता है और टेलीविज़न की संस्कृति पैदा करने के स्तर पर भी।

टीआरपी के फार्मूले के तहत बननेवाले कार्यक्रमों से टेलीविज़न की संस्कृति और उसका चरित्र किस हद तक बदला है, इसे महज़ दो-तीन उदाहरणों से स्पष्ट किया जा सकता है। एक तो टेलीविज़न पर किसी भी त्योहार, व्रत, शादी और उत्सव के मौक़ों को नज़रअन्दाज़ नहीं किया जाता। न्यूज़ चैनलों में यह देशभर की ख़बर और सिलेब्रेटी को शामिल करके दिखाया जाता है तो मनोरंजन चैनलों में उस दिन के पूरे एपिसोड उनके नाम कर दिये जाते हैं। दूसरा, 2001 के पहले क्रिकेट न्यूज़ चैनलों के लिए उतने अधिक महत्त्व का नहीं था लेकिन जैसे ही ये टीआरपी बटोरने का फार्मूला साबित हुआ, अब वह न्यूज़ चैनलों के लिए सबसे महँगे और ख़बर जुटाने की विधा (generes) बन गयी। (नलिन मेहता : इंडिया ऑन टेलीविज़न, हार्पर कॉलिन्स इंडिया, पेज 183)। अब देखिये कि लगभग सारे हिन्दी न्यूज़ चैनलों पर शाम के सात बजे से लेकर दस बजे के बीच विशेष कार्यक्रम या बुलेटिन होते हैं। 2009 की प्राइस वाटरहाउस कूपर्स की रिपोर्ट की मानें तो आईपीएल और टी20 ने एक हद तक टेलीविज़न को मन्दी से उबारने का काम

किया। तीसरा, इसे आप स्टार न्यूज़ के कार्यक्रम 'सास, बहू और साज़िश' की सफलता को लेकर भी देख सकते हैं। सास-बहू सीरियलों की ख़बरों को लेकर बनाया जानेवाला कार्यक्रम किसी न्यूज़ चैनल पर इतना हिट रहेगा कि वो पाँच साल तक चलता जाएगा, यह न्यूज़ चैनलों की बदलती प्रकृति की ओर संकेत करता है। पिछले तीन महीनों (सितम्बर 09 से लेकर नवम्बर 09, टैम वीक 37 से लेकर 46 तक) की टीआरपी पर ग़ौर करें तो दो-तीन बार छोड़कर यह कार्यक्रम टॉप पाँच के कार्यक्रम में शामिल है। इतना ही नहीं, इसका अनुसरण करते हुए बाक़ी चैनलों ने भी सीरियल आधारित कार्यक्रमों की शुरुआत की (आजतक— सास, बहू और बेटियाँ, आईबीएन7— सीरियल जैसा कोई नहीं। 'आजतक' का कार्यक्रम टॉप पाँच तक में जब-तब शामिल हो जाता है। बड़े फलक पर देखें तो टीआरपी ने न्यूज़ चैनलों में तीन नई विधाओं (generes) को सबसे अधिक शामिल किया है— रियलिटी टेलीविज़न, लाइफ स्टाइल शो और क्राइम शो। (नलिन मेहता : इंडिया ऑन टेलीविज़न, हार्पर कॉलिन्स इंडिया, पेज 185)। चौथी विधा (generes) के तौर पर हम फिक्शन और चमत्कारिक घटनाओं को शामिल कर सकते हैं। मनोरंजन चैनलों ने टीआरपी के दबाव में रियलिटी शो को विवादित बनाने, सामाजिक घटनाओं का सहारा लेकर सीरियल बनाने और फिर मेलोड्रामा पैदा करने, टैलेंट हंट से जुड़े कार्यक्रमों के भीतर हायपरबॉलिज़्म, फैशन, मल्टीपर्फारमेंस और एक्टिविटी को विस्तार देने का काम किया है।

एक ऑडिएंस की हैसियत से विचार करें तो टीआरपी टेलीविज़न की ग़ैरमानवीय प्रक्रिया है। इतना ही नहीं, यह कार्यक्रमों की गुणवत्ता को छिन्न-भिन्न करने का भी काम करता है। लेकिन इन सबके बावजूद किसी भी चैनल के लिए टीआरपी क्यों ज़रूरी है? इसे लेकर क्यों इतनी मार-काट मची रहती है— इस सवाल के जवाब के पहले एक-दूसरा सवाल बनता है कि क्या आज कोई भी चैनल बिना विज्ञापन के ज़िन्दा रह सकता है? इस सवाल के जवाब में इतना भर ही कहा जा सकता है कि आज कोई चैनल ऑडिएंस को सूचना देने की बजाय विज्ञापनदाताओं को उपभोक्ता देने का काम करता है। इसलिए तमाम तरह की गड़बड़ियों के बावजूद फिलहाल चैनलों के पास कोई दूसरा विकल्प नहीं है। विमर्श की दुनिया में यह सम्भव है कि विश्लेषण को लेकर इसके अलावे कई आधार हों, लेकिन विज्ञापनदाताओं के लिए फिलहाल एकमात्र आधार है कि चैनल को उसकी टीआरपी की सेहत देखकर वस्तुओं के विज्ञापन दिए जाएँ। विज्ञापन पाने के लिए यह इंट्री टिकट की तरह काम करता है। अब लम्बे समय तक ताला लगे रहनेवाले चैनल वीओआई के फिर से शुरू होने के बाद इसके टीआरपी से बाहर रहने की घोषणा या तो नये क़िस्म के अर्थशास्त्र पैदा करने के संकेत हो सकते हैं

या फिर महज़ एक चुनावी विज्ञापन के अन्दाज़ में ऑडिएंस से किये गये वायदे। (मुझे टीआरपी नहीं चाहिए, मैं रेटिंग के लिए ख़बरों से समझौता नहीं करूँगा। प्रेस विज्ञप्ति : अमित सिन्हा, मैनेजिंग डायरेक्टर और एडिटर इन चीफ, वॉयस ऑफ इंडिया न्यूज़ नेटवर्क)।

आलोचना के स्तर पर टेलीविज़न भले ही इडियट बॉक्स है लेकिन लागत और खर्च के स्तर पर देश की पूँजी का एक बड़ा हिस्सा इसमें शामिल है। चैनलों और प्रोडक्शन हाउस की कैपिटलाइजेशन वैल्यू पर नज़र डालें तो हमें अन्दाज़ा लग जाता है कि यह कितनी बड़ी पूँजी को संचालित कर रहा है। सन टीवी नेटवर्क 12,884.6 करोड़ का है, ज़ी इंटरटेंमेंट 11,158.32 करोड़ रुपये का है, टीवी टुडे नेटवर्क की कैपिटल वैल्यू 847.98 करोड़ की है। (मनीकंट्रोल डॉट कॉम, 7 दिसम्बर 12.56 बजे)। 2008 के मुताबिक़ टेलीविज़न पर कुल 240.5 बिलियन रुपये खर्च हुए जिसमें 82.5 बिलियन रुपये विज्ञापन से मिलने वाली राशि से खर्च किये गये। (स्रोत: फिक्की केपीएमजी रिपोर्ट 09) टेलीविज़न के पास इतने भारी खर्च को बर्दाश्त करने के केवल दो ही साधन हैं : एक तो विज्ञापन और दूसरा सब्सक्रिप्शन। शेयर के जरिए लाभ की स्थिति बहुत अच्छी नहीं है। लम्बे समय तक भारत में सब्सक्रिप्शन की स्थिति बहुत अच्छी नहीं होने की वजह से चैनलों के लिए इसके जरिए धन उगाहने का काम ज़्यादा झंझट का लगता है। ऐसे में विज्ञापनों के प्रति ज़्यादा से ज़्यादा निर्भरता बढ़ती है। इस तरह टेलीविज़न के काम करने का ढाँचा किसी व्यावसायिक कम्पनी के ढाँचे से अलग नहीं है। देश की आर्थिक व्यवस्था के बदलने के साथ ही इसकी स्थिति में बदलाव साफ़ तौर पर नज़र आते हैं। आर्थिक मन्दी के दौरान टेलीविज़न इंडस्ट्री पर पड़नेवाले असर को अगर सेंसेक्स के हिसाब से विश्लेषित करें तो टेलीविज़न चैनलों के ग्राफ ज़्यादा नीचे नज़र आते हैं।

विज्ञापनों के प्रति चैनलों की निर्भरता क्रमशः तीन स्तर पर अपना असर पैदा करती है। सबसे पहले वस्तुओं के विज्ञापन चैनलों का प्रयोग उस 'इज़ी चेयर' की तरह करते हैं जिस पर बैठकर वे एक बड़े उपभोक्ता वर्ग को निर्देशित कर सके। उनके बीच ज़रूरत पैदा कर सके, वस्तु आधारित संस्कृति का विस्तार कर सके। दूसरा, ऐसा होने से बहुत ही बारीक स्तर पर ख़बरों और कार्यक्रमों की प्रकृति बदलती चली जाती है। और तीसरा, तेज़ी से एक नये वर्ग का उभार होता है जो वर्चुअल डेमोक्रेसी में भरोसा रखता है। इसे हम एक-दो मामूली उदाहरणों के तहत देख सकते हैं। पिछले साल (जनवरी-जुलाई 08) के मुक़ाबले इस साल (जनवरी-जुलाई 09) स्किन केयर सम्बन्धी उत्पादों के टीवी विज्ञापन 36 फीसदी ज़्यादा हुए और 50 फीसदी नये स्किन केयर उत्पाद टीवी विज्ञापन में शामिल हुए। पिछले

साल (जनवरी–जुलाई 08) के मुक़ाबले इस साल (जनवरी–जुलाई 09) ऑटोमोबाइल कम्पनियों के उत्पादों के विज्ञापन में 51 फीसदी की बढ़ोतरी हुई, जिसमें अकेले टू व्हीलर का 87 फीसदी का योगदान रहा। इसी क्रम में फूड और वेवरेज उत्पादों के टीवी विज्ञापनों में 23 फीसदी की बढ़ोतरी हुई। (स्रोत: टैम एडक्स इंडिया, तारीख़ क्रमश: अक्तूबर 15, सितम्बर 24 और अगस्त 24, 2009)। इसी तरह विभिन्न उत्पादों के विज्ञापनों में होने वाले इजाफ़े को लेकर अन्दाज़ा लगाया जा सकता है कि टेलीविज़न के जरिये उपभोक्ताओं तक पहुँचने की रफ़्तार में कितनी तेज़ी आयी है। ख़ासकर उन उत्पादों के बढ़ते विज्ञापन प्रयोगों को आधार बनाकर समझा जा सकता है कि हमारे बीच उन उत्पादों की ज़रूरत पैदा करने की गति कितनी तेज़ी हुई है जो कभी हमारी रोज़मर्रा की ज़रूरतों में शामिल तक नहीं रहे।

मध्यवर्ग की आर्थिक समझ और वस्तुओं के प्रसार के बीच अगर कोई एजेंसी है तो वह टेलीविज़न के विज्ञापनों द्वारा ही सक्रिय होता है। मौसम आजतक में पूरे देश के नक़्शे पर जहाँ–जहाँ चैनल की तरफ़ से मौसम का हाल बताया जाता है, महिन्द्रा का ट्रैक्टर वहाँ से होकर गुज़रता है। विज्ञापन की साझेदारी बदलने के साथ वो अल्ट्राटेक सीमेंट की पट्टी बन जाती है या फिर माइल स्टोन। हेडलाइन्स की ख़बरें आइडिया, एसबीआई बैंक या फिर बीनानी सीमेंट के जिंगल और कलरटोन में रँगकर हमारे सामने आते हैं। इसी क्रम में फैक्ट्रियों या फिर सार्वजनिक स्थलों पर धरना–प्रदर्शन करनेवाले मजदूर या पीड़ितों के लिए हुडदंगिए शब्द का प्रयोग आम हो जाता है। बड़े निजी अस्पतालों, रेस्तराँ और फैक्ट्रियों की हैसियत को ध्यान में रखकर भाषा बरती जाती है। अगर बड़ी हैसियत की ख़बर को खँगाला जाए और उनके लिए प्रयोग की जानेवाली भाषा के अध्ययन किये जाएँ तो सम्भवत: चौंकानेवाले, किन्तु दिलचस्प नतीजे सामने आ सकते हैं। मामला चाहे ताज पर हुए हमले की निन्दा को लेकर हो, सरकार की नीतियों के पक्ष या विपक्ष में अपनी राय ज़ाहिर करने की हो या फिर आतंकवाद के ख़िलाफ़ अपनी बात रखने की हो। इन सबों के लिए एसएमएस के जरिए आसान क़िस्म के आँकड़े तुरन्त तैयार हो जाते हैं। ऐसा होने से एक स्थिति बनी है कि राजनीति के आगे टेलीविज़न की ताक़त में इज़ाफ़ा हुआ है क्योंकि अब मामला राजनीति बनाम टेलीविज़न न होकर कार्पोरेट और बाज़ार बनाम राजनीति का हो गया है। इसलिए राजनीतिक ख़बरों के सामने आने के साथ हमें इसके निष्पक्ष होने का आभास होता है।

इस तरह टेलीविज़न चैनलों की गतिविधियाँ महज़ सांस्कृतिक और ख़बरों के स्तर की गतिविधियाँ नहीं हैं। इसे समझने के लिए हमें कोई भारी मशक्कत नहीं करनी पड़ती। बॉम्बे स्टॉक एक्सचेंज (BSE), मनीकंट्रोल डॉट कॉम और भारतीय प्रतिभूति और विनिमय बोर्ड (SEBI) की साइट पर एक नज़र मारते ही हमें अन्दाज़ा

हो जाता है कि यह किस सेक्टर के अन्तर्गत आता है। बीएसई की साइट पर कार्पोरेट अनाउन्समेंट अपडेट्स के तहत टाटा स्टील और आईसीआईसीआई बैंक की घोषणा के ऊपर-नीचे अपने प्रिय टेलीविज़न चैनलों की घोषणा को देखकर अवधारणा के स्तर पर टीवी को समझनेवाले लोगों को एकबारगी शायद धक्का लगे। उन्हें अपना चैनल बाज़ार के चौराहे पर खड़ा नज़र आये, लेकिन अपने टेलीविज़न की नयी शक़्ल से हम ज़रूर रूबरू हो जाते हैं।

इन बिजनेस साइटों पर चैनलों की ख़बर पढ़ते हुए जब हम टेलीविज़न के कार्यक्रमों पर विचार करते हैं तो एक स्थिति और बनती है। वह स्थिति कुछ इस तरह से है कि किसी भी चैनल के सारे कार्यक्रम महज़ टीआरपी पैदा करने के लिए नहीं बनाये जाते हैं, बल्कि कई ऐसे कार्यक्रम हैं जो खर्च में कटौती करने के लिए भी बनाये जाते हैं। एनडीटीवी इंडिया ने अपनी एक स्पेशल रिपोर्ट में बताया कि आतंकवाद के नाम पर ऐसी ख़बरों के प्रसारण में, जिसका दर्शकों से कोई सरोकार नहीं है, जो कुछ भी वो दिखा रहे हैं, वो फील्ड की रिपोर्टिंग नहीं है। पत्रकार यूट्यूब की ख़ानों में खो चुके हैं, एडिटिंग मशीन के बूते ऐसी ख़बरों को गढ़ा जाता है और धमाकेदार आवाज़ और चौंका देने वाले लेबलों के साथ ख़बरों को परोसा जाता है। (रवीश कुमार: स्पेशल रिपोर्ट : एनडीटीवी इंडिया, रात 9.35 बजे रात, 27 जनवरी 08)। यह सम्भव है कि एनडीटीवी का ऐसा दिखाना एडीटोरियल समझ का हिस्सा रहा हो लेकिन उसके बाद यूट्यूब के सौजन्य से वीडियो गेम्स से लेकर नये-नये क़िस्म के तमाशे दिखाना उसकी रुटीन का हिस्सा बन गया। आतंकवादी घटनाओं के प्रसारण को लेकर चाहे जितनी भी ईमानदारी रही हो लेकिन बिना फील्ड की रिपोर्टिंग के यूट्यूब की फुटेज को काटकर, उस पर स्क्रिप्ट लिखकर घंटे-दो घंटे तक का प्रसारण एनडीटीवी इंडिया के लिए आम बात हो गयी है। पिछले कुछ महीनों से उसने बाक़ी चैनलों की तरह टीवी सीरियलों और रियलिटी शो की फुटेज के दम पर आधे घंटे की स्पेशल स्टोरी भी बनानी शुरू कर दी है। चैनल की बैलेंस शीट पर नज़र डालें तो ऐसा किया जाना सिर्फ़ एडीटोरियल का हिस्सा नहीं लगता बल्कि चैनल की आर्थिक सेहत कम लागत के कार्यक्रमों की ओर धकेलती है। पिछले तिमाही की रिपोर्ट (सितम्बर 09) में चैनल को कुल 6,935 लाख रुपये की प्राप्ति हुई, जबकि खर्च 7,815 लाख रुपये हुए हैं। इस तरह उसे तीन महीने के भीतर 880 लाख रुपये का घाटा हुआ। उस पर भी इसमें ब्याज, कर और दूसरे खर्चे शामिल नहीं हैं। (http://www.ndtv.com/convergence/ndtv/corporatepage/images/Q2 EndSep302009.pdf) इसके शेयर पर नज़र डालें तो आज जिस शेयर का अधिकतम मूल्य 150.70 रुपये (4 दिसम्बर 09.3.59 बजे) है, आज से ठीक दो साल पहले इसका अधिकतम मूल्य 385 रुपये

हुआ करता था (www.bseindia.com 4 दिसम्बर 09)। हालाँकि इस बीच के आँकड़े बताते हैं कि 2008 के मुक़ाबले 2009 में सुधार हुआ है लेकिन इसके पिछले सालों के मुताबिक़ इसमें काफ़ी गिरावट आयी है।

चैनलों की इस सेहत के हिसाब से बननेवाले कार्यक्रमों में फील्ड की रिपोर्टिंग घटती है, ख़ासकर उन घटनाओं और जगहों की जहाँ लागत अधिक होते है। इसकी जगह पर ऐसे कार्यक्रमों का प्रसारण ज़्यादा होता है जिसे एडीटिंग मशीन के दम पर बनाये जा सकते हैं। ऐसे कार्यक्रम या तो मनोरंजनपरक होते हैं या फिर जिनका दिन और तारीख़ से कोई लेना-देना नहीं होता। 5 दिसम्बर 09 को अगर इंडिया टीवी ने तेज़ाब वाला आलू का प्रसारण किया तो एक दिन बाद भी (6 दिसम्बर 09) उसके प्रसारण से सन्दर्भ के स्तर पर कोई फ़र्क़ नहीं पड़ता। चलनेवाला पत्थर को तीन दिन पहले और बाद में दिखाए जाने पर कोई फ़र्क़ नहीं पड़ता। नतीजा यह होता है कि इस तरह की स्टोरी बहुत ही कम लागत में बन तो जाती है (4-5 हज़ार के भीतर ही) लेकिन टेलीविज़न जो कि तात्कालिकता के लिए जाना जाता है, उसकी ताक़त कमज़ोर होती चली जाती है। खर्चे में कटौती के लिए चैनल अक्सर उन कार्यक्रमों की तलाश में जुटे होते हैं जिसके भीतर रिपीट वैल्यू हो। स्टार उत्सव पर 'रामायण', 'महाभारत', 'ओम नमः शिवाय' से लेकर 'शक्तिमान' तक जैसे धारावाहिक इसी रणनीति के तहत दिखाए जाते हैं। न्यूज़ चैनलों में स्पेशल स्टोरी का बार-बार रिपीट होना इसी स्ट्रैटजी का हिस्सा है।

टेलीविज़न के अर्थशास्त्र का एक हिस्सा अगर टीआरपी, विज्ञापन और खर्च में कटौती के लिहाज से कार्यक्रमों का प्रसारण से, तो इसका दूसरा बड़ा हिस्सा चैनलों के वितरण से जुड़ता है। भारत में 90 के बाद जिस तरह से निजी चैनलों की शुरुआत होती है और जिस तेज़ी से केबल नेटवर्क का प्रसार होता है, ऐसे में वितरण अव्यवस्थित ही सही, लेकिन एक बड़े उद्योग के तौर पर विकसित होता चला जाता है। यह अलग बात है कि इसके भीतर इतनी अधिक अनियमितताएँ हैं कि इसके टर्न-ओवर के सही-सही आँकड़े हमारे सामने नहीं आ पाते। फिर भी हम अन्दाज़ा लगा सकते हैं कि भारत के क़रीब 118 मिलियन घरों में टेलीविज़न है जिसमें 80 मिलियन घरों में पे (pay) टेलीविज़न है। देश के किसी भी हिस्से में पे टेलीविज़न के लिए सौ रुपये से लेकर तीन सौ रुपये तक खर्च करने पड़ते हैं। इससे अन्दाज़ा लगाया जा सकता है कि चैनलों के वितरण पर सालाना कितने रुपये खर्च किये जाते हैं।

भारतीय टेलीविज़न चैनलों के वितरण को लेकर होनेवाली कमाई के सन्दर्भ में इस बात का रोना अक्सर रोया जाता है कि इसमें बहुत गड़बड़ियाँ हैं। सब्सक्रिप्शन का पैसा चैनल तक ठीक ढंग से पहुँच ही नहीं पाता। लेकिन पिछले

दो-तीन साल के आँकड़े बताते हैं कि सब्सक्रिप्शन से चैनलों की कमाई में लगातार इजाफ़ा होता जा रहा है। साल 2006 में इससे जो कमाई 122 बिलियन की थी वही 2008 तक आते-आते 158.1 बिलियन की हो गयी। (स्रोत: फिक्की केपीएमजी 2009 की रिपोर्ट)। वर्ष 2008 तक डिस्ट्रीब्यूशन का कुल व्यापार लगभग 245 बिलियन है जिसकी 2009 तक आते-आते 420 बिलियन बढ़ जाने की सम्भावना है। (इंडियन इंटरटेंमेंट एंड मीडिया आउटलुक 2009, पीडब्ल्यूसी की रिपोर्ट, पेज 46)

सब्सक्रिप्शन से बढ़ने वाली आय की एक मोटी वजह तो टेलीविज़न सेट्स की बढ़ती संख्या है ही। एक वजह यह भी हो सकती है कि इसमें रेगुलेशन आया है, लेकिन उसके साथ ही एक बड़ी वजह डीटीएच सेवाओं का तेज़ी से प्रसार है। 2001 में जिस डीटीएच सेटेलाइट टेलीविज़नों की संख्या मात्र एक बिलियन थी वही 2008 तक आते-आते 10 बिलियन हो गयी। रिपोर्ट का अनुमान है कि यह संख्या 2013 तक आते-आते 28 बिलियन हो जाएगी। (स्रोत : फिक्की केपीएमजी रिपोर्ट)। इस देश में अभी कुल पाँच पे सेटेलाइट टेलीविज़न प्रदाता (pay television provider) हैं— डिस, टाटा स्काई, सन, बिग टीवी और एयरटेल डिजीटल टीवी। इसमें अकेले डिश टीवी का मार्केट कैपिटलाइजेशन 3445.26 करोड़ रुपये है (मनीकंट्रोल डॉट कॉम, 7 दिसम्बर, 10.44 बजे)। पे सेटेलाइट चैनलों से फिलहाल ऑडिएंस को तो सुविधा हुई है कि वह केबल ऑपरेटरों के कई तरह के नाज़-नखरों और हील-हुज्जतों से बच जाती है, लेकिन टीवी चैनलों की सब्सक्रिप्शन से होनेवाली आमदनी के बढ़ने के बावजूद टीआरपी के स्तर पर कोई फायदा नहीं हुआ है। टैम की रिपोर्ट में पे सेटेलाइट चैनलों की ऑडिएंस की पसन्द और नापसन्द का कोई लेखा-जोखा नहीं होता। डिजीटल हो जाने की जितनी सुविधाएँ गिनायी जाएँ लेकिन टीआरपी का पूरा खेल अभी भी एनलॉग पर ही आधारित है। नतीजन डीटीएच सेटेलाइट चैनलों की लोकप्रियता और प्रसार बढ़ने के बावजूद केबल ऑपरेटरों की बादशाहत क़ायम है।

केबल के जरिए चैनलों का वितरण दो तरह के ऑपरेटर करते हैं— एक जिसे मल्टी सिस्टम ऑपरेटर्स (MSO) कहते हैं और दूसरा जो लोकल स्तर के (LSO) केबल ऑपरेटर हैं। इनमें से कुछ एमएसओ की ताक़त और क्षमता इतनी अधिक है कि वे राष्ट्रीय स्तर पर वितरण का काम करते हैं जिसमें डेन, हैथवे और वायर्ड आदि प्रमुख हैं। ये एमएसओ बहुत जल्द ही टीवी चैनलों के साथ समझौता करके वितरण पर अपनी पकड़ पहले से और अधिक मजबूत बनाने जा रहे हैं। एमएसओ के तहत अपने चैनल को लाने के लिए भारी रकम चुकानी होती हैं। यह राशि फ्रीक्वेंसी के हिसाब से तय होती है। फ्रीक्वेंसी को तीन बैंडों— प्राइम (Pv से लेकर

12 तक), कलर (ष्ट12 से लेकर 30 तक) और एस (स्30 से लेकर 100 तक) बैंड के तहत बाँटा जाता है। इन बैंडों के भीतर तीस चैनल आते हैं और टीआरपी का सारा खेल इन्हीं तीस चैनलों के भीतर होता है। टैनल के कंटेंट इन बैंड के हिसाब से तय होते हैं। आज अगर अधिकांश चैनलों पर मध्यवर्ग, ख़रीदने की क्षमता और रुझान रखनेवाली ऑडिएंस को ध्यान में रखकर कार्यक्रम दिखाये जाते हैं तो इसकी बड़ी वजह है कि निम्न आय और ग्रामीण समाज के लोगों के बीच ये बैंड नदारद हैं। उनके पास अभी भी 12 बैंड वाले टेलीविज़न हैं। गाँव की ऑडिएंस शहरी ऑडिएंस के मुक़ाबले टेलीविज़न को उतनी तेज़ी से रिप्लेस नहीं कर पायी है जिसमें 30 से ज़्यादा चैनल समा सकें। इसलिए बैंड को लेकर निगोसिएशन लगातार चलता है और एमएसओ की फीस लगातार बढ़ती जाती है। 2007 में फीस 6.0 बिलियन की थी जो 2008 तक आते-आते 12 बिलियन हो गयी। (स्रोत : फिक्की केपीएमजी रिपोर्ट 2009)। इसके अलावा टीवी चैनलों के कार्यक्रमों पर जो विज्ञापन आते हैं, उनका तो फिर भी एक हद तक स्पष्ट हिसाब-किताब है, लेकिन मल्टी सिस्टम ऑपरेटरों की ओर से जो विज्ञापन प्रसारित करने की रकम ली जाती है उसका कोई सीधा हिसाब नहीं है।

भारत में लोकल केबल ऑपरेटरों की संख्या पचास हज़ार के क़रीब है। ये ऑपरेटर घरेलू स्तर पर केबल नेटवर्क को पहुँचाते हैं। एक एलएसओ के अधीन क़रीब एक हज़ार से लेकर दो हज़ार तक के कनेक्शन आते हैं। टीआरपी के खेल और किसी कार्यक्रम को उसके हिसाब से बेहतर और वाहियात करार देने में लोकल केबल ऑपरेटरों की बड़ी भूमिका होती है। कोई चैनल किसी इलाक़े में किस समय तक बना रहेगा, ये काफ़ी हद तक लोकल केबल ऑपरेटरों की इच्छा पर निर्भर करता है। एक तो प्राइम बैंड में शामिल होने की मारा-मारी मची होती है और दूसरा अगर इसमें शामिल कर भी लिए गए तो ऐसा कितने समय तक बना रहेगा, इसके लिए लगातार मैपिंग करनी पड़ती है। (अजीत अंजुम, मैनेजिंग एडीटर न्यूज़ 24 से लेखक की बातचीत, दिसम्बर 01, 2009)। कई बार ऑपरेटर किसी चैनल को दिखाते-दिखाते अचानक से ग़ायब कर देते हैं। ग्राहक के लगातार दबाव बनाए जाने के बाद वो दोबारा प्रसारित होता है लेकिन ध्यान नहीं देने से वह ग़ायब ही हो जाता है। ऐसे में चैनल उस इलाक़े से टीआरपी की दौड़ से बाहर हो जाता है। यह किसी भी चैनल के लिए ज़िन्दगी और मौत का सवाल है। नलिन मेहता ने अपनी किताब इंडिया ऑन टेलीविज़न में डिस्ट्रीब्यूशन के इस खेल की विस्तार से चर्चा की है कि अगर चैनल चाहता है कि वह लखनऊ के टीवी स्क्रीन पर दिखे तो उसे शहर के बड़े केबल ऑपरेटर को हुंडई सैंट्रो और थाईलैंड में बितायी जानेवाली छुट्टी के खर्चे ऑफर करने पड़ सकते हैं। (संजीव सिंह, प्रिंसिपल कॉरस्पॉडेंट स्टार न्यूज़

से बातचीत पर आधारित, पेज 177)। दूसरी बात कि चैनलों की बढ़ती संख्या के साथ-साथ ऑपरेटरों के बीच पैसे को लेकर निगोसिएशन की गुंजाइश बढ़ती चली जाती है। इस तरह टेलीविज़न के डिस्ट्रीब्यूशन का मसला इतना महत्त्वपूर्ण हो जाता है कि वह बाक़ी चीज़ों में कटौती भले ही कर ले, लेकिन इसमें की जानेवाली कटौती का सीधा असर होता है। एक आदर्श स्थिति में एक न्यूज़ चैनल अपने कुल खर्चे का 40 से 50 फीसदी वितरण पर खर्च करता है, 30 फीसदी वेतन पर और महज़ 30 फीसदी कंटेंट पर। मनोरंजन प्रधान चैनलों में कंटेंट का खर्चा बढ़ जाता है। ऐसे में अगर चैनल को खर्च में कटौती करनी होती है तो सिर्फ़ दो ही रास्ते बचते हैं। एक तो यह कि वो सैलरी में कटौती करे जो मीडियाकर्मियों की संख्या कम करके या फिर उनके वेतन में कटौती करके किया जाता है। चैनलों की ओर से ऐसा किया जाना हमें ग़ैरमानवीय लगता है लेकिन उनके बैलेंस शीट अपने इस क़दम को जस्टीफाई कर देते हैं। दूसरा कि कंटेंट के स्तर पर खर्चे कम किए जाएँ जिसे हमने अलग तरह के कार्यक्रमों की बाढ़ आ जाने के तौर पर देखा ही है। कुल मिलाकर स्थिति यह बनती है कि जिसे अभी तक हम ऑडिएंस की पसन्द और नापसन्द का हिस्सा मानकर विश्लेषित करते आए हैं, चैनल जिसे टीआरपी की कसौटी पर जाँचने-परखने में जुटा है, उसके पीछे डिस्ट्रीब्यूशन का भी बड़ा हाथ है।

अब सवाल है कि अगर टेलीविज़न का अर्थशास्त्र इतना महत्त्वपूर्ण है कि वह यह तय करता है कि टेलीविज़न पर क्या दिखे और क्या नहीं, तो फिर ऑडिएंस की अभिरुचि और दख़ल का कोई मायने-मतलब नहीं है। अर्थशास्त्र एकमात्र कारक है जो पूरे टेलीविज़न कार्यक्रमों की प्रकृति को निर्धारित करता है। सम्भवत: ऐसा नहीं है। डिस्ट्रीब्यूशन के भीतर तमाम तरह की गड़बड़ियों के होने के बावजूद अगर कोई कार्यक्रम किसी तरह ऑडिएंस की आँखों के सामने पड़ जाता है और वह उसे अच्छा लगने लग जाता है तो फिर यहाँ से एक नयी स्थिति पैदा होती है। चैनल ऑव डिमांड के पीछे का बाज़ार इसी स्थिति के तहत पैदा हुआ है। भारत में पैसे लगाकर टेलीविज़न देखने के ग्राफ़ में चढ़ाव आया है। एक औसत ऑडिएंस महीने का चार रु डॉलर यानी क़रीब 180 रुपये टेलीविज़न पर खर्च करता है, जबकि चीन के लोग ३रु डॉलर खर्च करते हैं। लोगों के टेलीविज़न देखने के समय में इजाफ़ा हुआ है। 2006 तक वे प्रतिदिन 119 मिनट टेलीविज़न पर खर्च करते थे जो 2008 में बढ़कर 153 मिनट हो गया है। टेलीविज़न पर खर्च किये जानेवाले पैसे और समय में बढ़ोतरी से इस बात की उम्मीद बनती है कि आनेवाले समय में ऑडिएंस के मन के कार्यक्रम ज़्यादा देखने को मिलेंगे। ऐसे में अब तक के विश्लेषण से टेलीविज़न का जो अर्थशास्त्र कंटेंट का दामन छोड़ता नज़र आता है,

वह यहाँ आकर एक बार फिर से थामता नज़र आने लगता है। 'कलर्स' के आगे 'ज़ीटीवी' के पिछड़ जाने और 'कलर्स' और 'स्टारप्लस' के आगे आ जाने या फिर दूसरे किसी भी चैनल के बीच साँप-सीढ़ी का जो खेल जारी रहता है, उसके पीछे कहीं-न-कहीं कंटेंट की ताक़त काम कर रही होती है। इसलिए अर्थशास्त्र के जरिए टेलीविज़न को समझने के साथ ही कंटेंट की संरचना और उसके पीछे की तमाम तरह की अपीलिंग के बीच एक रिश्ता क़ायम होता है। इस देश में चैनलों को विज्ञापन से मिलने वाली राशि के मुक़ाबले सब्सक्रिप्शन की रकम में लगातार इजाफ़ा हो रहा है। इसलिए उम्मीद की जानी चाहिए कि विज्ञापन के दबाव में आकर कार्यक्रम प्रसारित करने का सिलसिला थमेगा। अभी तो नहीं लेकिन आनेवाले पाँच साल में डिज़िटल होते सेटेलाइट टेलीविज़न से एनलॉग टेलीविज़न के जरिए टीआरपी की इजारेदारी टूटेगी और टेलीविज़न के किसी भी कार्यक्रम के लिए सही अर्थों में ऑडिएंस ज़िम्मेदार होगी। और तब हर आँसू और दर्द के बीच खनक नहीं ढूँढ़े जाएँगे, प्रसारण के लिए प्रायोजक का गणित नहीं लगाया जाएगा। यह अलग बात है कि तब भी कार्यक्रमों और ख़बरों के भीतर बाज़ार की राजनीति तो काम करती रहेगी।

□□□

णाणं
पयासयं
वीर नि० सं 2470
ई० सन् 1944
भारतीय ज्ञानपीठ